라틴어 입문

Latin Without Tears

라틴어 입문
Latin Without Tears

전상범 · 신성진

한국문화사

라틴어 입문

전상범 · 신성진

2008년 6월 15일   1판 1쇄 발행
2012년 2월 25일   1판 2쇄 발행
2015년 8월 25일   2판 1쇄 발행
2017년 8월 10일   2판 2쇄 발행

펴낸이 김 진 수
펴낸곳 한국문화사

133-825 서울시 성동구 광나루로 130 서울숲IT캐슬 1310호
전화 · 02)464-7708(대표) 3409-4488(편집부) 468-4592~4(영업부)
팩스 · 02)499-0846
등록번호 · 제2-1276호(1991.11.9 등록)
e-mail · hkm7708@hanmail.net
homepage · www.hankookmunhwasa.co.kr

책값은 뒤표지에 있습니다.

ISBN 978-89-6817-271-7 93710

잘못된 책은 바꾸어 드립니다.

책머리에

필자는 예전에 미국에서 개최되었던 한국어학회에서 한국어를 전공하는 미국 대학생을 만난 적이 있다. 한국어가 유창했다. 부인이 한국 사람이라고 했다. 또 한국 이름도 있다고 했다. 그러나 그는 자기 이름의 한자를 알지 못했다. 다음부터는 그의 학문이 대단하게 생각되지 않았다.

동양학에서 한자는 기본 중의 기본이다. 필자는 지금도 일본어는 한국 사람이 배우기 가장 쉬운 외국어라고 생각한다. 발음이 문제될 것도 없다. 어순이 꼭 같을 뿐만 아니라 두 나라 모두 어휘의 반 이상이 한자이므로 토씨만 배우면 어지간한 책은 읽을 수 있어야 한다. 그러나 실제는 그렇지 못하다. 우리나라 학생들이 일본어를 어려워하는 것은 대부분 그들의 한자 실력의 부족에서 오는 경우가 많다. 한자를 알면 중국어 공부도 그리 어려운 작업이 아니다.

서양학에서의 라틴어의 위치는 동양학에서의 한자의 위치와 같다. 라틴어는 6세기까지 사용된 로마제국의 공용어이다. 현대의 프랑스어, 스페인어, 이탈리아어는 한 때 라틴어의 방언들이었다. 그러니까 이들은 현대 라틴어라고 할 수 있다. 따라서 라틴어가 자기의 것이 되었다면 이들 언어들의 거의 대부분을 자기의 것으로 만들었다는 말과 같다.

라틴어는 근대에 이르기까지 구라파의 공통문화어였다. 구교에서는 라틴어가 반 공용어였다. 뉴턴도 중요한 저서들을 라틴어로 남기고 있다. 사실 영어도 어휘의 반 이상이 라틴어에서 온 것이다. 뿐만 아니라 현재에도 새로운 어휘들이 라틴어의 어간을 조합해서 만들어진다. 이른바 네오·라틴이라고 부르는 것이다.

라틴어를 공부하면 갑자기 영어의 어휘가 풍부해진다. pulchra(=아름다운)는 1과에 나올 정도로 라틴어로는 쉬운 단어이다. 그러나 이것이 영어에 들어와 pulchritude가 되면 '육체미'라는 어려운 단어가 된다.

라틴어를 알면 영어의 단어가 재미있어진다. peninsula(반도)는 paen(=almost)과 īnsula(=island)가 합쳐져 된 단어이다. 영어의 penultimate는 '거의 마지막'(last but one)의 뜻으로 '뒤에서 두 번째'라는 뜻이다.

우리가 영어를 공부하거나 영어학을 전공하면서 라틴어를 모른다면 한국어학을 전공하면서 한자를 모르는 미국 대학생과 다를 바 없다. 그러나 라틴어는 그 중요성을 이해한다고 해도 영어에만 익숙한 우리에게는 절대로 만만한 언어가 아니다. 이는 복잡한 어형변화 때문이다. 라틴어에 대해 약간의 경험이 있는 사람들은 라틴어 공부는 곧 어형변화 외우기라고 생각한다. 또 실제로 많은 라틴어 교재들이 어형변화표의 모음 같은 인상을 준다. 본 교재는 언어학습이란 기본적으로 글 읽기가 목적이라는 전제 아래 가능한 한 문법을 잊고 공부할 수 있도록 계획하였다. 그 성패의 가늠은 독자들의 몫이다.

바라건대 본서의 간행이 우리나라 서양학의 수준을 높이는 일에 작으나마 보탬이 된다면 더없는 기쁨으로 알 것이다.

2012 정월에

전 상 범

개정판에 부쳐

개정판을 준비하면서 서울대학교 사범대학 영어교육과의 명예교수 김길중, 권오량 두 분의 주도면밀한 검토에 도움 받은 바가 크다. 이 자리를 빌려 깊은 사의를 표하는 바이다.

xii

일러두기

1. 라틴어란 어떤 언어인가
2. 발음과 강세

001 라틴어란 어떤 언어인가?

라틴어(Lingua Latīna)란 옛 로마인들이 사용하던 언어로서, 이들이 살던 곳이 로마 근처의 Latium이라는 고장이었고, 또 그곳에 살던 로마인들을 Latīnī라고 불렀던 데서 Latin이란 말이 유래한다.

라틴족은 기원전 8세기경에 알프스 산맥을 넘어와 로마 근처에 정착한 것으로 알려져 있으며, 라틴어가 600년경까지 사용된 사실을 고려할 때 라틴어는 상당히 오래된 역사를 가지고 있다.

우리가 흔히 라틴어라고 부르는 것은 그 중에서 이른바 고전 라틴어(Classical Latin BC 75~AD 175)라고 불리는 것으로서, 기원전 1세기부터 기원후 2세기까지의 언어를 말하는데, 이때는 Cicero(106~43 BC), Julius Caesar(102~44 BC), Vergilius(또는 Vergil)(70~19 BC), Horatius(또는 Horace)(65~8 BC) 등이 글을 쓰던 라틴 문학의 황금기이다.

로마제국의 멸망과 더불어 라틴어는 사멸하게 되지만, 라틴어의 한 낱 방언이었던 프랑스어, 이탈리아어, 스페인어, 포르투갈어, 루마니아어, 프로방스어 등이 현재로는 독립한 언어로 발달하였다. 따라서 이들 언어는 정확히 말해 현대 라틴어(Modern Latin)라고 할 수 있다.

라틴어는 일상 언어로서의 생명은 끝났으나 중세 이후 현재까지 유럽의 공용어의 위치를 차지하고 있어, 위에 거명한 로망스 언어에서는 말할 것도 없고 영어에서도 그 어휘의 반 이상을 라틴어가 차지하고 있다. 그뿐만 아니라 현대에서도 이른바 네오·라틴(Neo-Latin)이라고 하여 새로운 라틴어 단어들을 합성해 내고 있다. 라틴어와 영어의 관계는 한자와 한국어나 일본어의 관계와 흡사하다.

002 발음과 강세

(사전에 흔히 사용되는 국제음성기호는 라틴어를 표기하기에는 너무 거칠다. 국제음성기호는 [ㅃ, ㄸ, ㄲ]와 [ㅍ, ㅌ, ㅋ]를 구별하지 않으므로 라틴어를 위해서는 한글을 사용하는 것이 더 정확하다. 강세를 받는 음절은 굵은 활자로 표시하였다. (본서에서는 10과까지는 본문과 단어에, 그리고 20과까지는 단어에 음성표시를 하였다.))

라틴어에는 다음과 같은 여섯 개의 모음이 있다.

a [아], e [에], i [이], o [오], u [우], y [위]([이]를 발음하면서 입술을 둥글게 오므려 발음한다.)

이들 모음은 길게도 발음되는데, 이때는 이들 모음 위에 [ˉ]와 같은 장음표시(macron)를 사용한다.

ā [아-], ī [이-], ū [우-], ȳ [위-]

2중모음과 자음들은 대부분 영어에서와 동일하게 발음되지만 다음 몇 개는 주의를 요한다.

ē	=	[ei]	:	**poēta** [뽀에이따] (=poet)
ō	=	[ou]	:	**nōn** [노운] (=not)
ae	=	[ai]	:	**paene** [빠이네] (=almost)
oe	=	[oi]	:	**amoena** [아모이나] (=pleasant)
bs	=	[ps]	:	**urbs** [우르쁘스] (=city)
bt	=	[pt]	:	**obtineō** [옵띠네오우] (=hold)
v	=	[w]	:	**parva** [빠르와] (=small)
ph	=	[p]	:	**elephantus** [엘레판뚜스] (=elephant)
th	=	[t]	:	**Carthāgō** [까르타-고우] (=Carthage 지명)
ch	=	[k]	:	**pulchra** [뿔크라] (=beautiful)
x	=	[ks]	:	**expectāmus** [엑스뻭따-무스] (=we expect)
qu	=	[kw]	:	**quod** [꿔드] (=because)
j	=	[j]	:	**jānua** [야-누아] (=door)
ngu	=	[ŋg]	:	**lingua** [링구아] (=tongue, language)
y	=	[ü]	:	**nympha** [뉨파] (=nymph)
r	=	혀끝을 떨면서 내는 소리	:	**patria** [빠트리아] (=native country)
CC	=	[CC]	:	**Britannia** [브리딴니아] (=Britain). 같은 자음이 겹친 경우는 두 개의 자음으로, 즉 장자음으로 발음한다.
h	=	영어의 [h]보다 약하게 발음된다.		
		:		**p, t, k**는 한국어의 [ㅃ, ㄸ, ㄲ]로, **ph, th, ch**는 [ㅍ, ㅌ, ㅋ]로 발음한다.

첫째, 모든 2음절어는 첫 번째 음절에 강세가 온다.

 á-mō [아모우] (=I love)

 láu-dant [라우단뜨] (=they praise)

둘째, 3음절 이상의 단어에서는 끝에서 두 번째 음절이 중 음절(heavy syllable)이면 그 곳에, 경 음절(light syllable)이면 그 하나 앞 음절(그러니까 뒤에서 세 번째 음절)에 강세가 온다.

 Eu-rŏ-pa [에우로우빠] (=Europe)

 a-móe-na [아모이나] (=pleasant)

 in-tér-dum [인떼르둠] (=sometimes)

  : 경 음절이란 음절이 (C)V의 모양으로 이루어진 경우(ni, pa처럼)이
   며, 중 음절은 (C)VV나 (C)VC처럼 음절 초 자음을 제외한 나머지
   부분이 두 개의 구성원으로 이루어진 경우, 다시 말해 장모음이거나
   2중모음인 경우, 또는 단모음 뒤에 자음이 오는 경우를 말한다.

      C=자음 V=모음

셋째, 3음절 이상으로 이루어진 단어가 끝에서 두 번째 음절이 경 음절인 경우에는 뒤에서 세 번째 음절에 강세가 온다.

 pe-cú-ni-a [뻬꾸-니아] (=money)

 a-grí-co-la [아그리꼴라] (=farmer)

 e-pís-tu-la [에삐스뚤라] (=letter)

KOREA AND OTHER LANDS

001
PATRIA NOSTRA
빠트리아 노스트라

꼬레이아 에스뜨 빠트리아 메아　꼬레이아 에스뜨 빠트리아 뚜아 꼬레이아
Corēa est patria mea. Corēa est patria tua. Corēa
에스뜨 빠트리아 노스트라
est patria nostra.

빠트리아 뚜아 에스뜨 떼라 뿔크라　빠트리아 메아 에스뜨 떼라 뿔크라
Patria tua est terra pulchra. Patria mea est terra pulchra.

빠트리아 노스트라 에스뜨 떼라 뿔크라　꼬레이아 에스뜨 뿔크라
Patria nostra est terra pulchra. Corēa est pulchra.

빠트리아 노스트라 에스뜨 떼라 리-베라　꼬레이아 에스뜨 떼라 리-베라
Patria nostra est terra lībera. Corēa est terra lībera.

꼬레이아 에스뜨 빠트리아 노스트라
Corēa est patria nostra.

(단어는 알파벳순으로 배열되었으며, 괄호 안의 단어는 주어진 라틴어 단어와 관련된 영어 단어임.)

Coréa [꼬레이아]=Korea.

est [에스뜨]=is.

lībera [리-베라]=free (liberal 자유로운, liberality 관대함, libertine 방탕한, liberty 자유, liberate 해방하다, liberation 해방).

méa [메아]=my.

nóstra [노스트라]=our.

pátria [빠트리아]=native country (patriot 애국자, expatriate 국외추방하다, repatriate 본국으로 송환하다).

púlchra [뿔크라]=beautiful (pulchritude 아름다움).

térra [떼라]=land, country (terrace 계단식 대지, subterranean 지하의, mediterranean 지중해의, terrestrial 육지의, terra cotta 적갈색의).

túa [뚜아]=your.

한국은 나의 조국이다. 한국은 네 조국이다. 한국은 우리의 조국이다.

너희 나라는 아름다운 땅이다. 나의 나라는 아름다운 땅이다. 우리의 나라는 아름다운 땅이다. 한국은 아름답다.

우리나라는 자유로운 땅이다. 한국은 자유로운 땅이다. 한국은 우리의 조국이다.

🔘 라틴어로 옮기시오.

❶ Korea is a beautiful land.

❷ Your native country is a beautiful land.

❸ Our native country is a beautiful land.

❹ Your native country is beautiful.

❺ Korea is my native country.

002

꼬레이아 에뜨 에우로우빠

COREA ET EUROPA

꼬레이아 **노**운 에스뜨 인-쑬라 꼬레이아 빠이네 에스뜨 인-쑬라 꼬레이아
Corēa nōn est īnsula. Corēa paene est īnsula. Corēa

빠이**닌**-쑬라 에스뜨
paenīnsula est.

에우로우빠 **노**운 에스뜨 인-쑬라 브리**딴**니아 에스뜨 인-쑬라 에뜨
Eurōpa nōn est īnsula. Britannia est īnsula, et

싸르**디**니아 에스뜨 인-쑬라
Sardinia est īnsula.

브리**딴**니아 에스뜨 마그나 인-쑬라 브리**딴**니아 **노**운 에스뜨 빠트리아
Britannia est magna īnsula. Britannia nōn est patria

노스트라 **쎄**드 브리**딴**니아 에스뜨 떼라 **뿔**크라
nostra, sed Britannia est terra pulchra.

싸르**디**니아 에스뜨 인-쑬라 쎄드 싸르**디**니아 **노**운 에스뜨 빠르와 인-쑬라
Sardinia est īnsula, sed Sardinia nōn est parva īnsula.

싸르**디**니아 에스뜨 마그나 인-쑬라 싸르**디**니아 에스뜨 떼라 **뿔**크라
Sardinia est magna īnsula. Sardinia est terra pulchra.

이-**딸**리아 에스뜨 떼라 **뿔**크라 쎄드 이-**딸**리아 **노**운 에스뜨 인-쑬라
Ītalia est terra pulchra, sed Ītalia nōn est īnsula.

이-**딸**리아 **노**운 에스뜨 빠르와 히스**빠**니아 **노**운 에스뜨 인-쑬라 쎄드
Ītalia nōn est parva. Hispānia nōn est īnsula, sed

히스**빠**-니아 에스뜨 떼라 **뿔**크라 히스**빠**-니아 **노**운 에스뜨 빠트리아 **뚜**아
Hispānia est terra pulchra. Hispānia nōn est patria tua.

에우로우빠 **노**운 에스뜨 빠트리아 **노**스트라 브리**딴**니아 **노**운 에스뜨 빠트리아
Eurōpa nōn est patria nostra. Britannia nōn est patria

메아 싸르**디**니아 **노**운 에스뜨 빠트리아 메아 에뜨 이-**딸**리아 **노**운 에스뜨
mea. Sardinia nōn est patria mea, et Ītalia nōn est

빠트리아 **뚜**아 꼬레이아 에스뜨 빠트리아 **노**스트라
patria tua. Corēa est patria nostra.

Británnia [브리**딴**니아]=Britain.

et [에뜨]=and.

Europa [에우**로**우**빠**]=Europe.

Hispánia [히스**빠**-니아]=Spain.

însula [**인**-쑬라]=(insular 섬의, insularity 섬나라 근성, isolate 고립시키다,
       isolation 고립, peninsula 반도, insulate 절연[분리 · 방음처리]하다).

Ĭtália [이-**딸**리아]=Italy.

mágna [**마**그나]=large, great (magnify 확대하다, magnifying glass 확대경,
       magnitude 크기, 중대성, magnificent 당당한).

nōn [**노**운]=not.

paene [**빠**이네]=almost (peninsula 반도, penultimate 어미에서 두 번째의).

paenînsula [빠이**닌**-쑬라]=peninsula.

párva [**빠**르와]=small. (parvovirus DNA를 함유하는 바이러스).

Sardínia [싸르**디**니아]=Sardinia(이탈리아 서쪽에 있는 큰 섬).

sed [**쎄**드]=but.

❶ 라틴어와 관사
   라틴어에는 영어의 the나 a/an에 해당하는 관사가 없다. 따라서 라틴어를 영
   어로 번역할 때에는 적절히 관사를 보충해야 한다.

❷ 형용사의 위치
   라틴어에서는 형용사가 수식하는 명사 뒤에 오는 것이 보통이다. 다만 크
   기나 수를 나타내는 **magna**(=large)나 **multa**(=many)와 같은 형용사는 명
   사 앞에 온다.
   magna terra big land

한국은 섬이 아니다. 한국은 거의 섬이다. 한국은 반도이다.

유럽은 섬이 아니다. 영국은 섬이고, 사르디니아도 섬이다.

영국은 큰 섬이다. 영국은 우리나라가 아니지만 아름다운 땅이다.

사르디니아는 섬이지만 사르디니아는 작은 섬이 아니다. 사르디니아는 큰 섬이다. 사르디니아는 아름다운 땅이다.

이탈리아는 아름다운 땅이지만 섬은 아니다. 이탈리아는 작지 않다. 스페인은 섬이 아니지만 아름다운 땅이다. 스페인은 너의 나라가 아니다.

유럽은 우리나라가 아니다. 영국은 내 나라가 아니다. 사르디니아는 내 나라가 아니며, 이탈리아는 네 나라가 아니다. 한국이 우리나라다.

▶▶▶ 연습문제

🔘 **라틴어로 옮기시오.**

❶ My native country is small.

❷ Italy is not an island.

❸ Your native country is a free land.

❹ The island is large and beautiful.

❺ Our native country is not an island.

003

CASA PULCHRA
까싸 뿔크라

Jūlius. Agricola casam pulchram habet, sed casa nōn est
아그리꼴라 까쌈 뿔크람 하베뜨 쎄드 까싸 노운 에스뜨
magna. Casa est alba. Agricola parvam casam amat.
마그나 까싸 에스뜨 알바 아그리꼴라 빠르왐 까쌈 아마뜨

Mārcus. Agricola parvam fīliam habet. Parva fīlia
아그리꼴라 빠르왐 휠리암 하베뜨 빠르와 휠리아
agricolam amat, et agricola parvam fīliam amat.
아그리꼴람 아마뜨 에뜨 아그리꼴라 빠르왐 휠-리암 아마뜨
Fīlia parvam casam amat.
휠-리아 빠르왐 까쌈 아마뜨

Jūlius. Casa nostra est magna et alba. Casam nostram
까싸 노스트라 에스뜨 마그나 에뜨 알바 까쌈 노스트람
amō. Cūr fīlia casam amat?
아모우 꾸-르 휠-리아 까쌈 아마뜨

Mārcus. Fīlia casam amat quod casa est alba.
휠-리아 까쌈 아마뜨 꿔드 까싸 에스뜨 알바

Jūlius. Parvam casam amō; magnam casam nōn amō.
빠르왐 까쌈 아모우 마그남 까쌈 노운 아모우

Mārcus. Cūr parvam casam amās?
꾸-르 빠르왐 까쌈 아마-스

Jūlius. Parvam casam amō quod casa est pulchra.
빠르왐 까쌈 아모우 꿔드 까싸 에스뜨 뿔크라

Mārcus. Casa mea est magna. Casam meam amō quod
까싸 메아 에스뜨 마그나 까쌈 메암 아모우 꿔드
casa mea est magna et pulchra.
까싸 메아 에스뜨 마그나 에뜨 뿔크라

Jūlius. Casa tua est pulchra. Casam tuam amō.
까싸 뚜아 에스뜨 뿔크라 까쌈 뚜암 아모우

Mārcus. Casam nostram amō quod casa nostra est pulchra.
까쌈 노스트람 아모우 꿔드 까싸 노스트라 에스뜨 뿔크라

agrícola [아그리꼴라]=farmer (agriculture 농업, agriculturist 농장경영자, 농업전문가).

álba [알바]=white (albino 선천성 색소 결핍증에 걸린 사람).

ámās [아마-스]=you (*sg.*) love.

ámat [아마뜨]=loves.

ámō [아모우]=I love. (amorous 다정다감한, amatory 호색적인, enamored 마음이 사로잡힌).

cása [까싸]=cottage, house (casino 카지노).

cūr [꾸-르]=why.

fília [휠-리아]=daughter (filial 자식의, filial duty 자식의 도리).

hábet [하베뜨]=has.

quod [꿔드]=because.

❶ 직접목적어

　　-a로 끝나는 명사에 -a 대신 -am을 첨가하면 단수 대격(Accusative Case)형이 된다. 대격 명사는 주로 목적어로 쓰인다.

　　Agricola fīliam amat.　The farmer loves his daughter.

❷ 라틴어의 형용사는 쓰임에 따라 여러 가지 어미를 갖는다. 명사를 수식하는 형용사는 명사와 동일한 어미를 갖는데, 다음에서 보듯 명사가 대격이면 형용사도 대격의 어미를 갖는다.

　　Agricola parvam casam amat.

　　　The farmer loves small cottage.

한편 보어로 쓰이는 형용사는 주어를 수식하기 때문에 주어와 동일한 주격(Nominative Case) 어미를 갖는다.

　　Casa est alba.　The cottage is white.

❸ 라틴어에서 동사는 대개 문장 끝에 온다.

    Parvam casam amō. I love small cottage.

단 영어의 be동사에 해당하는 est(=is) 따위는 흔히 명사나 형용사 앞에 온다.

    Corēa est terra pulchra. Korea is a beautiful land.

❹ 라틴어에는 영어에서처럼 부정문이나 의문문에서 do를 사용하지 않는다. 영어에서도 do가 사용된 역사는 그리 오래지 않다. Shakespeare도 do를 사용하지 않고 있다.

    Casam nōn amō.

    I <u>do</u> not like the cottage.

    Cūr agricola īnsulam amat?

    Why <u>does</u> the farmer love the island?

▶▶▶ 해석   **아름다운 집**

Jūlius. 농부는 아름다운 집을 가지고 있다. 그러나 그 집은 크지 않다. 집은 흰색이다. 농부는 작은 집을 좋아한다.

Mārcus. 농부는 어린 딸이 있다. 어린 딸은 농부를 사랑하며, 농부는 어린 딸을 사랑한다. 딸은 작은 집을 좋아한다.

Jūlius. 우리 집은 크며 흰색이다. 나는 우리 집을 좋아한다. 딸은 왜 자기 집을 좋아하는가?

Mārcus. 딸은 집이 흰색이어서 좋아한다.

Jūlius. 나는 작은 집을 좋아한다. 큰 집은 좋아하지 않는다.

Mārcus. 왜 너는 작은 집을 좋아하니?

Jūlius. 내가 작은 집을 좋아하는 것은 집이 아름답기 때문이다.

Mārcus. 나의 집은 크다. 나는 내 집을 좋아하는데, 그것은 내 집이 크고 아름답기 때문이다.

Jūlius. 너의 집은 아름답다. 나는 너의 집을 좋아한다.

Mārcus. 나는 우리 집을 좋아하는데, 까닭은 우리 집이 아름답기 때문이다.

A. 적절한 어미를 넣으시오 (-a 또는 -am).

❶ Casa nostr__ est alb__.

❷ Patria me__ est terra līber__.

❸ Fīlia tu__ īnsul__ nōn amat.

❹ Magn__ īnsul__ amās.

❺ Britannia est magn__ et pulchr__ īnsul__.

❻ Fīlia tu__ cas__ nostr__ amat.

❼ Cūr magn__ īnsul__ amās?

B. 옳은 것을 고르시오.

❶ A free country has (liberty, slavery).

❷ Sylvia shows filial devotion to her (brother, father).

❸ An agriculturist is a (sailor, farmer).

004

떼라이　뿔크라이
TERRAE PULCHRAE

브리**딴**니아　에뜨　싸르**디**니아 **쑨**뜨　인-**쑬**라이 **뿔**크라이　**싸**이뻬　브리**딴**니암
Britannia et Sardinia sunt īnsulae pulchrae. Saepe Britanniam

에뜨　싸르**디**니암　라우**다**-무스　꿔드　인-**쑬**라이 **쑨**뜨　**뿔**크라이　꼬**레**이암
et Sardiniam laudāmus quod īnsulae sunt pulchrae. Corēam

에뜨　이-**딸**리암 **꿔**꿰　라우**다**-무스　**쎄**드 꼬레이아 에뜨 이-**딸**리아 **노**운 **쑨**뜨 인-**쑬**라이
et Ītaliam quoque laudāmus, sed Corēa et Ītalia nōn sunt īnsulae.

꼬**레**이암　아**마**-무스　꿔드　꼬레이아 에스뜨 **빠**트리아 **노**스트라　에우**로**우빰
Corēam amāmus quod Corēa est patria nostra. Eurōpam

꿔꿰　아**마**-무스　**쎄**드　에우**로**우빠 **노**운 에스뜨 **빠**트리아 **노**스트라 에우**로**우빠
quoque amāmus, sed Eurōpa nōn est patria nostra. Eurōpa

물따-스 에뜨 **마**그나-스 **씰**와-스 **하**베뜨　꼬레이아 **꿔**꿰 **물**따-스　에뜨
multās et magnās silvās habet. Corēa quoque multās et

마그나-스 **씰**와-스 **하**베뜨 **씰**와이 **쑨**뜨 **뿔**크라이 싸르**디**니아 **빠**르와-스
magnās silvās habet; silvae sunt pulchrae. Sardinia parvās

씰와-스 **하**베뜨
silvās habet.

싸르**디**니암　아**마**-무스　꿔드 싸르**디**니아 에스뜨 **인**-쑬라 **뿔**크라
Sardiniam amāmus quod Sardinia est īnsula pulchra.

아그리**꼴**라이 싸르**디**니암 **아**만드 **쎄**드 히스**빠**-니암 **꿔**꿰 **아**만드
Agricolae Sardiniam amant, sed Hispāniam quoque amant.

아그리**꼴**라이 히스**빠**-니암 **아**만드 꿔드 히스**빠**-니아 **마**그나-스 **씰**와-스
Agricolae Hispāniam amant quod Hispānia magnās silvās

노운 **하**베뜨
nōn habet.

아그리**꼴**라이 **씰**와-스 **노**운 **아**만드 **쎄**드 아그리**꼴**라이 떼라-스 **뿔**크라-스 **아**만드
Agricolae silvās nōn amant sed agricolae terrās pulchrās amant.

amắmus [아**마**-무스]=we love, like.
ámant [**아**만뜨]=they love.
laudắmus [라우**다**-무스]=we praise (laud 찬양하다, laudable 칭찬할만한, laudation 찬양, laudatory 찬양하는, magna cum laude (=with great praise) 우등으로).
múltae [**물**따이]=many (multitude 군중, multiply 증가시키다, multimillionaire 억만장자.).
quóque [**꿔**꿰]=also.
sáepe [**싸**이뻬]=often.
sílva [**씰**와]=forest (Pennsylvania 지명, sylvan 숲의, Sylvia 인명).
sunt [**쑨**뜨]=(they) are.

❶ 복수 : 명사의 복수어미는 -ae[아이]이다.
   Brítannia et Sardínia sunt īnsul<u>ae</u>.
   Britain and Sardinia are islands.

❷ 목적격 : 단수의 대격은 어미 -am으로, 복수는 -ās로 나타낸다. 정리하면 다음과 같다.

	단수	복수
N(ominative)	-a	-ae
A(ccusative)	-am	-ās

   Agrícolae cas<u>am</u> amant.   The farmers like the cottage.
   Agrícolae silv<u>ās</u> amant.   The farmers love forests.

❸ 하나의 명사를 여러 개의 형용사가 수식할 때에는 **et**(=and)로 연결하는 것이 보통이나 번역할 때에는 생략해도 무방하다.
   Corēa mult<u>ās</u> et magnās silvās habet.
   Korea has many large forests.

　　영국과 사르디니아는 아름다운 섬이다. 종종 우리는 영국과 사르디니아를 칭송하는데, 까닭은 그들이 아름다운 섬들이기 때문이다. 우리는 한국과 이탈리아도 칭송하지만 한국과 이탈리아는 섬이 아니다.

　　우리는 한국을 사랑하는데, 까닭은 한국이 우리나라이기 때문이다. 우리는 구라파도 좋아하지만 구라파는 우리나라가 아니다. 구라파에는 큰 숲들이 많이 있다. 한국에도 큰 숲들이 많이 있다. 한국의 숲들은 아름답다. 사르디니아에는 작은 숲들이 있다.

　　우리는 사르디니아를 좋아하는데, 까닭은 사르디니아가 아름다운 섬이기 때문이다. 농부들은 사르디니아를 좋아하지만 스페인도 좋아한다. 농부들은 스페인을 좋아하는데, 까닭은 스페인에는 큰 숲들이 많지 않기 때문이다.

　　농부들은 숲을 좋아하지 않지만 아름다운 땅은 사랑한다.

A. 번역하시오.

❶ Saepe fīliam tuam laudāmus; saepe fīliās tuās laudāmus.

❷ Casae pulchrae sunt magnae.

❸ Agricolae patriam amant; agricola patriam amat.

❹ Silvam pulchram amō; silvās pulchrās amāmus.

❺ Multās terrās laudāmus; patriam tuam quoque laudāmus.

❻ Agricola casam habet; casa est parva.

❼ Britannia est magna et pulchra īnsula.

❽ Britannia et Sardinia sunt magnae īnsulae.

B. 이탤릭체 부분을 라틴어로 옮기시오.

❶ Your daughters like the *small white cottage*.

❷ We often praise the *beautiful islands*.

❸ My daughter loves *your daughters*.

❹ The farmer also loves a *free country*.

❺ We like *many lands*.

❻ The *forests* are *beautiful*.

005
BONAE EPISTULAE

보나이 에삐스뚤라이

꼬르네일리우스 에스뜨 나우따 에뜨 아메리깜 아마뜨 꿔드 아메리까
Cornēlius est nauta et Americam amat quod America

에스뜨 빠트리아 아메리까 에스뜨 마그나 에뜨 뿔크라 떼라
est patria. America est magna et pulchra terra.

꼬르네일리우스 싸이뻬 히스빠-니암 브리딴니암 이-딸리암 위데뜨
Cornēlius saepe Hispāniam, Britanniam, Ītaliam videt.

꼬르네일리우스 에삐스뚤라-스 보나-스 스크리-비뜨 꿔드 물따-스 떼라-스 위데뜨
Cornēlius epistulās bonās scrībit quod multās terrās videt.

싸이뻬 에삐스뚤라-스 위데이무스 에삐스뚤라이 노운 쑨뜨 롱가이 쎄드
Saepe epistulās vidēmus. Epistulae nōn sunt longae, sed

쑨뜨 보나이
sunt bonae.

안나 물따-스 에삐스뚤라-스 하베뜨 안나 에스뜨 빠르와 뿌엘라 쎄드
Anna multās epistulās habet. Anna est parva puella, sed

에삐스뚤라-스 보나-스 아마뜨 율-리아 꿔꿰 에삐스뚤라-스 아마뜨 뿌엘라이
epistulās bonās amat. Jūlia quoque epistulās amat. Puellae

나우땀 라우단뜨 꿔드 나우따 에삐스뚤라-스 보나-스 스크리-비뜨
nautam laudant quod nauta epistulās bonās scrībit.

안나 꿔꿰 물따-스 에삐스뚤라-스 스크리-비뜨 에삐스뚤라이 쑨뜨
Anna quoque multās epistulās scrībit. Epistulae sunt

롱가이 쎄드 노운 쑨뜨 보나이 율-리아 롱가-스 에삐스뚤라-스 노운
longae, sed nōn sunt bonae. Jūlia longās epistulās nōn

스크리-비뜨 쎄드 보나-스 에삐스뚤라-스 스크리-비뜨 에삐스뚤라이 아메리깜
scrībit, sed bonās epistulās scrībit. Epistulae Americam

라우단뜨 꿔드 율-리아 아메리깜 아마뜨
laudant quod Jūlia Americam amat.

율-리아 에우로우빰 노운 라우다뜨 꿔드 에우로우빰 노운 위데뜨
Jūlia Eurōpam nōn laudat quod Eurōpam nōn videt.

꼬르네일리우스 물따-스 떼라-스 위데뜨 꿔드 에스뜨 나우따 꼬르네일리우스
Cornēlius multās terrās videt quod est nauta. Cornēlius
아메리깜 아마뜨 쎄드 싸이뻬 에우로우빰 꿔꿰 라우다뜨
Americam amat, sed saepe Eurōpam quoque laudat.

▶▶▶ 어휘

bóna [보나]=good, excellent (bonus 보너스).

epístula [에삐스뚤라]=letter (cf. Paul's Epistles 바울의 편지들, epistolary 편지의).

láudant [라우단뜨]=(they) praise (laudatory 찬양하는, laudable 칭찬할만한).

láudat [라우다뜨]=(he) praises.

lónga [롱가]=long (longitude 경도, longevity 장수, elongate 연장하다, oblong 가늘고 긴, prolong 연장하다).

náuta [나우따]=sailor (nautical mile 해리(6,080 피트)).

puélla [뿌엘라]=girl.

scríbit [스크리-비뜨]=(he) writes (scribble 휘갈겨 쓰다, scribe 필경사, inscribe 새기다, subscribe 예약하다, subscriber 기부자, radio script 라디오 대본, scriptorium 필사실, ascribe ~의 탓으로 여기다, conscript 징병하다, describe 서술하다, transcribe 복사하다).

vidḗmus [위데이무스]=we see (video 비디오).

vídet [위데뜨]=(he) sees.

▶▶▶ 문법

● 주어의 생략

라틴어에서는 동사의 어미가 주어를 나타내거나, 정황으로 보아 주어가 분명한 경우에는 흔히 주어를 생략한다.

Casam parvam amō.

　I like small cottage.

Fīlia mea fīliās tuās amat; casam tuam quoque amat.

　My daughter loves your daughters; she likes your house, too.

Cornelius는 선원이며 미국을 사랑하는데, 왜냐하면 미국이 그의 조국이기 때문이다. 미국은 크고 아름다운 땅이다. Cornelius는 종종 스페인이나 영국, 이탈리아를 본다. Cornelius는 편지를 잘 쓴다. 왜냐하면 많은 나라를 보기 때문이다. 종종 우리는 그의 편지를 본다. 편지는 길지 않지만, 잘 쓴 편지들이다.

Anna는 많은 편지를 가지고 있다. Anna는 어린 소녀이지만 좋은 편지를 좋아한다. Julia도 편지를 좋아한다. 소녀들은 선원을 칭송하는데, 왜냐하면 그가 편지를 잘 쓰기 때문이다.

Anna 또한 많은 편지를 쓴다. 그녀의 편지들은 길지만, 잘 쓴 편지는 아니다. Julia는 편지를 길게 쓰지는 않지만 편지를 잘 쓴다. 그녀의 편지들은 미국을 칭송하고 있는데, 왜냐하면 Julia가 미국을 사랑하기 때문이다.

Julia는 유럽을 칭송하지 않는데, 왜냐하면 유럽을 본 적이 없기 때문이다. Cornelius는 선원이기 때문에 많은 나라들을 본다. Cornelius는 미국을 좋아하지만 종종 유럽도 칭송한다.

A. 번역하시오.

❶ Epistulam tuam vidēmus.

❷ Nauta bonās epistulās scrībit.

❸ Nauta epistulam longam habet; epistulās longās amat.

❹ Casam vidēmus; est magna casa.

❺ Casās vidēmus; sunt magnae casae.

❻ Nautae casam tuam laudant; casās nostrās quoque laudant.

❼ Puella silvās pulchrās videt; silvae sunt magnae.

❽ Fīliam meam amō; casam tuam amāmus.

❾ Fīliam tuam amō; fīliās tuās amāmus.

B. 옳은 것을 고르시오.

❶ Casa est (magnam, magna).

❷ Epistulae sunt (longae, longa).

❸ Silvās (pulchrās, pulchrae) amāmus.

❹ Agricola (fīlia, fīliam) habet.

❺ (Patria, Patriam) amās.

❻ Patria nostra est (līberam, lībera).

❼ Silvae sunt (magnae, magnās).

❽ (Epistulae, Epistulās) laudat.

A. 주어진 단어 중 하나를 골라 빈칸을 채우시오.

albam	casam	fīlia	patriam	bonae	epistula
īnsulae	puellae	bonam	epistulae	līberam	pulchra
casa	longa	casae	epistulās	patria	silvae
epistulam	pulchram				

❶ _____ sunt pulchrae.

❷ _____ est alba.

❸ _____ sunt longae.

❹ Nauta _____ saepe scrībit.

❺ Terram _____ amāmus.

❻ Īnsula _____ est quoque magna.

❼ Sunt bonae _____.

❽ _____ tua est bona.

❾ _____ nostrae sunt albae.

❿ _____ mea est Corēa.

B. 다음 문장의 단수 명사들을 복수형으로 바꾸고, 그 밖의 필요한 부분을 수정하
   시오.

❶ Bona puella casam albam amat.

❷ Silvam pulchram amō.

❸ Īnsula est parva.

C. 괄호 안에 주어진 영어 단어에 해당하는 라틴어를 넣으시오.

❶ Īnsula est _____. (*long*)

❷ Nauta _____ longās scrībit. (*letters*)

❸ Agricola _____ nōn videt. (*house*)

❹ Mārcus est _____. (*farmer*)

❺ Agricolae nōn sunt _____. (*sailors*)

D. 각 행에서 이질적인 단어들을 골라내고 그 까닭을 말하시오.

❶ agricola, casa, epistula, est, īnsula

❷ amat, habet, laudāmus, nōn, sunt

❸ alba, bona, fīlia, lībera, mea

❹ longa, magna, nostra, nauta, pulchra

❺ nauta, patria, quod, silva, terra

E. 옳은 것을 고르시오.

❶ Some rich men are famous for _____. (liberality, liberty, liberation)

❷ Girls in Hollywood are noted for _____. (magnitude, longitude, pulchritude)

❸ In the evening we sat on the (terrace, territory, terrier)

❹ In addition to his salary the man received _____. (bonbon, a bonus, bone)

❺ When you take a magazine regularly, you are a _____. (scribbler, describer, subscriber)

ON LAND AND SEA

006
VITA PERICULOSA

Vīta nautae est perīculōsa, sed vīta agricolae nōn est
perīculōsa. Nautae vītam perīculōsam amant; agricolae
vītam quiētam parvae īnsulae amant.

Corsica et Sardinia et Melita sunt īnsulae pulchrae.
Corsica et Sardinia sunt magnae īnsulae; Melita est
parva īnsula. Incolae īnsulārum pulchrārum sunt agricolae
et nautae. Casae nautārum sunt parvae, sed agricolae
magnās casās habent.

Vīta agricolae saepe est longa, sed agricola multās
terrās nōn videt. Nautae multās terrās vident, sed interdum
vīta nautae nōn est longa quod vīta nautae est perīculōsa.
Saepe vīta quiēta est vīta bona; interdum vīta perīculōsa
quoque est bona. Poētae saepe perīculōsam nautārum vītam
laudant, sed quiētam agricolārum vītam amō.

hábent [하벤뜨]=(they) have.

íncola [인꼴라]=inhabitant.

intérdum [인떼르둠]=sometimes.

peñculôsa [뻬리-꿀로우싸]=dangerous (peril 위험, perilous 위험한, imperil 위태롭게 하다, parlous 위험한).

poêta [뽀에이따]=poet.

quiêta [뀌에이따]=quiet.

vîta [위-따]=life (vital 생명의, vitality 생명력, vitamins 비타민, vitalize 활력을 주다, devitalize 활력을 빼다, revitalize 소생시키다).

vídent [위덴뜨]=(they) see.

❶ 단수의 속격(Genitive Case)은 어미 **-ae**로, 그리고 복수의 속격은 어미 **-ārum**으로 나타낸다. 따라서 **-ae**는 단수의 속격과 복수의 주격을 나타낸다. 속격형은 소유를 나타낸다.

　　단수 속격 (**-ae**)

vīta nautae　　　　　the sailor's life

casa nautae　　　　　the sailor's cottage

　　복수 속격 (**-ārum**)

casae nautārum　　　the sailors' cottages

incolae īnsulae　　　inhabitants of the island

❷ 단수의 대격형은 어미 **-am**으로, 그리고 복수의 대격형은 어미 **-ās**로 나타낸다. 대격형은 목적어를 나타낸다.

Puella naut<u>am</u> amat.　　　The girl loves the sailor.

Puellae silv<u>ās</u> non amant.　　Girls do not like forests.

선원의 생활은 위험하지만 농부의 생활은 위험하지 않다. 선원들은 위험한 생활을 좋아하며 농부들은 작은 섬의 조용한 생활을 좋아한다.

코르시카와 사르디니아, 멜리타는 아름다운 섬이다. 코르시카와 사르디니아는 큰 섬이고 멜리타는 작은 섬이다. 아름다운 섬의 주민들은 농민과 선원들이다. 선원들의 집은 작지만 농부들은 큰 집을 가지고 있다.

농부들은 대개 오래 살지만 농부는 많은 나라를 보지 못한다. 선원들은 많은 나라를 보지만 때때로 선원들은 오래 살지 못하는데, 까닭은 선원의 생활은 위험하기 때문이다.

흔히 조용한 생활은 좋다. 때로는 위험한 생활도 좋다. 시인들은 종종 선원들의 위험한 생활을 칭송하지만, 나는 농부들의 조용한 생활을 사랑한다.

A. 번역하시오.

❶ Interdum vītam agricolārum laudāmus.

❷ Nautae interdum vītam agricolārum laudant.

❸ Agricolae interdum vītam nautārum laudant.

❹ Vīta tua nōn est perīculōsa.

❺ Vīta poētae nōn saepe est perīculōsa.

❻ Incolae īnsulae pulchrae terram vident.

❼ Agricolae parvās casās habent.

❽ Epistula nautae quiētam vītam laudat.

B. 옳은 것을 고르시오.

❶ Britannia est patria _____. (nauta, nautae, nautam)

❷ Interdum casās _____ vidēmus. (agricolam, agricola, agricolārum)

❸ Incolae _____ patriam meam laudant. (īnsula, īnsulās, īnsulārum)

❹ Jūlia fīliās _____ amat. (poētae, poētam, poētās)

❺ Fīliae _____ casās amant. (poētās, poētārum, poēta)

C. 다음 문장들을 vital, vitality, vitamins 중 어느 하나로 완성하시오.

❶ The heart is a ___ organ.

❷ An athlete needs great ___.

❸ Lack of ___ may cause disease.

❹ The ___ of the invalid was surprising.

Anna. 쑴 휠-리아 뽀에이따이
Sum fīlia poētae.

Fulvia et Secunda. 쑤무스 휠-리아이 나우따이
Sumus fīliae nautae.

Anna. 싸르디니아 에스뜨 빠트리아 메아 싸르디니아 에스뜨 마그나
Sardinia est patria mea. Sardinia est magna
인-쑬라 에뜨 물따-스 씰와-스 하베뜨 씰와이 노운 쑨뜨
īnsula et multās silvās habet. Silvae nōn sunt
마그나이 쎄드 쑨뜨 뿔크라이 인꼴라이 싸르디니아이 씰와-스
magnae, sed sunt pulchrae. Incolae Sardiniae silvās
뿔크라-스 아만뜨
pulchrās amant.

Fulvia. 에스 인꼴라 싸르디니아이 쎄드 쑤무스 인꼴라이
Es incola Sardiniae, sed sumus incolae
히스빠-니아이 히스빠-니아 노운 에스뜨 인-쑬라 쎄드 에스뜨 떼라
Hispāniae. Hispānia nōn est īnsula, sed est terra
뿔크라 히스빠-니아 꿔꿰 빠르와-스 씰와-스 하베뜨
pulchra. Hispānia quoque parvās silvās habet.
인꼴라이 히스빠-니아이 빠르와-스 씰와-스 아만뜨
Incolae Hispāniae parvās silvās amant.

Anna. 나우따이 물따-스 떼라-스 위덴뜨 쎄드 위-따 나우따-룸
Nautae multās terrās vident, sed vīta nautārum
에스뜨 뻬리-꿀로우싸 위-따 뽀에이따-룸 노운 에스뜨 뻬리-꿀로우싸
est perīculōsa. Vīta poētārum nōn est perīculōsa.
쑴 라이따 꿔드 쑴 휠-리아 뽀에이따이
Sum laeta quod sum fīlia poētae.

Secunda. 쑴 라이따 꿔드 쑴 휠-리아 나우따이 뽀에이따
Sum laeta quod sum fīlia nautae. Poēta

화-불라-스 보나-스 스크리-비뜨 에뜨 화-불라-스 베네 레기뜨 쎄드
fābulās bonās scrībit et fābulās bene legit, sed

물땀 뻬꾸-니암 노운 하베뜨 위-따 나우따이 에스뜨
multam pecūniam nōn habet. Vīta nautae est

뻬리-꿀로우싸 쎄드 나우따 싸이뻬 물땀 뻬꾸-니암 하베뜨
perīculōsa, sed nauta saepe multam pecūniam habet.

쑴 꿔꿰 라이따 꿔드 쑴 휠-리아 나우따이 나우따
***Fulvia*. Sum quoque laeta quod sum fīlia nautae. Nauta**

화-불라-스 노운 스크리-비뜨 쎄드 화-불라-스 베네 나-라뜨
fābulās nōn scrībit, sed fābulās bene nārrat.

위-따 나우따-룸 에스뜨 라이따 꿔드 나우따이 위-땀
***Anna*. Vīta nautārum est laeta quod nautae vītam**

뻬리-꿀로우쌈 아만뜨 뽀에이따이 위-땀 뀌에이땀 아만뜨
perīculōsam amant. Poētae vītam quiētam amant,

쎄드 위-따 뽀에이따-룸 에스뜨 꿔꿰 라이따
sed vīta poētārum est quoque laeta.

▶▶▶ 어휘

béne [베네]=well (benediction 축복, benefit 이익, benefactor 은인, beneficent 인정 많은, benevolent 자애로운).

fãbula [화-불라]=story (fable 우화, fabulous 믿어지지 않는, confabulate 협의하다).

láeta [라이따]=happy, glad.

légit [레기뜨]=(he) reads (legible 읽기 쉬운, legibility 읽기 쉬움).

múlta [물따]=much (multitude 다수, 다량).

nárrat [나라뜨]=(he) tells. (narrate 이야기 하다, narrative 이야기, narration 서술, narrator 이야기하는 사람, 내레이터).

pecúnia [뻬꾸-니아]=money (pecuniary 금전상의, impecunious 무일푼의).

sum [쑴]=I am.

● **esse**(=to be) 동사의 변화

	단수		복수	
1인칭	**sum**	I am	**súmus**	we are
2인칭	**es**	you are	**éstis**	you are
3인칭	**est**	he/she/it is	**sunt**	they are

Es agricola. 너는 농부이다.
Estis agricolae. 너희는 농부이다.

Anna. 나는 시인의 딸이다.

Fulvia와 Secunda. 우리들은 선원의 딸이다.

Anna. 사르디니아는 나의 조국이다. 사르디니아는 큰 섬이며, 많은 숲을 가지고 있다. 숲은 크지 않으나 아름답다. 사르디니아의 주민들은 아름다운 숲을 사랑한다.

Fulvia. 너는 사르디니아의 주민이지만 우리는 스페인의 주민이다. 스페인은 섬이 아니지만 아름다운 땅이다. 스페인 또한 작은 숲들을 가지고 있다. 스페인의 주민들은 작은 숲을 사랑한다.

Anna. 선원들은 많은 나라를 보지만 선원의 생활은 위험하다. 시인의 생활은 위험하지 않다. 나는 시인의 딸이기 때문에 행복하다.

Secunda. 나는 행복한데, 왜냐하면 선원의 딸이기 때문이다. 시인은 재미있는 이야기를 쓰고 또 읽을 수 있지만 돈은 많지 않다. 선원의 생활은 위험하지만 선원은 종종 많은 돈을 가지고 있다.

Fulvia. 나도 선원의 딸이기 때문에 행복하다. 선원은 이야기를 쓰지 못하지만 재미있는 이야기를 해준다.

Anna. 선원들의 생활은 행복한데, 까닭은 그들이 위험한 생활을 사랑하기 때문이다. 시인들은 조용한 생활을 좋아하지만 시인의 생활 또한 행복하다.

A. 번역하시오.

❶ Sum incola Britanniae; fīlia mea incola Hispāniae est.

❷ Patria nostra est Corēa, et patriam nostram amāmus.

❸ Estis incolae Ītaliae; Ītalia est terra pulchra.

❹ Ītaliam saepe laudāmus, sed Corēam quoque amāmus.

❺ Poēta bene scrībit; puella fābulās poētae nārrat.

❻ Es puella laeta; fābulās longās amās.

❼ Poēta fābulās longās scrībit.

❽ Sumus agricolae; casae nostrae nōn sunt magnae.

❾ Puellae sunt laetae, sed multam pecūniam nōn habent.

B. 라틴어로 옮기시오.

❶ I am an inhabitant of Korea.

❷ The poet's daughter praises my cottage.

❸ My cottage is white.

❹ We are inhabitants of a beautiful island.

❺ You are sailors.

❻ You are a farmer; you love your country.

C. 동사를 단수형으로 바꾸고 그 밖의 필요한 부분을 수정하시오.

❶ Estis fīliae nautārum.

❷ Sumus incolae Hispāniae.

❸ Sunt agricolae.

D. 주어를 단수형으로 바꾸고 그 밖의 필요한 부분을 수정하시오.

❶ Casae sunt albae.

❷ Puellae sunt laetae.

❸ Fāblulae sunt bonae.

008

FILIA NAUTAE
휠-리아　나우따이

Anna. Cūr casam spectātis? Cūr nōn ambulātis?
꾸-르　까쌈　스뻭따-띠스　꾸-르　노운　암불라-띠스

Lūcia. Nōn ambulāmus quod puellam expectāmus.
노운　암불라-무스　꿔드　뿌엘람　엑스뻭따-무스

Cornēlia. Casam spectāmus quod est casa nautae.
까쌈　스뻭따-무스　꿔드　에스뜨　까싸　나우따이

Puella est fīlia nautae. Cūr casam spectās?
뿌엘라　에스뜨　휠-리아　나우따이　꾸-르　까쌈　스뻭따-스

Anna. Casam spectō quod casa est pulchra. Casās pulchrās
까쌈　스뻭또우　꿔드　까싸　에스뜨　뿔크라　까싸-스　뿔크라-스

spectāre amō. Cūr fīliam nautae nunc expectātis?
스뻭따-레　아모우　꾸-르　휠-리암　나우따이　눙끄　엑스뻭따-띠스

Lūcia. Puellam nunc expectāmus quod fābulās saepe
뿌엘람　눙끄　엑스뻭따-무스　꿔드　화-불라-스　싸이뻬

nārrat. Puella fābulās bene nārrat. Fābulās bonās
나-라뜨　뿌엘라　화-불라-스　베네　나-라뜨　화-불라-스　보나-스

amāmus. Interdum puella quoque pecūniam portat.
아마-무스　인떼르둠　뿌엘라　꿔꿰　뻬꾸-니암　뽀르따뜨

Cornēlia. Nōn multam pecūniam portat, sed nauta multam
노운　물땀　뻬꾸-니암　뽀르따뜨　쎄드　나우따　물땀

pecūniam habet. Nauta multās terrās videt et fābulās
뻬꾸-니암　하베뜨　나우따　물따-스　떼라-스　위데뜨　에뜨　화-불라-스

bonās nārrat. Interdum fābulae nautae sunt longae.
보나-스　나-라뜨　인떼르둠　화-불라이　나우따이　쑨뜨　롱가이

Anna. Fābulās bonās quoque amō. Sum fīlia poētae.
화-불라-스　보나-스　꿔꿰　아모우　쑴　휠-리아　뽀에이따이

Saepe poētae fābulās bonās nārrant.
싸이뻬　뽀에이따이　화-불라-스　보나-스　나-란뜨

화-불라-스 뽀에이따-룸 꿔꿰 아마-무스 꿔드 쑨뜨
Lūcia. Fābulās poētārum quoque amāmus quod sunt

보나이 쎄드 뽀에이따이 물따-스 떼라-스 노운 위덴뜨
bonae, sed poētae multās terrās nōn vident.

휠-리암 나우따이 아마-무스 꿔드 화-불라-스 뿔크라-스 나-라-레
Cornēlia. Fīliam nautae amāmus quod fābulās pulchrās nārrāre

아마뜨 휠-리아 나우따이 에스뜨 라이따 꿔드 화-불라-스 아마-무스
amat. Fīlia nautae est laeta quod fābulās amāmus.

▶▶▶ 어휘

ámbulō, -āre [암불로우]=walk (amble 천천히 걷다, ambulance 구급차, ambulate
여기저기 돌아다니다, ambulatory 보행의, perambulate 돌아다니다,
perambulator 유모차, preamble 서문(을 달다), somnambulism 몽유
병, ambulator 보행자).

expéctō, -āre [엑스뻭또우]=wait for, expect (expectancy 예상, expectation 기대).

nunc [눙끄]=now.

pórtō, -āre [뽀르또우]= carry (portable 휴대용의, portfolio 서류가방).

spéctō, -āre [스뻭또우]=look at (spectacle 광경, spectacular 볼만한, spectate
구경하다, spectator 구경꾼, speculate 깊이 생각하다, aspect 양상,
circumspect 신중한, inspect 검사하다, prospect 전망, respect 존경
하다, suspect 의심하다).

▶▶▶ 문법

❶ 동사 **portō**의 부정형(Infinitive)은 **portāre**이며, **portā-**를 **portāre**동사의 현재
어간(Present Stem)이라고 한다. **portāre**동사의 변화형은 현재어간에 다음과
같은 어미를 첨가해서 각 인칭의 변화형을 얻는다.

현재시제의 인칭어미

	단수		복수	
1	**-ō**	I	**-mus**	we
2	**-s**	you	**-tis**	you
3	**-t**	he/she/it	**-nt**	they

32 **라틴어 입문** Latin Without Tears

portō (=carry)의 현재시제 변화형

	단수		복수	
1	**pórt-ō**	I carry	**portā́-mus**	we carry
2	**pórtā-s**	you carry	**portā́-tis**	you carry
3	**pórta-t**	he/she/it carries	**pórta-nt**	they carry

: **portā-ō**처럼 모음이 겹치는 경우 **portā**의 -**ā**는 탈락한다.

❷ **portō**를 비롯해서 **ambulō**(=walk), **amō**(=love), **expectō**(=expect), **laudō**(=praise), **nārrō**(=tell), **spectō**(=watch) 등의 동사를 제1활용 동사(First Conjugation Verb)라고 부르며, 이들은 모두 위와 같은 변화의 모양을 갖는다.

▶▶▶ 해석   선원의 딸

Anna. 너희는 왜 저 집을 보고 있니? 왜 걷지 않는 거니?

Lūcia. 걷지 않는 것은 우리가 소녀를 기다리고 있기 때문이야.

Cornēlia. 우리가 저 집을 보고 있는 것은 그것이 선원의 집이기 때문이야. 소녀는 선원의 딸이야. 너는 왜 저 집을 보고 있니?

Anna. 내가 저 집을 보고 있는 것은 저 집이 아름답기 때문이야. 나는 아름다운 집들을 보기를 좋아한다. 왜 지금 선원의 딸을 기다리고 있는 거니?

Lūcia. 우리가 선원의 딸을 기다리는 것은 그녀가 종종 이야기를 해주기 때문이다. 소녀는 이야기를 잘 한다. 우리는 재미있는 이야기를 좋아한다. 때때로 소녀는 돈도 가지고 온다.

Cornēlia. 소녀는 많은 돈을 가지고 다니지는 않지만 선원은 많은 돈을 가지고 있다. 선원은 많은 나라를 보고, 그래서 재미있는 이야기를 해준다. 때때로 선원의 이야기는 길다.

Anna. 나도 재미있는 이야기를 좋아한다. 나는 시인의 딸이다. 시인은 종종 재미있는 이야기를 해준다.

Lūcia. 우리는 시인의 이야기도 좋아하는데, 까닭은 재미있기 때문이야. 그러나 시인들은 많은 나라를 보지는 못하지.

Cornēlia. 우리는 선원의 딸을 좋아하는데, 까닭은 그녀가 아름다운 이야기하기를 좋아하기 때문이야. 선원의 딸은 행복한데, 까닭은 우리가 이야기를 좋아하기 때문이야.

A. 번역하시오.

❶ Puellās nunc expectāmus.

❷ Bonās fābulās nārrātis, sed fābulās nārrāre nōn amāmus.

❸ Agricolae fābulās laudant, sed agricolās nōn laudāmus.

❹ Nauta incolās īnsulae spectat.

❺ Nunc sum nauta; vīta mea est perīculōsa.

❻ Agricolās laudās; agricolae nautās laudant.

❼ Es agricola; vīta tua nōn est perīculōsa.

❽ Estis agricolae; agricolae vītam quiētam amant.

❾ Sumus poētae; vīta nostra quoque est quiēta.

B. 괄호 안에서 주어진 영어의 어구에 해당하는 것을 고르시오.

❶ To walk (ambulāre, ambulant, ambulat)

❷ We see (spectō, spectātis, spectāmus)

❸ They tell (nārrās, nārrat, nārrant)

❹ He is carrying (portō, portāre, portat)

❺ You are telling (nārrō, nārrāmus, nārrās)

C. laudō의 적당한 형태로 괄호를 채우시오.

❶ Fābulās poētārum _____. (I)

❷ Agricolās _____. (you, *sg.*)

❸ Nautās _____. (he)

❹ Casās agricolārum _____. (we)

❺ Vītam perīculōsam _____. (you, *pl.*)

❻ Casās albās _____. (they)

D. 주어진 동사를 골라 아래의 문장들을 완성하시오. 동사는 한번만 사용하시오.

amat, ambulant, expectō, laudās, nārrāmus, spectātis

❶ Fīliās meās _____.

❷ Casam magnam _____.

❸ Poēta pecūniam _____.

❹ Fābulās bonās _____.

❺ Casam albam _____.

❻ Fīliae meae _____.

009

갈바　에뜨　삐**라**-따이

GALBA ET PIRATAE

쑴　인**꼴**라　씨**낄**리아이　인**꼴**라이　씨**낄**리아이　쑨뜨　아그**리**꼴라이　에뜨
Sum incola Siciliae. Incolae Siciliae sunt agricolae et

나우따이　쑴　나우따　갈바　에스뜨　휠-리우스
nautae. Sum nauta; Galba est fīlius (*my son*).

위-따　인**꼴라**-룸　씨**낄**리아이　에스뜨　뻬리-꿀로우싸　꿔드　삐-**라**-따이
Vīta incolārum Siciliae est perīculōsa quod pīrātae

인**꼴**라-스　인-**쑬**라이　싸이**뻬**　**쑤**뻬란드　에뜨　아브두-**꾼**뜨　인**떼**르둠
incolās īnsulae saepe superant et abdūcunt. Interdum

아그**리**꼴라-스　에뜨　**나**우따-스　네**깐**뜨　삐-**라**-따이　뻬**꾸**-니암　에뜨　**겜**마-스
agricolās et nautās necant. Pīrātae pecūniam et gemmās

인**꼴라**-룸　**아**만뜨　**까**싸-스　아그리**꼴라**-룸　싸이**뻬**　옥**꾸**빤뜨
incolārum amant; casās agricolārum saepe occupant.

삐-**라**-따이　**까**싸-스　**노**스트라-스　스**뻭**딴뜨　**쎄**드　삐-**라**-따-스　**노**운
Pīrātae casās nostrās spectant, sed pīrātās nōn

위**데**이무스　삐-**라**-따이　**갈**밤　위**덴**뜨　**쎄**드　**갈**바　삐**라**-따-스　**노**운
vidēmus. Pīrātae Galbam vident, sed Galba pīrātās nōn

위**데**뜨　삐-**라**-따이　**갈**밤　아브두-**꾼**뜨　**쎄**드　**갈**밤　**노**운　네**깐**뜨
videt. Pīrātae Galbam abdūcunt, sed Galbam nōn necant.

갈바　**꼴라**-마뜨　**훼**이미나-스　에뜨　**뿌엘**라-스　워**까**뜨　**눙**끄　**훼**이미나이
Galba clāmat; fēminās et puellās vocat. Nunc fēminae

에뜨　**뿌엘**라이　끄**라**-만뜨　**갈**밤　에뜨　삐-**라**-따-스　모운스트**란**뜨
et puellae clāmant; Galbam et pīrātās mōnstrant.

나우따-스　에뜨　아그리**꼴**라-스　워**꼬**우　삐-**라**-따-스　**쑤**뻬**라**-무스　**인**-**쑬**람
Nautās et agricolās vocō. Pīrātās superāmus. Īnsulam

삐-라-**따**-룸　옥꾸**빠**-무스　삐-**라**-따-스　네**까**-무스　**갈**밤　**노**운
pīrātārum occupāmus; pīrātās necāmus. Galbam nōn

위**데**이무스　**쎄**드　**빠**르와　삐-**라**-따이　**휠**-리아　**갈**밤　모운스트**라**뜨
vidēmus, sed parva pīrātae fīlia Galbam mōnstrat.

갈밤 에뜨 빠르왐 뿌엘람 쎄르와-무스 빠르와 뿌엘라 에스뜨
Galbam et parvam puellam servāmus. Parva puella est

라이따 꿔드 삐-라-따이 갈밤 노운 네깐뜨
laeta quod pīrātae Galbam nōn necant.

눙끄 삐-라-따이 아그리꼴라-스 에뜨 나우따-스 노운 아브두-꾼뜨 눙끄
Nunc pīrātae agricolās et nautās nōn abdūcunt; nunc

뻬꾸-니암 에뜨 겜마-스 인꼴라-룸 노운 옥꾸빤뜨 훼이미나이
pecūniam et gemmās incolārum nōn occupant. Fēminae

에뜨 뿌엘라이 쑨뜨 라이따이 꿔드 겜마-스 뿔크라-스 하벤뜨
et puellae sunt laetae quod gemmās pulchrās habent.

▶▶▶ 어휘

abdúcō, abdúcere [아브두-꼬우]=to lead away, abduct (abduction 유괴).

clâmō, -āre [끌라-모우]=shout, scream (claim 소리치다, clamorous 시끄러운).

fêmina [훼이미나]=woman (female 여성의, feminine 여성의, femininity 여성다움).

gémma [겜마]=jewel, gem.

mônstrō, -āre [모운스트로우]=point out, show (demonstrate 시연하다).

néco, -āre [네꼬우]=kill, slay (internecine 서로 죽이는, 너 죽고 나죽자 식의).

óccupō, -āre [옥꾸뽀우]=seize, occupy.

pīrâta [삐-라-따]=pirate.

sérvō, -āre [쎄르워우]=save (reserve 비축하다, preserve 보존하다, reservoir 저수지).

súperō, -āre [쑤뻬로우]=overcome, conquer (superable 이길 수 있는. insuperable 이겨내기 어려운)

vócō, -āre [워꼬우]=call, summon (vocalist 성악가, vocation 천직, convoke 소집하다, evoke 불러내다, invoke 부르다, provoke 도발하다, revoke 취소하다).

　나는 시칠리아 섬의 주민이다. 시칠리아 섬의 주민은 농부와 선원들이다. 나는 선원이다. 갈바는 나의 아들이다.

　시칠리아 섬 주민들의 생활은 위험한데, 까닭은 해적들이 종종 섬 주민들을 덮치고 납치하기 때문이다. 때때로 농부와 선원들을 죽이기도 한다. 해적들은 주민들의 돈과 보석을 좋아한다. 종종 농부들의 집을 차지하기도 한다.

　해적들이 우리 집을 보고 있지만 우리는 해적을 볼 수 없다. 해적들이 갈바를 보고 있지만 갈바는 해적들을 보지 못한다. 해적들이 갈바를 납치하지만 갈바를 죽이지는 않는다. 갈바가 소리친다. 갈바가 아낙들과 소녀들을 부른다. 지금 아낙들과 소녀들이 소리 지르면서 갈바와 해적들을 가리키고 있다.

　나는 선원들과 농부들을 부른다. 우리는 해적들을 덮친다. 우리는 해적들의 섬을 점령한다. 우리는 해적들을 죽인다. 우리는 갈바를 볼 수 없으나 해적의 어린 딸이 갈바를 가리킨다. 우리는 갈바와 어린 소녀를 구한다. 어린 소녀는 해적들이 갈바를 죽이지 않아서 행복하다.

　이제는 해적들이 농부와 선원들을 납치하지 않는다. 이제는 주민들의 돈과 보석을 차지하지 못한다. 아낙들과 소녀들이 행복한데, 까닭은 아름다운 보석들을 가지고 있기 때문이다.

A. 번역하시오.

❶ Pīrātae gemmās fēminae nōn habent; pīrātae īnsulam nōn occupant; pīrātās necāmus.

❷ Nunc fēminae et puellae pīrātās vident; nautae fēminās et puellās servant.

❸ Agricolam vocātis; agricola Galbam servat.

❹ Gemmae sunt pulchrae; fēminae pecūniam et gemmās amant.

❺ Ītalia est patria tua; patriam tuam servās; patriam nostram servāmus.

❻ Agricola casam meam mōnstrat; casam meam laudat.

❼ Pīrāta nautam superat; pīrātam superās.

B. 괄호 안의 영어를 라틴어로 옮기시오.

❶ (I am) agricola.

❷ (You are) poēta.

❸ (He is) nauta.

❹ (We are) puellae.

❺ (You are) pīrātae.

❻ (They are) fābulae.

C. 라틴어로 옮기시오.

❶ The pirates are watching our little island.

❷ You (*pl.*) seize the pirates' island; you save the jewels and money.

❸ The pirate calls the woman; now the woman screams; we overcome the pirate; we save the woman.

A. 왼쪽 라틴어 인칭어미와 오른쪽 영어의 주어를 짝지으시오.

❶ -ō　　❹ -mus　　(a) you (*pl.*)　　(d) you (*sg.*)

❷ -s　　❺ -tis　　(b) he　　(e) they

❸ -t　　❻ -nt　　(c) we　　(f) I

B. 복수로 바꾸시오.

　　ambulās　　laudās　　nārrat　　spectō

C. 단수로 바꾸시오.

　　ambulant　　expectātis　　laudant　　spectāmus

D. 옳은 단어를 골라 문장을 완성하시오.

❶ Casae (agricolam, agricolārum, agricolās) sunt pulchrae.

❷ Puella (casārum, casae, casam) mōnstrat.

❸ (Fēmina, Fēminam, Fēminae) interdum ambulat.

❹ Pīrātae (incola, incolās, incolae) spectant.

❺ (Gemmās, Gemma, Gemmae) est pulchra.

❻ Fēminae et (puellam, puellās, puellae) sunt laetae.

PEOPLE OF THE PAST

010
갈바 에뜨 휠-리아
GALBA ET FILIA

휠-리아 메아 훌위암 싸이뻬 위데뜨 훌위아 에스뜨 휠-리아 갈바이
Fīlia mea Fulviam saepe videt. Fulvia est fīlia Galbae.

갈바 물따-스 떼라-스 위데뜨 나우따 에스뜨 에뜨 베네 라보우라뜨
Galba multās terrās videt; nauta est et bene labōrat.

갈바 에뜨 훌위아 마그남 까쌈 하벤뜨 까싸 삑뚜라-스
Galba et Fulvia magnam casam habent. Casa pictūrās

뿔크라-스 하베드
pulchrās habet.

훌위아 겜마-스 데이씨-데라뜨 갈바 물땀 뻬꾸-니암
Fulvia gemmās dēsīderat. Galba multam pecūniam

하베드 이따꿰 훌위아이 물따-스 에뜨 뿔크라-스 겜마-스 다뜨
habet, itaque Fulviae multās et pulchrās gemmās dat.

훌위아이 물땀 뻬꾸-니암 꿔꿰 다뜨
Fulviae multam pecūniam quoque dat.

휠-리아 메아 겜마-스 아마뜨 에뜨 데이씨-데라뜨 쎄드 물따-스
Fīlia mea gemmās amat et dēsīderat, sed multās

겜마-스 노운 하베뜨 뻬꾸-니암 꿔꿰 아마뜨 에뜨 데이씨-데라뜨
gemmās nōn habet. Pecūniam quoque amat et dēsīderat,

쎄드 노운 물땀 뻬꾸-니암 하베뜨
sed nōn multam pecūniam habet.

인떼르둠 훌위아 휠-리아이 겜마-스 모운스트라뜨 미히 꿔꿰
Interdum Fulvia fīliae gemmās mōnstrat. Mihi quoque

겜마-스 모운스트라뜨 겜마이 쑨뜨 뿔크라이
gemmās mōnstrat; gemmae sunt pulchrae.

훌위아 휠-리아이 메아이 물따-스 에뜨 뿔크라-스 삑뚜-라-스
Fulvia fīliae meae multās et pulchrās pictūrās

모운스트라뜨 휠-리아 메아 삑뚜-라-스 아마뜨 눙꼬 훌위아 휠-리아이
mōnstrat; fīlia mea pictūrās amat. Nunc Fulvia fīliae

메아이　삑뚜-람　삐-라-**따**-룸　모운스트라뜨　횔리아　메아　삑뚜-람
meae pictūram pīrātārum mōnstrat.　Fīlia mea pictūram
삐-라-**따**-룸　노운　아마뜨　삐-**라**-따-스　띠메뜨　훌위아　삑뚜-라스　노운
pīrātārum nōn amat; pīrātās timet. Fulvia pictūrās nōn
띠메뜨　삐-**라**-따-스　노운　띠메뜨
timet; pīrātās nōn timet.

갈바　뿌엘리-스　화-불라스　**나**-라뜨　보나-스　화-불라스　**나**-라뜨
Galba puellīs fābulās nārrat. Bonās fābulās nārrat
꿔드　나우따　에스뜨　에뜨　물따-스　떼라-스　위데뜨　갈밤　아모우
quod nauta est　et multās terrās videt. Galbam amō,
꿔드　뿌엘리-스　화-불라스　베네　**나**-라뜨
quod puellīs fābulās　bene nārrat.

▶▶▶ 어휘

dēsîderō, -āre [데이씨-데로우]=want, desire (desiderate 탐내는, desideratum 꼭 필요한 것, desiderative 바라는, desire 바라다, desirous 바라는).

dō, dáre [도우]=give (dative 여격의).

ítaque [이따꿰]=therefore.

labôrō, -āre [라보우로우]=work, labor (laborer 노동자, laborious 열심히 일하는, laboratory 실험실, belabor 오래도록 일하다, collaborate 협동하다, elaborate 공들여 만들다).

míhi [미히]=to me.

pictûra [삑뚜-라]=picture.

tímet [띠메뜨]=fears, is afraid of (timid 겁 많은, timorous 무서워하는, intimidate 겁주다).

▶▶▶ 문법

여성명사의 단수와 복수의 여격(Dative Case)형은 각기 어간에 **-ae**와 **-īs**를 첨가해서 만든다. 여격형은 주로 간접목적어로 사용된다.

Pīrāta nautae epistulam dat.

The pirate gives the sailor a letter.

Galba incolīs epistulam mōnstrat.

Galba shows a letter to the inhabitants.

내 딸은 Fulvia를 자주 본다. Fulvia는 Galba의 딸이다. Galba는 많은 나라를 본다. Galba는 선원이며 일을 잘 한다. Galba와 Fulvia는 큰 집을 가지고 있다. 그 집에는 예쁜 그림들이 있다.

Fulvia는 보석을 가지고 싶어 한다. Galba는 많은 돈을 가지고 있다. 그래서 Fulvia에게 예쁜 보석을 많이 준다. Fulvia에게 돈도 많이 준다.

나의 딸은 보석을 좋아하며 또 가지고 싶어 하지만 많은 보석을 가지고 있지 않다. 나의 딸은 돈도 좋아하고 또 가지고 싶어 하지만 많은 돈을 가지고 있지 않다.

때때로 Fulvia는 나의 딸에게 보석들을 보여준다. 그녀는 나에게도 보석을 보여준다. 그 보석들은 아름답다.

Fulvia는 나의 딸에게 많은 아름다운 그림들을 보여준다. 나의 딸은 그림을 좋아한다. 지금 Fulvia가 나의 딸에게 해적의 그림을 보여주고 있다. 나의 딸은 해적의 그림을 좋아하지 않는다. 나의 딸은 해적을 무서워한다. Fulvia는 그림들을 무서워하지 않는다. 그녀는 해적을 무서워하지 않는다.

Galba는 소녀들에게 이야기를 해준다. 그는 재미나는 이야기를 해주는데, 왜냐하면 그는 선원이며 또 많은 땅을 보기 때문이다. 나는 Galba를 좋아하는데, 왜냐하면 그가 소녀들에게 이야기를 재미있게 해주기 때문이다.

A. 번역하시오.
  ❶ Fēminae pulchrae gemmās dō; fēminīs pulchrīs gemmās damus.
  ❷ Poēta pecūniam dēsīderat, itaque agricolae poētae pecūniam dant.
  ❸ Incolae īnsulae nautae epistulās dant; nautae incolīs īnsulae pecūniam dant.
  ❹ Fābulam fīliae meae nārrō; fīlia tua fābulam legit.
  ❺ Nautae epistulam dās, et nauta epistulam mihi mōnstrat.
  ❻ Agricolae bene labōrant.
  ❼ Fīlia agricolam amat, itaque puella bene labōrat.

B. 다음 문장들을 밑에 주어진 단어 가운데 하나로 빈칸을 채우시오.
   주어진 단어나 구는 한번만 사용하시오.

agricolae	agricolīs	nautīs	parvae peullae	parvīs puellīs

  ❶ Parva puella pecūniam _____ dat.
  ❷ Parvae puellae multam pecūniam _____ dant.
  ❸ Agricola gemmās _____ dat.
  ❹ Agricolae gemmās pulchrās _____ dant.
  ❺ Poēta _____ pictūram pulchram mōnstrat.

C. 다음 문장들을 labōrō와 관련된 영어 단어로 완성하시오.
  ❶ _____ is work.
  ❷ A _____ task is a hard task.
  ❸ _____ Day comes in September.
  ❹ Our school has a science _____.
  ❺ A _____ is a person who works.

011

PUELLA BENIGNA

Galba. Vīlla alba est vīlla poētae et fīliae. Poētam videō, sed fīliam nōn videō.

Cornēlia. Fenestrae vīllae sunt apertae; jānua quoque est aperta. Nunc poētam videō; epistulam scrībit.

Galba. Poēta epistulam nōn scrībit; fābulam scrībit. Fābulae poētārum mihi grātae sunt. Nunc Annam videō. Anna est fīlia poētae.

Cornēlia. Fēminam quoque videō. Fēmina et parva puella pictūram spectant.

Galba. Fēminam nōn spectās, sed Fulviam spectās. Fulvia nōn fēmina est; puella est. Annae pictūram mōnstrat et fābulam nārrat. Fulvia est puella benigna.

Cornēlia. Cūr Fulvia parvīs puellīs benigna est?

Galba. Fulvia parvās puellās amat et fābulās nārrāre amat. Fulvia parvīs puellīs cāra est quod est benigna. Fulvia quoque mihi benigna est.

Cornēlia. Cūr Fulvia tibi benigna est?

Galba. Fulvia est fīlia mea. Fulviam amō quod est fīlia mea; sed Fulvia mihi quoque grāta est quod est puella benigna.

apérta [아**뻬**르따]=open (aperture 구멍, 틈).

benígna [베니그나]=kind (benign[bináin] 친절한).

câra [**까**-라]=dear (caress 애무하다, charity 자선, charitable 자비로운, cherish 소중히 여기다).

fenéstra [훼네스트라]=window (fenestra 창문 같은 구멍, fenestrated 창문이 있는, fenestration 창문의 설계, fenestella 작은 창, defenestration (물건을) 창밖으로 던지기).

grâta [그**라**-따]=pleasing (grateful 감사하는, grace 은총, gracious 정중한, gratitude 감사, gratify 만족시키다, gratis 무료로, gratuitous 무료의, gratuity 선물, ingrate 은혜를 모르는, ingratiate 비위를 맞추다, congratulate 축하하다).

jânua [**야**-누아]=door (janitor 수위).

tíbi [**띠**비]=to you.

vídeō [**위**데오우]=I see.

vīlla [**윌**라]=farmhouse, country house.

❶ 속격의 위치

라틴어에서는 영어와는 달리 속격 명사는 수식하는 명사 뒤에 온다.

    casa poêtae   the poet's house

❷ 다음 문장에서 puellae는 형용사 benigna에 의존하고 있다 하여 의존여격 (Dependent Dative)이라고 부른다. 의존여격은 대개 형용사 앞에 온다.

    Fulvia puellae benigna est.   Fulvia is kind to the girl.

영어의 kind, friendly, dear, pleasing, hostile, near등의 뜻을 갖는 형용사들이 의존여격과 함께 쓰인다.

❸ 간접목적어로 쓰인 여격명사는 직접목적어 앞이나 뒤에 온다.

    Filia <u>puellae</u> gemmam dat.

    Filia gemmam <u>puellae</u> dat.

Galba. 흰 농가는 시인과 그 딸의 집입니다. 나는 시인을 보고 있는데 그의 딸은 보이지 않습니다.

Cornēlia. 농가의 창문들이 열려있습니다. 문도 열려있습니다. 이제 시인이 보입니다. 그는 편지를 쓰고 있습니다.

Galba. 시인은 편지를 쓰고 있는 것이 아니고 이야기를 쓰고 있습니다. 시인들의 이야기는 내 취향에 맞습니다. 지금 Anna가 보입니다. Anna는 시인의 딸입니다.

Cornēlia. 부인도 보입니다. 부인과 작은 소녀는 그림을 보고 있습니다.

Galba. 당신은 부인을 보고 있는 것이 아니라 Fulvia를 보고 있습니다. Fulvia는 부인이 아니고 소녀입니다. 그녀는 Anna에게 그림을 보여주고 이야기를 해주고 있습니다. Fulvia는 친절한 소녀입니다.

Cornēlia. 어찌하여 Fulvia는 어린 소녀들에게 친절합니까?

Galba. Fulvia는 어린 소녀들을 좋아하고 이야기하기를 좋아합니다. Fulvia는 어린 소녀들에게 소중한데, 왜냐하면 그녀가 친절하기 때문입니다. Fulvia는 나에게도 친절합니다.

Cornēlia. 왜 Fulvia가 당신에게 친절합니까?

Galba. Fulvia는 나의 딸이니까요. 나는 Fulvia가 내 딸이기 때문에 사랑합니다. 그러나 Fulvia는 나에게도 상냥한데, 까닭은 그 애가 친절한 소녀이기 때문입니다.

A. 번역하시오.

❶ Epistula mea tibi grāta est; epistulae meae tibi grātae sunt.

❷ Casa tua magnam fenestram habet; casa mea multās fenestrās habet; fenestrae sunt apertae.

❸ Pictūram jānuae apertae videō; pictūrās jānuārum apertārum videō.

❹ Puella est bona et benigna; fīliae meae benigna est.

❺ Jānuae casārum albārum sunt apertae.

❻ Bene labōrās; itaque pecūniam tibi damus.

❼ Īnsulam longam spectās.

❽ Fābulās parvīs puellīs nārrātis.

❾ Magnās silvās nautae mōnstrāmus; nauta silvās timet.

❿ Agricolae labōrant; poēta agricolās laudat.

B. 이탤릭체 부분을 라틴어로 옮기시오.

❶ Italy is *dear to poets*.

❷ Anna is *kind to your daughter*.

❸ The pictures are *pleasing to the little girls*.

❹ You give *the little girl* a letter.

❺ Your letters are not *pleasing to me*.

012

INSULA NOSTRA

Galba casam in magnā īnsulā habet; īnsula est Sardinia. Casa mea quoque in Sardiniā est, et saepe Galbam videō.

In īnsulā sunt multae viae. Viae nōn sunt bonae, sed agricolae saepe ibi ambulant. Interdum cum agricolīs in viīs ambulō.

Casa mea est in viā longā. Ē jānuā casae meae vīllam videō; vīlla fenestrās apertās habet. Vīlla est magna, et fāma vīllae est magna.

In īnsulā nostrā sunt silvae. Ē jānuā apertā casae meae parvam silvam videō. Interdum cum incolīs ibi ambulō, sed Jūlia in silvā nōn ambulat. Jūlia est fīlia mea. Jūlia silvās nōn amat.

Cornēlia et Fulvia quoque in īnsulā nostrā habitant. Cornēlia et Fulvia sunt fīliae Galbae, et cum Galbā in casā magnā habitant. Cornēlia et Fulvia sunt Jūliae cārae; Jūlia est Cornēliae et Fulviae cāra. Jūlia cum Cornēliā et Fulviā in viīs ambulant; in magnīs silvīs nōn ambulant.

Fāma Sardiniae magna est. Īnsula est patria nostra. Mihi īnsula grāta est, sed puellīs nōn grāta est.

cum [꿈]=with (magna cum laude(=with praise) 우등으로).

ē, ex [에이, 엑스]=from.

fāma [화마]=reputation (famous 유명한, defame 명예를 손상시키다, infamy 오명).

hábitō, -āre [하비또우]=live, dwell (habitation 거주지, inhabit 거주하다).

íbi [이비]=there, in that place.

in [인]=in, on.

vía [위아]=road, way (via …을 경유하여, via air mail 항공편, via duct 고가교, deviate 벗어나다, devious 벗어난, obvious 분명한, pervious 침투시키는, voyage 항해).

❶ 전치사는 탈격(Ablative Case)의 목적어와 함께 사용된다. 단수명사의 탈격어미는 -ā이며 복수명사의 탈격어미는 -īs이다.

Cum Jūliā et nautīs ambulō.

I walk with Julia and the sailors.

❷ 탈격의 명사를 수식하는 형용사도 탈격의 어미를 갖는다.

Silva est in īnsulā pulchrā.

The forest is on a beautiful island.

Agricolae ē magnīs vīllīs ambulant.

The farmers walk out of the large farmhouses.

❸ 다음과 같은 영어의 문장에서 there는 뜻이 없는 허사(expletive)로서 주어의 자리를 채우고 있을 뿐이다.

There is no danger.

그러나 라틴어에는 다음 문장에서 보듯 허사가 없다. 라틴어에서 ibi는 항상 장소를 나타내는 there의 뜻을 갖는다.

There is a house on the island. **Est casa in īnsulā.**

Galba는 큰 섬에 집을 가지고 있다. 그 섬은 사르디니아이다. 우리 집도 사르디니아에 있으며, 나는 종종 Galba를 본다.

섬에는 많은 길이 있다. 길은 좋지 않으나 농부들은 종종 그곳을 산책한다. 때때로 나는 농부들과 함께 길에서 산책한다.

나의 집은 긴 길가에 있다. 내 집 문에서 한 농가를 볼 수 있다. 농가의 창문들은 열려있다. 농가는 크며, 이 농가는 유명하다.

우리 섬에는 숲들이 있다. 우리 집의 열린 문으로 나는 작은 숲을 본다. 때때로 나는 주민들과 그곳을 산책하지만 Julia는 숲에서 산책하지 않는다. Julia는 나의 딸이다. Julia는 숲을 좋아하지 않는다.

Cornelia와 Fulvia 또한 우리 섬에 산다. Cornelia와 Fulvia는 Galba의 딸들이며, Galba와 더불어 큰 집에서 산다. Cornelia와 Fulvia는 Julia에게 친절하다. Julia는 Cornelia와 Fulvia에게 친절하다. Julia는 Cornelia와 Fulvia와 함께 길에서 산책한다. 큰 숲에서는 산책하지 않는다.

사르디니아는 널리 알려져 있다. 섬은 우리의 고향이다. 나에게 섬은 쾌적한 곳이지만 소녀들에게는 반가운 곳이 아니다.

A. 번역하시오.

❶ In viā; in viīs; ex casā; ex casīs; cum puellā; cum puellīs.

❷ In silvā habitāmus; ex silvā ambulās; cum agricolā ambulātis.

❸ Ē jānuā nautam vidēmus; in viā nautam vidēmus; cum Cornēliā nautam vidēmus.

❹ Est vīlla in parvā īnsulā; sunt vīllae in parvīs īnsulīs.

❺ Fīlia agricolae nunc in Ītaliā est, itaque ex Ītaliā epistulam scrībit.

❻ Fīlia agricolae cum fīliā tuā est.

❼ Poētae īnsulam amant et ibi ambulant.

❽ Agricolae in īnsulā habitant.

❾ Fāma īnsulārum est magna.

❿ Patria tua tibi cāra est.

B. 라틴어로 옮기시오.

❶ The girls walk in the forest; the girls walk from the farmhouses; the girls walk with the farmer.

❷ I walk on the island; I do not walk in the street now.

❸ There is a forest on the island.

❹ The daughters of the poet sometimes walk there.

❺ There are sailors on the streets; the farmer gives money to the sailors.

❻ My daughter is walking with the daughter of the sailor.

C. 다음 빈칸들을 **puella**의 적당한 형태로 채우시오.

❶ ＿＿＿＿ fābulam nārrat.

❷ Casa ＿＿＿＿ est parva.

❸ Pictūra est ＿＿＿＿ grāta.

❹ ＿＿＿＿ vidēmus.

❺ Cum ＿＿＿＿ ambulō.

❻ ＿＿＿＿ mihi cārae sunt.

❼ Casae ＿＿＿＿ sunt magnae.

❽ Multās ＿＿＿＿ videō.

❾ Cum ＿＿＿＿ ambulant.

013
LATONA ET RANAE

In scholā nostrā linguam Latīnam discimus. Nunc in fābulā Latīnā dē rānīs discimus.

Incolae Graeciae saepe deās vident, quod deae saepe in silvīs Graeciae ambulant. Interdum Lātōna in silvīs ambulat. Fēminae Graeciae Lātōnam, deam pulchram, amant, quod Lātōna est fēminīs benigna.

Nunc Lātōna in silvā ambulat. Cum Lātōnā sunt īnfantēs (infants) Diāna et Apollō.

Agricolae Lātōnam et īnfantēs spectant; deam timent. Dea agricolās videt; itaque agricolās vocat. Aquam ōrat. Lātōna aquam nōn dēsīderat, sed īnfantēs aquam dēsīderant.

Est aqua in lacūnā, sed agricolae Lātōnae aquam dare nōn dēsīderant. Itaque in lacūnā ambulant; nunc aqua nōn est bona. Lātōna est īrāta quod agricolae sunt in aquā.

Dea īrāta clāmat.

Nunc agricolae sunt rānae. Nunc agricolae in casīs nōn habitant; in lacūnā habitant, quod sunt rānae.

áqua, -ae [아꾸아]=water (aquarium 수족관, aquatic 물의, aqueduct 수도교,
  subaqueous 물속에 있는).

dē [데이]=about, concerning.

déa, -ae [데이아]=goddess (adieu 안녕, deify 신격화하다, deity 신(성)).

díscimus [디스끼무스]=we learn.

īrā́ta [이-라-따]=angry (irate [airéit] 성난).

lácus [라꾸스]=lake, pond.

Lātṓna [라-또우나]=mother of Apollo and Diana

língua, -ae [링구아]=language, speech (linguist 언어학자, linguistics 언어학,
  bilingual 2중언어의, lingo 뜻을 알 수 없는 말).

ṓrō, -āre [오우로우]=ask for, beg for, pray to (orator 웅변가, oratorio 오라
  토리오, oratorical contest 웅변대회).

rā́na, -ae [라-나]=frog (ranologist 개구리학자).

schóla, -ae [스꼴라]=school.

tíment [띠멘뜨]=(they) fear (timid 겁 많은).

❶ 제1 격변화(First Declension -a, -ae)

		단수	복수	
N(ominative)	(주격)	náuta	náutae	(주어)
G(enitive)	(속격)	náutae	nautā́rum	(속격)
D(ative)	(여격)	náutae	náutīs	(간접목적어)
A(ccusative)	(대격)	náutam	náutās	(직접목적어)
Ab(lative)	(탈격)	náutā	náutīs	(from/with/in 등의 전치사와 함께)

N <u>Nauta</u> casam habet.   N Sumus <u>nautae</u>.

G Casae <u>nautae</u> est parva.   G Casae <u>nautārum</u> sunt parvae.

D Galba <u>nautae</u> arcam dat.   D <u>Nautīs</u> benigna estis.

A Galba <u>nautam</u> videt.   A Poēta <u>nautās</u> laudat.

Ab Galba cum <u>nautā</u> ambulat.   Ab Galba cum <u>nautīs</u> ambulat

❷ 동격 (Apposition) : 동격의 명사는 동격을 이루는 명사와 동일한 격을 취한다. 다음 예들에서는 밑줄 친 동격명사들이 선행하는 명사와 동일한 격의 형태를 취하고 있다.

Fīlia mea <u>Fulvia</u> puellās expectat.
My daughter Fulvia is waiting for the girls.

In īnsulā <u>Siciliā</u> habitō.
I live on the island of Sicily.

▶▶▶ 해석   Latona와 개구리들

우리는 학교에서 라틴어를 배운다. 지금 라틴어 우화에서 개구리에 대해 배우고 있다.

희랍의 주민들은 종종 여신들을 보는데, 까닭은 여신들이 종종 희랍의 숲을 거닐기 때문이다. 때때로 Latona는 숲을 거닌다. 희랍의 여인들은 아름다운 여신 Latona를 사랑하는데, 까닭은 Latona가 여인네들에게 친절하기 때문이다.

지금 Latona가 숲속을 거닐고 있다. Latona 곁에는 Diana와 Apollo의 두 애가 있다.

농부들이 Latona와 애들을 본다. 그들은 여신을 무서워한다. 여신이 농부들을 본다. 그래서 농부들을 부른다. 그녀가 물을 청한다. Latona가 물을 원하는 것이 아니라 애들이 물을 마시고 싶어 한다.

호수에는 물이 있지만 농부들은 Latona에게 물을 주고 싶어 하지 않는다. 그래서 그들이 물속에서 걷는다. 이제 물은 깨끗하지 않다. Latona는 물속에 농부들이 들어가 있어 화가 난다.

화가 난 여신이 소리 지른다.

그러자 농부들이 개구리가 되었다. 지금 농부들은 집에서 살지 않고 호수에서 산다. 왜냐하면 그들은 개구리이기 때문이다.

A. 번역하시오.

❶ Americam, patriam nostram, amāmus; Ītaliam, patriam tuam, amās.

❷ Puella ex silvā ambulat; nautae ē viīs casās spectant.

❸ Cornēliae, fīliae tuae, pecūniam damus.

❹ Nunc dea īrāta aquam ōrat.

❺ Fāma linguae Ītaliae, patriae tuae, est magna.

❻ Jānua casae aperta est; jānuae casārum apertae sunt.

❼ Ē jānuā aquam videō; ē jānuīs silvam vidēmus.

❽ In scholā nostrā dē Lātōnā et rānis discimus.

❾ In Americā linguam Latīnam in scholā discimus.

❿ Puellae gemmās ōrant.

B. 괄호 안의 구를 골라 문장을 완성하시오.

❶ In ＿＿＿ habitāmus (īnsulam Siciliam, īnsulae Siciliae, īnsulā Siciliā).

❷ Jānuam apertam ＿＿＿ videō (casae tuae, casam tuam, casā tuā).

❸ Lingua īnsulārum magnārum nōn est ＿＿＿ (lingua Latīna, linguam Latīnam, linguās Latīnās).

❹ Fīlia tua in viā ＿＿＿ expectat (parvam puellam, parvae puellae, parvīs puellīs).

❺ Agricolae aquam Lātōnae ＿＿＿ nōn dant (deam pulchram, deae pulchrae, deā pulchrā).

A. 각 행에서 다른 것들과 어울리지 않는 단어 하나씩을 고르시오.

aqua, deārum, fenestrīs, ōrātis, schola, viīs

aperta, benigna, cāra, fāma, grāta, īrāta

damus, dēsīderās, habitāmus, labōrās, ōrās, pictūrās

ē, cum, dē, dō, ex, in

B. 괄호 안에 주어진 영어의 어구에 해당하는 라틴어로 빈칸을 채우시오.

❶ Poēta pictūram _____ dat. (to the girl)

❷ Fenestrae _____ sunt (open)

❸ Fābula est _____ grāta. (to the women)

❹ Aquam _____ damus. (to the goddess)

❺ Puella _____ benigna est. (to me)

❻ Fīliae sunt _____ cārae. (to the farmers)

C. 다음 문장들에서 라틴어의 차용어를 찾으시오.

(괄호 안의 숫자는 차용어의 수를 나타냄.)

❶ I am working for a scholarship. (1)

❷ Orators are not timid speakers. (2)

❸ Baseball writers use a strange lingo. (1)

❹ The famous poet had a villa in Italy. (4)

❺ Sylvia drew a picture of her aquarium. (3)

❻ The benign old lady liberated the frog. (2)

❼ The janitor of the building labors early and late. (2)

❽ The inhabitants of the village are proud of their school. (3)

GOOD STORIES

014 SICILIA

Sicilia est magna īnsula Eurōpae. In Siciliā sunt multae casae et vīllae. Sunt multae silvae quoque, sed silvae Siciliae nōn sunt magnae.

Incolae ōrae maritimae sunt nautae, sed casae agricolārum ōrae maritimae propinquae nōn sunt.

Aetna est in īnsulā Siciliā. Incolae Siciliae Aetnam timent. Cūr incolae īnsulae Aetnam timent? Incolae Aetnam timent quod flammās Aetnae saepe vident.

Sicilia Ītaliae propinqua est. Ex Siciliā Ītaliam vidēmus. Incolae Ītaliae quoque Siciliam vident. Flammās Aetnae vident. Aqua Siciliam ab Ītaliā sēparat, sed aqua est angusta.

Messāna est in ōrā maritimā Siciliae, et incolae Messānae ōram maritimam Ītaliae vident. Casās et vīllās vident. Incolae Ītaliae īnsulam Siciliam quoque vident.

Sicilia est īnsula amoena. Incolae Aetnam timent, sed Siciliam amant, quod est īnsula amoena.

ā, ab [아-, **아브**]=from (aberration 탈선, abject 비참만, abuse 남용).
amóena [아**모**이나]=pleasant.
angústa [앙**구**스따]=narrow.
flámma, -ae [후**람**마]=fire, flame.
ôra marítima [오우라 마**리**띠마]=seacoast, seashore.
ôra, -ae [**오**우라]=shore.
propínqua [프로**삥**꾸아]=near, nearby (propinquity 가까움).
sêparō, -āre [**쎄**이빠로우]=separate.

❶ 탈격의 **ā/ab** (=from away)
    Nautae <u>ab</u> ôra maritimā properant.
       The sailors hurry away from the seashore.
ab는 모음이나 h로 시작되는 단어 앞에서, **ā**는 자음으로 시작되는 단어 앞에서 사용된다.

    Nauta <u>ā</u> Siciliā properat; poēta <u>ab</u> Ītaliā properat.
       The sailor hurries away from Sicily; the poet hurries away from Italy.
    이것은 영어의 부정관사가 a/an의 두 모양을 갖는 것과 동일한 경우이다.

❷ **ā/ab**는 **ē/ex**(=from)와 구별할 필요가 있다. 다음 두 문장을 비교하기 바란다.
    Nauta <u>ā</u> casā ambulat.
       The sailor walks <u>away from</u> the house.
    Agricola rānam <u>ex</u> casā portat.
       The farmer carries the frog <u>from (out of)</u> the house.

시칠리아는 유럽의 큰 섬이다. 시칠리아에는 많은 오두막집과 농가가 있다. 많은 숲도 있으나 시칠리아의 숲들은 크지 않다.

바닷가의 주민들은 선원들이지만 농부들의 오두막집은 바다 가까이에 있지 않다.

에트나 산은 시칠리아 섬에 있다. 시칠리아의 주민들은 에트나 산을 무서워한다. 섬의 주민들이 왜 에트나 산을 무서워하는가? 주민들이 에트나 산을 무서워하는 것은 그들이 종종 에트나 산의 불길을 보기 때문이다.

시칠리아는 이탈리아에서 가깝다. 우리는 시칠리아에서 이탈리아를 볼 수 있다. 이탈리아의 주민 역시 시칠리아 섬을 본다. 그들은 에트나 산의 불길을 본다. 물이 시칠리아와 이탈리아를 갈라놓고 있지만 물길은 매우 좁다.

메시나는 시칠리아의 해변에 있으며, 메시나의 주민들은 이탈리아의 해변을 볼 수 있다. 그들은 오두막집과 농가들을 볼 수 있다. 이탈리아의 주민들도 시칠리아 섬을 볼 수 있다.

시칠리아는 쾌적한 섬이다. 주민들은 에트나 산을 두려워하지만 시칠리아를 사랑하는데, 까닭은 시칠리아가 쾌적한 섬이기 때문이다.

A. 번역하시오.

❶ In terrā amoenā; ab īnsulā angustā; ab īnsulīs angustīs.

❷ Ex fenestrīs casae flammās vidēmus.

❸ Fīliae tuae ē vīllā ambulant.

❹ Via angusta vīllam ā casā sēparat.

❺ Messāna multās et angustās viās habet.

❻ Incola Messānae tibi ōram maritimam Ītaliae mōnstrat.

❼ Flammae Aetnae sunt magnae.

❽ Ōra maritima Siciliae est Ītaliae propinqua.

❾ Viae angustae sunt perīculōsae.

❿ In Ītaliā nōn habitāmus, sed linguam Latīnam discimus.

B. 라틴어로 옮기시오.

❶ Your farmhouse is near the forest.

❷ From the seashore we see the fires of Etna.

❸ The island is long and narrow.

❹ The seacoast is pleasant, and I often walk there.

❺ There are small islands near Sicily.

❻ Water separates the islands from Italy.

❼ The girl walks away from the seashore.

❽ The woman carries the money out of the house.

015

LUNA ET STELLAE

Anna. Noctū lūna et stellae sunt pulchrae, sed nōn semper lūnam et stellās vidēmus. Nunc sunt multae stellae in caelō. Nunc lūna et stella sunt clārae.

Tullia. Lūnam clāram et stellās clārās amō.

Anna. Lūnam et stellās quoque amō.

Tullia. Nārrā mihi, Anna, dē lūnā.

Anna. Lūna est pulchra. Dea lūnae est Diāna. Diāna sagittās habet; radiī lūnae sunt sagittae Diānae. Sagittae Diānae sunt clārae.

Tullia. Cūr lūnam interdiū nōn vidēmus?

Anna. Noctū Diāna in caelō habitat, sed interdiū in terrā habitat. Diāna est dea lūnae, sed est quoque dea silvārum. Itaque magnās silvās amat.

Tullia. Nunc nārrā mihi dē stellīs.

Anna. Multae stellae sunt in caelō. Stellae semper in caelō sunt, sed interdiū stellās nōn vidēmus. Stellae sagittās nōn habent.

Tullia. Diāna sagittās habet. Cūr stellae sagittās nōn habent?

Anna. Stellae deae nōn sunt; sunt gemmae deae.

Anna et Tullia. Tuae gemmae sunt clārae, dea lūnae. Spectāte nōs, stellae clārae! Spectā nōs, Diāna pulchra.

cáelō [까이로우]=*abl.*, sky.

clâra [끄라-라]=bright, clear; famous (clarify 분명히 하다, clarity 명쾌함, clarinet 클라리넷, clarion 클라리온, declare 표명하다).

intérdiū [인떼르디우-]=by day, during the day.

lûna, -ae [루-나]=moon (lunar 달의, lunatic 정신병자 (달빛을 잘못 쏘인 결과라고 생각되었음), lunacy 정신병, lunate 초승달 모양의, lunation 태음월 (신월에서 다음 신월까지), interlunar (그믐달과 초승달 사이의) 달이 보이지 않는 기간의, 달 없는 기간의).

nóctū [녹뚜-]=at night (nocturn (성무일과 중의) 야과, nocturne 야상곡).

nōs [노우스]=*nom., acc., pl.,* we, us.

rádiī [라디이-]=rays.

sagítta, -ae [싸깃따]=arrow (sagittal 화살모양의).

sémper [쎔뻬르]=always (sempiternal 영원한).

stélla, -ae [스뗄라]=star (stellar 별의, constellation 별자리, interstellar 별과 별 사이).

❶ 명령법 (Imperative Mood) : 명령법은 명령을 수행할 사람이 단수인가, 복수인가에 따라 두 가지 모양으로 나타난다. 단수형은 현재어간(present stem)을 그대로 사용하며, 복수형은 현재어간에 **-te**를 첨가하여 만든다.

    단수 : **portā**

    복수 : **portāte**

      Nārā mihi dē lūnā.   Tell me about the moon.

      Spectāte nōs!   Look at us!

❷ **dō**(=give)의 명령

    단수 : **dā**

    복수 : **date**

❸ 호격 (Vocative Case) : 호격은 상대방을 부를 때 사용하는 격인데, 라틴어에서는 대개의 경우 주격과 동일한 형태를 사용한다.

Noctū, <u>Anna</u>, stellās vidēmus.

At night, Anna, we see the stars.

Vocāte agricōlas, <u>puellae</u>.

Girls, call the farmers.

▶▶▶ 해석　　달과 별들

Anna. 밤엔 달과 별은 아름답지만 우리가 항상 달과 별을 볼 수 있는 것은 아니다. 지금 하늘에는 많은 별이 있다. 지금 달과 별들은 밝다.

Tullia. 나는 밝은 달과 밝은 별들을 좋아한다.

Anna. 나도 달과 별들을 좋아한다.

Tullia. Anna야, 나에게 달에 대해 이야기 해주렴.

Anna. 달은 아름답다. 달의 여신은 Diana이다. Diana는 화살을 갖고 있다. 달빛은 Diana의 화살이다. Diana의 화살은 밝다.

Tullia. 왜 우리는 낮에 달을 볼 수 없는 거니?

Anna. Diana가 밤에는 하늘에서 살지만 낮에는 땅에서 살기 때문이야. Diana는 달의 여신이지만 숲의 여신이기도 하단다. 그래서 그녀는 큰 숲들을 사랑한다.

Tullia. 이젠 별들에 대해 나에게 이야기 해주렴.

Anna. 하늘에는 많은 별이 있다. 별들은 항상 하늘에 있지만 낮에는 우리가 별들을 볼 수 없다. 별들은 화살을 가지고 있지 않기 때문이야.

Tullia. Diana는 화살을 가지고 있다. 그런데 왜 별들은 화살을 가지고 있지 않는 거니?

Anna. 별들은 여신이 아니다. 그들은 여신의 보석들이다.

Anna와 Tullia. 달의 여신이여, 네 보석들은 밝다. 밝은 별들아, 우리를 보아라. 아름다운 여신이여, 우리를 보아라.

A. 번역하시오.

❶ Nunc, Galba, in Americā summus; dā mihi epistulam.

❷ Nunc, puellae, estis in Siciliā; nārrāte agricolīs dē pīrātīs.

❸ Interdiū in casā estis; noctū stellās in caelō spectātis.

❹ Interdum estis quiētae, puellae; cūr quiētae estis?

❺ Dea lūnae sagittās clārās semper habet.

❻ Cūr nōs in viā expectātis?

❼ Diānam in pictūrīs saepe spectāmus. Cūr sagittās portat?

B. 라틴어로 옮기시오.

❶ Girls, look at the stars! The stars are bright at night.

❷ Look at the moon, Fulvia! The moon is bright, too.

❸ You(sg.) are kind to Cornelia, and Cornelia is kind to you.

❹ During the day I watch the little girl from my window.

❺ Give me the arrows, girls, and call the women.

C. 다음 물음에 라틴어로 답하시오.

❶ Who is the goddess of the moon?

❷ Does Diana ever live on the earth?

❸ When does she live in the sky?

❹ Why does Diana love forests?

❺ What are the rays of the moon?

016
URSA

Jūnō est pulchra; in caelō habitat, sed saepe in terrā ambulat. Jūnō est dea invidiōsa et fēminās pulchrās nōn amat.

Callistō, fēmina pulchra, in terrā amoenā Arcadiā habitat. Interdum in silvīs Arcadiae ambulat.

Hodiē Callistō in silvīs ambulat et dīcit, "Incolae Arcadiae mē laudābunt quod pulchra sum. Jūnō quoque est pulchra, sed incolae deam nōn laudābunt, quod Jūnō invidiōsa est."

Jūnō ex caelō fēminam spectat et dīcit, "Nunc es pulchra, sed nōn semper eris pulchra. Mox eris ursa. Interdiū et noctū in silvīs habitābis. Vīta tua erit perīculōsa, quod agricolae tē necāre temptābunt."

Nunc Callistō est ursa; nunc in silvīs ambulat. Saepe agricolae ursam vident et interdum ursam necāre temptant.

Juppiter deam invidiōsam nōn laudat. Juppiter dīcit, "Fēminam pulchram servābō. Callistō in caelō habitābit."

Nunc incolae terrae stellās clārās in caelō vident. Ursam in stellīs vident. Ursa est Callistō.

amóenus, -a, -um [아모이누스]=pleasant.

dícit [디-끼뜨]=speaks, says.

éris [에리스]=(you) will be.

érit [에리뜨]=(he, she, it) will be.

hódiē [호디에이]=today.

invidiôsa [인위디오우싸]=jealous (invidious 시샘 나게 하는, envious 시기심
　　이 많은).

mē [메이]=acc. sg. me.

mox [목스]=soon.

tē [떼이]=acc. sg. you.

témptō, -āre [뗌쁘또우]=try, attempt.

úrsa, -ae [우르싸]=bear.

● **portō**의 미래형은 다음에서 보듯 -bi-(-b-, -bu-)를 현재어간과 인칭 어미 사
이에 삽입해서 만든다.

	단수		복수	
1	**portâbō**	I will carry	**portâbimus**	we will carry
2	**portâbis**	you will carry	**portâbitis**	you will carry
3	**portâbit**	he/she/it will carry	**portâbunt**	they will carry

Juno는 아름답다. 그는 하늘에 살지만 종종 땅에서 산책한다. Juno는 시기심이 많은 여신이며 아름다운 여인네들을 좋아하지 않는다.

아름다운 여인 Callisto는 아르카디아의 쾌적한 땅에서 살고 있다. 때때로 아르카디아의 숲을 거닌다.

오늘 Callisto는 숲속을 거닐며 이렇게 말한다. "아르카디아의 주민들은 내가 아름답기 때문에 나를 칭송한다. Juno도 예쁘지만 주민들은 여신이 시기심이 많기 때문에 칭송하지 않는다."

Juno는 하늘에서 이 여인을 보고 말한다. "지금 너는 예쁠지 모르지만 항상 예쁘지는 않을 것이다. 너는 곧 곰이 될 것이다. 너는 낮과 밤 숲속에서 살게 될 것이다. 네 일생은 위험스러울 것인데, 까닭은 농부들이 너를 죽이려 할 것이기 때문이다.

이제 Callisto는 곰이 되었다. 지금 그녀는 숲속을 거닐고 있다. 종종 농부들이 곰을 보고 죽이려고 한다.

Jupiter는 시기심이 많은 여신을 칭송하지 않는다. Jupiter가 말한다. "내가 아름다운 여인을 구하리라. Callisto는 하늘에서 살게 될 것이다."

지금 땅의 주민들은 하늘의 밝은 별들을 본다. 별들 속에서 곰을 본다. 곰은 Callisto이다.

A. 번역하시오.

❶ In viā angustā ambulās; in viīs angustī ambulābis.

❷ Pecūniam habent; in vīllā habitant; in casīs tuīs habitābunt.

❸ Ursae in silvīs ambulābunt; ursās necāre temptābis.

❹ Fīliās nautārum hodiē expectāmus; nautās nōn expectābimus.

❺ Epistulās meās laudātis, sed fābulam meam nōn laudābitis.

❻ Pīrāta casam nautae mox occupābit, sed nautam nōn necābit.

❼ Ē vīllā fēminae invidiōsae ambulābō; in vīllā nōn habitābō.

❽ Dea īrātā dīcit, "Fēmina erit ursa; in silvā ambulābit."

❾ Agricolae ursās necāre mox temptābunt.

B. 동사들을 미래형으로 바꾸시오.

❶ Fēmina invidiōsa fīliam meam nōn laudat.

❷ Agricolae magnās ursās in silvīs necant.

❸ Rānās spectāmus.

❹ Nauta ursam pulchram mihi mōnstrat.

❺ Noctū et interdiū ursae in silvā ambulant.

C. 다음 빈칸들을 (1) **temptō**의 현재형으로, (2) **temptō**의 미래형으로 채우시오.

❶ Fābulam nārrāre _____ (I).

❷ Pictūram mōnstrāre _____ (you, *sg.*).

❸ Agricola ursam necāre _____.

❹ Bene labōrāre _____ (we).

❺ Sagittās portāre _____ (you, *pl.*).

❻ Nautae fēminās servāre _____.

017

NAUTA ET EPISTULA

Cornēlia. Cūr hīc in jānuā casae amitae meae stās?

Fulvia. In jānuā casae stō, quod ē jānuā ōram maritimam videō. Mox nautae epistulās ex prōvinciīs iterum portābunt.

Cornēlia. In prōvinciā quoque habitō, sed nautae mihi epistulās nōn dabunt.

Fulvia. Ubi habitās?

Cornēlia. In īnsulā Siciliā habitō, et casa mea est in ōrā maritimā. Cum in Siciliā sum ex fenestrīs casae nostrae aquam videō. Saepe in ōrā maritimā vesperī ambulō. Interdum noctū ibi ambulō et lūnam clāram spectō. Ubi est casa tua?

Fulvia. Casa mea est in Hispāniā. Mox erō in Hispāniā. Hispānia nōn est īnsula. Casa nostra nōn est ōrae maritimae propinqua; est silvīs propinqua. Ē jānuā casae magnās silvās vidēmus, sed aquam nōn vidēmus. Hīc esse amō, sed quoque in Hispāniā esse amō.

Cornēlia. Amita mea Hispāniam quoque amat; mox erimus ibi in casā nostrā.

Fulvia. Spectā! spectā! Nautam videō; celeriter ambulat. Mox mihi epistulam dabit.

Puellae clāmant. Nōn puellīs, sed amitae nauta epistulam dat.

ámita, -ae [아미따]=aunt.

celériter [께레리떼르]=quickly, fast (accelerator 가속기).

cum [꿈]=when.

ésse [엣쎄]=to be.

hīc [히-끄]=here.

íterum [이떼룸]=again, a second time (iterate 되풀이하다, iterative 반복적
인, reiterate 반복하다, reiteration 반복).

prōvíncia, -ae [프로우윙끼아]=province (provincial 시골의, provincialism 지
방적 편견, provinciality 지방색).

stō, stāre [스또우]=stand (stable 안정된, stabilizer 안정장치, stature 신장,
(His stature is six feet=He stands that high.), station 정거장,
establish 설립하다).

úbi [우비]=where, when.

vésperī [웨스뻬리-]=in the evening (vesper service 만과, 저녁 예배, vesper
sparrow (저녁에 우는 북미의) 제비, vesperal (교회의) 만과집,
vespertine 저녁의, Vesper (=evening star)).

❶ **sum**의 미래형

1 **érō**	I will be		**érimus**	we will be
2 **éris**	you will be		**éritis**	you will be
3 **érit**	he/she/it will be		**érunt**	they will be

❷ 전치사의 **cum**(=with)과 접속사의 **cum**(=when)

- 전치사 : **Cum puellīs ambulābō.**
  I will walk <u>with</u> the girls.
- 접속사 : **Saepe ambulant <u>cum</u> lūna est clāra.**
  They often walk <u>when</u> the moon is bright.

Cornēlia. 너는 왜 여기 내 고모네 집 문에 서 있니?

Fulvia. 집 문에 서 있는 것은 문에서 해변이 보이기 때문이야. 곧 선원들이 시골에서 다시 편지를 가져올 것이다.

Cornēlia. 나도 시골에 살지만 선원들은 나에게 편지를 주지 않는다.

Fulvia. 너는 어디에 사니?

Cornēlia. 나는 시칠리아 섬에 살며, 내 집은 해변에 있다. 시칠리아에 있을 때는 우리 집 창에서 바다가 보인다. 나는 종종 저녁에 해변을 거닌다. 때때로 밤에 그곳을 걸으며 밝은 달을 쳐다본다. 너희 집은 어디에 있니?

Fulvia. 우리 집은 스페인에 있다. 곧 나는 스페인에 갈 것이다. 스페인은 섬이 아니다. 우리 집은 해변에서 가깝지 않다. 우리 집은 숲에서 가깝다. 우리 집 문에서 큰 숲이 보이지만 물은 보이지 않는다. 나는 여기에 있는 것이 좋지만 스페인에 있는 것도 좋다.

Cornēlia. 내 고모는 스페인도 좋아한다. 곧 우리는 그곳 우리 집에 가게 될 것이다.

Fulvia. 저기 봐! 저기 봐! 선원이 보인다. 그는 빨리 걷고 있다. 곧 나에게 편지를 줄 것이다.

소녀들이 소리친다. 선원은 소녀들이 아니라 고모에게 편지를 준다.

A. 번역하시오.

❶ Es in casā; mox eris in vīllā.

❷ Nauta erit cum agricolā; agricolae erunt cum nautīs.

❸ Erimus in silvīs; ursae in silvīs erunt.

❹ Eritis nautae; in prōvinciā habitābitis.

❺ Nautae epistulās amitae meae dabunt.

❻ Cum in Hispāniā habitō, hīc nōn habitō.

B. 주어진 동사의 미래형으로 아래 문장의 빈칸을 채우시오.

> mōnstrō, narrō, occupō, portō, spectō, sum, vocō

❶ Puellae pulchrās pictūrās _____.

❷ Agricola _____ in casā.

❸ Nauta bonās fābulās _____.

❹ Magnās īnsulās _____ (*1st pers. pl.*).

❺ Longās sagittās _____ (*2nd pers. sg.*).

❻ Puellās bonās _____ (*1st pers. sg.*).

❼ Nautae lūnam et stellās _____.

C. 아래 문장들을 각기 괄호 안에 주어진 영어를 라틴어로 번역하여 채우시오.

❶ In jānuā cum Cornēliā _____. (we will be)

❷ In viā vesperī _____. (you (*pl.*) will be)

❸ Ursae in silvā _____. (will be)

❹ In ōrā maritimā iterum _____. (we will stand)

❺ Multae vīllae in ōrā maritimā _____. (will be)

❻ In viā angustā celeriter _____ temptābit. (to walk)

❼ In casā nostrā _____ dēsīderat. (to be)

A. 주어진 동사 중 하나를 골라 빈칸을 채우시오.

dat	habitat	sēparātis	stās	dēsīderō	labōrat	temptāmus	stant

❶ Sagittās sēparāre _____. (we are trying)

❷ In ōrā maritimā _____. (they stand)

❸ Nōs _____. (you are separating)

❹ Prōvinciam propinquam _____. (I do desire)

❺ In īnsulā amoenā _____. (he lives)

❻ Interdiū agricola bene _____. (does work)

❼ Pecūniam amitae _____. (she gives)

❽ In casā _____. (you are standing)

B. **sum**의 적당한 형태로 빈칸을 채우시오.

❶ (We will be) deae.

❷ Mox (you will be) ursa.

❸ Noctū (there are) stellae in caelō.

❹ Cornēlius hodiē (is) in scholā.

❺ (You will be) poētae.

❻ Semper (I will be) incola līberae īnsulae.

❼ Jūlia (will be) invidiōsa.

❽ Vesperī flammae (will be) clārae.

C. 아래 빈칸들을 주어진 동사의 명령형으로 채우시오.

❶ _____ hīc in jānuā, Anna. (stō)

❷ _____ ursam, agricolae. (necō)

❸ _____ (pl.) celeriter sagittās. (portō)

❹ _____ pīrātam, nauta. (necō)

❺ _____ lūnam clāram, amita. (spectō)

D. 왼 쪽에 주어진 영어 단어에 해당하는 것을 오른 쪽에서 찾으시오.

❶ he will try	(a) **amāte**	(f) **laudāte**
❷ they will tell	(b) **ambulābitis**	(g) **nārrābunt**
❸ we will praise	(c) **erō**	(h) **sēparat**
❹ I will be	(d) **laudābimus**	(i) **temptābit**
❺ you (sg.) will praise	(e) **laudābis**	(f) **temptābimus**
❻ you (pl.) will walk		

Unit V

STORIES OF EARTH AND SKY

018

AGRICOLA LABORAT.

Cornēlia. Quis labōrat?

Fulvia. Galba labōrat; est agricola.

Anna. Spectāte agricolam, puellae. Quid facit?

Fulvia. Agricola terram colit.

Cornēlia. Galba bene labōrat. Quis cum Galbā labōrat?

Fulvia. Puella Galbam juvat. Puella lēniter labōrat, sed Galba celeriter labōrat.

Anna. Quis est puella?

Fulvia. Puella est Tullia; Tullia est fīlia agricolae.

Cornēlia. Spectāte parvam puellam!

Anna. Parvam puellam videō. Estne parva puella quoque fīlia agricolae?

Fulvia. Minimē, parva puella est cōnsōbrīna Tulliae.

Cornēlia. Quid portat parva puella?

Fulvia. Parva puella urnam portat. Est aqua in urnā.

Anna. Ubi est amita parvae puellae?

Cornēlia. Amitam nōn videō; amita est in vīllā.

Anna. Labōrābitne amita cum agricolā?

Fulvia. Minimē, terram nōn colit.

Anna. Quid facit amita?

Fulvia. Amita in vīllā bene labōrat; amita parvae puellae est bona fēmina.

Cornēlia. Labōrābitne parva puella interdum cum amitā?

Fulvia. Ita, parva puella interdum cum amitā in vīllā labōrābit; interdum aquam in urnīs portābit et Galbam juvābit; interdum cum Tulliā labōrābit.

▶▶▶ 어휘

cólit [꼴리뜨]=cultivates, tills.

cōnsōbrína, -ae [꼬운쏘우브리-나]=cousin (a girl or woman).

fácit [화끼뜨]=does, is doing (factory 공장, fact 사실, factotum 잡역부, facsimile 복사, feasible 실행 가능한, feat 묘기).

íta [이따]=so, thus; yes.

júvō, -āre [유워우]=help.

lêniter [레이니떼르]=slowly.

mínimē [미니메이]=no, not at all.

quid [퀴드]=what (quiddity 본질, quidnunc (소문 따위를) 빨리 듣는 사람, quip 경구).

quis [퀴스]=who.

úrna, -ae [우르나]=jar, pitcher (urn 단지).

▶▶▶ 문법

❶ 의문대명사 **quis**(=who)와 **quid**(=what)

Quis cum Galbā labōrat?	Who is working with Galba?
Quid agricola facit?	What is the farmer doing?

❷ 의문문 : yes나 no로 대답해야 하는 가부의문문은 첫 번째 단어 끝에 **-ne**를 첨가해서 만든다.

Habetne poēta fīliam?	Has the poet a daughter?
Estne Sicilia magna īnsula?	Is Sicily a large island?

cūr나 **ubi** 등의 의문사가 사용되는 경우에는 **-ne**는 사용되지 않는다.

Ubi est agricola?	Where is the farmer?
Cūr hīc stās?	Why are you standing here?

❸ 가부의문문에 대한 대답은 긍정인 경우에는 질문을 긍정형으로 반복함으로 써, 그리고 부정인 경우에는 질문의 긍정형에 **nōn**을 첨가해서 답한다.

Estne Sicilia magna īnsula?　　**Sicilia est magna īnsula.**

Habetne poēta fīliam?　　**Poēta fīliam nōn habet.**

때로는 **minimē**(=no)나 **ita**(=yes)가 사용된다.

▶▶▶ 해석　　농부가 일하다.

Cornēlia. 누가 일하니?

Fulvia. Galba가 일해. 그는 농부야.

Anna. 애들아, 농부를 봐. 그가 무슨 일을 하고 있니?

Fulvia. 밭을 갈고 있어.

Cornēlia. Galba는 일을 잘해. 누가 Galba와 함께 일을 하니?

Fulvia. 한 소녀가 Galba를 돕는다. 소녀는 느리게 일을 하지만 Galba는 일을 빨리 한다.

Anna. 소녀는 누구니?

Fulvia. 소녀는 Tullia이다. Tullia는 농부의 딸이다.

Cornēlia. 어린 소녀를 보아라!

Anna. 나는 어린 소녀를 본다. 저 어린 소녀도 농부의 딸이니?

Fulvia. 아니야. 어린 소녀는 Tullia의 사촌이다.

Cornēlia. 어린 소녀가 무엇을 운반하고 있느냐?

Fulvia. 어린 소녀는 항아리를 운반하고 있다. 항아리 안에는 물이 있어.

Anna. 어린 소녀의 이모는 어디에 있니?

Cornēlia. 이모는 보이지 않는다. 이모는 농가 안에 있다.

Anna. 이모는 농부와 같이 일할 것인가?

Fulvia. 아니다. 이모는 밭을 갈지 않는다.

Anna. 이모는 무엇을 하니?

Fulvia. 이모는 농가 안에서 일을 열심히 하고 있다. 어린 소녀의 이모는 친절한 부인이다.

Cornēlia. 어린 소녀가 때때로 이모와 함께 일을 하게 될까?

Fulvia. 그렇다. 어린 소녀는 때때로 이모와 함께 농가 안에서 일할 것이다. 때때로 항아리에 물을 운반할 것이고, Galba를 도울 것이다. 때때로 Tullia와 함께 일을 할 것이다.

A. 번역하시오.

❶ Habetne Tullia parvam cōnsōbrīnam? Ita, Tullia parvam cōnsōbrīnam habet.

❷ Quis terram colit? Agricola terram colit.

❸ Quid amita tua facit? Amita mea in ōrā maritimā iterum ambulat.

❹ Portābitne parva puella magnam urnam? Minimē, parvam urnam portābit.

❺ Quid fēmina puellae dabit? Fēmina puellae urnam dabit.

❻ Labōratne puella celeriter? Minimē, puella lēniter labōrat.

❼ Quis Galbam juvat? Fīlia Tullia Galbam juvat.

❽ Ambulatne cōnsōbrīna mea lēniter? Ita, lēniter ambulat.

B. 라틴어로 옮기시오.

❶ Is your aunt now in the province of Spain?

❷ Does Italy have many forests?

❸ Will the girls carry the water from the farmhouse?

❹ What will the girls give your cousin?

❺ Why is the sailor walking fast on the shore?

C. "Agricola Labōrat."를 읽고 다음과 같이 라틴어로 답하시오.(예: Amita sum)

❶ In vīllā labōrō. Tullia est mea fīlia. Interdum cōnsōbrīna Tulliae mē juvat. Quis sum?

❷ Agricolam juvō. Lēniter labōrō. Parva puella est mea cōnsōbrīna. Quis sum?

❸ Cum Fulviā et Annā sum. Minimē labōrō. Agricolam et Tulliam spectō. Quis sum?

❹ Celeriter labōrō. Tullia est mea fīlia. Amita parvae puellae nōn sum. Quis sum?

❺ Aquam in urnā portō. Interdum fēminam bonam in vīllā juvō. Interdum cum Tulliā labōrō. Quis sum?

❻ Cornēliae et Annae dē agricolā et puellīs nārrō. Galbam et puellās spectō. Quis sum?

019

CORNELIA ET URSA

Cornēlia, fīlia agricolae, in parvā casā habitat. Casa est silvae propinqua. Cornēlia in silvāe saepe ambulat.

Sed ōlim Cornēlia in magnā et obscūrā silvā ē viā errāvit. Subitō magnam ursam vīdit. Ursa stetit et Cornēliam expetāvit. Ursa Cornēliam spectāvit; Cornēlia ursam spectāvit.

Territa Cornēlia clāmāre dēsīderāvit, sed nōn clāmāvit. Viam nōn vīdit, sed celeriter ambulāre temptāvit. Ursa quoque celeriter ambulāvit! Cornēlia lēniter ambulāvit. Ursa quoque lēniter ambulāvit! Dēnique ursa pede (*with her paw*) Cornēliae viam mōnstrāvit.

Subitō Cornēlia casam vīdit. Laeta puella properāvit et mox agricolae dē ursā benignā nārrāvit.

Agricola dīxit, "Ursa fuit Callistō. Ōlim Callistō fuit fēmina pulchra; nunc est ursa pulchra. Saepe agricolae ursam necāre temptāvērunt, sed ursa semper effūgit (*has escaped*)."

Cornēlia dīxit, "Sum laeta quod agricolae ursam nōn necāvērunt. Ursa benigna mē jūvit; mihi viam mōnstrāvit. Itaque erō ursae benigna; ursae cibum (*food*) dabō."

Sed Cornēlia ursae benignae cibum nōn dedit quod ursam iterum nōn vīdit.

obscúra [오쁘스꾸-라]=obscure.

érro, -āre, -āvī [에로]=wander (knight-errant 편력 기사; erratic 별난, erroneous 잘못된, error 잘못, errs 잘못하다).

vîdit [위-디뜨]=saw.

stō [스또우]=stand.

térrita [떼리따]=frightened, terrified.

dênique [데이니꿰]=finally, at last.

súbitō [쑤비또우]=suddenly.

próperō, -āre, -āvī [프로뻬로우]=hasten, hurry (propeller 프로펠러, propellant 추진체).

dîxit [딕-씨뜨]=said (benediction 축복, contradict 반박하다, dictionary 사전, dictate 구술하다, dictum 선언, diction 말씨, ditto 위와 같은, contradict 반박하다, indict 고발하다, edict 포고, verdict 답신).

ôlim [오우림]=some day, sometimes; once upon a time, formerly.

❶ 완료시제 (Perfect Tense)
라틴어의 완료시제는 영어의 현재완료에 해당한다.
　　Agricola puellam <u>laudāvit</u>.　The farmer <u>has praised</u> the girl.
때로는 영어의 단순 과거와 동일한 뜻을 갖는다.
　　Agricola puellam <u>laudāvit</u>.　The farmer <u>praised</u> the girl.

❷ 현재어간(present stem)과 완료어간(perfect stem)
현재형과 미래형은 현재체계(Present System)에 속하며, 완료형은 완료체계
(Perfect System)에 속한다. 완료어간은 완료형의 1인칭 단수형에서 어말의
-ī를 탈락시켜 얻는다.
　　완료형: **portāvī**　　완료어간: **portāv-**
　　완료시제의 어미

	단수	복수
1	**-ī**	**-imus**
2	**-istī**	**-istis**
3	**-it**	**-ērunt**

portō (=carry)의 완료시제 변화형

portåvī	I (have) carried	**portåvimus**	we (have) carried
portāvístī	your (have) carried	**portāvístis**	you (have) carried
portåvit	he (has) carried	**portāvêrunt**	they (have) carried

❸ 예외적인 동사들의 완료형

현재	부정형	완료형	
dō	**dare**	**dedī**	(=give)
stō	**stāre**	**stetī**	(=stand)
juvō	**juvāre**	**jūvī**	(=help)

❹ **sum**(=be)의 완료형

	단수	복수
1	**fuī**	**fuimus**
2	**fuistī**	**fuistis**
3	**fuit**	**fuērunt**

▶▶▶ **해석**　　Cornelia와 곰

농부의 딸인 Cornelia는 작은 집에서 산다. 집은 숲에서 가깝다. Cornelia는 종종 숲에서 산책한다.

그러나 한때 Cornelia는 크고 어둠침침한 숲에서 길을 잃었다. 갑자기 큰 곰을 보았다. 곰은 서서 Cornelia를 기다렸다. 곰은 Cornelia를 쳐다보았다. Cornelia는 곰을 쳐다보았다.

겁에 질린 Cornelia는 소리치려고 했지만 그러지 못했다. 길은 보이지 않았으나 빨리 걸으려고 했다. 곰도 빨리 걸었다! Cornelia는 천천히 걸었다. 곰도 천천히 걸었다! 마침내 곰은 발로 Cornelia에게 길을 가리켜주었다.

곧 Cornelia는 집을 발견했다. 행복한 소녀는 길을 서둘렀고, 곧 농부에게 착한 곰에 대해 이야기했다.

농부가 말했다. "곰은 Callisto였다. 전에 Callisto는 아름다운 여인이었다. 지금은 아름다운 곰이다. 종종 농부들이 곰을 죽이려고 했지만 곰은 항상 도망을 갔다."

Cornelia가 말했다. "나는 농부들이 곰을 죽이지 않아 행복하다. 착한 곰은 나를 도와주었다. 나에게 길을 가리켜주었다. 따라서 나는 곰에게 친절하게 할 것이다. 곰에게 먹을 것을 주겠다."

그러나 Cornelia는 착한 곰에게 먹을 것을 주지 못했는데, 까닭은 다시는 곰을 볼 수 없었기 때문이다.

▶▶▶ 연습문제

🔵 번역하시오.

❶ Ōlim rēgīnae urnam dedistī; fuitne urna magna?

❷ In silvā obscūrā subitō puella ursam mōnstrāvit.

❸ Ōlim ursa puellam jūvit.

❹ Errāvitne ursa ex silvā ubi puellae territae clāmāvērunt?

❺ Lēniter ursa ex silvā errāvit.

❻ Agricola dīxit, "Dēnique ursam necāvimus."

020 REGINA SUPERBA

Cassiopēa, rēgīna nōta terrae antīquae, erat superba quod erat pulchra. Andromeda, fīlia rēgīnae, erat quoque pulchra, sed nōn erat superba.

Ōlim rēgīna et fīlia in ōrā maritimā stetērunt. Rēgīna aquam quiētam mōnstrāvit et dīxit, "Nymphae habitant in aquā, fīlia mea. Sunt pulchrae, sed invidiōsae sunt quod sum pulchrior (*more beautiful*)."

"Spectā!" Andromeda clāmāvit. "Spectā! Nunc aqua nōn est quiēta."

Subitō Neptūnus, deus (*god*) aquārum, rēgīnam vocāvit. "Fēmina superba nymphīs nōn grāta est," dīxit. "Nymphae sunt īrātae, et nymphae mihi cārae sunt. Mox multa aqua erit in terrā tuā, et mōnstrum (*monster*) erit in aquā. Mōnstrum incolās terrae necābit."

Mox erat multa aqua in terrā. Posteā mōnstrum erat in aquā; incolās—fēminās et puellās et agricolās et nautās—necāvit.

Dēnique incolae clāmāvērunt, "Quid Neptūnus desīderat? Gemmās pulchrās?"

Neptūnus Cassiopēae dīxit, "Gemmās tuās nōn dēsīderō. Fīliam tuam, Andromedam, sacrificium (*as a sacrifice*) postulō.

Fīlia tua erit misera quod es superba. Mōnstrum fīliam tuam necābit; nymphae īrātae nōn erunt; incolās terrae servābō."

Rēgīna fīliam servāre temptāvit, sed incolae terrae Andromedam sacrificium dare dēsīderāvērunt.

Subitō Perseus ē caelō mōnstrum et puellam miseram vīdit. Celeriter mōnstrum necāvit et fīliam pulchram rēgīnae servāvit.

▶▶▶ 어휘

ántiqua [안띠끄와]=old, ancient (antique 골동품, antiquities 골동품, antiquarian 골동품 애호가).

érant [에란뜨]=were.

érat [에라뜨]=was.

mísera [미쎄라]=unhappy (misery 비참함, miserable 비참한. commiserate 가엾게 여기다, Miserere 시편 제51편, 탄원).

nôta [노우따]=known, well-known, noted (notable 유명한).

pósteā [뽀스떼아-]=afterward, later (post-war 전후의).

póstulō, -āre, -āvī [뽀스뚤로우]=demand (postulate 요구하다, postulant 청원자).

rēgî̄na, -ae [레이기-나]=queen (regina 여왕, reginal 여왕의).

supérba [쑤뻬르바]=proud, haughty.

라틴어		영어
❶ - ia	>	-y
cōntroversia	>	controversy
glōria	>	glory
Ītalia	>	Italy
viotōria	>	victory

❷ -tia	>	-ce
abundantia	>	abundance
ēloquentia	>	eloquence
ignōrantia	>	ignorance
magnificentia	>	magnificence
patientia	>	patience
prūdentia	>	prudence
temperantia	>	temperance
vigilantia	>	vigilance

❸ -a	>	-e
epistula	>	epistle
fābula	>	fable
fāma	>	fame
figūra	>	figure
māchina	>	machine
nātūra	>	nature
pīrāta	>	pirate
tabula	>	table
vīpera	>	viper

오래된 나라의 유명한 여왕 Cassiopeia는 아름다웠기 때문에 거만했다. 여왕의 딸인 Andromeda도 아름다웠지만 그녀는 거만하지 않았다.

한 때 여왕과 딸이 바닷가에 서 있었다. 여왕이 조용한 물을 가리키며 말했다. "딸아, 물속에는 요정들이 산단다. 요정들은 아름답지만 질투심이 많은데, 까닭은 내가 자기들보다 더 아름답기 때문이야."

"저것 봐!"라고 Andromeda가 소리쳤다. "저것 봐! 지금은 물이 조용하지 않아."

곧 물의 신 Neptune이 여왕을 불렀다. "거만한 여인은 요정들에게 고맙지 않다"라고 말했다. "요정들은 화가 났으며, 요정들은 나에게 소중하다. 곧 네 땅에는 많은 물이 넘칠 것이며, 물에는 괴물이 있을 것이다. 괴물은 땅의 주민들을 죽일 것이다."

곧 땅에는 많은 물이 들어찼다. 이어서 물속에 괴물이 나타났다. 괴물은 아낙네와 소녀, 농부와 선원 할 것 없이 주민들을 죽였다.

마침내 주민들이 소리쳤다. "Neptune이 원하는 것이 무엇인가? 아름다운 보석인가?"

Neptune이 Cassiopeia에게 말했다. "내가 원하는 것은 네 보석이 아니다. 네 딸 Andromeda를 제물로 요구한다. 네 딸은 네가 거만하기 때문에 불행해질 것이다. 괴물이 네 딸을 죽일 것이다. 그러면 요정들의 화도 가실 것이고 나는 땅의 주민들을 구할 것이다.

여왕은 딸을 구하려 했으나 땅의 주민들이 Andromeda를 제물로 바치기를 원했다.

곧 Perseus가 하늘에서 괴물과 불행한 소녀를 보았다. 그는 재빨리 괴물을 죽이고 여왕의 아름다운 딸을 구했다.

A. 번역하시오.

❶ Posteā aquam postulāvimus.

❷ Rēgīna superba in ōrā maritimā stetit.

❸ Mox rēgīna erat misera.

❹ Posteā pecūniam postulāvistis.

❺ Fīliam rēginae nōtae servāvērunt.

B. 다음 여섯 개의 문장을 (1) 미래형과 (2) 완료형으로 바꾸고 (3) 그 뜻을 말하시오.

예:	**In jānua stāmus.**	We are standing in the door.
	In jānua stābimus.	We will stand in the door.
	In jānua stetimus.	We stood in the door.

❶ Sagittās postulāmus.

❷ Amitae tuae epistulam dās.

❸ Puellae in silvā errant.

❹ Agricola sum.

❺ In silvā errātis.

❻ Rēgīna rānās spectat.

C. 다음 문장의 빈칸을 라틴어에서 차용한 영어 단어로 채우시오. (영어 단어의 첫 글자 와 마지막 글자는 주어졌으며, 밑줄 점선의 수는 채워 넣을 글자의 수를 나타냄.)

❶ He was n_ _ _d for his generosity.

❷ The child was t_ _ _ _ _ _ _d by the sudden noise.

❸ A person with a s_ _ _ _e mind is not e_ _ _ _ _c.

❹ The shipwrecked people looked cold and m_ _ _ _ _ _ _e.

❺ There were some interesting curios in the a_ _ _ _ _e shop.

❻ The cottage was almost entirely o_ _ _ _ _ _d by the trees.

❼ The teacher had written "e_ _ _ _ _ _ _s statement" opposite a sentence on my paper.

021 ARCA PIRATARUM

Lūcrētia in Siciliā habitābat. Erat fīlia nautae et in casā albā habitābat. Casa erat ōrae maritimae propinqua. Noctū Lūcrētia saepe in ōrā maritimā stābat et nautam expectābat.

Sed ōlim noctū quattuor pīrātās in ōrā vīdit. Pīrātae magnam arcam portābant. Arca erat longa et angusta. Lūcrētia territa pīrātās diū spectābat, sed nōn clāmāvit. Pīrātae terram celeriter effōdērunt (*dug up*) et arcam cēlāvērunt. Tum ab ōrā maritimā properāvērunt.

Mox Lūcrētia nautam vīdit; nautae dē quattuor pīrātīs et dē arcā novā nārrāvit.

Nauta fīliam laudāvit et dīxit, "Incolae īnsulae nostrae multam pecūniam habent; interdum pecūniam in magnīs arcīs cēlant. Pīrātae saepe incolās Siciliae necant, quod gemmās et pecūniam dēsīderant. Arcam incolīs īnsulae dabō."

Tum nauta et puella arcam longam et angustam invēnērunt (*found*). In arcā erant gemmae et urnae et pecūnia.

Nauta incolīs īnsulae arcam mōnstrāvit. Incolae nautam et fīliam laudāvērunt et nautae multam pecūniam dedērunt. Posteā incolae Siciliae pīrātās expectāvērunt et necāvērunt.

árca, -ae=box, chest.
célō, -āre, -āvī=conceal, hide.
diū=long, for a long time.
nóva=strange, new (novel 소설, novelty 신기함, novice 신출내기, innovate
    쇄신하다).
quáttuor=four. (quaternary 4 요소로 된, quatrain 4행 연구(聯句).
tum=then.

❶ 미완료시제 (Imperfect Tense) (-bā-)
완료시제가 과거에 완료된 동작을 나타내는 것에 비해, 미완료시제는 과거에
진행 중인 동작을 나타낸다.
    완료시제 : **Nauta Siciliam mōnstrāvit.**
                    The sailor pointed out Sicily.
    미완료시제 : **Nauta arcam cēlābat.**
                    The sailor was hiding the chest.
완료시제와 미완료시제가 함께 사용되는 경우, 전자는 일어난 동작에 대하여,
그리고 후자는 그 동작이 일어난 상황을 기술한다.
    Agricolae pīrātās necāvērunt, quod pīrātae īnsulās occupābant.
    The farmers killed the pirates, because the pirates were seizing the islands.

❷   **portō**의 미완료시제
    portábam   I was carrying   **portābámus** we were carrying
    portábās   You were carrying   **portābátis**   you were carrying
    portábat   He was carrying   **portábant**   they were carrying

❸ 현재체계 (Present System)
미완료시제도 현재시제나 미래시제와 마찬가지로 부정형에서 **-re**를 떼버린
현재어간(present stem)을 토대로 만들어진다. 현재시제, 미래시제, 미완료시
제를 합해 현재체계라고 부른다.
    현재시제 = 현재어간 + 인칭어미

미래시제 = 현재어간 + **bi(b, bu)** + 인칭어미

미완료시제 = 현재어간 + **bā (ba)** + 인칭어미

❹   **sum**의 미완료시제

éram	I was	**erắmus**	we were
érās	you were	**erắtis**	you were
érat	He was	**érant**	they were

▶▶▶ 해석   해적들의 상자

Lucretia는 시칠리아에 살고 있었다. 그녀는 선원의 딸이었고 하얀 집에서 살고 있었다. 집은 바닷가 가까이에 있었다. 밤에 자주 Lucretia는 바닷가에 서서 선원을 기다리곤 했다.

하지만 어느 날 밤 그녀는 바닷가에서 네 명의 해적을 보았다. 해적들은 커다란 상자를 나르고 있었다. 상자는 폭이 좁고 길었다. 겁에 질린 Lucretia는 오랫동안 해적들을 바라보았다. 하지만 그녀는 소리치지는 않았다. 해적들은 재빨리 땅을 팠다. 그리고 그들은 상자를 숨겼다. 그러고 나서 그들은 바닷가에서 빠르게 멀어졌다.

얼마 지나지 않아 Lucretia는 선원을 보았다. 그녀는 선원에게 네 명의 해적에 대해, 그리고 낯선 상자에 대해 이야기했다.

선원은 딸을 칭찬하며 말했다. "우리 섬의 주민들은 돈을 많이 가지고 있다. 그들은 때때로 큰 상자에 돈을 숨긴다. 해적들은 자주 시칠리아의 주민들을 죽인다. 왜냐하면 그들은 보석과 돈을 원하기 때문이다. 나는 섬 주민들에게 이 상자를 주겠다."

그러고 나서 선원과 소녀는 좁고 긴 상자를 찾았다. 상자 안에는 보석과 항아리들과 돈이 있었다.

선원은 섬 주민들에게 상자를 보여주었다. 주민들은 선원과 딸을 칭찬했고, 선원에게 많은 돈을 주었다. 그 후 시칠리아의 주민들은 해적들을 기다렸다가 죽였다.

A. 번역하시오.

❶ Quattuor pīrātae novam arcam hīc cēlāvērunt.

❷ Tum puella pīrātās ab ōrā spectābat.

❸ Puella erat territa, sed nōn clāmāvit.

❹ Incolae īnsulae nōtae arcās ex silvā portābant.

❺ Diū pecūniam postulābāmus.

B. 주어진 동사들의 괄호 안에 영어로 주어진 동사의 지시된 시제형을 적으시오.

❶ Poēta (현재)
❷ Agricola (미래)
❸ Puella (완료)   } walk
❹ Nauta (미완료)

❶ I (현재)
❷ I (완료)
❸ I (미완료)   } hide
❹ I (미래)

❶ Dea (현재)
❷ Deae (완료)
❸ Puella (미완료)   } watch
❹ Puella (미래)

C. 아래에 주어진 라틴어 차용어 중 하나를 골라 빈칸을 채우시오.

ark	erratic	gifted	novelty	boat
field	gun	obscure	dirty	fish
miserable	station	earnest	flame	noted

❶ His invention is a _____.

❷ The beggar looked _____.

❸ The _____ was crowded with travelers.

❹ The bright _____ leaped high in the air.

❺ Noah took all the animals into the _____.

❻ The mind of an _____ thinker often wanders.

❼ From a humble and _____ artist, he became a very _____ one.

A. 옳은 것을 고르시오.

❶ juvō의 부정형은 (**juvat, juvā-, juvāre**)이다.

❷ properō의 완료어간은 (**properāre, properā-, properāv-**)이다.

❸ postulō의 현재어간은 (**postulāre, postul-, postulā-**)이다.

❹ 미래시의 시제표시는 (**-bā-, -bi-, -āre**)이다.

❺ 미완료시의 시제표시는 (**-ō, -bā-, -bi-**)이다.

B. 아래의 영어 문장을 라틴어로 옮길 때 어떤 동사를 미완료형으로, 또 어떤 동사를 완료형으로 옮겨야 하는지 말하시오.

> As I was walking down the street with my mother, I saw a friend who was hurrying home. People were coming toward us, but no one spoke to us. Then we saw Father. He was walking very fast.

C. B에서 A에 해당하는 것을 고르시오.

A		B	
❶ celeriter	❼ minimē	(a) afterward	(g) here
❷ dēnique	❽ posteā	(b) at night	(h) quickly
❸ ita	❾ subitō	(c) by day	(i) slowly
❹ lēniter	❿ tum	(d) by no means	(j) so
		(e) finally	(k) suddenly
		(f) formerly	(l) then

Unit VI

STORIES OF GODS AND MEN

022
DEAE NOTAE

Mārcus. Ubi incolae Ītaliae et Graeciae templa aedificābant?

Lūcius. Templa in oppidīs et in ōrā maritimā et in silvīs
aedificābant. Interdum erant ārae prō templīs, sed multae
erant in viīs et in casīs. Saepe dōna incolārum erant in ārīs.

Mārcus. Cūr erant dōna in ārīs?

Lūcius. Deae dōna amābant et saepe praemia incolīs dabant.

Mārcus. Nōnne erant multae deae in Ītaliā?

Lūcius. Ita, erant multae deae. Cerēs et Minerva erant deae nōtae.
Cerēs erat dea agricultūrae. Cerēs templa in Ītaliā et in Siciliā
habēbat. Cerēs Siciliam amābat, quod incolae Siciliae erant
agricolae.

Mārcus. Eratne Minerva quoque dea agricultūrae?

Lūcius. Minimē, Minerva oppida amābat et multa templa in oppidīs
habēbat.

Mārcus. Nōnne spectāvistī templum Minervae?

Lūcius. Ita, templum Minervae spectāvī. In templō erat statua
deae. Fāma templī est magna.

âra, -ae=altar.

aedíficō, -āre, -āvī=build (edifice (대)건축물, edification 계발, edify 선도
　　　하다, aedile [i:dail] 조영관(造營官), 고대 로마에서 공공건물·도로
　　　등을 관리하던 공무원).

dônum, -ī=gift (donate 기부하다, donation 기부, condone 묵인하다).

habêbat=had.

nônne=a word used to introduce a question which expects the answer
　　　"yes".

óppidum, -ī=town.

práemium, práemiī=reward (premium 상금, 프리미엄).

prō=(*with abl.*) in front of, on behalf of.

témplum, -ī=temple.

❶ 제2 격변화(Second Declension　-um, -a) 명사

　　　　templum(=temple)의 변화

N	**témplum**	**témpla**
G	**témplī**	**templôrum**
D	**témplō**	**témplīs**
A	**témplum**	**témpla**
Ab	**témplō**	**témplīs**

❷ **Nōnne** 의문형
　　Nōnne는 상대방의 동의를 구할 때 사용되는 의문문이다.
　　　Nōnne patriam tuam amās?
　　　　Don't you love your native country?
　　그러나 다음은 단순한 질문이다.
　　　Amāsne patriam tuam?
　　　　Do you love your native country?

Marcus. 이탈리아와 그리스의 주민들은 어디에 신전을 건설했는가?

Lucius. 그들은 신전을 마을과 해변과 숲 안에 지었다. 때로 제단들이 사원 앞에 있었지만 많은 제단은 길 가와 집 안에 있었다. 제단 위에는 자주 주민들의 선물이 있었다.

Marcus. 왜 제단 위에 선물이 있었나?

Lucius. 여신들이 선물을 좋아했으며, 자주 주민들에게 보상을 해주었다.

Marcus. 이탈리아에는 많은 여신이 있었지?

Lucius. 그렇다, 많은 여신이 있었다. Ceres와 Minerva는 잘 알려진 여신들이었다. Ceres는 농사의 여신이었다. Ceres는 이탈리아와 시칠리아에 신전을 가지고 있었다. Ceres는 시칠리아를 좋아했는데, 까닭은 시칠리아의 주민들이 농민이었기 때문이다.

Marcus. Minerva 또한 농사의 여신이었나?

Lucius. 그렇지 않다. Minerva는 마을을 좋아했다. 그리고 Minerva는 마을 안에 많은 신전을 가지고 있었다.

Marcus. 너는 Minerva의 신전을 보았지?

Lucius. 그렇다, 나는 Minerva의 신전을 보았다. 신전 안에는 여신의 동상이 있었다. 신전의 명성은 대단하다.

A. 번역하시오.

❶ Ex templō properāvī; prō ārā stetī.

❷ Dōnum Diānae dedistī.

❸ Templum in īnsulā aedificāvistī; nōnne templa in īnsulīs aedificāvimus?

❹ In oppidō labōrāvistī; in oppidīs labōrāvistis.

❺ Nōnne amita tua tibi praemium dabit?

B. 괄호 안에 주어진 것을 라틴어로 옮겨 빈칸을 채우시오.

❶ In īnsulā _____ aedificābimus. (temples and altars)

❷ In templīs deae erant _____. (many statues)

❸ Nōnne pictūrās _____ mōnstrāvimus? (of the temples)

❹ _____ pictūram templī? (Did you (sg.) point out)

❺ Prō casā meā _____. (you (pl.) were standing)

023
TEMPLUM ANTIQUUM

Ōlim in Ītaliā erat templum antīquum Diānae in silvā. Propinqua erat casa ubi hieme nauta cum agricolā habitābat. Aestāte nauta ab Ītaliā nāvigābat et multās terrās spectābat.

Agricola templum amābat quod Diāna, dea lūnae, agricolīs cāra erat. Sed nauta dīxit, "Dea in templō antīquō nōn habitat."

Ōlim noctū nauta in silvā ambulābat. Lēniter ambulābat quod via erat obscūra. Subitō jānuam apertam templī antīquī et flammās clārās in ārā vīdit. Prō ārā stābat dea pulchra cum multīs puellīs. Puellae parvās lucernās portābant, sed dea sagittās clārās portābat.

Diāna āram et flammās diū spectābat. Dēnique dea dīxit, "Multa templa habeō, sed incolae terrae ārās meās nōn servant. Mihi dōna nōn dant. Dea nōn manet in terrā ubi incolae āram deae nōn servant. Date mihi lucernās, puellae; eritis stellae in caelō. Erō lūna in caelō."

Puellae deae lucernās dedērunt. Templum antīquum erat obscūrum; flammae nōn erant in ārā. Sed lūna erat clāra; stellae erant clārae.

Tum nauta ex silvā properāvit. Celeriter ambulāvit, quod nunc via nōn erat obscūra. Diāna et puellae erant in caelō.

(앞으로는 모든 명사에 성을 표시할 것인데, M.(=Masculine)은 남성명사를, F.(=Feminine)는 여성명사를, 그리고 N.(=Neuter)은 중성명사를 나타낸다.)

aestâte=in summer.
hábeō=I have.
híeme=in winter.
lucérna, -ae=F., lamp.
mánet=remains, stays (permanent 영원한, remainder 잔류자, remnant 나머지, immanent 내재하는).
nâvigō, -âre, -âvi=sail (naval 해군의, navy 해군, navigate 항해하다, navigation 항해, navigable 항해할 수 있는).

❶ 라틴어에서는 명사가 성을 갖는다. 그러나 프랑스어나 독일어와 마찬가지로 문법성(grammatical gender)과 자연성(natural sex)은 무관하다. **nauta**처럼 -a로 끝나는 대부분의 제1 격변화 명사들은 남성이며, **templum**처럼 -um으로 끝나는 대부분의 제2 격변화 명사들은 중성이다.

❷ 형용사와 명사의 일치
형용사는 그것이 수식하는 명사와 성, 수, 격이 일치해야 한다.
　　magna insula　　　a large island
　　magnum templum　　a large temple

❸ 중성명사와 함께 사용된 **magnum**의 여러 가지 모습
단수

N	**mágnum témplum**	a large temple
G	**mágnī témplī**	of a large temple
D	**mágnō témplō**	to a large temple
A	**mágnum témplum**	a large temple
Ab	**mágnō témplō** (from/with/in/on)	a large temple

N	**mágna témpla**		large temples
G	**magnórum templórum**		of large temples
D	**mágnīs témplīs**		to large temples
A	**mágna témpla**		large temples
Ab	**mágnīs témplīs**	(from/with/in/on)	of large temples

▶▶▶ 해석 **오래된 신전**

　먼 옛날 이탈리아의 한 숲속에 Diana의 오래된 신전이 있었다. 근처에 집이 있었는데, 겨울이면 거기서 선원이 농민과 함께 살고 있었다. 여름이면 선원은 이탈리아 밖으로 항해를 했고 많은 땅을 보곤 했다.

　농민은 신전을 사랑했다. 왜냐하면 달의 여신인 Diana는 농민들에게 소중했기 때문이다. 하지만 선원은 "여신은 오래된 신전에 살지 않는다"라고 말했다.

　어느 날 밤 선원이 숲 속을 걷고 있었다. 그는 길이 어두웠기 때문에 천천히 걷고 있었다. 갑자기 그는 오래된 신전의 열린 문과 제단에 있는 밝은 불꽃을 보았다. 제단 앞에는 아름다운 여신이 여러 명의 소녀와 함께 서 있었다. 소녀들은 작은 램프를 들고 있었다. 하지만 여신은 밝은 화살들을 들고 있었다.

　Diana는 오랫동안 제단과 불꽃을 보고 있었다. 마침내 여신은 말했다. "나는 많은 신전을 가지고 있지만 땅의 주민들은 나의 제단을 지키지 않는다. 그들은 나에게 선물을 바치지 않는다. 여신은 주민들이 제단을 지키지 않는 땅에는 머물지 않는다. 소녀들아, 나에게 램프를 다오. 너희는 하늘의 별이 될 것이다. 나는 하늘의 달이 될 것이다."

　소녀들은 여신에게 램프를 주었다. 오래된 신전이 보이지 않았다. 제단에는 불꽃이 보이지 않았다. 하지만 달이 밝았다. 별들이 밝았다.

　그러자 선원이 숲에서 서둘러 나왔다. 그는 빠르게 걸었는데, 왜냐하면 이젠 길이 어둡지 않기 때문이다. Diana와 소녀들은 하늘에 있었다.

A. 번역하시오.

❶ Quid videō? Quid habeō? Ubi habitās?

❷ Hieme Fulvia in Britanniā manet; aestāte ā Britanniā nāvigābat.

❸ Dēnique pīrātae ab Hispāniā nāvigāvērunt.

❹ In tuō oppidō habitābit; in tuā casā habitābimus.

❺ Hieme puella diū in parvō oppidō manet, sed aestāte in ōrā maritimā habitat.

B. 괄호 안에 주어진 형용사의 옳은 형태로 빈칸을 치우시오.

❶ Templum _____ oppidī est antīquum. (large)

❷ Templa magnōrum oppidōrum sunt _____. (old)

❸ Āra in _____ templō est. (small)

❹ Templum _____ laudābimus. (famous)

❺ Mihi _____ praemium dabunt. (great)

❻ In oppidō _____ habitāvērunt. (beautiful)

024 HERCULES ET LEO

In Ītaliā antīquā hieme incolae oppidōrum multās et nōtās fābulās nārrābant. Ōlim Mārcus et amīcus bonus domī fābulās nārrābant. Mārcus amīcō dīxit, "Nārrā mihi fābulam bonam."

"Tibi fābulam nōtam nārrābō," amīcus dīxit.

Ōlim aestāte in silvīs Graeciae leō validus habitābat. Interdum noctū leō equōs agricolārum necābat; interdum agricolās quoque necāre temptābat. Dēnique leō malus fīlium agricolae necāvit. Tum incolae oppidī propinquī leōnem necāre temptābant, sed leō semper effūgit (*escaped*).

Itaque agricola clāmāvit, "Nūllus leō in silvīs habitābit et fīliōs nostrōs et equōs nostrōs necābit! Vocāte Herculem! Herculēs est satis validus. Leōnem necābit et nōs servābit!"

Itaque Herculēs ex terrā propinquā properāvit. Nūllās sagittās portābat, sed magnam clāvam (*club*) portābat. Quod silva erat obscūra, lēniter ambulābat. Tum subitō lūna clāra magnum leōnem mōnstrāvit.

Diū Herculēs et leō pugnābant. Dēnique Herculēs ex silvā properāvit et agricolīs dīxit, "Clāva mea leōnem malum necāvit. Leō nūllōs fīdiōs et nūllōs equōs amīcōrum meōrum necābit."

amícus, -ī=M., friend (amicable 우호적인, amiable 상냥한, amity 친선).
dómī=at home (domestic 가정의, domicile 주거지).
équus, -ī=M., horse (equine 말의, equestrian statue 기마상).
fīlius, fíliī=M., son.
léō, leōnem(*acc.*)=M., lion.
málus, -a, -um=bad, wicked (malice 악의, malicious 악의에 찬, malign 악
　　성의, malignant 악의에 찬, malady 질병, malefactor 범인, maltreat
　　잘못 다루다, maladjustment 부조화, maladapted 부적합한).
nūllus, -a, -um=no, none (null 존재하지 않는).
púgnō, -āre, -āvī=fight (pugnacious 호전적인, impugn [impjú:n] 논박하다,
　　pugilist 권투선수, pugilism 권투).
sátis=sufficiently, enough (satisfied 만족한, satiate 만족시키다, insatiable
　　만족할 줄 모르는, satiety 포만 상태, satisfaction 만족).
válidus, -a, -um=strong, well (valid excuse 정당한 변명, invalid 병약자).

❶ **amícus**처럼 **-us**로 끝나는 대부분의 제2 격변화 명사들은 다음과 같은 변화형
　을 갖는다.

	단수	복수
N	amícus	amícī
G	amícī	amīcṓrum
D	amícō	amícīs
A	amícum	amícōs
Ab	amícō	amícīs

❷ **-us**로 끝나는 형용사들이 **amícus** 따위의 남성명사와 함께 사용될 때에는 다
　음과 같은 변화형을 갖는다.

	단수	복수
N	amícus bónus	amícī bónī
G	amícī bónī	amīcṓrum bonṓrum
D	amícō bónō	amícīs bónīs

A	**amícum bónum**	**amícōs bónōs**
Ab	**amícō bónō**	**amícīs bónīs**

C. **-us**로 끝나는 형용사들이 **puella** 따위의 여성명사와 함께 사용될 때에는 다음과 같은 변화형을 갖는다.

	단수	복수
N	**puélla bóna**	**puéllae bónae**
G	**puéllae bónae**	**puellârum bonârum**
D	**puéllae bónae**	**puéllīs bónīs**
A	**puéllam bónam**	**puéllās bónās**
Ab	**puéllā bónā**	**puéllīs bónīs**

▶▶▶ **해석**　　Hercules와 사자

　　고대 이탈리아 마을의 주민들은 겨울에 잘 알려진 많은 이야기를 들려주곤 했다. 한때 Marcus는 친한 친구와 집에서 이야기를 나누고 있었다. Marcus가 친구에게 말했다. "나에게 재미있는 이야기를 해다오."

　　"내가 유명한 이야기를 하나 해줄게"라고 친구가 말했다.

　　옛날 옛적 어느 여름 그리스의 숲에 힘이 센 사자가 살고 있었다. 때때로 사자는 농부들의 말을 죽이곤 했다. 때로는 농부들도 죽이려고 했다. 마침내 악한 사자는 농부의 아들을 죽였다. 그러자 근처 마을의 주민들은 사자를 죽이려고 했지만 사자는 항상 도망쳤다.

　　그래서 농부는 외쳤다. "어떤 사자도 숲에서 살지 못할 것이고, 우리의 아들과 말을 죽이지 못할 것이다! Hercules를 불러라! 그는 굉장히 힘이 세다! 그는 사자를 죽이고 우리를 구해줄 것이다!"

　　그래서 Hercules는 근처에서 서둘러왔다. 그는 화살은 가지고 있지 않았지만 커다란 곤봉을 가지고 있었다. 숲이 어두웠기 때문에 그는 천천히 걸었다. 그러자 갑자기 밝은 달이 커다란 사자를 비추었다.

　　Hercules와 사자는 오랫동안 싸웠다. 마침내 Hercules는 숲에서 서둘러 나와 농부들에게 말했다. "내 곤봉이 악한 사자를 죽였소. 사자는 내 친구들의 어떤 아들이나 말도 죽이지 못할 것이오."

A. 번역하시오.

❶ Fīlius agricolae domī est; amita agricolae aestāte domī est; fīlia agricolae tum nōn est domī.

❷ Nōn diū fīlius meus hieme in oppidō manet.

❸ Multī amīcī ab Hispāniā nāvigābant.

❹ Fīliōs amīcōrum meōrum expectō.

❺ Amīcus tuus fīlium habet.

B. 라틴어로 옮기시오.

❶ Cornelia praised the farmer's friend; Galba was praising the farmer's friends.

❷ I will give no gift to the sailor's wicked son.

❸ The cottage of the poet's friend was near the old town.

❹ In winter the sailor remains at home.

❺ There he sees many friends.

C. 옳은 것을 고르시오.

❶ Equus meus est (mala, malus, malae).

❷ Hieme et aestāte in (īnsulam, īnsula, īnsulā) habitō.

❸ Cum amīcīs (tua, tuīs, tuārum) ambulās.

❹ Equus amīcī (bonīs, bonam, bonī) nōn ibi est.

❺ Cum fīliō (tuam, tuus, tuō) in casā es.

❻ (Nūlliīs, Nūllum, Nūllōs) equōs habeō.

❼ Fīliī (meus, meī, meum) pugnābant.

D. 괄호 안의 영어를 라틴어로 옮기시오.

❶ (The farmers) arcam cēlāvērunt.

❷ (The daughters) amīcī meī expectō.

❸ (The sons) rēgīnae servāvisti.

❹ (The rewards) erant magna.

❺ (Gifts) fēminīs dabimus.

❻ (The horses) in viā stābant.

025

CENA BONA

Anna et Mārcus in magnō macellō (*market*) stant; fēminās et puellās et puerōs spectant.

Anna. Ecce! Agricolae ex agrīs et ex hortīs properant; corbulās portant.

Mārcus. Quid agricolae in corbulīs portant? Cūr properant?

Anna. Agricolae corbulās ūvārum portant. Properant quod fēminās et puellās et puerōs in macellō vident.

Mārcus. Corbulās in magnā mēnsā videō. Nōnne sunt corbulae mālōrum?

Anna. Ita, māla videō. Pira quoque videō. Ūvae sunt parvae sed māla et pira sunt magna.

Mārcus. Quid servus facit?

Anna. Servus agricolam juvat; in mēnsā lactūcam et rādīculās et caepās videō.

Mārcus. Lactūcam et rādīculās amō, sed caepās nōn amō.

Anna. Nunc asparagum et bētās et carōtās videō. Amāsne carōtās et bētās?

Mārcus. Minimē, carōtās et bētās nōn amō, sed asparagum amō.

Anna. Parvam mēnsam videō. Sunt pullī in parvā mēnsā.

Mārcus. Ecce! Amita tua pullum et ōva emit (*is buying*). Fabās et māla quoque habet.

Anna. Hodīe amita mea bonam cēnam parābit. Amitam meam juvābō, et mihi et tibi bonam cēnam dabit.

(2음절 단어는 항상 첫 번째 음절에 강세가 옴으로 앞으로는 3음절 이상의 단어에만 강세를 표시하겠음.)

ager, agrī=M., field (agrarian 토지의, agriculture 농업, agronomy 농지관리학).
asparagus, -ī=M., asparagus.
bēta, -ae=F., beet.
caepa, -ae=F., onion.
carōta, -ae=F., carrot.
cēna, -ae=F., dinner, meal (cenacle (예수가 제자와) 최후의 만찬을 가진 방).
corbula, -ae=F., small basket.
ecce=look!
faba, -ae=F., bean.
hortus, -ī=M., garden (horticulture 원예).
lactūca, -ae=F., lettuce.
mālum, -ī=N., apple.
mēnsa, -ae=F., table.
ōvum, -ī=N., egg.
parō, -āre, -āvī=prepare, get ready, obtain.
pirum, -ī=N., pear.
puer, puerī=M., boy (puerile 소년의, puerility 유치함).
pullus, -ī=M., chicken.
rādicula, -ae=F., little root.
servus, -ī=M., servant, slave (service 봉사, disservice 냉대, subserve 촉진
하다, subservient 비굴한, servile 노예의, servility 노예 상태, serf
농노, servant 하인, servile 노예와 같은, service 봉사).
ūva, -ae=F., grape.

● 라틴어의 제2 격변화 명사들과 영어

라틴어	영어
aedificium	edifice
Aetna	Etna
audītōrium	auditorium
domicilium	domicile
fātum	fate
forum	forum
signum	sign
templum	temple

▶▶▶ 해석　　맛있는 식사

　Anna와 Marcus는 커다란 시장에 서 있다. 그들은 아낙네들과 소년, 소녀들을 보고 있다.

Anna. 저것 봐! 농부들이 서둘러서 농장과 정원에서 나오고 있어. 그들은 작은 바구니를 들고 있어.

Marcus. 농부들 바구니 안에 뭐가 들어있지? 왜들 서두르는 거지?

Anna. 농부들은 포도 바구니를 들고 있어. 저들이 서두르는 것은 시장에 있는 아낙네들과 소년, 소녀들을 보았기 때문이야.

Marcus. 큰 식탁 위에 바구니들이 보여. 저건 사과 바구니지?

Anna. 맞아, 사과들이 보여. 배도 보인다. 포도는 작지만 사과와 배는 커.

Marcus. 하인은 무슨 일을 하고 있니?

Anna. 하인은 농부를 돕고 있어. 식탁에 상추와 무와 양파가 보여.

Marcus. 나는 상추와 무를 좋아하지만, 양파는 좋아하지 않아.

Anna. 지금은 아스파라거스와 사탕무와 당근들이 보인다. 당근과 사탕무를 좋아하니?

Marcus. 아니야. 당근과 사탕무는 좋아하지 않아. 하지만 아스파라거스는 좋아해.

Anna. 작은 식탁이 보인다. 작은 식탁에 닭들이 있어.

Marcus. 저것 봐! 너의 고모가 닭과 달걀들을 사고 있어. 콩이랑 사과도 들고 있어.

Anna. 오늘 내 고모는 맛있는 저녁 식사를 준비하시려나 봐. 나는 고모를 도와야겠어. 그러면 고모는 나와 너에게 맛있는 저녁 식사를 해주실 거야.

A. 번역하시오.

❶ Quis cēnam parābat?

❷ Quis fenestram apertam videt?

❸ Quid Mārcus hieme facit? Mārcus hieme in oppidō labōrat.

❹ Quid Mārcus in hortīs facit? Mārcus multās rosās spectat.

❺ Labōrāvistīne in hortō?

❻ Graecīne ārās prō templō aedificant?

❼ Suntne dōna in mēnsā?

❽ Quis servōs jūvit?

❾ Nōnne puerī servōs jūvērunt?

❿ Nōnne puer mē juvābit?

B. 괄호 안의 영어를 라틴어로 옮기시오.

❶ Amīcus servī (in a large field / with the happy boys) labōrābat.

❷ Praemium (of the good boy / of the boy's friend) erat in mēnsā.

❸ Fīlius amīcī (out of the garden / in the town) ambulābat.

❹ Praemia (of the good boys / of the kind friends) erant magna.

❺ (In the small fields / With the boy's friend) ambulābō.

C. 다음 라틴어에 해당하는 영어를 말하시오.

Aethiopia	fragmentum	meritum	praejudicium
exilium	impedimentum	officium	sacrificium

026

AMICUS FIDUS

Sextus et Mārcus erant amīcī. Sextus in magnā vīllā habitābat. Mārcus sōlus in silvā in parvā casā habitābat.

Saepe aestāte Mārcus in hortīs amīcī Sextī labōrābat, et agricolās in agrīs juvābat. Mārcus equōs amābat, et aestāte erant multī equī in agrīs Sextī. Interdum hieme Mārcus servōs juvābat; frūmentum equīs dare amābat.

Ōlim equī Sextī ab agrō errāvērunt.

Territī servī Sextum vocāvērunt et clāmāvērunt, "Nūllī equī sunt in agrīs tuīs! Ubi sunt equī tuī?"

Sextus īrātus clāmāvit. "Cūr equōs in agrīs nōn spectābātis, servī? Nunc equī in silvā sunt. Ursae equōs meōs necābunt!"

Tum Sextus ē vīllā properat. In agrō propinquō agricolam videt. Agricolae dē magnō perīculō equōrum nārrat. Celeriter agricola Sextō hastam dat.

Via est obscūra in silvā; sed Sextus celeriter ambulat quod equōs servāre dēsīderat. Subitō Mārcum videt. Mārcus dēfessus cum magnā ursā pugnat. Est in magnō perīculō quod nūllum gladium et nūllam hastam habet.

Sextus clāmat, "Tī juvābō, Mārce! Hastam habeō!"

Celeriter ursam necat et Mārcum amīcum servat. Tum Mārcus

Sextō equōs territōs mōnstrat.

Sextus laetus equōs spectat, et dīcit, "Equōs meōs servāvistī, Mārce; es amīcus fīdus!

▶▶▶ 어휘

dēféssus, -a, -um=tired, weary.

fīdus, -a, -um=faithful (fidelity 충실, confide (비밀을) 털어놓다, diffident 자신이 없는, infidel 무신론자, perfidy 배신, fealty 충성, bona fide offer 성실한 제안).

frūméntum, -ī=N., grain (frumentaceous 곡물로 만든, frumenty 우유에 끓인 밀 죽).

gládius, -ī =M., sword (gladiator 검투사, gladiolus 글라디올러스 (모양이 칼처럼 생겼음)).

hásta, -ae=F., spear (hastate 창끝처럼 생긴).

perículum, -ī=N., danger, peril (perilous 위험한).

sólus, -ī=alone, only (soloist 독주자).

▶▶▶ 문법

❶ 제2 격변화의 네 가지 형태

단수

	중성		남성	
N	**templum**	**amīcus**	**ager**	**puer**
G	**templī**	**amīcī**	**agrī**	**puerī**
D	**templō**	**amīcō**	**agrō**	**puerō**
A	**templum**	**amīcum**	**agrum**	**puerum**
Ab	**templō**	**amīcō**	**agrō**	**puerō**

N	templa	amīcī	agrī	puerī
G	templōrum	amīcōrum	agrōrum	puerōrum
D	templīs	amīcīs	agrīs	puerīs
A	templa	amīcōs	agrōs	puerōs
Ab	templīs	amīcīs	agrīs	puerīs

❷ 제2 격변화에 관한 중요한 사실들은 다음과 같다.
1. 단수 속격은 -ī로 끝난다.
2. -um으로 끝나는 명사들은 중성명사이다.
3. -er로 끝나는 명사들은 남성명사이다.
4. -us로 끝나는 대부분의 명사는 남성명사이다.
5. -us와 -er로 끝나는 명사들의 복수 주격은 -ī로 끝난다.
6. 모든 중성명사의 복수 주격과 대격은 -a로 끝난다.

❸ 제2 격변화 명사의 어미

	단수		복수	
	남성	중성	남성	중성
N	-us, -er (-ir)	-um	-ī	-a
G	-ī	-ī	-ōrum	-ōrum
D	-ō	-ō	-īs	-ī
A	-um	-um	-ōs	-a
Ab	-ō	-ō	-īs	-īs

❹ 호격 (Vocative Case)
라틴어의 호격은 주격과 같다. 예외는 -us로 끝나는 제2 격변화 명사이다.

 Mārcus → Mārce
 amīcus → amīce

모든 명사의 복수 호격은 주격과 같다.

Sextus와 Marcus는 친구였다. Sextus는 큰 농가에 살고 있었다. Marcus는 혼자 숲 속의 작은 집에서 살고 있었다.

Marcus는 여름에 자주 친구 Sextus의 정원에서 일을 했고, 농장에서 농부들을 돕곤 했다. Marcus는 말들을 사랑했는데, Sextus의 여름 농장엔 많은 말들이 있었다. 때때로 겨울에 Marcus는 하인들을 도왔다. 그는 말들에게 먹이 주는 일을 좋아했다.

어느 날 Sextus의 말들이 농장에서 벗어나 길을 잃었다.

겁을 먹은 하인들이 Sextus를 부르고 외쳤다. "당신 농장에 말이 한 마리도 없습니다! 당신의 말들은 어디에 있나요?"

화가 난 Sextus가 외쳤다. "어찌하여 농장에 말들이 보이지 않느냐, 하인들아? 지금 말들은 숲 속에 있다. 곰들이 내 말들을 죽일 것이다!"

그러고 나서 Sextus는 서둘러 농가에서 뛰쳐나왔다. 근처 농장에서 한 농부를 보았다. 그는 농부에게 말들이 처한 큰 위험에 대해 말했다. 농부는 Sextus에게 얼른 창을 주었다.

숲 속의 길은 어두웠다. 하지만 Sextus는 말들을 지키고 싶었기 때문에 빠르게 걸었다. 갑자기 그는 Marcus를 보았다. 지친 Marcus는 큰 곰과 싸우고 있었다. 그는 큰 위험에 처해 있었는데, 왜냐면 그는 검도 창도 가지고 있지 않았기 때문이다.

Sextus는 외쳤다. "내가 너를 도와줄게, Marcus! 나는 창을 가지고 있어!"

그는 재빨리 곰을 죽이고 친구 Marcus를 구했다. 그러자 Marcus는 Sextus에게 겁먹은 말들을 보여주었다.

기쁜 Sextus는 말들을 보고 말했다. "Marcus, 자네는 내 말들을 지켜줬어. 자네는 충실한 친구야!"

A. 번역하시오.

❶ Hōdiē Mārcus sōlus in hortō ambulāvit.

❷ Suntne Sextus et Mārcus amīcī?

❸ Cūr, Mārce, in viā pugnābās?

❹ Cūr, amīce, nōn labōrāvistī?

❺ Cūr, puerī, sunt equī in hortō?

❻ Puerī erant dēfessī, et amīcos nōn jūvērunt.

B. 괄호 안에 주어진 영어를 라틴어로 옮겨 각기 세 개의 문장을 만드시오.

❶ Nauta est (with a faithful friend, in great danger, with Marcus alone).

❷ Puerī sunt (in a beautiful garden, with faithful friends, with strong sailors).

❸ Sum (with Marcus, with many boys, in the town).

❹ Properābant (with our friends, out of the garden, from the temple).

C. 옳은 것을 고르시오.

❶ A *bona fide* offer is made ___.

(a) deceitfully (b) in good faith (c) jokingly

❷ The leaves of gladioli are shaped like ___.

(a) arrows (b) hearts (c) swords

❸ A person in peril is ___.

(a) gay (b) in danger (c) safe

❹ When you are satisfied, you have ___.

(a) enough (b) too little (c) too much

❺ A pilot making a solo flight is flying ___.

(a) alone (b) for the first time (c) in a monoplane

A. 옳은 것을 고르시오.

❶ (Cēna, Fīlius, Frūmentum, Lucerna) est sōlus.

❷ (Ārae, Amīcī, Templa, Mēnsae) sunt fīdī.

❸ Sunt nūllae (equī, cēnae, dōna, agrī).

❹ Aedificābunt (perīculōrum, ārās, dōnīs, gladiōs).

B. 다음 문장들의 목적어를 복수형으로 바꾸시오.

❶ Puer amīcum laudat.

❷ Puella epistulam scrībit.

❸ Fēmina dōnum habet.

❹ Portā praemium, serve.

❺ Parāte cēnam, servī.

C. A에 주어진 명사와 격이 일치하면서 뜻이 어울리는 형용사를 B에서 고르시오.

A		B	
templī	āra	nōtōrum	pulchra
praemia	amīcō	dēfessīs	antīqua
equīs	oppidōrum	laetō	angustā
		fīdae	bonus
		nōtī	quiēta

D. 다음 문장들을 의문형으로 바꾸시오.

❶ Amīcus puerum laudābat.

❷ Servus equō frūmentum dabat.

❸ Fēminae bonae praemium dabās.

❹ Oppidum novum aedificābant.

❺ Lucernam fīliō meō dabam.

E. 옳은 것을 고르시오.

❶ In an aquarium you would expect to find (elephants, lions, rabbits, trout).

❷ A friendly girl is well named if she is called (Amy, Clara, Rose, Stella).

❸ A lunar month is measured (by days, from new moon to new moon, by stars).

❹ Because they are nocturnal creatures, the (bluejays, chickens, owls) seldom see.

❺ A good scholastic record shows (application to studies, athletic standing, social popularity).

STORIES FROM HISTORY
AND LEGEND

027

DOLUS BELLI

Ōlim Isrāēlītae cum Midianītīs pugnābant. Midianītae erant multī, sed Isrāēlītae magnās cōpiās nōn habēbant. Isrāēlītae bonōs gladiōs et scūta valida habēbant et bene pugnābant, sed Isrāēlītae cōnsilia bellī satis bona nōn habēbant.

Dēnique Gideōn, Isrāēlīta, dolum bonum habēbat. Ubi cōnsilium Isrāēlītīs nārrāvit, cōnsilium laudāvērunt. Virī dēfessī erant, sed laetī erant quod dolus erat bonus.

Gideōn virīs tubās et urnās et lucernās dedit. Noctū cum virīs dēfessīs ā tabernāculīs celeriter properāvit. Virī lucernās in urnīs portābant. Nūllus Midianīta Isrāēlītās vīdit, quod lūna nōn erat clāra.

Subitō Gideōn tubam īnflāvit et clāmāvit. Virī tubās īnflāvērunt, clāmāvērunt, urnās frēgerunt (*broke*). Subitō erant lūmina (*lights*). Cōpiae Isrāēlītārum nōn erant magnae, sed lūmina erant multa et clāra. Midianītae erant territī et celeriter fūgērunt (*fled*).

Itaque Isrāēlītae oppida et agrōs pulchrōs Midianītārum miserōrum occupāvērunt.

bellum, **-ī**=N., war (bellicose 호전적인, belligerent 호전적인, rebel 모반,
    rebellion 폭동).

cōpia, **-ae**=F., plenty, abundance, *pl.* forces, troops.

cōnsílium, **cōnsíliī**=N., plan, advice (counsel 조언하다, counsellor 조언자).

dolus, **-ī**=M., trick, scheme.

habēbant=they had.

īnflō, **-flāre**, **-flāvī**=blow into, blow.

scūtum, **-ī**=N., shield.

tabernáculum, **-ī**=N., tent.

tuba, **-ae**=F., trumpet.

vir, **virī**=M., man (virile 남자의, triumvirate (고대 로마의) 3인 정치의).

❶ **bonus**(=good)의 변화

단수

	남성	여성	중성
N	**bonus**	**bona**	**bonum**
G	**bonī**	**bonae**	**bonī**
D	**bonō**	**bonae**	**bonō**
A	**bonum**	**bonam**	**bonum**
Ab	**bonō**	**bonā**	**bonō**

복수

	남성	여성	중성
N	**bonī**	**bonae**	**bona**
G	**bonōrum**	**bonārum**	**bonōrum**
D	**bonīs**	**bonīs**	**bonīs**
A	**bonōs**	**bonās**	**bona**
Ab	**bonīs**	**bonīs**	**bonīs**

nauta bonus(=good sailor)의 변화

	단수	복수
N	nauta bonus	nautae bonī
G	nautae bonī	nautārum bonōrum
D	nautae bonō	nautīs bonīs
A	nautam bonum	nautās bonōs
Ab	nautā bonō	nautīs bonīs

남성명사 **agricola**(=farmer), **pirāta**(=pirate), **poēta**(=poet) 등의 경우도 마찬
가지이다.

❸ **vir**(=man)의 변화형은 주격 단수형을 제외하고는 형용사 **amīcus**(=friendly)
의 경우와 같다.

	단수	복수
N	vir	virī
G	virī	virōrum
D	virō	virīs
A	virum	virōs
Ab	virō	virīs

▶▶▶ 해석　　전쟁의 속임수

옛날 이스라엘 사람들은 미디안 사람들과 싸우고 있었다. 미디안 사람들은 수가
많았는데, 이스라엘 사람들은 많은 군대를 가지고 있지 못했다. 이스라엘 사람들은
좋은 검과 강한 방패를 가지고 잘 싸웠으나 이스라엘 사람들은 충분히 좋은 전쟁
계략을 가지고 있지 않았다.

마침내 Gideon이라는 이스라엘 사람이 좋은 계략을 생각해내었다. 그가 이스라
엘 사람들에게 계략을 말하자 그들은 그 계략을 칭송했다. 사람들은 지쳐있었지만
기뻤다. 왜냐하면 그 계획은 좋은 계획이었기 때문이다.

Gideon은 남자들에게 트럼펫과 단지와 램프를 주었다. 밤이 되자 그는 지친 남
자들과 텐트에서 서둘러 떠났다. 남자들은 램프를 단지에 넣어서 가져갔다. 미디안
사람들은 아무도 이스라엘 사람을 보지 못했다. 왜냐하면 달이 밝지 않았기 때문이
다.

갑자기 Gideon이 트럼펫을 불고 소리를 질렀다. 남자들은 트럼펫을 불었고 소리

를 질렀고 단지를 깼다. 갑자기 불빛이 생겨났다. 이스라엘 군대의 군세는 대단치 않았지만 램프불이 많고 밝았다. 미디안 사람들은 겁을 먹고 재빨리 도망갔다.

그렇게 해서 이스라엘 사람들은 불쌍한 미디안 사람들의 마을과 아름다운 농장들을 점령했다.

● 번역하시오.

❶ Parvī puerī magnās tubās portāvērunt.

❷ Virī dēfessī parvās lucernās portābunt.

❸ Erant nūllae lucernae in tabernāculīs obscūrīs.

❹ Isrāēlītae bona cōnsilia et multōs dolōs bellī habent.

❺ Gladiī erant satis longī; scūta nōn erant satis valida.

❻ Ubi Isrāēlītae tubās īnflāvērunt, cōpiae Midianītārum pugnāre temptāvērunt.

028

MIDAS ET AURUM

Mīdās in magnā rēgiā habitābat, ubi erant multae arcae, urnae, lucernae, statuae. Sed Mīdās nōn erat laetus, quod multum aurum dēsīderābat.

Ōlim Mīdās deum jūvit, et deus dīxit, "Tibi praemium dabō. Quid dēsīderās?"

Itaque Mīdās dīxit, "Multī multum aurum habent; aurum quoque amō. Dā mihi contāctum (*touch*) aureum. Multa mūtābō; tum erit multum aurum in rēgiā meā."

Deus dōnum virō laetō dedit. Statim Mīdās multa mūtāre temptāvit. Per (*through*) hortum ambulāvit; rosae erant aureae. Per rēgiam ambulāvit; lucernae, mēnsae, urnae, arcae, statuae erant aureae. Mīdās erat vir laetus, quod aurum spectāre amābat. Vesperī multōs incolās convocāvit; aurum incolīs mōnstrāvit.

Dēnique magnam cēnam postulāvit. "Parāte cēnam bonam," dīxit.

Posteā Mīdās cēnam edere (*to eat*) temptāvit, sed cēna erat aurea! Aquam bibere (*to drink*) temptāvit, sed aqua quoque aurea erat! Mīdās erat territus. Contāctum aureum nōn dēsīderābat; cēnam dēsīderābat. Multum aurum nōn dēsīderābat; aquam dēsīderābat.

Mīdās miser deum vocāvit. "Juvā mē! Juvā mē!" clāmāvit.

Deus erat benignus et virum miserum servāvit. Iterum Mīdās magnam cēnam postulāvit. Cēna erat bona; nōn erat aurea. Aqua quoque erat bona.

Mīdās erat laetus et dīxit, "Nunc sum līber; contāctum aureum nōn habeō. Nunc laetus sum, quamquam multum aureum nōn habeō."

▶▶▶ 어휘

(이미 강세규칙에 익숙해져 있을 것이므로 앞으로는 강세를 표시하지 않을 것임.)

aureus, -a, -um=golden, of gold.

aurum=N., gold.

contāctus, -ūs=M., touch, contact.

convocō, -āre, -āvī=call together (convocation 소집).

deus, -ī=god, *pl.* **dī**=the gods.

mūtō, -āre, -avi=change (mutation 변형, mutable 변하기 쉬운, immutable 불변의 permutation (순서의) 변환, transmutation 변화).

quamquam=although.

rēgia, -ae=F., palace.

statim=immediately, at once.

▶▶▶ 문법

● 명사로 사용된 형용사

영어에서 *The rich* are not always happy라고 할 때 the rich는 the rich people의 뜻을 갖는다. 라틴어에도 마찬가지 용법이 있다.

multī=many (persons)

bonī=the good (persons)

multa=many things

　　Midas는 훌륭한 궁전에 살고 있었다. 궁전에는 많은 상자와 항아리, 램프, 동상들이 있었다. 하지만 Midas는 기쁘지 않았다. 왜냐하면 그는 많은 황금을 원했기 때문이다.

　　어느 날, Midas는 신을 도왔다. 그러자 신이 말했다. "나는 너에게 상을 주겠다. 너는 무엇을 원하는가?"

　　그래서 Midas는 말했다. "많은 사람이 많은 황금을 가지고 있습니다. 나도 황금을 사랑합니다. 나에게 황금의 손을 주십시오. 나는 많은 것을 바꿀 것입니다. 그러면 나의 궁전에는 많은 황금이 있게 될 것입니다."

　　신은 행복한 남자에게 선물을 주었다. 당장 Midas는 많은 것을 바꾸려고 해보았다. 그는 정원을 가로질러 걸었다. 장미들이 황금이 되었다. 그는 궁전을 가로질러 걸었다. 램프와 식탁, 항아리, 상자, 동상 들이 모두 황금이 되었다. Midas는 기뻤다. 왜냐하면 그는 황금 보기를 좋아했기 때문이다. 저녁에 그는 많은 주민들을 불렀다. 그는 주민들에게 황금을 보여주었다.

　　마침내 그는 맛있는 식사를 요구했다. "훌륭한 식사를 준비하라"라고 그가 말했다.

　　그러고 나서 Midas는 식사를 하려고 했다. 하지만 식사가 황금이었다! 그는 물을 마시려고 했다. 하지만 물 또한 황금이었다! Midas는 두려웠다. 그는 황금의 손을 원치 않았다. 그는 식사를 원했다. 그는 많은 황금을 원하지 않았다. 그는 물을 원했다.

　　불쌍한 Midas는 신을 불렀다. "도와주십시오! 도와주십시오!" 그가 외쳤다.

　　신은 인자했고 불쌍한 남자를 구해주었다. 다시 Midas는 거한 식사를 요구했다. 식사는 훌륭했다. 황금이 아니었다. 물 또한 맛있었다.

　　Midas는 기뻤다. 그리고 말했다. "이제 나는 자유로운 사람이다. 나는 황금의 손을 가지고 있지 않다. 비록 많은 황금을 가지고 있지는 않지만 이제 나는 기쁘다."

A. 번역하시오.

❶ Virī fīdī tubās longās īnflāvērunt.

❷ Fīliī poētārum bonōrum mihi sunt nōtī.

❸ Nauta validus bene pugnat; agricola dēfessus nōn bene labōrat.

❹ Deus virō laetō dōnum aureum dedit.

❺ Statim Mīdās multa mūtāre temptāvit quod multum aurum dēsīderāvit.

❻ In hortō erant rosae aureae; in mēnsīs erant urnae aureae et lucernae aureae.

❼ Quamquam Mīdās incolās convocāvit, nōn multī erant in rēgiā.

B. 이탤릭체 부분을 라틴어로 옮기시오.

❶ *Tired men* do not like a *long war*.

❷ We see the *long swords* and *strong shields* of the faithful men.

❸ Midas *often called* the inhabitants *together*.

❹ The man *will want* food; he will not want *gold*.

C. 아래 빈칸들을 tired sailor나 tired sailors의 적절한 형태로 채우시오.

❶ Aurum _____ (*sg.*) grātum est.

❷ Fēmina cum _____ ambulābat..

❸ _____ in rēgiā est.

❹ Lucerna _____ (*sg.*) est aurea.

❺ Poētae cum _____ (*pl.*) pugnant.

❻ _____ in viīs ambulābant.

❼ Convocāte __

029
LIBRI PRETIOSI

Tarquinius Superbus, vir clārus et validus, rēgnum Rōmānum occupāvit. Rōmānī virum superbum nōn amābant; itaque Tarquiniō fīdī nōn erant.

Ōlim Tarquinius prō rēgiā fēminam sōlam vīdit. Fēmina rēgiam spectābat. Vesperī Tarquinius fēminam in rēgiā vīdit. Jam fēmina novem librōs in parvā arcā portābat. Tarquiniō librōs mōnstrāvit, et magnum pretium postulāvit.

Tarquinius rīsit (*laughed*) et dīxit, "Cūr librī tuī sunt pretiōsī? Tibi magnum pretium nōn dabō. Librōs pretiōsōs nōn dēsīderō."

Statim fēmina īrāta ē rēgiā Tarquiniī properāvit, sed postrīdiē in rēgiā iterum Tarquiniō librōs mōnstrāvit.

"Nōn jam novem, sed sex librōs habeō," dīxit. "Trēs librōs dēlēvī (*I have destroyed*). Dā mihi pretium novem librōrum, et tibi sex librōs dabō."

Tarquinius iterum rīsit, et iterum fēmina īrāta ē rēgiā properāvit.

Postrīdiē fēmina Tarquiniō trēs librōs mōnstrāvit et dīxit, "Aut dabis mihi pretium novem librōrum aut trēs librōs quoque dēlēbō (*I will destroy*)."

Tarquinius erat territus; jam librōs dēsīderābat. Itaque fēminae dīxit, "Dā mihi trēs librōs et tibi pretium novem librōrum dabō."

Posteā Rōmānī templum pretiōsum aedificāvērunt; semper librī pretiōsī erant in templō. Librī Rōmam ē perīculō servābant, quod Rōmānīs arcāna (*secrets*) mōnstrābant. Erant librī Sibyllīnī.

▶▶▶ 어휘

aut~aut=either~or.

jam=now, already.

liber, librī=M., book (library 도서관, librarian 도서관 사서, libretto 가극대본).

nōn jam=no longer.

novem=nine (November 11월 (로마 시대에는 3월이 정월이었다)).

postrīdiē=on the next day.

pretiōsus, -a, -um=expensive, costly (precious 값비싼).

pretium, -ī=N., price.

rēgnum, -ī=N., kingdom.

sex=six.

trēs=M. *and* F. *nom. and acc. pl.,* three.

▶▶▶ 문법

❶ 라틴어에서는 부사가 항상 수식하는 말 앞에 온다.

Galba <u>celeriter</u> labōrat.

　Galba works fast.

Poētae <u>saepe</u> perīculōsam nautārum vītam laudant.

　Poets often praises the dangerous life of sailors.

❷ **jam**(=already)과 **nunc**(=now)

　nunc는 단순히 어느 시점만을 가리킨다. 여기에 비해 **jam**은 달라진 상황을 나타낸다.

<u>Nunc</u> pugnat.

　He is fighting now (at this moment).

Jam novem pīrātās necāvit.

He has now (by this time) killed nine pirates.

유명하고 강인한 남자이며 오만한 왕 Tarquinius가 로마 왕국을 차지했다. 로마인들은 이 오만한 남자를 좋아하지 않았다. 그래서 그들은 Tarquinius에게 충성하지 않았다.

어느 날 Tarquinius가 궁전 앞에 홀로 있는 한 여자를 보았다. 여자는 궁전을 바라보고 있었다. 저녁에 Tarquinius는 여자가 궁전 안에 있는 것을 보았다. 지금 이 여인은 아홉 권의 책이 든 작은 상자를 들고 있었다. 그녀는 Tarquinius에게 책들을 보여주고 비싼 값을 요구했다.

Tarquinius는 웃고 말했다. "네 책들은 왜 그리 비싼가? 나는 너에게 엄청난 값을 주지 않겠다. 나는 비싼 책들을 원하지 않는다."

화가 난 여자는 당장 서둘러 궁전에서 빠져나갔다. 하지만 이튿날 그녀는 다시 궁전 안으로 돌아와서 Tarquinius에게 책을 보여주었다.

"이제 나는 아홉 권이 아니라 여섯 권의 책을 가지고 있습니다"라고 그녀가 말했다. "나는 세 권의 책을 파괴했습니다. 나에게 아홉 권의 책값을 주십시오. 그러면 내가 당신에게 책 여섯 권을 드리겠습니다."

Tarquinius는 다시 웃었고, 화가 난 여자는 다시 빠르게 궁전에서 빠져나갔다.

이튿날 여자는 Tarquinius에게 세 권의 책을 보여주고 말했다. "내게 책 아홉 권의 책값을 주든지 아니면 나는 이 세 권의 책 또한 파괴하겠습니다."

Tarquinius는 겁이 났다. 이제 그는 책이 가지고 싶었다. 그래서 그는 그 여자에게 말했다. "내게 책 세 권을 다오. 그러면 내가 너에게 아홉 권의 책값을 주겠다."

그 뒤 로마인들은 비싼 신전을 지었다. 값비싼 책들은 항상 그 신전 안에 있었다. 책들은 로마를 위험으로부터 지켜주었다. 왜냐하면 책들은 로마인들에게 비밀들을 보여주었기 때문이다. 책들은 예언서였다.

A. 번역하시오.

❶ In librīs erant multae fābulae.

❷ Quamquam praemia erant magna, nautae hieme nāvigāre nōn dēsīderābant.

❸ Virī lēniter ambulābant; celeriter labōrābant.

❹ Lūna erat satis clāra, sed vir aurum nōn vīdit.

❺ Librī aut in rēgiā aut in templō sunt.

❻ Rēgīna in rēgnō pulchrō habitābat, sed nōn erat laeta.

❼ Cūr mihi sex librōs dedistī?

❽ Postrīdiē fēmina diū ambulābat.

❾ Jam puellae ex silvīs ambulābant; erant dēfessae.

B. 라틴어로 옮기시오.

❶ I will no longer try to work.

❷ The slave is faithful; we will give the faithful slave a reward.

❸ A dangerous road is near our house; it is narrow.

❹ There are no lamps in the cottage; the cottage is already dark.

❺ Either give me the money or give me the books!

C. 다음 빈칸을 **nunc**나 **jam**으로 채우시오.

❶ Puella fābulam domī _____ nārrat.

❷ Agricola validus sex ursās _____ necāvit.

❸ Virī in ōrā maritimā _____ ambulant.

❹ Terrae līberae _____ sunt quiētae.

❺ Pīrāta gemmās pulchrās nōn _____ habet.

❻ Fēmina trēs librōs Tarquiniō _____ dat.

D. 고대 로마에서는 지금의 3월에 새해가 시작되었다. November는 따라서 당시로서는 9월이다. 다음 로마 숫자를 참고로 물음에 답하시오.

1=ūnus	2=duo	3=trēs	4=quattuor	5=quīnque
6=sex	7=septem	8=octō	9=novem	10=decem

❶ September는 당시 몇 월인가?
❷ October는 당시 몇 월인가?
❸ duet는 몇 사람이 부르는 노래인가?
❹ duel의 뜻은?
❺ 생산량을 triple한다면 몇 배가 되는가?
❻ quadruped의 뜻은?
❼ quintuplets의 뜻은?
❽ quintet는 몇 개의 악기로 연주하는가?
❾ sextet는 몇 사람이 부르는 노래인가?
❿ 한 octave는 몇 개의 음정으로 이루어지는가?
⓫ octagon은 몇 개의 면으로 이루어지는가?

030 RAMUS AUREUS

Ōlim in cavernā propinquā oppidō Cūmīs Sibylla nōta habitābat. Post bellum Trōjānum Aenēās multīs cum virīs ad oppidum Cūmās nāvigāvit.

Hīc Aenēās ante jānuam cavernae Sibyllae stetit et clāmāvit, "Ē rēgnō mortuōrum Anchīsēs, pater (*father*) meus, mē vocat. Mōnstrā mihi viam!"

Sibylla dīxit, "Noctū et interdiū jānua est aperta. Multī in terram mortuōrum properant, sed nōn iterum patriam spectant."

"Māter (*mother*) mea est dea. Dī mē juvābunt," Aenēās clāmāvit.

"In silvā propinquā est rāmus aureus," Sibylla dīxit. "Prīmō portā ad mē rāmum aureum. Deinde tibi jānuam terrae mortuōrum mōnstrābō."

Statim Aenēās cum amīcō fīdō in silvam obscūram properāvit. Subitō Aenēās per rāmōs aurum clārum vīdit.

"Ecce!" dīxit. "Est rāmus aureus! Dī nōs juvant!"

Laetus rāmum aureum ad cavernam portāvit.

Tum Sibylla clāmāvit, "Dī tē amant. Ecce! Jānua cavernae est aperta; nunc rāmum aureum ad Prōserpinam, rēgīnam mortuōrum, portābimus."

Aenēās et Sibylla in cavernam properāvērunt et prīmō per viās perīculōsās et obscūrās ambulāvērunt. Deinde Sibylla rēgiam Prōserpinae mōnstrāvit, et Aenēās rāmum aureum ad jānuam rēgiae portāvit. Dōnum erat rēgīnae grātum.

Itaque trāns agrōs amoenōs ambulāvērunt. Ibi erat pater Anchīsēs. Tum Anchīsēs multa fīliō nārrāvit, et multa in terrā mortuōrum mōnstrāvit.

▶▶▶ 어휘

(앞으로는 전치사가 소개될 때마다 함께 사용될 격을 표시할 것임. (*acc.*=Accusative (대격), *abl.*=Ablative (탈격))

ad=(*with acc.*) to, toward, near.
ante=(*with acc.*) before, in front of (antebellum 전쟁전의, antedate (시간 적으로) 앞서다, ante-room 대기실, anterior 앞서는, antediluvian (노아의) 홍수 이전의, A.M.(=ante merīdiem) 오전).
deinde=then, next.
mortuus, -a, -um=dead, as noun=dead man (mortal 죽을 운명의, mortality 사망률, mortuary 영안실, immortal 불멸의, mortify 굴욕감을 주다, mortgage 저당).
per=(*with acc.*) through.
post=(*with acc.*) behind, back of, after (post-war 전후의, posterity 후손, posterior 뒤의, posthumous 사후의, post mortem 사후의, P.M. (=post merīdiem) 오후, preposterous 앞뒤가 뒤바뀐).
prīmō=at first (primary 첫 번째의).
rāmus, -ī=M., branch, bough.
trāns=(*with acc.*) across (transit 통과, transition 이동, transitive 과도적인, intransitive 자동사의, transitory 일시적인, trance, 최면 상태, transport 수송하다, transmit 전달하다, transatlantic 대서양 횡단의).

❶ 전치사의 격 지배

전치사에 따라 일정한 격의 명사가 사용된다.

탈격지배 전치사 : **ab**(=*away from*), **cum**(=*with*), **dē**(=*about*), **ex**(=*from*),
in(=*in*)

Statim Aenēās <u>cum amīcō fīdō</u> <u>in silvam</u> obscūram properāvit.

At once Aeneas hurried with his faithful friend to the dark forest.

대격지배 전치사 : **ad**(=*to, toward*), **ante**(=*before, in front of*), **per**(=*through*),
post(=*behind, after*), **trāns**(=*across*)

<u>Per viam</u> <u>ad scholam</u> properat.

He hurries to school through the street.

<u>Trāns viam</u> est casa.

Across the street is a cottage.

Hortus est <u>ante templum</u>; nōn est <u>post templum</u>.

The garden is in front of the temple; it is not behind the temple.

❷ 영어의 to+N이 간접목적을 나타낼 때에는 여격으로, 운동의 방향을 나타낼
때에는 **ad**+대격으로 표현된다.

Rosam <u>puellae</u> dō.　　I give the rose <u>to the girl</u>.

<u>Ad silvam</u> properat.　　He hastens <u>to the forest</u>.

❸ **in**이 탈격의 명사와 사용될 때에는 사건이 일어난 장소를, 대격의 명사와 사
용될 때에는 동작의 방향을 나타낸다.

탈격 : **<u>In oppidō</u> habitās.**　　You live in the town.

대격 : **<u>In oppidum</u> properās.**　　You hasten into the town.

옛날 옛적에 Cumae 마을 근처 어느 동굴에 유명한 Sibyl이 살고 있었다. 트로이 전쟁이 끝난 후에 Aeneas는 Cumae 마을로 많은 남자와 함께 항해해 갔다.

여기에서 Aeneas는 Sibyl의 동굴 문 앞에 서서 외쳤다 "죽은 이들의 왕국에서 나의 아버지 Anchises가 나를 부른다. 나에게 길을 가리켜 다오."

Sibyl이 말했다. "밤과 낮에 문이 열립니다. 많은 이들이 죽음의 왕국으로 서둘러 갑니다. 하지만 누구도 그들의 고국을 다시 보지는 못합니다."

"나의 어머니는 여신이다. 신들이 나를 도울 것이다"라고 Aeneas가 외쳤다.

"가까운 숲에 황금가지가 있습니다"라고 Sibyl이 말했다. "우선 황금가지를 내게 가져다주십시오. 그리고 나서 내가 당신에게 죽은 자들의 왕국의 문을 보여드리겠습니다."

Aeneas는 곧 어두운 숲속으로 믿을 수 있는 친구와 함께 서둘러갔다. Aeneas는 갑자기 가지들 사이로 밝은 황금을 보았다.

"저것 봐!" Aeneas가 말했다. "황금가지야! 신들이 우리를 돕고 있어."

그는 기뻐 그 황금가지를 동굴로 가져왔다.

그러자 Sibyl이 외쳤다. "신들이 당신을 사랑하는군요. 보세요! 동굴의 문이 열렸습니다. 이제 우리는 황금가지를 죽은 자들의 여왕인 Proserpina에게 가져갈 것입니다."

Aeneas와 Sibyl은 서둘러 동굴 속으로 들어갔다. 처음에는 위험하고 어두운 길을 걸어갔다. 그리고 나서 Sibyl은 Proserpina의 궁전을 Aeneas에게 보여주었고, Aeneas는 황금가지를 궁전의 문 앞으로 들고 갔다. 선물은 여왕을 즐겁게 했다.

그래서 그들은 상쾌한 들판을 걸어갔다. 그 곳에 아버지 Anchises가 있었다. 그 뒤 Anchises는 그의 아들에게 많은 것을 이야기했고, 죽은 자들의 땅의 많은 것을 보여주었다.

A. 번역하시오.

❶ Ante bellum; post bullum; post silvam.

❷ In templum deī; ante templa deōrum; ante ārās deārum.

❸ Per viās; trāns īnsulam; per caelum.

❹ Multa bella; bona cōnsilia bellī; ad oppidum; in oppidō.

❺ Mūtābō; mūtābit; mūtāvit.

❻ Ante jānuam templī; ad oppida; ex oppidīs.

❼ Ad silvam nunc properāmus.

❽ Sibylla prīmō rāmum aureum postulābit.

❾ Deinde vir in terram mortuōrum properābit.

B. 다음 단어들에 강세표시를 하시오.

aperta	postrīdiē	sēparat	scūtōrum
Messāna	properant	Sicilla	subitō

C. 다음 문장들에서 to가 여격으로 번역될 경우와, ad 더하기 대격으로 번역될 경우를 구별하시오.

❶ I gave the letter to the boy.

❷ He is walking to the town.

❸ We hurried to the window.

❹ The book is not pleasing to your daughter.

❺ The boy walked to the house.

D. 괄호 안에 주어진 구를 라틴어로 번역하여 각각을 세 개의 문장으로 만드시오.

❶ Virī (into the forests, through the forests, in the forests) ambulābant.

❷ Fēmina (in front of the cottage, in the cave, back of the temple) erat.

❸ Servus (into the cavern, through the town, to the farmhouse) properāvit.

❹ Fīlius (to the door of the cave, through the dim caves, to the land of the dead) ambulābit.

031

DAPHNE ET APOLLO

Daphnē, nympha, in silvīs habitābat. Multī nympham amābant quod fōrmam pulchram habēbat, sed Daphnē mātrimōnium nōn probābat.

Daphnē dīxit, "Lībera esse dēsīderō; sōla in silvīs errāre dēsīderō; mātrimōnium nōn probō."

Ōlim deus Apollō in silvā ambulābat. Daphnēn pulchram vīdit, et statim nympham in mātrimōnium dūcere dēsīderābat.

"Tē amō, Daphnē," deus dīxit, "quod Cupīdō mē sagittā vulnerāvit. Sum deus medicīnae, sed jam mē nūlla medicīna juvat. Tē in mātrimōnium dūcere dēsīderō."

Daphnē territa per silvam celeriter properāvit; sed Apollō quoque properāvit. Post multās hōrās Daphnē dēfessa nōn jam properāre temptāvit.

Ōrāvit, "Mē servāte, dī benignī. Mūtāte fōrmam meam. Tum Apollō mē nōn dēsīderābit."

Statim auxiliō deōrum nympha fōrmam mūtāvit. Nōn jam comam sed folia habēbat. Nōn jam bracchia sed rāmōs habēbat. Pulchra Daphnē erat laurus (*laurel tree*).

Deinde Apollō dīxit, "Quamquam nōn jam es nympha, semper tē amābō, Daphnē. Quod es laurus, laurus semper erit arbor (*tree*) mea."

auxilium, **-ī**=N., help, aid (auxiliary 보조의).
bracchium, **-ī**=N., arm (brachial 팔 모양의).
coma, **-ae**=F., hair.
folium, **-ī**=N., leaf (foliage 잎).
hōra, **-ae**=hour.
mātrimōnium, **-ī**=N., marriage (matrimony 결혼); **in mātrimōnium dūcere**=
    to marry (=lead into matrimony).
ōrō, **-āre**, **-āvī**, **-ātum**=beg for, ask for, pray to.
probō, **-āre**, **-āvī**=approve, test (probe 조사하다, probate 입증, probation 검
    정, probative 증거가 되는, probable 있을 법한, probably 아마도,
    probability 개연성, approbation 승인, proof 증거, prove 증명하다,
    approve 동의하다, approval 동의, disprove 논박하다, reprove 꾸짖
    다, reprobate 무뢰한).
vulnerō, **-āre**, **-āvī**=wound (vulnerable 상처받기 쉬운, invulnerable 불사신
    의).

❶ 전치사 없이 사용되는 탈격은 수단을 나타낸다.
  Virī gladiīs pugnābant.
  The men were fighting with swords.
  Puer leōnem sagittā necāvit.
  The boy killed the lion with an arrow.

❷ 라틴어 명사와 영어 명사
    라틴어   영어
 (1) **-um/-ium**   **-e**
    templum   temple
    domicilium   domicile

 (2) **-um**   **-er**
    membrum   member

(3) **-ium**   **-y**
     matrimōnium   matrimony
     patrimōnium   patrimony

(4) **-ula/-ulum**   **-e**
     ōrāculum   oracle
     clāvicula   clavicle

(5) **ae-**   **e-**
     Aetna   Etna
     aedificium   edifice

▶▶▶ 해석   Daphne와 Apollo

요정 Daphne는 숲 속에서 살고 있었다. 많은 남자가 그 요정을 사랑하고 있었는데, 왜냐하면 그녀는 아름다운 모습을 하고 있었기 때문이다. 하지만 Daphne는 결혼을 원하지 않았다.

Daphne는 말했다. "나는 자유롭고 싶어. 나는 홀로 숲 속에서 방황하고 싶어. 나는 결혼을 원치 않아."

한때 Apollo 신이 숲 속을 거닐고 있었다. 그는 아름다운 Daphne를 보았고, 당장 그 요정과 결혼하고 싶어졌다.

"나는 너를 사랑해, Daphne"라고 신이 말했다. "왜냐하면 Cupid가 그의 화살로 나에게 상처를 입혔기 때문이야. 나는 의술의 신이야. 하지만 어떤 약도 나에겐 도움이 되지 않아. 나는 너와 결혼하고 싶어."

겁이 난 Daphne는 빠르게 숲 속으로 서둘러 도망쳤다. 하지만 Apollo도 서둘러 따라 갔다. 많은 시간이 지난 후에 지친 Daphne는 더 이상 달리려고 하지 않았다.

그녀는 기도했다. "나를 구해주세요, 친절한 신들이여. 나의 모습을 바꿔주세요. 그러면 Apollo가 나를 원치 않을 거예요."

당장 요정은 신들의 도움으로 자기의 모양을 바꾸었다. 더 이상 그녀는 머리카락을 가지고 있지 않았고, 대신 나뭇잎을 가지고 있었다. 그녀는 더 이상 팔을 가지고 있지 않았고, 대신 나뭇가지를 가지고 있었다. 아름다운 Daphne는 월계수 나무였다.

그러자 Apollo가 말했다. "비록 너는 더 이상 요정이 아니지만 나는 항상 너를 사랑할 거야, Daphne. 네가 월계수이기 때문에 월계수는 언제나 나의 나무일 거야."

A. 주어진 라틴어에 해당하는 영어를 말하시오.

candēlābrum	frāgmentum	stabulum	tormentum
decōrum	lāmentum	tabernāculum	vāllum
domicilium	mōnstrum	testimōnium	vehiculum

   (v는 w가 된다)

B. 번역하시오.

❶ Multa folia hīc sunt.

❷ Dī fōrmam nymphae probābant.

❸ Vir bracchia longa habēbat.

❹ Auxiliō amīcī vir dēfessus puerum in casam portāvit.

❺ Prīmō vir ursam hastā vulnerāvit; deinde ursam gladiō necāvit.

❻ Deus medicīnae nympham amābat, sed Daphnē mātrimōnium nōn probābat.

❼ Coma nymphae erat longa et pulchra.

❽ Post multās hōrās virī iterum rāmum aureum ad cavernam portāvērunt.

❾ Aenēās erat amīcus virī.

C. 괄호 안에 주어진 영어를 번역하여 각각 두 개의 문장을 만드시오.

❶ Servī (with swords, with pirates) pugnābant.

❷ Puer (with a spear, with the help of a friend) ursam necāvit.

❸ (With an arrow, In summer) Cupīdō deum vulnerāvit.

❹ Vir vītam fīliī (with medicine, with the aid of the gods) servāvit.

A. 이탤릭체의 구를 라틴어로 옮기시오.

❶ They were fighting *with swords*.

❷ He is walking *with our friends*.

❸ They called the troops together *with a trumpet*.

❹ *With the aid of the gods*, the nymph changed her form.

❺ *With many troops* he hurried to the town.

B. 빈칸을 적당한 형용사로 채우시오.

❶ Scūtum est _____.

❷ Pretium erat _____.

❸ Cavernae _____ sunt in Ītaliā.

❹ Cōnsilia virōrum erant _____.

❺ Rāmī _____ sunt aureī.

❻ Virī scūta _____, tubās _____, gladiōs _____ habent.

❼ Virī _____ sunt in tabernāculīs _____.

C. 괄호 안에 주어진 어구를 라틴어로 옮겨 빈칸을 채우시오.

❶ Parvus puer lūnam per _____ videt. (the branches)

❷ Ursae territae in _____ errābant. (the woods)

❸ Statua deī ante _____ stat. (the temple)

❹ Agricola invidiōsus ad _____ properābit. (the house)

❺ Gladius aureus post _____ erat. (the tent)

MYTHS AND OTHER STORIES

Unit VIII

032

DEUCALION ET PYRRHA

Ōlim virī malī in terrā habitābant. Deōs nōn timēbant; templa deōrum nōn cūrābant.

Itaque Juppiter deōs convocāvit et dīxit, "Quamquam virōs et fēminās monēmus, tamen dōna deīs nōn dant. Nōn jam incolae malī in terrā manēre dēbent."

Tum multa aqua in terrā erat. Diū aqua in terrā manēbat. Mox aqua alta agrōs cēlāvit; in agrīs nūllī virī erant. Aqua alta oppida quoque cēlāvit; in oppidīs nūllī virī et nūllae fēminae erant. Incolae malī erant mortuī.

Deucaliōn sōlus erat vir bonus et impiger, et Pyrrha sōla erat femina bona et impigra. Itaque dī virum bonum et fēminam bonam servāvērunt.

Dēnique aqua alta nōn jam terram celāvit, sed Deucaliōn et Pyrrha nūllōs virōs, nūllās fēminās in terrā vidēbant. Lēniter ambulābant. Caelum et aquam spectābant. Maximē auxilium dēsīderābant.

Templum erat propinquum et Deucaliōn dīxit, "In templum properābimus. Ibi manēbimus et dī nōs juvābunt."

Subitō ōrāculum dīxit, "Jacite (*throw*) ossa mātris (*the bones of your mother*) post terga."

Deucaliōn et Pyrrha maximē timēbant. Tum Deucaliōn dīxit,

"Dī bonī sunt. Terra est māter (*mother*) nostra. Saxa sunt ossa mātris nostrae."

Itaque Pyrrha saxa post tergum jēcit (*threw*) et dī saxa in fēminās mūtāvērunt.

Deucaliōn quoque saxa post tergum jēcit et dī saxa in virōs mūtāvērunt. Ita terra iterum incolās habēbat.

altus, **-a**, **-um**=deep; high, tall (altitude 고도).
cūrō, **-āre**, **-āvī**=care for, take care of (cure 치료, curator (박물관, 도서관 따위의) 관리자, procure 손에 넣다, proctor 학생감)
dēbeō, **-ēre**=owe, ought; must.
impiger, **-gra**, **-grum**=industrious.
ita=so, thus.
maximē=very much, especially.
moneō, **-ēre**=warn, advise (admonish 경고하다, admonition 충고, monitor 충고, premonition 예고).
ōrāculum, **-ī**=oracle.
saxum, **-ī**=N., stone, rock (saxatile 바위틈에서 사는, saxifrage 바위취, saxicolous 바위 위에 생기는).
tamen=nevertheless.
tergum, **-ī**=N., back, rear.

❶ 제1활용 동사와 제2활용 동사
　제1활용 동사 **-ā-**

portat	he carries
portābit	he will carry
portābat	he carried

제2활용 동사 -ē-

monet	he warns
monēbit	he will warn
monēbat	he warned

❷ **monēre**처럼 부정형이 어미 **-ēre**로 끝나는 동사들은 모두 다음과 같은 변화형을 갖는다.

monēre의 변화

현재 (Present)

moneō	I warn	**monēmus**	we warn
monēs	you warn	**monētis**	you warn
monet	he warns	**monent**	they warn

미래 (Future)

monēbō	I will warn	**monēbimus**	we will warn
monēbis	you will warn	**monēbitis**	you will warn
monēbit	he will warn	**monēbunt**	they will warn

미완료 (Imperfect)

monēbam	I was warning	**monebāmus**	we were warning
monēbās	your were warning	**monēbātis**	you were warning
monēbat	he was warning	**monēbant**	they were warning

인칭어미는 **portō**의 경우와 동일하다.

이 밖에도 **videō, habeō, maneō, timeō, dēbeō** 등이 위와 같은 변화형을 갖는다.

❸ 제2활용 동사의 현재체계(Present System)의 변화형

현재 (Present)	=	현재어간 + 인칭어미
미래 (Future)	=	현재어간 + **bi** (**b, bu**) + 인칭어미
미완료 (Imperfect)	=	현재어간 + **bā** (**ba**) + 인칭어미

❹ **moneō**의 명령형

제1활용 동사의 경우와 마찬가지로 단수 명령형은 현재어간으로, 그리고 복수 명령형은 현재어간에 **-te**를 첨가하여 만든다.

제1활용	제2활용
portā	**monē**
portāte	**monēte**

단수명령 = 현재어간
복수명령 = 현재어간 + **te**

▶▶▶ **해석**　　Deucalion과 Pyrrha

옛날 옛적에 땅 위에 악한 사람들이 살고 있었다. 그들은 신을 두려워하지 않았고, 신들의 신전을 돌보지 않았다.

그래서 Jupiter는 신들을 불러 모아놓고 말했다. "우리가 남자들과 여자들에게 경고를 했는데도 그들은 신들에게 선물을 바치지 않는다. 더 이상 악한 주민들이 땅 위에 남아있어서는 안 된다."

그러자 많은 물이 땅 위에 있었다. 물은 땅 위에 오랫동안 머물렀다. 곧 깊은 물이 들판을 덮어버렸다. 들판에는 아무도 없었다. 깊은 물은 마을들도 덮어버렸다. 마을에는 어떤 남자도 어떤 여자도 없었다. 악한 주민들은 죽었다.

오직 Deucalion만이 선하고 부지런한 남자였고, 오직 Pyrrha만이 선하고 부지런한 여자였다. 그러므로 신들은 선한 남자와 선한 여자를 구해주었다.

마침내 깊은 물은 더 이상 땅을 덮지 않았다. 하지만 Deucalion과 Pyrrha는 땅위에서 어떤 남자도 어떤 여자도 볼 수 없었다. 그들은 천천히 걸었다. 그들은 하늘과 물을 보았다. 그들은 몹시 도움을 원했다.

근처에 신전이 있었고 Deucalion은 말했다. "신전 안으로 서둘러 갑시다. 우리는 그곳에 머물 것이고, 신들이 우리를 도와줄 거예요"

갑자기 신탁이 들렸다. "네 어머니의 뼈를 네 등 뒤로 던져라."

Deucalion과 Pyrrha는 매우 두려웠다. 그리고 나서 Deucalion이 말했다. "신들은 선합니다. 대지는 우리의 어머니에요. 돌멩이는 어머니의 뼈입니다."

그래서 Pyrrha는 돌멩이들을 그녀의 등 뒤로 던졌고, 신들은 그 돌멩이들을 여자로 바꾸었다.

Deucalion 역시 돌멩이들을 그의 등 뒤로 던졌고, 신들은 그 돌멩이들을 남자로 바꾸었다. 그렇게 해서 대지는 다시 주민들을 가지게 되었다.

A. 번역하시오.

❶ Habeō; habitō; habēbam; habēbō; habitābō.

❷ Nārrā fābulam, Cornēlia; nārrāte fābulās, puellae.

❸ Vidē ursam, Mārce; vidēte ursās, agricolae.

❹ In tabernāculō altō manēbimus.

❺ Oppida post terga nostra vidēmus; saxa vidēbimus.

❻ Amīcōs habēbimus; erimus amīcī.

❼ Puerum malum monēre dēbēmus.

❽ Amīcī nostrī erunt impigrī.

❾ Mē monētis; tamen nōn bene labōrō.

❿ Cūrāte rāmōs aureōs et folia aurea.

B. 괄호 안에 주어진 어구에 해당하는 동사를 찾으시오.

ambulō	dēbēmus	manēbunt	manēre
monēbit	necābant	necābunt	portāte
vidēbant	vidēbis	vidēbunt	vident

❶ Ā tergō vīllam vidēre (we ought).

❷ Multōs virōs et multās fēminās (you will see).

❸ Hieme hīc (they will remain).

❹ Puerōs bonōs (he will warn).

❺ In vīllā (to remain) dēbēmus.

❻ Tamen puerī templa deōrum (see).

❼ Fēminae Americam, patriam pulchram, (saw).

❽ Virī Britanniam et Eurōpam (will see).

C. 동사를 라틴어로 옮기시오.

❶ Bears were wandering in the forests; the farmers were warning the boys about the bears.

❷ The industrious slave ought to care for the temple.

❸ My friends were very much frightened.

❹ I shall stay in the tent; I shall not see the rocks.

❺ The large stones are in the water.

D. 다음 문장들을 괄호 안에 주어진 라틴어에서 유래된 영어로 완성하시오.

❶ Max was driving at the _____ speed limit. (maximē)

❷ Her asthma was _____ by a change of climate. (cūrō)

❸ The plane had reached an _____ of ten thousand feet. (altus)

❹ People who did not pay their _____ used to be imprisoned. (dēbeō)

❺ What cannot be _____ must be endured. (curō)

033
PERSEUS ET MEDUSA

Polydectēs fēminam pulchram amābat et in mātrimōnium dūcere dēsīderābat, sed fīlium fēminae timēbat. Fīlius erat Perseus clārus, et Perseus mātrimōnium nōn probāvit quod erat maximē invidiōsus.

Amīcī Polydectum monuērunt, "Perseus tē necābit. Perseus prope rēgiam tuam manēre nōn dēbet; in rēgnō tuō habitāre nōn dēbet."

Itaque, quod Polydectēs cum virō perīculōsō in rēgiā habitāre nōn dēsīdeāvit, Perseō dīxit, "Hodiē nauta mē dē Medūsā, mōnstrō malō, monuit. Mala Medūsa vīperās habet ubi coma esse dēbet, et faciēs (*face*) Medūsae virōs in saxum mūtat. Validius es; Medūsam necāre dēbēs."

Perseus dīxit, "Medūsam nōn timeō. Mōnstrum necābō."

Deinde auxiliō deōrum Perseus ad terram longinquam ubi Medūsa habitābat properāre parābat. Mercurius tālāria (*winged sandals*) et gladium dedit; Plūtō galeam magicam dedit; Minerva scūtum clārum dedit.

Minerva Perseō dīxit, "Tālāria tē trāns terram et aquam celeriter portābunt; galea magica tē obscūrum faciet (*will make*); scūtum tē ā perīculō servābit. Medūsa tē in saxum nōn mūtābit.

Tē nōn vidēbit, sed Medūsam in scūtō clārō vidēbis. Gladiō Medūsam necābis."

Perseus dōna probāvit et statim ad terram longinquam Medūsae volāvit. Ibi mōnstrum in scūtō clārō vīdit. Gladiō Medūsam celeriter necāvit.

Deinde iterum ad rēgiam volāvit ubi Polydectēs habitābat. Perseus caput (*head*) Medūsae portāvit. Polydectēs caput spectāvit. Nōn jam vir sed statua erat quod statim faciēs mōnstrī Polydectem in saxum mūtāvit.

▶▶▶ 어휘

galea, -ae=F., helmet.
longinquus, -a, -um=distant.
magicus, -a, -um=magic (magic 마술의, magician 마술사).
prope=(*with acc.*) near.
vīpera, -ae=F., viper, snake.
volō, -āre, -āvī=fly (volatile gases 휘발성 가스, volley (테니스의) 발리 공
    격, volplane 활공하다).

▶▶▶ 문법

● 제2활용 동사의 완료시제(Perfect Tense)

moneō (=warn)의 변화형

monuī	I warned	**monuimus**	we warned
monuistī	you warned	**monuistis**	you warned
monuit	he warned	**monuērunt**	they warned

Polydectes는 아름다운 여자를 사랑하고 있었고 그녀와 결혼하기를 원했다. 하지만 그는 그 여인의 아들을 두려워했다. 그 아들은 유명한 Perseus였고, 그는 그 결혼을 찬성하지 않았다. 왜냐하면 그는 매우 질투심이 강했기 때문이다.

친구들이 Polydectes에게 경고했다. "Perseus가 너를 죽일 거야. Perseus는 너의 궁전 가까이에 머물러서는 안 돼. 그는 너의 왕국에서 살아서는 안 돼."

따라서 Polydectes는 위험한 이와 함께 왕국에서 살기를 원하지 않았기 때문에 Perseus에게 말했다. "오늘 어떤 선원이 나에게 악한 괴물 Medusa에 관해 경고를 했다. 악한 Medusa는 머리카락이 있어야 할 곳에 뱀이 있다. 그리고 Medusa의 얼굴은 사람을 돌로 바꾼다. 너는 강하다. 너는 반드시 Medusa를 죽여야 한다."

Perseus는 말했다. "나는 Medusa를 두려워하지 않습니다. 나는 그 괴물을 죽일 거예요."

그러고 나서 신들의 도움으로 Perseus는 Medusa가 살고 있는 먼 땅으로 서둘러 갈 준비를 했다. Mercury는 그에게 날개 달린 샌들과 검을 주었고, Pluto는 마법의 투구를, Minerva는 그에게 빛나는 방패를 주었다.

Minerva가 Perseus에게 말했다. "날개 달린 샌들이 빠르게 너를 땅과 물을 건너게 해줄 것이고, 마법의 투구는 너를 보이지 않게 만들어 줄 것이며, 방패는 너를 위험에서 구해줄 것이다. Medusa는 너를 돌로 바꾸지 못할 것이다. Medusa는 너를 보지 못하지만 너는 빛나는 방패로 Medusa를 볼 것이다. 너는 칼로 Medusa를 죽일 것이다."

Perseus는 선물들을 받아 들고 당장 먼 Medusa의 땅으로 날아갔다. 그는 빛나는 방패로 Medusa를 보았다. 그는 재빨리 검으로 Medusa를 죽였다.

그러고 나서 그는 다시 Polydectes가 살고 있는 궁전으로 날아갔다. Perseus는 Medusa의 머리를 가져왔다. Polydectes는 그 머리를 보았다. 그는 더 이상 사람이 아니고 동상이었다. 왜냐하면 괴물의 얼굴이 당장 Polydectes를 돌로 바꾸었기 때문이다.

A. 번역하시오.

❶ Multōs pīrātās vīdimus; pīrātae galeās et scūta habuērunt.

❷ Vir malus prope tabernāculum mānsit.

❸ Mē dē perīculō monuistī.

❹ Post multās hōrās oppidum iterum vīdistis.

❺ Cōnsilium bellī erat bonum, sed nautae perīculum timuērunt.

❻ Multī statim ex oppidō longinquō ad templum properāvērunt.

❼ Nautās dē perīculō monēre dēbētis.

❽ In vīllā manēre nōn dēbēmus.

❾ Perseus ad terrās longinquās volāvit.

❿ Auxiliō galeae magicae fēminam malam necāvit.

B. 라틴어로 옮기시오.

❶ The man had a magic helmet.

❷ We saw many farmers in the distant fields, but they did not see us.

❸ You warned the boys.

❹ With the aid of the gods he flew to a distant land.

❺ We ought to warn our friends.

❻ The farmer feared the slave.

❼ The girl has beautiful hair.

❽ Your friends were standing near the water.

034

CENTUM PIRATAE!

Pīrātae semper ab incolīs prōvinciārum timentur. Saepe parva oppida ā pīrātīs oppugnantur; agrī agricolārum vāstantur. Fābula ā Sextō, agricolā prōvinciae Siciliae, saepe nārrātur.

Pīrātae frūmentum Siciliae dēsīderant; magna castra in ōrā maritimā īnsulae nostrae habent. In castrīs est Seleucus, pīrāta malus.

Quamquam dē magnō perīculō monēmur, tamen in agrīs labōrāmus; sed puerī et puellae vigilant. Castra pīrātārum ab agricolīs et ā puerīs nōn videntur.

Fīlia mea sōla pīrātās videt et clāmat, "Pīrātās videō. Properāte, puerī, ad agrōs; vocāte agricolās!

Ex agrīs properāmus. Ab incolīs oppidī propinquī et ā nautīs juvāmur. Incolae bona arma, scūta lāta, galeās validās habent. Bona arma portāmus, sed nūllās galeās et nūlla scūta habēmus. Cum pīrātīs diū et ācriter pugnāmus.

Dēnique clāmō, "Ubi est Seleucus? Mihi Seleucum mōnstrāte! Sōlus Seleucum necābō."

Sed Seleucus abest (*is absent*). Pīrātae male pugnant; multī necantur. Sōlus centum pīrātās necō.

Posteā castra ā Rōmānīs occupantur et Seleucus gladiō necātur. Dux (*general*) mē laudat. Dīcit, "Siciliam, Sexte, servāvistī!"

ācriter=fiercely.

arma, **-ōrum**=N. *pl.*, arms, weapons, tools (army 군대, armament 장비, armor 갑옷과 투구, armory 병기고, armada 무적함대, armature 갑옷, armistice 휴전, disarmament 무장해제, gendarme 경관, armadillo 아르마딜로(야행성 포유동물, 겉모양이 투구처럼 생겼음).

castra, **-ōrum**=N. *pl.*, camp. (다음 지명들은 본래 로마군의 병영(castra)이 있던 곳임 : Chester, Colchester, Gloucester, Lancaster, Manchester, Winchester).

centum=one hundred (cent 센트, centenary 100년마다의, centennial 100주년의, centigrade 섭씨, 센티미터, centipede 지네, centurion (고대 로마의) 백부장, century 세기, bicentennial 2002주년의, sesquicentennial 150년의).

lātus, **-a**, **-um**=wide, broad (latitude 폭).

male=badly.

oppugnō, **-āre**, **-āvī**=attack (oppugn [əpjúːn] 공격하다).

vāstō, **-āre**, **-āvī**=destroy, devastate.

vigilō, **-āre**, **-āvī**=watch, keep awake (vigilant 자지 않고 지키는).

❶ 현재수동태 (Present Passive)

portō의 현재 수동태

portor	I am carried	**portāmur**	we are carried
portāris	you are carried	**portāminī**	you are carried
portātur	he is carried	**portantur**	they are carried

moneō의 현재 수동태

moneor	I am warned	**monēmur**	we are warned
monēris	you are warned	**monēminī**	you are warned
monētur	he is warned	**monentur**	they are warned

❷ 수동태 어미

단수	복수
-or(-r)	-mur
-ris	-minī
-tur	-ntur

❸ ā와 ab (=by)

ā와 ab는 from의 뜻 외에 by의 뜻도 갖는다.

Pīrātae semper ab incolīs prōvinciārum timentur.

Pirates are always feared by the inhabitants of the provinces.

Epistulae ā puerō portantur.

The letters are carried by the boy.

▶▶▶ 해석　　백 명의 해적!

해적들은 항상 시골 주민의 공포의 대상이다. 종종 작은 도시들은 해적들의 공격을 받는다. 농부의 밭은 약탈당한다. 시칠리아 섬의 지방 농부 Sextus에 의해 이야기가 종종 전해진다.

해적들은 시칠리아의 식량을 원한다. 그들은 우리 섬의 해안에 큰 진지를 가지고 있다. 진지에는 사악한 해적 Seleucus가 있다.

비록 큰 위험에 대한 경고를 받았는데도 우리는 밭에서 일한다. 그러나 소년과 소녀들은 망을 본다. 해적들의 진지는 농부나 소년들에는 보이지 않는다.

내 딸이 홀로 해적을 발견하고 소리친다. "해적이 있어요. 애들아, 밭으로 서둘러 가. 농부들을 불러라!"

우리는 밭에서 서둘러 나온다. 우리는 근처 도시의 주민들과 선원들의 도움을 받는다. 주민들은 좋은 무기와 넓은 방패와 튼튼한 투구를 가지고 있다. 우리는 좋은 무기를 가지고 있으나 투구와 방패가 하나도 없다. 우리는 해적들과 오랫동안 격렬하게 싸운다.

마침내 내가 소리 지른다. "Seleucus는 어디 있느냐? 나에게 Seleucus를 보여라! 나 혼자 Seleucus를 죽이겠다."

그러나 Seleucus는 보이지 않는다. 해적들은 싸움이 서툴다. 많은 해적들이 살해되었다. 나 홀로 백 명의 해적을 죽였다.

그 뒤 진지는 로마인들에게 점령당하고 Seleucus는 칼로 살해됐다. 사령관이 나를 칭찬한다. 그가 말한다. "Sextus여, 그대가 시칠리아를 구했소!"

A. 번역하시오.

❶ Magnum templum ā pīrātīs vāstātur; agricolae nōn vigilant.

❷ Scūtum lātum ab agricolā validō portātur; agricola ā servō impigrō nōn timētur.

❸ Ab amīcīs meīs laudor; ab amīcō meō nōn timeor.

❹ Ā virīs validis nōn timēris; ā virō validō laudāris.

❺ Bona arma ā nautīs portantur; pīrātae ab amīcīs monentur.

❻ Castra pīrātārum sunt oppidō propinqua.

❼ Ā puerīs monēmur; ā fēminīs territīs vocāmur.

❽ Cūr male labōrās? Male labōrō quod sum dēfessus.

❾ Ā cōpiīs pīrātārum timēminī; ab incolīs īnsulārum laudāminī.

❿ Oppida ā pīrātīs ācriter oppugnantur; centum oppida vāstantur.

B. 동사를 수동태로 바꾸고 그 밖의 필요한 부분을 수정하시오.

❶ Pīrātae terrās nostrās saepe vāstant.

❷ Centum virī castra vāstant.

❸ Virī castra Rōmāna ācriter oppugnant.

❹ Virī praemia puerīs et puellīs dant.

❺ Cōpiae nostrae arma bona portant.

035

ARACHNE ET MINERVA

Arachnē erat puella pulchra. Haec puella pallās mīrās texēbat (*used to weave*). In hīs pallīs erant multae pictūrae.

Ōlim nymphae hās pictūrās spectābant et clāmāvērunt, "Es puella beāta. Dea Minerva tibi auxilium dat!"

Sed Arachnē superba clāmāvit, "Nūllum auxilium ab hāc deā mihi datur. Minervam superābō. Hanc deam ad certāmen (*contest*) prōvocō."

"Arachnē deam timēre dēbet," Minerva ācriter dīxit. "Ad tēctum hujus puellae superbae properābō et cōnsilium mūtāre temptābō."

Sed ubi Minerva ante jānuam tēctī stetit, Arachnē nōn deam, sed fēminam miseram vīdit.

"Deam nōn prōvocāre dēbēs; Minerva īrāta est," fēmina dīxit.

Sed Arachnē clāmāvit, "Haec dea mī timet. Populus meās pallās et pictūrās laudat. Populusne deam Minervam laudat?"

Nōn jam fōrma fēminae miserae deam cēlāvit. "Dea Minerva sum," dīxit.

Tamen Arachnē superba nōn erat territa, et cōnsilium nōn mūtāvit.

Itaque Minerva et Arachnē pallās texuērunt (*wove*). In pallā deae erant pictūrae bonōrum factōrum deōrum et deārum. Sed in pallā puellae superbae erant pictūrae malōrum factōrum deōrum et deārum.

Minerva īrāta clāmāvit. "Palla tua est pulchra, sed es mala et superba. Quod mala es, tē in arāneam mūtābō."

Dea puellam pulchram in arāneam mūtāvit. Itaque hodiē arāneae semper texunt (*are weaving*).

arānea, **-ae**=F., spider.
beātus, **-a**, **-um**=happy.
factum, **-ī**=N., deed (fact 사실, faction 도당, feat 묘기).
hic, **haec**, **hoc**=this (ad hoc(=to this) 이번 경우만을 위한, 임시변통의).
mīrus, **-a**, **-um**=remarkable, strange.
palla, **-ae**=F., cloak, robe; curtain.
populus, **-ī**=M., people (popular 대중적인).
prōvocō, **-āre**, **-āvī**=challenge (provoke 도발하다).
superō, **-āre**, **-āvī**, **-ātum**=defeat, overcome, surpass.
tēctum, **-ī**=N., house.

● **hic**(=this/these)의 변화

		단수			복수	
	남성	여성	중성	남성	여성	중성
N	hic	haec	hoc	hī	hae	haec
G	hujus	hujus	hujus	hōrum	hārum	hōrum
D	huic	huic	huic	hīs	hīs	hīs
A	hunc	hanc	hoc	hōs	hās	haec
Ab	hōc	hāc	hōc	hīs	hīs	hīs

Arachne는 아름다운 처녀였다. 이 처녀는 신기한 커튼을 짜곤 했다. 그 커튼에는 여러 그림이 있었다.

한때 요정들이 이 그림들을 보고 소리쳤다. "너는 행복한 처녀다. Minerva 여신이 너에게 도움을 주신다."

그러나 거만한 Arachne가 소리쳤다. "이 여신한테서 받은 도움은 아무 것도 없다. 나는 Minerva에게 이길 것이다. 이 여신에게 겨루기를 도전한다."

"Arachne는 신을 두려워할 줄 알아야 한다"라고 Minerva가 통렬하게 말했다. "내가 이 교만한 처녀의 집으로 서둘러 가서 계획을 바꾸도록 해보아야겠다."

그러나 Minerva가 집 문 앞에 섰을 때 Arachne가 본 것은 여신이 아니고 비천한 아낙네였다.

"여신에게 도전해서는 안 된다. Minerva는 화가 났다"라고 아낙네가 말했다.

그러나 Arachne는 소리쳤다. "이 여신은 나를 두려워하고 있다. 사람들은 내 커튼과 그림을 칭송한다. 사람들이 Minerva 여신을 칭송하던가?"

더 이상 비참한 아낙네의 모습이 여신을 감추지 않았다. "내가 Minerva 여신이다"라고 그녀가 말했다.

그때 교만한 Arachne는 무서워하지 않았고, 또 계획을 바꾸지도 않았다.

그래서 Minerva와 Arachne는 커튼을 짜게 되었다. 여신의 커튼에는 남녀 신들의 좋은 행실에 관한 그림들이 있었다. 그러나 교만한 처녀의 커튼에는 남녀 신들의 나쁜 행실에 관한 그림들이 있었다.

화가 난 Minerva가 소리쳤다. "네 커튼은 아름답다. 그러나 너는 사악하고 교만하다. 너는 고약하므로 나는 너를 거미로 바꾸겠다."

여신은 아름다운 처녀를 거미로 바꿔놓았다. 그리하여 오늘날 거미들은 항상 길쌈을 매고 있다.

A. 번역하시오.

❶ Hī puerī; cum hōc puerō; cum hīs puerīs.

❷ In hōc oppidō; in hīs oppidīs.

❸ Hae fēminae; hārum fēminārum; cum hāc fēminā.

❹ Haec via est perīculōsa.

❺ Hoc factum amāmus; hanc fābulam amātis; hunc librum amās.

❻ Populus pallam mīram hujus deae laudāvit.

❼ Huic puellae benigna est.

❽ Praemium huic puerō beātō dedī.

❾ Haec puella deam beātam prōvocāvit.

❿ Puella deam superāvit.

⓫ Arāneae in hōc tēctō parvō erant.

⓬ Pallae hujus deae sunt mīrae.

B. 다음 빈칸을 **hic**의 변화형으로 채우시오.

❶ Cum _____ pallā; cum _____ amīcīs; cum _____ nautā.

❷ _____ amīcī; _____ amīcōrum; _____ puellae.

❸ In _____ tēctum; in _____ tēctīs; ex _____ tēctō.

❹ _____ populus _____ rānās superābat.

❺ _____ palla nova _____ deae grāta nōn est.

❻ _____ erat magnum factum; populus _____ terrae factum laudāvit.

O36

AEACUS ET FORMICAE

Aeacus rēx (*king*) erat bonus vir; semper populum juvāre dēsīderābat. Populus Aeacum benignum amābat et ludābat. Quamquam incolae oppidōrum multam pecūniam nōn habēbant, tamen bene labōrābant et laetī erant.

Sed subitō magna pestilentia terram invāsit (*swept over*). Incolae aegrī erant et nōn jam in agrīs labōrābant. Dēnique haec pestilentia virōs, fēminās, puerōs, puellās necāvit. Jam terra nūllōs incolās habēbat.

Aeacus benignus maximē dolēbat. Sine morā ad templum Jovis properāvit. Ante āram ita ōrāvit: "Ō Juppiter, magna pestilentia populum meum necāvit. Aut dā mihi populum novum aut necā mē quoque!"

Prope templum erat alta quercus (*oak tree*). In rāmis erant multae formīcae; hae formīcae ad tēcta sua (*their*) cibum portābant.

Aeacus diū formīcās spectābat et dīxit, "Quam multae sunt hae formīcae! Sed oppida mea nūllōs incolās habent."

Tum ad rēgiam lēniter ambulāvit.

Noctū Aeacus in somniō quercum iterum videt. Iterum formīcās videt, sed nunc formīcae cibum nōn portant. Per rāmōs ambulant et ā rāmīs cadunt (*are falling*).

Tamen in terrā fōrmam formīcārum nōn diū habent; lēniter in virōs et in fēminās mūtantur.

Postrīdiē Aeacus sonum novum prō rēgiā audīvit. Statim rēx ē rēgiā properāvit. Ante tēctum multī virī et multae fēminae stābant.

Ubi Aeacum vīdērunt, clāmābant, "Erimus incolae agrōrum tuōrum et oppidōrum tuōrum. Rēx noster eris."

▶▶▶ 어휘

aeger, -gra, -grum=sick, ill,
audīvit=heard (audible 들리는, auditor 방청인, auditory 청각의, auditorium 강당).
aut~aut=either~or.
cibus, -ī=M., food.
doleō, -ēre, -uī=grieve (doleful 슬픈, dolor 슬픔, dolorous 슬픔에 가득한, condole 조문하다, condolence 문상).
formīca, -ae=F., ant.
mora, -ae=F., delay (demur 이의를 제기하다).
pestilentia=pestilence.
quam=how, as, than.
sine=(*with abl.*) without.
somnium, -ī=N., dream (somnambulator 몽유병자)
sonus, -ī=M., sound, noise (unison 일치<unus(=one)+sonus(=sound)).

Aeacus 왕은 착한 사람이었다. 항상 사람들을 돕고자 하였다. 사람들은 착한 Aeacus를 사랑했고 칭송하곤 했다. 비록 도시의 주민들이 돈은 많지 않았지만 그들은 일을 열심히 했고 행복했다.

그러나 곧 큰 재앙이 땅을 휩쓸었다. 주민들이 돌림병에 걸렸고, 더 이상 밭에서 일하지 못했다. 마침내 돌림병이 사람들과 여인네들과 소년, 소녀들을 죽였다. 이제 땅에는 주민이 하나도 없었다.

착한 Aeacus는 극도로 슬퍼했다. 그는 지체 없이 Jupiter 신전으로 서둘러 갔다. 그는 제단 앞에서 다음과 같이 기도했다. "오, Jupiter여, 이 크나큰 돌림병이 내 백성들을 죽였나이다. 나에게 새로운 주민을 주시든지, 아니면 나도 죽여주십시오"

신전 근처에 오래된 오크 나무가 있었다. 나뭇가지에 수많은 개미가 있었다. 이 개미들은 자기들의 집으로 먹을 것을 운반하고 있었다.

Aeacus는 오랫동안 개미들을 바라보고 말했다. "개미가 참 많기도 하구나! 그러나 나의 도시에는 주민이 하나도 없다!"

그리고 왕궁으로 천천히 걸어갔다.

밤에 Aeacus는 꿈에 다시금 오크 나무를 보았다. 다시금 개미들을 보았으나 그때 개미들은 식량을 나르고 있지 않았다. 가지 사이로 걷고 있었으며, 가지에서 떨어지고 있었다.

그때 개미들은 땅 위에서 자기 모습을 오래 간직하지 못하고 천천히 남자와 여자로 변해갔다.

이튿날 Aeacus는 왕궁 앞에서 새로운 소리를 들었다. 곧 왕이 왕궁에서 급히 나왔다. 집 앞에 많은 남자와 여자들이 서 있었다.

그들이 Aeacus를 보자 소리쳤다. "우리는 당신 땅과 당신 도시의 주민이 될 것이오. 당신은 우리의 왕이 될 것이오."

A. 번역하시오.

❶ Quam saepe facta bona Aeacī ab hīs amīcīs laudantur!

❷ In hōc somniō Aeacus sonum mīrum audīvit.

❸ Virī dolēbant quod populus erat aeger.

❹ Haec scūta in bellō ā cōpiīs portantur.

❺ Hoc oppidum viās lātās habet; in hīs viīs nautae saepe videntur.

❻ Castra nostra sunt lāta et longa.

❼ In hōc rēgnō populus pestilentiā mīrā necātur.

❽ Sine sonō hic cibus ē tēctō ā formīcīs portātur.

❾ Dea ab hāc puellā prōvocātur.

❿ Noctū multī pīrātae ā nautīs videntur, sed sine morā superantur.

B. 괄호 안에 주어진 어구를 라틴어로 옮기시오.

❶ Saepe ab amīcīs meīs (you (*pl.*) are being praised).

❷ Ab amīcīs meīs nōn (you (*sg.*) are being warned).

❸ Oppida nostra ā pīrātīs saepe (are being devastated).

❹ Pīrātae ab incolīs (are being warned).

❺ Pīrāta in oppidō nostrō interdum (is seen).

❻ Magnum praemium ā nautīs (is expected) quod pīrātās (they killed).

037

VICTORIA PYRRHI

Ōlim Pyrrhus cum cōpiīs Graecīs ad Ītaliam nāvigāvit. Ad oppidum Graecum, Tarentum, auxilium portābat, quod Tarentīnī cum populō Rōmānō pugnābant. Quamquam Tarentum erat in Ītaliā, tamen incolae Tarentī erant Graecī.

Tarentīnī cum Rōmānīs saepe pugnābant. Nunc auxilium maximē dēsīderābant.

Itaque Pyrrhus ad Ītaliam cōpiās Graecās portāvit. In cōpiīs Graecōrum erant multī sagittāriī et funditōrēs (*slingers*). Virī gladiōs longōs, hastās, scūta, galeās habēbant.

Rōmānī quoque bona arma—jacula, pīla, galeās, scūta, gladiōs —habēbant, sed gladiī Rōmānōrum nōn erant longī. Rōmānī multōs equōs habēbant, et interdum in proeliō equitēs (*cavalrymen*) ā dextrā et ā sinistrā stābant.

In magnō proeliō Rōmānī cum Pyrrhō ācriter pugnāvērunt, sed dolus novus Pyrrhum in hōc proeliō jūvit. Pyrrhus multōs elephantōs habuit. Elephantī erant magnī; in tergīs elephantōrum erant parva tēcta ubi virī stābant. Virī in dextrīs longās et acūtās hastās et longās sagittās habēbant.

Rōmānī hastās et saggitās minimē timēbant, sed elephantōs maximē timēbant. Equī Rōmānōrum quoque novōs elephantōs timēbant. Itaque equī territī fūgerunt (*fled*); multōs Rōmānōs equī territī et elephantī necāvērunt.

Quamquam dolus novus Pyrrhō victōriam dedit, tamen in hōc proeliō Rōmānī quoque multōs Graecōs necāvērunt. Itaque Pyrrhus magnam victōriam nūntiāvit; tamen victōria Pyrrhī fuit pretiōsa.

▶▶▶ 어휘

ā dextrā=on the right.

ā sinistrā=on the left.

acūtus, **-a**, **-um**=acute, sharp.

dextra, **-ae**=F., right hand (dexterity 손재주, dextrous 솜씨 있는 (대개 오른쪽 손이 왼쪽보다 더 솜씨가 있다), ambidextrous 양손잡이의).

jaculum, **-ī**=N., javelin.

nūntiō, **-āre**, **-ī**=announce (denounce 비난하다, enunciate 명확히 진술하다, pronounce 발음하다, renounce 부인하다).

pīlum, **-ī**=N., spear.

proelium, **-ī**=N., battle.

sagittārius, **-ī**=M., archer.

sinistra, **-ae**=F., left hand (sinister 불길한(예전엔 왼쪽 것은 불길한 것으로 여겨졌다), sinistral 왼쪽의, sinistrodextral 왼쪽에서 오른쪽으로 움직이는, sinistrorse 왼쪽으로 감기는).

옛날 Pyrrhus는 희랍의 군대를 이끌고 이탈리아로 항해했다. 희랍의 도시 타렌툼으로 원병들을 운반하고 있었는데, 왜냐하면 타렌툼 사람들이 로마 사람들과 싸우고 있었기 때문이다. 비록 타렌툼은 이탈리아에 있었지만 타렌툼 주민들은 희랍 사람이었다.

타렌툼 사람들은 자주 로마 사람들과 싸웠다. 지금 도움이 절실히 필요했다.

그래서 Pyrrhus가 이탈리아로 많은 희랍 군인들을 운반했다. 희랍 군인 가운데는 많은 궁수와 투석 병사가 있었다. 사람들은 긴 칼과 창, 방패, 투구를 가지고 있었다.

로마 사람들도 투창, 창, 투구, 방패, 칼 등의 훌륭한 무기를 가지고 있었지만 로마인의 칼을 길지 않았다. 로마 사람들은 많은 말을 가지고 있어, 때때로 전투 중에 기병들이 좌우에 서 있곤 했다.

큰 전투에서 로마 사람들은 Pyrrhus와 격렬히 싸웠으나 이 전투에서 새로운 계략이 Pyrrhus에게 도움이 되었다. Pyrrhus는 많은 코끼리를 가지고 있었다. 코끼리들은 몸집이 컸다. 코끼리들 뒤에 사람들이 서 있는 작은 집들이 있었다. 사람들은 오른 손에 길고 날카로운 창과 긴 화살을 들고 있었다.

로마사람들은 창이나 화살을 대수롭지 않게 여겼으나 코끼리는 몹시 무서워했다. 로마인의 말들도 못 보던 코끼리를 무서워했다. 그래서 겁에 질린 말들이 도망을 갔다. 겁에 질린 말들과 코끼리들이 많은 로마인을 죽였다.

비록 새로운 계략이 Pyrrhus에게 승리를 가져다주었지만 이 전투에서 로마사람들 역시 많은 희랍사람들을 죽였다. 그래서 Pyrrhus가 대승을 선언했지만 그것은 값비싼 승리였다.

A. 아래의 빈칸들을 **hic**의 옳은 형태로 채우고 문장을 번역하시오.

  ❶ _____ pīlum est longum et acūtum.

  ❷ Cūr in _____ proeliō sine pīlō pugnās?

  ❸ Interdum _____ sagittārium in oppidō vidēmus.

  ❹ Vīta _____ virī est maximē perīculōsa.

  ❺ Puerō _____ jaculum dedī; sagittāriō _____ jacula dedistī.

  ❻ _____ pīlum, _____ sagittam, _____ gladium vīdimus.

B. 아래에 주어진 구 중 하나를 골라 빈칸을 채우시오.

ā dextrā	haec jacula	hōrum poētārum	in silvīs
ā sinistrā	hujus morae	virī et puerī	in proeliō

  ❶ Sagittāriī ā sinistrā stetērunt; elephantī _____ stetērunt.

  ❷ Prīmō _____ Pyrrhus Rōmānōs elephantīs superāvit.

  ❸ Hodiē librī _____ nōn laudantur.

  ❹ Amīcus tuus causam _____ nūntiābit.

  ❺ _____ sunt viae lātae; ā dextrā sunt hortī.

  ❻ Quam longa et acūta _____ sunt!

C. 주어진 영어의 어구를 라틴어로 옮겨 세 개의 문장을 만드시오.

  ❶ Hodiē _____ ad scholam properābunt.

    these boys   these girls   these women

  ❷ Populus _____ benignus erat.

    to this girl   to this poet   to these spiders

  ❸ Pallae _____ pulchrae sunt.

    of these goddesses   of this girl   of these women

  ❹ Magna victōria _____ nūntiātur.

    by this man   by these Romans   by this boy

  ❺ _____ proelium maximē timēbant.

    These elephants   These archers   These men

A. 옳은 것을 고르시오.

➀ 제2활용 동사의 부정형 어미는 (**-ere**, **-ēre**, **-āre**)이다.

➁ 제1활용 동사의 현재어간은 (**-ē-**, **-e-**, **-ā-**)로 끝난다.

➂ 제2활용 동사의 복수 명령형은 (**-āte**, **-ete**, **-ēte**)로 끝난다.

➃ 제1활용 동사의 단수 명령형은 (**-ete**, **-ā**, **-āte**)로 끝난다.

B. 괄호 안에 주어진 영어를 라틴어로 옮기시오.

➀ Populus beātus (to these houses) properābat.

➁ Galeae (to these archers) nōn grātae sunt.

➂ Hic sonus (to sick people) nōn grātus est.

➃ Haec pīla et jacula (to this man) dantur.

➄ Volāte celeriter (to the distant kingdom).

C. 다음 빈칸들을 **ā**나 **ab**, **ē**, **ex**, **dē**로 채우시오.

➀ Tamen sagittāriī _____ proeliō properāre dēbuērunt.

➁ Cum _____ tergō castra ācriter oppugnantur, populus _____ oppidīs properat.

➂ Monēte populum _____ hōc virō somniō.

➃ Centum agrī _____ virīs malīs vāstantur.

➄ Arma acūta _____ hōc virō portantur.

D. 옳은 것을 고르시오.

➀ Sine morā populus ā servō impigrō (moneor, monentur, monētur).

➁ Cibus ā populō maximē (postulābat, postulātur, postulāvit).

➂ Sagittārius prope saxum lātum et altum (prōvocāvī, prōvocātur, prōvocantur).

➃ Quam male hoc tēctum ā fīliīs (aedificāris, aedificātur, aedificābit)!

➄ Ubi vir haec facta mīra nūntiābat, fēminae (dolēbat, doluērunt, dolētur).

STORIES OF FACT AND FICTION

Unit IX

038

FORMICA ET CICADA

In Corēā formīcae sunt parvae, sed in Āfricā multae formīcae sunt magnae et validae. Illae formīcae interdum sunt perīculōsae quod magna spīcula (*stings*) habent. Formīcae nostrae nōn sunt perīculōsae quod sunt parvae et spīcula parva habent.

Interdum formīcās in tēctīs nostrīs vidēmus. Cum hās formīcās vidēmus, īrātī sumus. Sunt multae formīcae in agrīs et in hortīs. Multae formīcae tēcta sub terrā habent. Formīcae sunt impigrae; aestāte frūmentum ex agrīs in haec tēcta portant.

Fābula nōta dē formīcā et cicādā saepe nārrātur.

Aestāte formīca bene labōrābat; multum cibum ad tēctum portābat.

Prope tēctum formīcae cicāda pulchra in agrīs habitābat. Aestāte cicāda nōn labōrābat; semper cantābat. Itaque hieme formīca impigra cibum habēbat; erat laeta. Sed jam cicāda pigra cibum nōn habēbat; erat misera.

Dēnique cicāda misera sub terram ad tēctum formīcae properāvit; formīca domī erat. Cicāda clāmāvit; lacrimāvit; auxilium ōrāvit.

Sed formīca impigra cicādam pigram in tēctum nōn invītāvit.

In illō tēctō erat magna cōpia cibī, sed formīca cicādae nūllum cibum dedit.

Formīca cicādam miseram spectāvit et dīxit: "Quam pigra es! Aestāte labōrō; aestāte nōn labōrās. Hieme cibum habeō; hieme cibum nōn habēs."

cantō, -āre, -āvī=sing (cantata 칸타타, chant 노래하다, chanter 선창자).
cicāda, -ae=F., grasshopper, locust.
ille, illa, illud=that.
invitō, -āre, -āvī=invite.
lacrimō, -āre, -āvī=weep, cry (lacrimal 눈물의, lacrimation 눈물 분비).
piger, -gra, -grum=lazy.
sub=under, below.

❶ 전치사 *sub*
동작을 나타내는 동사와 쓰일 때에는 대격 명사를, 존재나 상태를 나타내는 동사와 쓰일 때에는 탈격 명사와 쓰인다.

Formīca sub terram ad tēctum properat.
The ant is hastening under the ground to her house.

Tēcta formīcārum sub terrā sunt.
The houses of ants are under the ground.

❷ 지시사 (Demonstrative) **ille**(=that)의 변화

	단수			복수		
	남성	여성	중성	남성	여성	중성
N	ille	illa	illud	illī	illae	illa
G	illīus	illīus	illīus	illōrum	illārum	illōrum
D	illī	illī	illī	illīs	illīs	illīs

| A | illum | illam | illud | | illōs | illās | illa |
| Ab | illō | illā | illō | | illīs | illīs | illīs |

❸ hic와 ille

Hic liber est bonus; ille liber est malus.

This book is good; that book is bad.

미국의 개미는 작지만 아프리카에는 많은 개미가 크고 힘이 세다. 그들 개미는 큰 바늘을 가지고 있어 종종 위험하다. 우리 개미는 작고 바늘이 작아서 위험하지 않다.

때때로 우리들 집에서 개미를 발견한다. 이들 개미를 볼 때 우리는 화가 난다. 밭과 정원에도 많은 개미가 있다. 많은 개미가 땅 밑에 집을 가지고 있다. 개미는 부지런하다. 여름에 밭에서 이 집으로 곡식을 운반한다.

개미와 베짱이에 관한 유명한 우화가 종종 전해진다.

여름에 개미는 열심히 일을 했다. 많은 식량을 집으로 운반했다.

개미 집 근처에 아름다운 베짱이가 밭에서 살고 있었다. 여름에 베짱이는 일하지 않았다. 늘 노래를 부르고 있었다. 그리하여 겨울에 부지런한 개미는 먹을 것이 있었고 행복했다. 그러나 이제 게으른 베짱이는 먹을 것이 없었다. 그는 비참했다.

마침내 비참한 베짱이가 땅 밑의 개미집으로 서둘러 갔다. 개미는 집에 있었다. 베짱이가 소리치고 울면서 도움을 청했다.

그러나 부지런한 개미는 게으른 베짱이를 집에 들이지 않았다. 그 집에는 많은 양의 식량이 있었으나 개미는 베짱이에게 먹을 것을 주지 않았다.

개미는 불쌍한 베짱이를 보고 말했다. "참 너는 게으르기도 하지! 나는 여름에 일하는데 너는 여름에 일하지 않는다. 나는 겨울에 식량이 있는데 겨울에 너는 먹을 것이 없다."

A. 번역하시오.

❶ Hae puellae et illī puerī lacrimant; hī virī et illae fēminae nōn lacrimant.

❷ Illī nautae prope ōram perīculum nōn timent.

❸ Illōs amīcōs invītāre dēbēmus.

❹ Cūr in illā terrā manēs?

❺ Illa formīca cibum sub terram portābat.

❻ Cicāda sub tabernāculō erat.

❼ Illud templum antīquum prope viam aedificāvērunt; hoc templum novum est in oppidō.

❽ Incolae Eurōpae cibum nōn habent; quam miserī sunt!

❾ Illī puerō aegrō cibum dabimus; illī puellae aegrae aquam dabitis.

❿ Illa fēmina hās puellās nōn invītābat.

B. 괄호 안의 어구를 라틴어로 옮기시오.

❶ (That dream) erat longum.

❷ Dā mihi (that book).

❸ Quam misera (that girl) est!

❹ Fāma (of that war) magna est.

❺ Oppidum pulchrum est (on this island).

❻ Virī (in those fields) erant.

❼ Viam (near that farmhouse) aedificant.

❽ Vir (to the boy) librum dedit.

❾ Aestāte (those grasshoppers) cantābant.

⏌ Aurum (of those men) est (under the ground).

C. **canto**와 관련된 영어로 다음 빈칸들을 채우시오. (점선의 수는 들어갈 글자의 수와 동일함.)

❶ A c_____a is a story or play set to music to be sung by a chorus, but not acted.

❷ A c_____r is a man who leads a choir or congregation in singing, or a soloist in a synagogue.

❸ The church choir c_____d the Psalm.

❹ E_____t means to charm by looks, actions, manners, talking, or singing.

❺ The tourists were e_____d with the mountain scenery.

❻ There was a look of e_____t on the child's face as she listened to the fairy story.

039

FAMA APPII CLAUDII

Appius Claudius, vir clārus, in Rōmā antīquā habitābat. Quod Rōma satis magnam cōpiam aquae bonae nōn habēbat, Appius longum aquaeductum (*aqueduct*) aedificāvit. Hic nōtus aquaeductus, Aqua Appia, aquam ab altīs locīs ad populum oppidī Rōmae portābat.

Appius quoque longam viam ab oppidō Rōmā ad oppidum Capuam aedificāvit. Haec via erat Via Appia.

Fāma Appiī Claudiī erat magna propter hunc aquaeductum et hanc viam, sed in senātū (*senate*) Rōmānō quoque Appius erat nōtus. Tamen post multōs annōs Appius nōn saepe in senātū aderat quod jam caecus erat.

Ōlim Pyrrhus, Graecus, contrā Rōmānōs pugnābat, et populus Rōmānus propter magnam victōriam Pyrrhī dolēbat. Jam nūntius Graecus in senātū aderat et dēditiōnem (*surrender*) multōrum oppidōrum Rōmānōrum postulābat. Multī Rōmānī Graecōs timēbant et oppida Pyrrhō dare dēsīderābant.

Quamquam Appius aberat, tamen dē nūntiō audīvit. Statim auxiliō servōrum in senātum (*acc.*) properāvit, ubi nūntius Pyrrhī aderat.

Ibi dīxit, "Interdum amīcī meī dolent quod sum caecus. Sed hodiē sum laetus quod illum nūntium in hōc locō nōn videō. Quam caecī estis, Rōmānī! Rōma erit tūta; illa oppida erunt tūta! Rōmānī in terrā Rōmānā nōn superābuntur!"

Propter Appium Claudium Rōmānī cōnsilium Pyrrhī nōn probāvērunt. Posteā cōpiae Rōmānae ācriter pugnāvērunt et Pyrrhum superāvērunt. Itaque Appius Claudius magnam fāmam habēbat quod Rōmae fīdeus erat.

▶▶▶ 어휘

absum, abesse, āfuī=be absent, be away.
adsum, adesse, adfuī=be present, be here.
annus, -ī=M., year (annual 해마다의, annals 연대기, anniversary 기념일, annuity 연금, biennial 격년의, perennial 연중 계속되는, centennial 100년째의, millennium 천년, superannuated 노령으로 퇴직한).
caecus, -a, -um=blind (caecum 맹장, caecal 맹장의, caecilian 무족 양서류 (거의 앞을 보지 못함)).
contrā=(*with acc.*) against (contradict 반박하다, contravene 위배되다, contrapuntal 대위법의, contrary 정반대의, pro and con 찬반).
locus, -ī=M., place (local 지방의, locality 장소, allocate 할당하다, dislocate 다른 장소로 옮기다).
nūntius, -ī= M., messenger; message, news.
propter=(*with acc.*) on account of; because of.
tūtus, -a, -um=safe, unharmed.

❶ 영어와 라틴어의 형용사

(1) Lat.   Eng.

-us   **Ø**

cīvicus   civic

frīgidus   frigid

longus   long

magicus   magic

perfectus   perfect

quiētus   quiet

rapidus   rapid

sēcrētus   secret

superbus   superb

timidus   timid

validus   valid

(2) **-us**   **-e**

acūtus   acute

amplus   ample

antīquus   antique

fortūnātus   fortunate

obscūrus   obscrue

prīvātus   private

sevērus   severe

(3) **-ius**   **-y**

contrādictōrius   contradictory

contrārius   contrary

imāginārius   imaginary

ōrdinārius   ordinary

perēmptōrius   peremptory

temporārius   temporary

❷ 합성동사 (Compound Verb)

adsum = ad+sum (=I am present)
ades = ad+es (=you are present)
absum = ab+sum (=I am absent)
abes = ab+es (=you are absent)

유명한 Appius Claudis는 고대 로마에 살고 있었다. 로마에는 좋은 물의 양이 충분치 않았기 때문에 Appius는 긴 수도교를 건설했다. 이 유명한 아피아 수도교는 물을 높은 곳에서 로마 시의 주민들에게 운반했다.

Appius는 또한 로마 시에서 Capua 시까지 긴 도로를 건설했다. 이 길이 아피아 가도였다.

Appius Claudis의 명성은 이 수도교와 가도 때문에 드높았으나 그는 로마 상원에서도 유명했다. 그러나 한참 후에는 그의 눈이 멀어 그는 상원에 자주 출석하지 못했다.

한때 희랍의 Pyrrhus가 로마 사람들에게 공격을 해왔고, 로마 시민들은 Pyrrhus의 큰 승리 때문에 슬퍼했다. 이제 상원에 희랍의 사신이 와서 로마의 많은 도시의 항복을 요구했다. 많은 로마 사람은 희랍 사람들을 무서워했고, Pyrrhus에게 도시들을 내주고자 했다.

Appius는 그 자리에 없었으나 이 사신에 대해 들었다. 곧 하인들의 도움으로 상원으로 서둘러 갔는데, 거기에 Pyrrhus의 사신이 있었다.

거기서 그는 말했다. "때때로 내 친구들이 내가 눈이 멀었다고 슬퍼한다. 그러나 오늘 나는 이 장소에 있는 사신을 보지 못해 행복하다. 로마인들이여, 그대들은 얼마나 눈이 멀었는가! 로마는 무사할 것이다. 그 도시들은 안전할 것이다! 로마에 있는 로마인들은 정복당하지 않을 것이다!"

Appius Claudis 때문에 로마 사람들은 Pyrrhus의 권고를 받아들이지 않았다. 나중에 로마군은 맹렬히 싸워 Pyrrhus를 정복했다. 그리하여 Appius Claudis는 로마에 충성함으로써 큰 명성을 얻었다.

A. 번역하시오.

❶ Multī agricolae aberant, sed nūntiī aderant.

❷ Hic locus est altus; haec loca sunt alta.

❸ Aqua ab altīs locīs ad oppidum nostrum portātur.

❹ Auxiliō deōrum prō patriā pugnābimus.

❺ Post multōs annōs in patriā meā tūtus aderō.

❻ Quam validī illī virī caecī sunt!

❼ Hic adfuit; ille āfuit.

❽ Hodīe illae puellae hanc fēminam invītant.

❾ Tum cōpiae Rōmānae contrā hunc virum pugnābant.

❿ Nūntiī propter amīcōs mortuōs dolēbant.

B. 라틴어로 옮기시오.

❶ The blind women are here.

❷ How blind you are, Romans!

❸ These places are not safe.

❹ The Romans were grieving on account of the news.

❺ Great forces were fighting against our men.

040

Locus est Hispānia, prōvincia Rōmāna. Virī, fēminae, puerī, puellae in viā parvī oppidī stant aut ambulant. Galba, vir timidus, cum Titō ā sinistrā stat. Nūntius dēfessus ā dextrā celeriter venit.

Galba. Quis est ille vir? Epistulās portat. Estne nūntius?

Titus. Ille vir est Pūblius, fīlius Sextī. Sextus in Galliā pugnat.

Nūntius. Epistulās ē Galliā portō. Sextus hās epistulās ad incolās hujus oppidī mittit. Barbarī Galliam oppugnant. Fortūna bellī est dubia. Perīculum est magnum!

Galba. Habēbantne Gallī sociōs? Nōnne Gallī auxilium postulāvērunt?

Nūntius. Itā, Gallī auxilium postulāvērunt, sed multōs sociōs nōn habēbant.

Titus. Quī Gallīs auxilium dedērunt?

Nūntius. Incolae Britanniae Gallīs auxilium dedērunt. Gallī et Britannī fortiter pugnāvērunt, sed barbarī—

Galba. Quī oppida Gallōrum occupāvērunt? Quōrum agrōs vāstāvērunt?

Nūntius. Noctū barbarī agrōs Gallōrum vāstāvērunt et oppida occupāvērunt et—

Virī et fēminae. Gallī sunt sociī nostrī. Gallōs juvāre dēbēmus!

Galba. Timentne Britannī barbarōs?

Nūntius. Minimē, aqua Britanniam ā Galliā sēparat. Sed jam perīculum Hispāniae est magnum. Mox barbarī oppida nostra oppugnābunt.

Galba. Heu! Aqua Hispāniam ā Galliā nōn sēparat. Gallōs timeō. Britannōs timeō. Barbarōs timeō. Heu! Heu!

▶▶▶ 어휘

barbarus, -a, -um=barbarous; M.. *as noun*, a barbarian

dubius, -a, -um=doubtful (dubious 수상한, dubitable 의심스러운, dubitative 의심하고 있는, doubtful 의심스러운, doubtless 의심할 바 없는, indubitable 의심의 여지가 없는, undoubtedly 의심할 바 없이).

fortiter=bravely (fort 보루, forte 강점, fortify 강화하다, fortitude 강인함).

fortūna, -ae=fortune (fortunate 행운의, unfortunate 불행한)

heu=oh me! alas!

mittit=sends, is sending (admit 인정하다, emit 발하다, omit 제외하다, permit 허용하다, remit (돈이나 화물을) 보내다, submit 제출하다, trsnsmit 이송하다, demise 사망).

quis, quid=who, what.

socius, -ī=M., ally, companion (social 사회적인, society 사회, sociology 사회학, sociable 사교적인, associate 동료, 사귀다).

venit=comes (advent 등장, convene 모이다, contravene 반대하다, 위배되다, convenant 소집하다, incovenient 불편한, intervene 중재하다, parvenu 벼락부자, prevent 방지하다, provenience 기원).

● 의문대명사 (Interrogative Pronoun)

단수

	남성/여성			중성	
N	**quis**	who		**quid**	what
G	**cujus**	whose		**cujus**	of what
D	**cui**	to whom		**cui**	to what
A	**quem**	whom		**quid**	what
Ab	**quō**	(from/with/by) whom		**quō**	(from/with/by) what

복수

	남성		여성		중성	
N	**quī**	who	**quae**	who	**quae**	what
G	**quōrum**	whose	**quārum**	whose	**quōrum**	of what
D	**quibus**	to whom	**quibus**	to whom	**quibus**	to what
A	**quōs**	whom	**quās**	whom	**quae**	what
Ab	**quibus**	(from~)whom	**quibus**	(from~)whom	**quibus**	(from~)what

　장소는 로마의 변방 스페인이다. 남자, 여자, 소년, 소녀 들이 작은 도시의 길에 서 있거나 걷고 있다. 겁이 많은 사람 Galba는 Titus와 함께 왼쪽에 서 있다. 지친 전령이 오른쪽으로 재빨리 온다.

Galba. 저 사람은 누군가? 편지들을 들고 있구먼. 전령인가?

Titus. 저 사람은 Sextus의 아들 Publius이네. Sextus는 갈리아에서 싸우고 있네.

전령. 갈리아에서 편지들을 가지고 왔소. Sextus가 이 도시의 주민들에게 이 편지들을 보냈소. 야만인들이 갈리아를 공격하고 있소. 싸움의 전망은 밝지 않소. 큰 위험에 봉착해 있소!

Galba. 갈리아 사람들은 동맹군이 있었나요? 갈리아 사람들은 도움을 청하지 않았던가요?

전령. 그렇소, 갈리아 사람들을 도움을 청했으나 동맹군이 많지 않소.

Titus. 누가 갈리아 사람들에게 도움을 주었소?

전령. 브리타니아 주민들이 갈리아 사람들에게 도움을 주었소. 갈리아 사람들과 브리타니아 사람들이 격렬히 싸웠으나 워낙 야만인들이—

Galba. 누가 갈리아의 도시들을 점령하고 있소? 누구의 밭을 폐허화시켰소?

전령. 밤에는 야만인들이 갈리아의 밭을 파괴하고, 도시를 점령하고—

남자와 여자들. 갈리아 사람들은 우리의 동맹이요. 갈리아 사람들을 도와야 하오.

Galba. 브리타니아 사람들은 야만인들을 무서워합니까?

전령. 아니요. 물이 브리타니아와 갈리아를 갈라놓고 있어요. 그러나 지금 스페인에게 닥친 위험이 큽니다. 곧 야만인들이 우리 도시들을 공격할 것입니다.

Galba. 아이고! 스페인과 갈리아 사이에는 물이 없어요. 나는 갈리아 사람들이 무서워요. 나는 브리타니아 사람들이 무서워요. 나는 야만인들이 무서워요. 아이고! 아이고!

A. "Vir Timidus"의 내용에 근거하여 다음 물음에 라틴어로 답하시오.

❶ Quī in viā stant?

❷ Quis est nūntius?

❸ Quid Pūblius portat?.

❹ Quis epistulās mittit?

❺ Ad quōs epistulās Sextus mittit?

❻ Quī Galliam oppugnant?

❼ Quī sunt sociī Gallōrum?

❽ Quōrum agrōs barbarī vāstant?

❾ Quibus Britannī auxilium dabant?

❿ Quid Britanniam ā Galliā sēparat?

B. 의문대명사를 라틴어로 옮기시오.

❶ To whom (*sg.*) was Titus giving food?

❷ Whom (*sg.*) do you see in the street?

❸ Whom (*pl.*) do our allies fear?

❹ Who was working in the field?

❺ Who are demanding money?

❻ By whom are the towns being attacked?

❼ To whom (*pl.*) were those men giving money?

❽ Whose son are you?

❾ Whose (*pl.*) daughters are those girls?

C. 빈칸에 라틴어의 **socius**와 관련된 영어를 넣으시오.

❶ The _____ Party supports _____ .

❷ I especially enjoy the _____ of Andrew.

❸ In college my older brother is studying _____ .

❹ We have _____ workers, _____ security, and _____ science.

❺ It was a purely _____ meeting; no business was transacted.

❻ I like to go to the home of the Joneses because they are a _____ family.

041

VESUVIUS ET POMPEII

Plīnius sum; cum avunculō meō habitābam. Vīlla nostra erat in locō altō inter oppidum Mīsēnum et ōram maritimam.

Ōlim māter mea in hortō vīllae ambulābat. Subitō illa clāmāvit, "Spectā flammās clārās! Spectā caelum! Quam obscrūrum est caelum! Quod perīculum est propinquum?"

Caelum spectāvī. Circum Vesuvium flammae erant clārae et fūmus erat dēnsus. Statim Plīnium, avunculum meum, vocāvī.

Avunculus Vesuvium spectāvit. Tum jussit, "Vocā servōs! Vīllae amīcōrum nostrōrum sunt in magnō perīculō; nōn longē ā Vesuviō absunt. Amīcōs nostrōs juvāre dēbeō. Quī servī mē juvābunt?"

Avunculus meus cum multīs servīs ad ōram maritimam properāvit. Diū in hortō avunculum expectābam. Noctū quoque avunculum meum expectābam.

Postrīdiē erat magnus tremor terrae (*earthquake*); fūmus dēnsus caelum cēlāvit; cinis (*ashes*) erat dēnsus in hortō et circum mūrōs.

Nōs ā vīllā per viās Mīsēnī properāvimus. Propter fūmum dēnsum viae erant obscūrae; multī incolae territī per viās angustās errābant.

Post multās hōrās iterum ad vīllam lēniter ambulābāmus. Ibi avunculum meum expectābāmus.

Postrīdiē nūntius vēnit et mihi nūntiāvit, "Vesuvius Pompeiōs et Herculāneum vāstāvit. Avuncolus tuus est mortuus."

▶▶▶ 어휘

avunculus, -ī=M., uncle.
circum (*with acc..*)=around.
dēnsus=dense.
fumus, -ī=M., smoke (fume 연기).
inter (*with acc.*)=between, among (intern 억류하다, 인턴, internal 내부의, interact 상호작용하다, interdict 금지하다).
jubeō, -ēre, jussī=order (jussive 명령법).
longē=far, at a distance.
māter=mother (maternal 어머니의, maternity 모성).
mūrus, -ī=M., wall (mural 벽의, 벽화).
quī (quis), quae,   quod=which, what.
vēnit=came.

▶▶▶ 문법

🔵 의문형용사 (Interrogative Adjective)
Quod oppidum videō? What city do I see?
다른 형용사들과 마찬가지로 의문형용사도 수식하는 명사와 성, 수, 격이 일치해야 한다.

	남성	단수 여성	중성	
N	**quī, quis**	**quae**	**quod**	which
G	**cujus**	**cujus**	**cujus**	of which
D	**cui**	**cui**	**cui**	to which

| A | **quem** | **quam** | **quod** | which |
| Ab | **quō** | **quā** | **quō** | (from/with/by) which |

복수

N	**quī**	**quae**	**quae**	which
G	**quōrum**	**quārum**	**quōrum**	of which
D	**quibus**	**quibus**	**quibus**	to which
A	**quōs**	**quās**	**quae**	which
Ab	**quibus**	**quibus**	**quibus**	(from/with/by) which

▶▶▶ 해석 　　베수비오 산과 폼페이

나는 Plinius이다. 내 외삼촌과 함께 살고 있었다. 우리 집은 미세눔 시와 바닷가 사이의 높은 곳에 있었다.

어느 날 우리 어머니가 집의 정원에서 걷고 계셨다. 갑자기 어머니가 소리치셨다. "저 밝은 불빛을 봐! 하늘을 봐! 하늘이 아주 캄캄하다! 무슨 위험이 닥친게냐?"

나는 하늘을 보았다. 베수비오 산이 밝은 불길과 짙은 연기로 둘러싸여 있었다. 나는 곧 Plinius 삼촌을 불렀다.

삼촌이 베수비오 산을 바라보았다. 그리고 명령했다. "하인들을 불러라! 우리 친구들 집이 큰 위험에 빠졌다. 베수비오 산에서 멀지 않다. 나는 우리 친구들을 도와야 한다. 어느 하인들이 나를 도와주겠느냐?"

삼촌은 많은 하인을 데리고 바닷가로 서둘러 갔다. 오랫동안 나는 정원에서 삼촌을 기다렸다. 밤에도 삼촌을 기다렸다.

이튿날 큰 지진이 있었다. 짙은 연기가 하늘을 가렸다. 정원과 담 둘레에 두껍게 재가 깔렸다.

우리는 집에서 나와 미세눔의 길들을 지나 서둘러 갔다. 짙은 연기 때문에 길이 어두웠다. 공포에 질린 많은 주민이 좁은 길에서 우왕좌왕하고 있었다.

많은 시간이 지난 뒤에 우리는 다시 집으로 천천히 걸어오고 있었다. 거기서 삼촌을 기다리고 있었다.

이튿날 전령이 와서 나에게 다음과 같은 소식을 알려주었다. "베수비오 산이 폼페이와 헤르쿨라네움을 파괴해버렸다. 네 아저씨는 돌아가셨다."

A. 번역하시오.

❶ Quod oppidum ā vīllā nōn longē aberat?

❷ Quid Plīnius in caelō vīdit?

❸ Quōs avunculus vocāvit?

❹ Quōrum vīllae erant in perīculō?

❺ Ad quem locum avunculus et servī properāvērunt?

❻ Per quās viās Plīnius properāvit?

❼ Quis Plīniō dē Vesuviō nūntiāvit?

❽ Quae oppida Vesuvius vāstāvit?

B. 이탤릭체의 어구를 라틴어로 옮기시오.

❶ *Who* has my book?

❷ *By whom* (*sg.*) is the money demanded?

❸ *By whom* (*pl.*) are the town being seized?

❹ *Whose* (*sg.*) son is Marcus?

❺ *To what* boy did you give these books?

❻ *Whose* son are you?

❼ *Whose* (*pl.*) daughters are those girls?

C. 옳은 것을 하나 고르고, 그와 관련된 라틴어 단어를 말하시오.

❶ A century plant blooms (annually, every month, once in a hundred years).

❷ The cantata was attended by a large crowd of (cicadas, landscape architects, music-lovers).

❸ When Magellan circumnavigated the glove, he sailed (all the way around the earth, halfway around the earth, ten miles and went back).

❹ The density of the forest (enabled us to see far ahead, made it open and sunny, prevented us from seeing far ahead).

❺ A mural is a (kind of monkey, girl, wall-painting).

❻ I felt dubious about passing because (I had often been absent, I had worked hard, my grades were all good).

❼ The fume from the burning building (blinded him, enabled him to go fast, made him sharp-eyed).

❽ An interscholastic contest is one between (airplane mechanics, laboratories, schools).

❾ Local affairs relate to (a group of states, a single community, the world).

042

THESEUS ET MINOTAURUS

Crēta, īnsula nōta, ā Graeciā nōn longē abest. In hāc īnsulā Daedalus, vir ēgregius, magnum Labyrinthum aedificāvit. Hīc Mīnōtaurus habitābat et per multās et caecās viās hujus Labyrinthī errābat. Hoc mōnstrum nōn cibum, sed virōs, fēminās, puerōs, puellās edēbat (*used to eat*).

Ōlim populus Athēnārum fīlium rēgis (*of the king*) Crētae necāvit. Propter hoc factum malum, sacrificium postulābāntur. Itaque puerī et puellae saepe ab oppidō Athēnīs ad hunc Labyrinthum portābantur, ubi ā mōnstrō necābantur.

Thēseus, fīlius rēgis Athēnārum, puer ēgregius et validus, maximē dolēbat.

Ita dīxit, "Populus puerōs et puellās Mīnōtaurō dare nōn dēbet. Sum validus; Mīnōtaurum superābō. Hodiē puerī ad Crētam nāvigant; cum cēterīs nāvigābō."

Itaque Theseus cēterīs cum puerīs ad Crētam nāvigāvit. Perīculum vidēbātur magnum, sed ab Ariadnā, fīliā rēgis Crētae, Thēseus juvābātur. Ariadna Thēseō viam sēcrētam in Labyrinthum mōnstrāvit, et Thēseō fīlium (*thread*) longum dedit.

Noctū Thēseus sēcretō hoc fīlum ad jānuam Labyrinthī alligāvit (*tied*). Taedam quoque in Labyrinthum portāvit quod via erat obscūra. Mīnōtaurus īrātus Thēseum vīdit et statim puerum necāre temtāvit.

Sed Thēseus erat validus et parātus; gladiō mōnstrum necāvit. Deinde sine perīculō cēterōs puerōs cum multīs et miserīs virīs, fēminīs, puellīs servāvit.

Dēnique auxiliō fīlī ad jānum Labyrinthī tūtus iterum vēnit, ubi ab Ariadnā expectābātur.

cēterī, -ae, -a=the rest of, the other, (et cetera 등등).
ēgregius, -a, -um=excellent, distinguished, unusual.
parātus, -a, -um=ready, prepared (Semper Paratus (=*Always Ready*) 미 해
　　안경비대의 구호).
sēcrētō, -ae=secretly.
taeda, -ae=F., torch.
videor, -ērī=seem.

▶▶▶ 문법

● 미완료 수동태 (Imperfective Passive)
어간과 수동태 어미 사이에 미완료 시제 어미 **-bā-**를 삽입하여 만든다. 수동태 어미는 다음과 같다.

	단수	복수
1	**-or(-r)**	**-mur**
2	**-ris**	**-minī**
3	**-tur**	**-ntur**

portō(=carry)의 미완료 수동태

portābar	I was being carried	**portābāmur**	we were being carried
portābāris	you were being carried	**portābāminī**	you were being carried
portābātur	he was being carried	**portābantur**	they were being carried

moneō(=warn)의 미완료 수동태

monēbar	I was being warned	**monēbāmur**	we were being warned
monēbāris	you were being warned	**monēbāminī**	you were being warned
monēbātur	he was being warned	**monēbantur**	they were being warned

▶▶▶ **해석**　　Theseus와 Minotaurus

유명한 크레타 섬은 희랍에서 멀지 않다. 이 섬에 Daedalus라는 뛰어난 사나이가 미궁을 만들었다. 여기에 Minotaurus가 살면서 이 미궁의 수많은 막다른 골목길을 배회하고 있었다. 이 괴물은 음식 대신 남자나 여자, 소년, 소녀를 먹곤 했다.

한때 아테네 사람들이 크레타 섬의 임금 아들을 죽였다. 이 몹쓸 일 때문에 그들은 산 제물을 바치라는 요구를 받았다. 그래서 자주 아테네에서 이곳 미궁까지 소년, 소녀들이 연행되어 이 괴물의 밥이 되었다.

뛰어나고 힘이 센 아테네 왕의 아들 Theseus 소년은 이 일을 몹시 슬퍼했다. 그래서 그가 말했다. "소년, 소녀들을 Minotaurus에게 주어서는 안 된다. 나는 힘이 세다. 나는 Minotaurus에게 이길 것이다. 오늘 소년들이 크레타 섬으로 항해해 간다. 나도 그들과 함께 갈 것이다."

그래서 Theseus는 다른 소년들과 함께 크레타 섬으로 항해해 갔다. 큰 위험이 예상되었으나 Theseus는 크레타 왕의 딸 Ariadna의 도움을 받고 있었다. Ariadna는 Theseus에게 미궁 안에 있는 비밀 통로를 가리켜주었고, 또 Theseus에게 긴 끈을 주었다.

밤에 Theseus는 몰래 이 끈을 미궁의 문에 묶어두었다. 또 길이 어두웠기 때문에 미궁으로 횃불도 들고 갔다. 화가 난 Minotaurus가 Theseus를 보고 곧 그 소년을 죽이려고 했다.

그러나 Theseus는 힘이 셌으며 준비가 돼 있었다. 그는 칼로 괴물을 죽였다. 그리고 다른 소년들을 많은 불쌍한 남자들과 부인네들, 소녀들과 함께 안전하게 구했다.

마침내 끈의 도움으로 미궁의 문으로 안전하게 다시 나왔는데, 거기에는 Ariadna가 그를 기다리고 있었다.

A. 번역하시오.

❶ Interdum sociī Rōmānīs auxilium in bellīs sēcrētō dabant.

❷ Sociī nostrī ōlim superābantur quod nōn parātī erant.

❸ Agrī vāstābantur et oppida ācriter oppugnābantur.

❹ Auxilium postulābātur, sed magnās cōpiās tum nōn habēbāmus.

❺ Sed nunc cōnsilia tua nōn bona videntur.

❻ Populus Rōmānus sociōs ēgregiōs habēbat.

❼ In hōc bellō Rōmānī sociōs sēcrētō juvābant.

❽ Sine taedā trāns viam sēcrētam vēnit.

B. 라틴어로 옮기시오.

❶ The rest of the arrows were being carried by Theseus without help.

❷ Formerly our allies were not feared by the Gauls, but now they are feared.

❸ I see my friend; he seems to me to be a good man.

❹ Formerly your native country was not praised by our allies, but now it is often praised.

❺ The other boys were in danger and help was secretly demanded.

❻ The rest of the allies seemed to be ready.

❼ The torches were carried through the town.

043

PRIMUS AVIATOR

Ōlim Daedalus in īnsulā Crētā cum fīliō Īcarō habitābat. Quamquam Daedalus erat vir ēgregius, tamen līber nōn erat. Captīvus in eā īnsulā servābātur, sed semper viam fugae parāre temptābat. Neque terra neque aqua eī auxilium dedit.

Deinde in caelō avēs (*birds*) vīdit. Diū avēs spectābat.

Dēnique fīliō dīxit, "Illae avēs ālīs volant. Nōs quoque volābimus. Hās avēs necābimus et pennīs eārum ālās parābimus."

Itaque Daedalus et Īcarus sagittīs multās avēs necāvērunt et pennās eārum servāvērunt. Auxiliō cērae magnās ālās parāvērunt.

Dēnique ālae erant parātae. Statim Daedalus eās temptāvit et Īcarum ālās temptāre invītāvit. Mox Īcarus cum Daedalō volābat.

"Ālae sunt validae, sed propter cēram prope sōlem (*sun*) volāre nōn dēbēmus," Daedalus fīlium monuit.

Primō Īcarus erat timidus et prope terram manēbat, sed nōn diū prope terram manēbat. Daedalus territus fīlium appellāvit et eum dē perīculō iterum monuit. Sed Īcarus longē ā terrā et ab aquā per caelum altum volābat. Prope sōlem volābat.

Daedalus fīlium spectābat et propter audāciam ejus lacrimābat. Subitō cēra ā pennīs sēparābātur et bracchia Īcarī erant sine ālīs. In aquam puer cecidit (*fell*), et aqua eum cēlāvit.

Posteā Daedalus propter fīlium mortuum semper dolēbat et iterum in caelō nōn volāvit.

āla, **-ae**=F., wing(aileron [éiləàn] 보조날개).
appellō, **-āre**, **-āvī**=name, call (appellation 호칭).
audācia, **-ae**=F., boldness, daring (audacious 대담한, audacity 대담함).
Aviātor=was not a Latin word, but is formed like many Latin words. It is from **avis**(=bird).
captīvus, **-ī**=M., captive, prisoner (captive 포로).
cēra, **-ae**=F., wax.
fuga, **-ae**=F., flight (fugitive 도망자, fugue 푸가(둔주곡), centrifugal 원심의, refuge 피난, subterfuge 발뺌).
is, ea, id=that, this. *pl.* those, these, *as pronoun*, he, she, it, *pl.* they.
neque=nor, and not; **neque** ~ **neque**=neither ~ nor.
penna, **-ae**=F., feather (pen 펜(옛날엔 깃털로 펜을 만들었었다)).
prīmus, **-a**, **-um**=first (prime 으뜸가는, primary 주요한, primae 제1의, primeval 원시시대의, primer 입문서, premier 국무총리, primitive 원시적인, primo-genitur 장자상속권, prima facie 언뜻 보기에는, primordial 근본적인).

❶ 지시사 (Demonstrative)
  hic = this
  ille = that
  is = this, that
  Is puer nauta est. This boy (that boy) is a sailor.

❷ 지시사의 대명사적 용법

Ager est magnus. Vidēsne <u>eum</u>?

The field is large. Do you see it?

❸ **is**(=this)의 변화

단수

	남성			여성			중성	
N	**is**	he		**ea**	she		**id**	it
G	**ejus**	his		**ejus**	her		**ejus**	its
D	**eī**	to him		**eī**	to her		**eī**	to it
A	**eum**	him		**eam**	her		**id**	it
Abl	**eō**	from, etc. him		**eā**	from, etc. her		**eō**	from, etc. it

복수

	남성		여성		중성	
N	**eī/iī**	they	**eae**	they	**ea**	they
G	**eōrum**	their	**eārum**	their	**eōrum**	their
D	**eīs/iīs**	to them	**eīs/iīs**	to them	**eīs/iīs**	to them
A	**eōs**	them	**eās**	them	**ea**	them
Abl	**eīs/iīs**	from them	**īs/iīs**	from them	**eīs/iīs**	from them

▶▶▶ 해석   최초의 비행사

옛날 크레타 섬에 Daedalus가 아들 Icarus와 함께 살고 있었다. 비록 Daedalus가 뛰어난 사람이긴 했으나 그는 자유롭지 못했다. 이 섬에 죄수로 잡혀있었으나 항상 도망갈 길을 찾아보려고 애썼다. 땅도 바다도 그에게 도움을 주지 못했다.

그 때 그는 하늘에서 새들을 보았다. 오랫동안 새들을 바라다보고 있었다.

마침내 그는 아들에게 말했다. "저 새들은 날개로 난다. 우리도 날게 될 것이다. 우리는 이 새들을 죽여서 그들의 깃털로 날개를 만들 것이다."

그래서 Daedalus와 Icarus는 화살로 많은 새들을 죽이고, 그 깃털을 보관해 두었다. 밀랍의 도움으로 큰 날개를 준비했다.

마침내 날개가 준비되었다. 곧 Daedalus는 날개를 시험해 보았고, Icarus에게도 날개를 시험해 보도록 했다. 곧 Icarus는 Daedalus와 함께 날아다녔다.

"날개는 튼튼하지만 밀랍 때문에 태양 근처를 날아서는 안 된다"라고 Daedalus가 아들에게 주의했다.

처음엔 Icarus가 겁을 먹고 땅 가까이에 머물러 있었으나 오랫동안 땅 가까이에 머물러 있지 않았다. 겁이 난 Daedalus가 아들을 불렀고 다시금 아들에게 위험을 경고했다. 그러나 Icarus는 땅과 물에서 멀리 떠나 높은 하늘을 날아다녔다. 태양 가까이로 날았다.

Daedalus는 아들을 보고 아들의 만용에 눈물지었다. 곧 밀랍이 깃털에서 떨어졌고, Icarus의 팔에는 날개가 없었다. 아들은 물속으로 떨어졌고, 물이 그를 삼켜버렸다.

그 뒤 Daedalus는 죽은 아들 때문에 항상 슬퍼했고, 다시는 하늘을 날지 않았다.

▶▶▶ 연습문제

A. 번역하시오.

❶ Neque puer neque amīcus ejus est impiger.

❷ In hōc oppidō sagittāriōs et fīliōs eōrum vidēmus.

❸ Puerōs expectāmus, sed eōs nōn vidēmus; puellās quoque expectāmus, sed eās nōn vidēmus.

❹ Eī puellae et eī puerō fābulās nārrāmus.

❺ Illōs captīvōs prīmōs saepe vidēbātis.

❻ Propter audāciam nautārum īnsula nostra erat tūta.

❼ Daedalus viam fugae sēcrētō parābat.

❽ Pennīs et cērā ālās parābant; ālīs volābant.

❾ Appellā eōs puerōs; adesse dēbent.

❿ Magna audācia ejus fīliī laudābātur.

B. 이텔릭체 부분을 라틴어로 옮기시오.

❶ I often walk *with him.*

❷ The first man gives *them* a reward.

❸ We live *with his friend*; I work *with their friend.*

❹ I was calling *him.*

❺ I was *with those girls;* I was helping *them.*

❻ We often see *your son and his friend.*

❼ *These women and their daughters* do not remain on the island in winter.

❽ The *man's* boldness was famous.

A. 다음 글을 읽고 물음에 라틴어로 답하시오.

Sextus est avunculus Jūliae; Fulvia est amita Jūliae; Cornēlia est cōnsōbrīna Jūliae. Jūlia in casā Sextī et Fulviae habitat.

Sextus multōs amīcōs habet; Sextus saepe eōs amīcōs in viīs videt. Mārcus est amīcus Sextī, et Sextus saepe Mārcum ad casam invītat. Sed hodiē Mārcum nōn videt.

Jūlia saepe Cornēliam ad casam amitae invītat. Interdum amita Jūliae dōna Cornēliae dat. Interdum Sextus dōnum Mārcō dat. Mārcus saepe cum Jūliā et Cornēliā ambulat. Interdum Fulvia cum Sextō et Mārcō ambulat.

❶ *Whose* friend is Marcus?

❷ *Whose* cousin is Cornelia?

❸ *By whom* is Marcus often invited?

❹ *By whom* is Cornelia invited.

❺ *What* does Sextus give to Marcus?

❻ *What* does Julia's aunt give to Cornelia?

❼ *Whom* does Sextus often see in the streets?

❽ *Whom* does he not see today?

❾ *With whom* does Marcus often walk?

❿ *To whom* does Sextus sometimes give a present?

⓫ *To whom* does Fulvia give presents?

B. 번역하시오.

❶ Hī virī sunt sociī nostrī; illī virī sunt barbarī.

❷ Fuga eōrum tūta esse nōn vidēbātur.

❸ Mūrus ab eīs circum illud oppidum aedificābātur.

❹ Eī captīvī pigrī taedās sub terram portāre jubēbantur.

❺ Quamquam cēterī nōn parātī erant, tamen ille nūntius aberat.

❻ Propter fūmum dēnsum neque mūrum neque hortum vīdit.

❼ Poēta caecus audāciam ēgregiam habēre vidēbātur; sēcrētō erat timidus et dubius.

❽ Heu! Cēra inter pennās ālārum nōn manēbat.

❾ Īcarus ā Daedalō applellābātur et dē perīculō ab eō monēbātur.

❿ Puer lacrimābat quod avunculus ejus longē āfuit.

TALES FROM ROMAN HISTORY

044

DOLUS ANNAE

Anna erat puella Rōmāna, sed in Britanniā cum avunculō prope magna castra Rōmāna habitābat. Quamquam Britannia erat prōvincia Rōmāna, tamen multī incolae Britanniae Rōmānōs nōn amābant. Terram līberam dēsīderābant et jam bellum parābant. Gallī eīs sēcrētō auxilium dabant.

Ōlim Anna rāmōs ē dēnsā silvā portābat. Avunculus, quamquam erat caecus, tamen Annam juvābat. Subitō erat sonus armōrum; deinde Anna virōs novōs undique vīdit. Virī erant armātī, et arma eōrum erant nova. Prīmō virī Annam et avunculum nōn vīdērunt.

Anna avunculō nārāvit, "Virōs novōs in silvā videō; eōrum arma sunt nova. Virī sunt Gallī."

Jam dux (*leader*) ad locum vēnit ubi Anna et avunculus stābant. Silvam undique circumspectāvit. Deinde Annam et avunculum ejus salūtāvit.

Dē viā rogāvit et dīxit, "Ad oppidum propinquum properāmus. Rōmānī in illō oppidō habitant et nōs sumus amīcī Rōmānōrum. Nōs juvāre dēbētis."

Avunculus respondit. "Sum caecus, sed Anna tibi viam mōnstrābit."

Anna nōn timida erat: virōs per silvam dēnsum dūxit. Sed eōs nōn ad oppidum dūxit; eōs ad castra Rōmāna dūxit. Ibi Rōmānī Gallōs cēpērunt (*seized*). Anna patriae fīda erat; Rōmānōs juvāre audēbat.

armācus, -a, -um=M., armed. *pl.*=armed men, soldiers.
audeō, -ēre=dare (audacious 대담한, audacity 담대함).
circumspectō, -āre, -āvī=look around (circumspect 사방을 살피는, 용의주
　　도한).
dūxit=led, did lead.
respondeō, -spondēre, -spondī=answer, reply (respond 대답하다, response
　　대답, responsive 반응하는, responsibility 책임, correspond 일치하
　　다, 응답하다).
rogō, -āre, -āvī=ask, request (interrogate 캐묻다, abrogate 폐기하다, derogatory
　　경멸적인, prerogative 특권, surrogate 대리인).
undique=on all sides

● 라틴어 동사와 영어 동사
　　라틴어　　　　영어
　(1)　**-o**　　　　**-Ø**
　　　expectō　　expect
　　　labōrō　　labor
　　　moveō　　move
　　　removeō　　remove

(2) **-o**   -e

 adōrnō   adorn

 commūnicatō communicate

 comparō   compare

 explōrō   explore

 indūcō   induce

 invītō   invite

▶▶▶ 해석 ANNA의 속임수

Anna는 로마의 소녀이지만 영국에 있는 로마의 진지 근처에서 외삼촌과 함께 살고 있었다. 비록 영국은 로마제국의 변방이었으나 많은 영국 주민은 로마 사람들을 좋아하지 않았다. 그들은 자유로운 땅을 원했고, 지금 전쟁을 준비하고 있었다. 갈리아 사람들이 그들을 몰래 돕고 있었다.

한 때 Anna는 울창한 숲에서 나뭇가지들을 운반하고 있었다. 삼촌은 비록 눈이 멀었으나 Anna를 도와주고 있었다. 갑자기 무기 부딪치는 소리가 들렸다. 그러자 Anna는 사방에서 낯선 사람들을 보았다. 사람들은 무장하고 있었으며, 그들의 무기는 못 보던 것이었다. 처음엔 이들이 Anna와 삼촌을 보지 못했다.

Anna가 삼촌에게 말했다. "낯선 사람들을 숲속에서 보았어요. 그들의 무기가 낯설어요. 저 사람들은 갈리아 인들이에요."

그러자 대장이 Anna와 삼촌이 서 있던 곳으로 왔다. 둘레의 숲을 둘러보았다. 그리고 Anna와 그녀의 삼촌에게 경례를 했다.

그는 길을 묻고 다음과 같이 말했다. "우리는 근처의 도시로 급히 가는 중입니다. 그 도시에는 로마 사람들이 살고 있으며, 우리는 로마 사람들의 친구입니다. 두 분은 우리를 도와야 합니다."

삼촌이 대답했다. "나는 눈이 멀었으나 Anna가 당신에게 길을 가리켜줄 것이요."

Anna는 겁을 먹지 않았다. 사람들을 깊은 숲속을 지나 안내했다. 그러나 그들을 도시로 안내하지 않았다. 그들을 로마의 진지로 안내했다. 거기서 로마인들이 갈리아 사람들을 생포했다. Anna는 조국에 충성했다. 과감하게 로마를 도왔던 것이다.

A. 번역하시오.

❶ Cūr ab eō nōn monēbāris? Cūr ab eā nōn monēbāminī?

❷ Propter sonum in hōc locō manēre nōn audeō.

❸ Fulvia avunculum meum domī vīdit et eum salūtāvit.

❹ Armātī dē viā rogāvērunt.

❺ Cornēlia respondit, "Nōn caeca sum."

❻ Illī virī sunt armātī, et eōs timēmus.

❼ Anna silvam dēnsam undique circumspectāre dēbet quod avunculus ejus longē abest.

❽ Cōnsilium est bonum; id probāmus.

❾ Parvās fīliās tuās et cōnsōbrīnam eārum in vīllā saepe vīdimus.

❿ Anna ad silvam avunculum caecum dūxit.

B. 이탤릭체 부분을 라틴어로 옮기시오.

❶ Cornelia is a good woman; we salute *her*.

❷ I do not dare to give *him* a big reward.

❸ *These* armed men are *our* allies.

❹ We *were looking around* on all sides because there was a loud (great) noise.

❺ *This* man asks about the wax and the feathers.

❻ *Your* uncle used to praise *these* boys, and so they saluted *him*.

❼ *Who* dares to remain *here*?

❽ *Who* led the blind man?

C. 다음 라틴어 동사에 해당하는 영어 단어를 말하시오.

adōrnō   attendō   commemorō   contendō   dēfendō   errō
excitō   līberō   migrō   observō   salūtō   temptō

045

ROMANI VEIOS OCCUPANT.

Quamquam Veiī, magnum oppidum Etrūscōrum, erant prope Rōmam, tamen populus Veiōrum saepe cum Rōmānīs pugnābat. Rōmānī Veiōs oppugnābant et mūrōs eōrum vehementer dēlēre temptābant. Sed mūrī erant altī et validī, et diū incolae Veiōrum tūtī vidēbantur.

Sed post multōs annōs incolae magnam cōpiam cibī nōn habēbant; multī erant aegrī; tamen cēterī incolae oppidum vehementer dēfendēbant.

Dēnique incola Veiōrum in mūrō oppidī stābat. "Haec sunt verba ōrāculī," clāmāvit. "Veiōs nōn occupābitis, Rōmānī, dum aqua erit in lacū (*lake*) Albānō. Semper erit aqua in lacū. Dī semper Veiōs cūrābunt, et Veiī semper erunt tūtī."

Rōmānī respondērunt, "Es stultus! Oppidum tuum occupābitur; templa tua dēlēbuntur; dī Veiōrum ad oppidum nostrum portābuntur; dī tuī Rōmānōs cūrābunt.

Statim Rōmānus Camillus (*Roman general*) bonum cōnsilium mōnstrāvit. Cēterī virī id cōnsilium probāvērunt.

Noctū Camillus multōs Rōmānōs ē castrīs ad lacum Albānum sēcrētō dūxit. Sēcrētō hī virī mangum cunīculum (*tunnel*) sub terrā fodiēbant (*dug*). Celeriter labōrābant quod populus Veiōrum in tēctīs erat. Dēnique per hunc cunīculum aqua ē lacū trāns campōs flūxit (*flowed*). Jam erat nūlla aqua in lacū Albānō.

Iterum multī Rōmānī Vēiōs fortiter oppugnāvērunt. Iterum mūrōs vehementer dēlēre temptābant. Quamquam incolae Veiōrum diū et ācriter pugnāvērunt, tamen nōn jam tūtī erant. Nūlla aqua in lacū erat; itaque Rōmānī oppidum occupāvērunt. Verba ōrāculī erant vēra.

▶▶▶ 어휘

campus, -ī=M., level plain, plain.
cunīculus, -ī=underground passage, channel
dēlēō, **-ēre**, **dēlēvī**=destroy (delete 삭제하다, indelible 지울 수 없는).
dum=while, as long as.
stultus, **-a**, **-um**=stupid, foolish (stultify 바보처럼 보이게 하다).
vehementer=violently, strongly (vehement 열정적인).
verbum=N., word (verb 동사, verbal 말의, verbiage 다변, verbose 말이 많은, proverb 속담).
vērus, **-a**, **-um**=true.

▶▶▶ 문법

● 미래 수동태 (Future Passive)

portō의 변화

portābor	will be carried	**portābimur**	we will be carried
portāberis	you will be carried	**portābiminī**	you will be carried
portābitur	he will be carried	**portābuntur**	they will be carried

moneō의 변화

monēbor	I will be warned	**monēbimur**	we will be warned
monēberis	you will be warned	**monēbiminī**	you will be warned
monēbitur	he will be warned	**monēbuntur**	they will be warned

: **-bi/-bu**는 미래시를 나타내는 어미이다.

▶▶▶ 해석   **로마인들이 베이이를 점령하다.**

비록 에트루리아의 큰 도시인 베이이는 로마 가까이 있었으나 베이이의 주민들은 종종 로마 사람들과 싸웠다. 로마사람들이 베이이를 공격하고 있었고, 그들의 성벽을 파괴하려고 맹렬히 애썼다. 그러나 벽은 높고 튼튼했으며, 베이이의 주민들은 오랫동안 안전해 보였다.

그러나 여러 해가 지난 뒤에 주민들은 많은 양의 식량을 갖지 못하게 되었다. 많은 사람이 병들었다. 그러나 나머지 주민들은 맹렬히 도시를 방어했다.

드디어 베이이의 한 주민이 도시의 성벽 위에 섰다. "이 말은 신탁이다"라고 그가 소리쳤다. "로마인들이여, 그대들은 알반 호수에 물이 있는 한 베이이를 점령하지 못할 것이다. 호수에는 항상 물이 있을 것이다. 신들은 항상 베이이를 돌봐주실 것이며, 베이이는 항상 안전할 것이다."

로마사람들이 대답했다. "너는 어리석다! 네 도시는 점령될 것이다. 네 사원들은 파괴될 것이다. 베이이의 신들은 우리 도시로 옮겨오게 될 것이다. 네 신들은 로마인들을 돌보게 될 것이다."

곧 Camillus가 로마인들에게 좋은 계책을 보여주었다. 다른 사람들이 이 계책에 찬성했다.

밤에 Camillus가 많은 로마인들을 진지에서 알반 호수로 몰래 인도했다. 이 사람들은 몰래 땅 밑에 큰 터널을 팠다. 그들은 베이이 사람들이 집에 있었기 때문에 재빨리 작업을 했다. 마침내 이 터널을 통해 호수의 물이 들판을 가로질러 흘렀다. 이제 알반 호수에는 물이 하나도 없었다.

다시금 많은 로마인들이 베이이를 용감하게 공격했다. 다시금 성벽을 파괴하고자 애썼다. 베이이의 주민들이 오랫동안 맹렬히 싸웠으나 이미 그들은 안전하지 못했다. 호수에는 물이 전혀 없었다. 그래서 로마인들은 도시를 점령했다. 신탁의 말은 진실이었다.

● 번역하시오.

❶ Haec loca ā nūntiīs vidēbuntur.

❷ Mūrī hujus oppidī ā sociīs vehementer oppugnābuntur.

❸ In hortō vidēberis; in campō vidēbiminī.

❹ Servus stultus cēnam parābit.

❺ Perīculum ā cōpiīs nostrīs nōn timēbitur.

❻ In tabernāculum vocābiminī.

❼ Sunt multa verba in linguā Latīnā.

❽ Id oppidum ā cōpiīs notrīs in magnō bellō dēlētur.

❾ Nōnne amīcus vērus librōs meōs cūrābit?

❿ Auxilium ā sociīs nostiīs postulābimus.

046

CLOELIA

Porsena, rēx (*king*) superbus Etrūscōrum, Rōmam dēlēre dēsīderābat. Etrūscī multōs Rōmānōs vulnerāvērunt et necāvērunt. Itaque Rōmānī pācem (*peace*) rogāvērunt.

Porsena dīxit, "Date decem fīliās et decem fīliōs Rōmānōrum mihi obsidēs (*as hostages*); tum Rōmānīs pācem dabō."

Rōmānī miserī respondērunt, "Tibi hās fīliās et hōs fīliōs dabimus."

Inter obsidēs erat Cloelia, puella magnae audāciae. Quod castra Porsenae in rīpā Tiberis erant et nōn longē ab oppidō Rōmā aberant, Cloelia cēterīs puellīs et puerīs dīxit, "Cōnsilium bonum erit trāns Tiberi natāre."

Māne puellae et puerī trāns Tiberim natāvērunt. Quamquam Etrūscī eam et sociōs ejus sagittīs vulnerāre temptābant, mox Clopelia tūta cum cēterīs in rīpā stābat. Herī fuērunt captīvī; hodiē erant iterum līberī.

Tamen iterum Rōmānī puellās et puerōs Porsenae dedērunt quod esse fīdī dēsīderābant. Tum Porsena Cloeliae lībertātem (*liberty*) dedit quod magnā audāciā ejus movēbātur. Eī equum dedit et eam ad oppidum Rōmam properāre jussit. Sed Cloelia lībertātem quoque prō cēterīs postulāvit.

Itaque, quod rēx Porsena verbīs et magnā audāciā Cloeliae

movēbātur, multōs sociōs puellae servāvit et Cloelia nōn sōla in oppidum Rōmam vēnit.

▶▶▶ 어휘

decem=ten (decimal 소수의, 10진법의, December (로마에서는 현재의 3월이 1월이었다)).
herī=yesterday.
māne=in the morning.
natō, -āre, -āvī=swim (natatorium 수영장).
rīpa, -ae=F., bank (of a stream).

▶▶▶ 해석　　Cloelia

에트루리아의 교만한 Porsena 왕은 로마를 괴멸시키기를 원했다. 에트루리아 인들은 많은 로마인에게 상처를 입히고 죽였다. 그래서 로마인들은 평화를 청했다.

Porsena가 말했다. "나에게 열 명의 로마 소녀와 열 명의 로마 소년을 인질로 달라. 그러면 그대에게 평화를 주겠다."

불쌍한 로마인들이 "그대에게 이들 소녀와 소년들을 주겠소"라고 대답했다.

인질들 가운데 매우 담대한 Cloelia라는 처녀가 있었다. Porsena의 진지는 테베레 강둑에 있었고, 로마 시에서 멀지 않았으므로 Cloelia는 다른 소녀, 소년들에게 "테베레 강을 헤엄쳐 건넌다는 것은 좋은 생각이야"라고 말했다.

아침에 소녀, 소년들은 테베레 강을 헤엄쳐 건넜다. 에트루리아 인들이 화살로 그녀와 그녀의 친구들에게 상처를 입히고자 하였으나 Cloelia는 재빨리 안전하게 다른 사람들과 함께 제방 위에 섰다. 어제는 포로였으나 오늘은 다시금 자유의 몸이었다.

그러나 로마 사람들은 신의를 지키기 위해 다시금 소년, 소녀들을 Porsena에게 보냈다. 그때 Cloelia의 대단한 과단성에 감동된 Porsena는 그녀에게 자유를 주었다. 그녀에게 말을 주고 그녀가 서둘러 로마로 갈 것을 명했다. 그러나 Cloelia는 다른 사람들에 대한 자유도 요구했다.

그리하여 Cloelia의 말과 커다란 대담성에 감동된 Porsena 왕은 소녀의 많은 친구를 구해주었으며 Cloelia 혼자 로마로 돌아가지 않게 되었다.

A. 번역하시오.

❶ Eōs servābimus, quod amīcī nostrī sunt.

❷ Haec terra ab eīs vāstābitur.

❸ Cōpiae nostrae post hunc mūrum manēbunt.

❹ Fuga decem puellārum stulta vidētur.

❺ Vir ā rīpā natābit.

❻ Māne oppidum dēlēbitur.

❼ Herī captīvī ad rīpam Tiberis movēbantur.

B. 괄호 안에 주어진 것에 알맞은 것을 고르시오.

❶ Sagittārius in hōc proeliō (*will be wounded*).

   vulnerābitur   vulnerābātur   vulnerābat   vulnerātur

❷ Vir ā servō (*will be feared*).

   timēbat   timēbitur   timēbit   timēbuntur

❸ Herī illa puella trāns Tiberim (*was swimming*).

   natābit   natābunt   natābat   natat

❹ Decem oppida (*will be destroyed*).

   cūrābitur   dēlēbat   movēbitur   dēlēbuntur

❺ Magna castra Rōmāna māne (*will be moved*).

   movēbitur   oppungnābuntur   manēbunt   movēbuntur

❻ Captīvī natāre ad rīpam (*will try*).

   temptābuntur   temptābit   temptābunt   temptābant

❼ Rōmānī dare decem puerōs et decem puellās (*were ordered*).

   jubēbantur   jubēbuntur   jubēbant   jubēbunt

047

MANLIUS CAPITOLIUM SERVAT.

Gallī erant barbarī, et Rōmānī eōs maximē timēbant. Jam Gallī
ā portīs Rōmae nōn longē aberant. Propter magnum perīculum
multī incolae Rōmae manēre ibi nōn dēsīderābant; itaque ad oppida
propinqua fūgērunt.

Virī validī sōlī in oppidō manēbant. Tamen in tēctīs nōn
manēbant, sed in Capitōliō. Hīc Juppiter et Jūnō et Minerva templa
habēbant. In templō Jūnōnis erant ānserēs (*geese*) sacrī.

Quamquam Capitōlium propter templa ab hīs virīs dēfendēbātur,
tamen oppidum tōtum erat minimē tūtum. Portae Rōmae erant
apertae, et mox Gallī ferī adfuērunt; mox tēcta et templa et ārās
dēlēbant.

Dēnique noctū Gallī viam sēcrētam vīdērunt. Via erat dūra
sed eōs ad mūrum Capitōliī dūxit. Quamquam Rōmānī Capitōlium
vigilābant, tamen Gallōs nōn vīdērunt. Nūllus sonus erat; Gallī
erant maximē quiētī.

Sed in templō Jūnōnis sacrī ānserēs strepuērunt (*cackled*), et
eōrum clangor Mānlium excitāvit. Statim Mānlius cēterōs Rōmānōs
vocāvit et ad mūrum properāvit.

Prīmus Gallus jam in mūrō stābat. Sē servāre temptāvit, sed
celeriter Mānlius eum gladiō necāvit. Post prīmum Gallum erant

multī sociī ejus, sed statim ā Gallō cadentī (*falling*) dē viā angustā dēpulsī sunt (*were knocked off*). Mox hī Gallī quoque ā Mānliō et ab amīcīs ejus necābantur et Capitōlium servābātur.

clangor, -ōris=M., noise (clangor 소음, clangorous 시끄러운).
dūrus, -a, -um=hard, difficult (durable 질긴).
excitō, -āre, -āvi=arouse, alarm (excite 흥분시키다, excitement 흥분).
ferus, -a, -um=fierce, wild.
fūgērunt=(they) fled (fugitive 도망자).
porta, -ae=F., gate.
sacer, -cra.-crum=sacred.
suī=of himself, herself, itself, themselves.
tōtus, -a, -um=whole (total 전체의, 완전한, totality 전체, in toto(=in all) 모두 해서).

❶ **is, hic, ille**는 때때로 대명사로 쓰인다.
   Mānlius virōs excitāvit et eōs servāvit.
   Manlius aroused the men and saved them.

❷ 재귀대명사 (Reflexive Pronoun)
   Sē servat. He saves himself.

	단수	복수
G	**suī**	**suī**
D	**sibi**	**sibi**
A	**sē, sēsē**	**sē, sēsē**
Ab	**sē, sēsē**	**sē, sēsē**

갈리아 사람들은 야만스러웠고, 로마사람들은 그들을 몹시 두려워했다. 이미 갈리아 사람들은 로마의 입구에서 멀리 있지 않았다. 커다란 위험 때문에 로마의 많은 주민은 거기 머물러 있기를 원치 않았다. 그래서 근처의 도시로 도망을 갔다.

도시에는 힘이 센 사람들만이 남았다. 그러나 집에는 있지 않고 캐피톨 언덕에 있었다. 여기에는 Jupiter와 Juno, 그리고 Minerva의 사원들이 있었다. Juno의 사원에는 성스러운 거위들이 있었다.

이들 사원 때문에 캐피톨 언덕을 이 사람들이 방위했으나 도시 전체의 안전이 아주 위태로웠다. 로마의 문들은 열렸고, 곧 사나운 갈리아 인들이 들어왔다. 곧 집과 사원들과 제단들을 파괴했다.

마침내 밤에 갈리아 인들이 비밀 통로를 보았다. 길은 험했으나 길을 따라 그들은 캐피톨 언덕의 벽에 이르렀다. 로마인들이 캐피톨 언덕의 망을 보고 있었으나 갈리아 인들을 보지 못했다. 아무 소리도 들리지 않았다. 갈리아 사람들은 극도로 조용했다.

그러나 갑자기 Juno의 사원에서 성스러운 거위들이 요란한 소리를 냈고, 그 소음이 Manlius를 놀라게 했다. 곧 Manlius는 다른 로마인들을 불러 성벽으로 달려갔다.

최초의 갈리아 인이 이미 성벽에 서 있었다. 그는 스스로를 지키고자 하였으나 Manlius가 재빨리 칼로 그를 죽였다. 첫 번째 갈리아 인 뒤에 많은 그의 동료들이 있었으나 그들은 좁은 길에서 떨어지는 갈리아 인에 의해 쓰러졌다. 곧 이들 갈리아 인들도 Manlius와 그의 동료들에 의해 살해되었으며, 캐피톨 언덕은 지켜졌다.

A. 번역하시오.

❶ Herī ab oppidō āfuī; hodiē adfuī.

❷ Ōlim fuērunt portae sacrae in templō, sed barbarī eās dēlēvērunt.

❸ In longō et dūrō proeliō virī contrā barbarōs ferōs fortiter prō patriā et prō sē pugnābant.

❹ Gallī fūgērunt et sē servāre temptāvērunt.

❺ Rōmānī ā Mānliō excitābuntur et ad mūrum properābunt.

❻ Peulla in aquā sē spectābat, sed nōn erat sibi grāta.

B. 라틴어로 옮기시오.

❶ Yesterday I was near the gate of the camp with my uncle.

❷ Boys, you are present today; why were you absent yesterday?

❸ Today the boys will keep watch; yesterday we kept watch.

❹ The whole town will be destroyed, but the people will save themselves.

❺ The Romans fled from the fierce barbarians to the gates of a nearby town.

C. 46과와 47과를 읽고 다음 물음에 라틴어로 답하시오.

❶ Erantne portae Rōmae apertae?

❷ Quī trāns Tiberim natāvērunt?

❸ Quis erat Cloelia?

❹ Quī multōs Rōmānōs vulnerāvērunt?

❺ Quid erat cōnsilium Cloeliae?

❻ Quid Porsena Cloeliae dedit?

❼ Quis Rōmānōs vocāvit et excitāvit?

❽ Quī ex oppidō fūgērunt?

048
ASCANIUS ET CERVUS ALBUS

Postquam Graecī Trōjam dēlēvērunt, Trōjānus Aenēās ad Ītaliam cum fīliō suō et multīs sociīs nāvigāvit. Hīc erat Latium, rēgnum Latīnī. Aenēās prō sē et suīs sociīs agrōs rogāvit. Latīnus Aenēae et ejus virīs benignus erat et eīs agrōs dedit. Tamen multī incolae Latiī Trōjānīs inimīcī erant.

Prope castra Trōjāna agricola Tyrrhus habitābat; trēs fīliōs et fīliam, Silviam, habēbat. Ōlim Tyrrhus et ejus fīliī cervum album paene mortuum ē silvā portāvērunt. Cervum Silviae dedērunt.

Silvia suum cervum cūrābat et amābat. Māne per silvās cervus errābat sed vesperī semper ad Silviam redībat (*came back*).

Ōlim Ascanius, fīlius Aenēae, cum sociīs suīs in silvā errābat et cervum album vīdit. Quod prō sē glōriam dēsīderābat et nōn quod Silviae inimīcus erat, Ascanius cervum necāre temptābat. Itaque eum sagittā suā vulnerāvit.

Cervus ad casam Silviae fūgit. Ubi Silvia cervum paene mortuum vīdit, vehementer lacrimāvit.

Sed ubi Tyrrhus sagittam vīdit, īrātus erat. Dīxit, "Illa est sagitta Trōjāna! Perfidī Trōjānī! Cervum fīliae meae sagittīs vestrīs vulnerāvistis; sagittīs nostrīs, igitur, Ascanium et sociōs ejus vulnerābimus."

Itaque Tyrrhus cum fīliīs suīs et amīcīs eōrum castra Trōjāna vehementer oppugnāvit; hoc erat initium bellī.

cervus, -ī =M., stag; cerva, -ae=F., deer.
fūgit=fled.
igitur=therefore.
inimīcus, -a, -um=unfriendly; M. and F. *as noun*=enemy (inimical 적대적인, inimicable 비우호적인).
initium, -ī=N., beginning (initial 처음의, initiate 시작하다, initiation 시작).
paene=almost (peninsula 반도, penultimate 끝에서 두 번째의, penult 어미에서 두 번째 음절).
perfidus, -a, -um=treacherous (perfidy 배신).
postquam=after.
rēgnum, -ī=N., kingdom
suus, -a, -um=his, her, its, their; his own, etc.
vester, -tra, -trum=your, yours; (of more than one person).

❶ suus의 용법
suus의 내용은 문장의 주어에 의해 결정된다.
Puer amīcōs <u>suōs</u> laudat.　　*The boy* praises <u>his</u> friends.
Puerī amīcōs <u>suōs</u> laudant.　*The boys* praise <u>their</u> friends.
Puella amīcōs <u>suōs</u> laudat.　 *The girl* praises <u>her</u> friends.

❷ suus의 변화
Suus는 형용사로서 meus(=my)나 tuus(=your)와 동일하게 변화하며, 수식하는 명사와 성, 수, 격이 일치해야 한다. 위의 문장의 amīcōs suōs에서 suōs는 amīcōs와 동일하게 남성 복수 대격형이다.

❸ ejus(=**is**의 단수 속격)와 **eōrum**(=**is**의 복수 속격)

영어에서는 다음에서 보듯 *his*나 *her*, *their*가 주어와 일치하지 않는 경우가 있다.

> *They* praise *his* friends.
> *He* praises *their* friends.

이런 경우 라틴어에서는 *his*,나 *her*, *its*의 경우에는 **ejus**를, *their*의 경우에는 **eōrum**(혹은 **eārum**)을 사용한다.

> **Amīcos ejus laudant.**　　They praise *his* friends.
> **Amīcōs eōrum laudat.**　　He praises *their* friends.

▶▶▶ 해석　　Ascinius와 흰 사슴

희랍인들이 트로이를 파괴하고 난 뒤에 트로이 사람 Aeneas는 그의 아들과 많은 일행과 함께 이탈리아로 항해해 갔다. 여기에는 라틴 사람들의 왕국인 라티움이 있었다. Aeneas는 스스로와 그의 동료들을 위해 땅을 요구했다. Latinus는 Aeneas와 그의 동료들에게 우호적이었으며 그들에게 땅을 주었다. 그러나 많은 라티움 주민들은 트로이 사람들에게 적대적이었다.

트로이의 진지 근처에 Tyrrhus라는 농부가 살고 있었다. 세 아들과 Silvia라는 딸이 있었다. 한 때 Tyrrhus와 그의 아들들이 거의 죽어가는 흰 사슴을 숲에서 가지고 왔다. 그들은 사슴을 Silivia에게 주었다.

Silvia는 자기 사슴을 돌보고 사랑했다. 아침에는 사슴이 이리저리 숲을 거닐었으나 저녁에는 항상 Silvia에게 돌아왔다.

한 때 Aeneas의 아들 Ascanius가 그의 친구들과 함께 숲속을 거닐다 흰 사슴을 보았다. Silvia에 대한 적대감 때문이 아니라 자신의 영광을 위해 Ascanius가 흰 사슴을 죽이려 했다. 그래서 그는 자신의 화살로 사슴에 상처를 입혔다.

사슴은 Silvia의 집으로 도망을 갔다. 그때 Silvia는 빈사 상태의 사슴을 보고 심하게 울었다.

그러나 Tyrrhus는 화살촉을 보자 화가 났다. 그는 말했다. "이 화살은 트로이인의 화살이다. 믿지 못할 트로이인들 같으니! 내 딸의 사슴을 너희의 화살로 상처를 냈다. 그러므로 우리의 화살로 Ascanius와 그의 동료들에 상처를 낼 것이다."

그래서 Tyrrhus는 그의 아들들과 그들의 친구들과 함께 트로이의 진지를 맹렬히 공격했다. 이것이 전쟁의 시작이었다.

A. 번역하시오.

❶ Librum suum habet; librum ejus habeō; librum tuum habet.

❷ Librōs vestrōs habent; librōs suōs habent; librōs eōrum habēmus.

❸ Postquam arma eōrum vīdimus, eōs nōn timēbāmus.

❹ Ante initium proeliī virī perfidī fūgērunt; cōpiae nostrae, igitur, sine perīculō eōs superāvērunt.

❺ Postquam amīcus tuus suam epistulam scrībit, fīlius meus ejus epistulam legit.

❻ Pīrāta amīcīs suīs arcam pulchram mōnstrat; amīcī ejus arcam maximē laudant.

❼ Ā dextrā est via lāta; ā sinistrā sunt mūrī altī.

❽ Cervus vester est paene mortuus.

B. 괄호 안에 주어진 어구에 해당하는 라틴어 어구를 찾으시오.

casae suae	fīliam ejus	fīlium suum	in oppidum
castra eōrum	fīliam suam	fīlius ejus	oppida eōrum
fīlia sua	fīlium ejus	in agrō suō	oppida sua

❶ Agricola (*in his own field*) labōrat.

❷ (*His son*) quoque in agrō labōrat.

❸ Barbarī (*their own towns*) dēlēbant.

❹ Vir (*his son*) laudat.

❺ (*His son*) nōn laudō.

❻ Ab hōc locō (*their camp*) vidēmus.

❼ (*Their towns*) oppugnābuntur.

❽ Fēmina saepe (*her daughter*) monet.

❾ (*Her daughter*) monēmus.

A. 괄호 안에 주어진 말을 라틴어로 바꾸시오.

❶ Puella librum (*her*) habet.

❷ Puella librum (*their*) habet.

❸ Puella librōs (*her*) habet.

❹ Puella librōs (*his*) habet.

❺ Puerī librōs (*their own*) habent.

❻ Puellae librōs (*their own*) habent.

❼ Puella cum amīcīs (*her*) vēnit.

❽ Puella cum amīcīs (*their*) vēnit.

❾ Puella cum amīcō (*her*) vēnit.

❿ Puella cum amīcō (*their*) vēnit.

B. 주어진 영어의 대명사에 해당하는 라틴어를 고르시오.

❶ Tōtum oppidum nōn dēlēbitur; (*it*) vigilāmus. (illum, id, sē)

❷ Vir ferus (*himself*) vulnerāvit. (sē, suī, eum)

❸ Haec verba erant dūra sed vēra; populus (*them*) audīvit. (sibi, ea, sē)

❹ Portae movēbuntur, sed (*them*) dēlēre nōn audēbimus. (eās, sēsē, ea)

❺ Hic puer (*to himself*) cārus est, sed cētēris nōn grātus est. (suī, eī, sibi)

C. 아래에 주어진 부사 중 하나를 골라 빈칸을 채우시오.

ācriter	fortier	iterum	maximē	posteā	statim
bene	hīc	lēniter	minimē	tum	postrīdiē
celeriter	igitur	longē	nunc	quam	undique
diū	ita	male	paene	satis	vehementer

❶ Prīmō puerī pigrī _____ ambulāvērunt; deinde, territī, _____ ambulābērunt.

❷ Puerī impigrī _____ labōrant; puerī pigrī _____ labōrant.

❸ Oppidum ā silvā dēnsā _____ abest.

❹ ___ eram armātus; _____ nōn armātus sum; _____ armātus erō.

❺ Amāsne hunc campum? Respondē "_____" aut "_____."

❻ Nūntium _____ expectāvisitī; nūntius _____ nōn vēnit; tamen _____ aderit.

❼ _____ perfidī estis!

STORIES OF ADVENTURE

Unit XI

049

SERTORIUS ET CERVA DIANAE

Ōlim in Ītaliā Sulla, dux Rōmānus, cōpiās Mariī, cōnsulis Rōmānī, superāvit. Posteā Sertōrius, amīcus Mariī, ad Hispāniam fūgit. Tum Hispānī rēgēs nōn habēbant, sed ducēs bonōs et bona cōnsilia bellī habēbant. Quamquam Hispānī multīs Rōmānīs inimīcī erant, tamen Sertōrium amābant, quod mātribus et patribus lēgēs bonās dedit; līberīs eōrum scholās bonās dedit. Magistrī Rōmānī in scholīs Hispāniae labōrābant. Līberī Hispānōrum togās Rōmānās habēbant et in scholīs linguam Rōmānam discēbant (*learned*).

Posteā Sertōrius pācem ōrāvit, sed ducēs Rōmānī eī respondērunt, "Rōma pācem virīs perfidīs nōn dat."

Sertōrius igitur in silvīs Hispāniae contrā cōpiās Rōmānās pugnāre parābat.

Ōlim Hispānus cervam albam Sertōriō dedit. Hoc dōnum Sertōriō erat grātum. Cervam cōpiīs suīs mōnstrāvit et dīxit, "Haec cerva est dōnum Diānae. Dum ea est tūta, Diāna cōpiīs nostrīs auxilium dabit."

Posteā Sertōrius dīxit, "Per hanc cervam Diāna mihi dīcit et mē dē perīculīs nostrīs monēbit."

Multae vōcēs clāmāvērunt, "Sertōrius est frāter noster! Diāna frātrī nostrō auxilium dabit. Rōmānōs superābimus."

Diū haec cerva alba Sertōrium juvābat; Rōmānī saepe superābantur. Dēnique cerva in silvam errābat, neque Hispānī eam iterum vīdērunt. Nōn jam fortūna Sertōriō benigna erat. Dēnique ejus inimīcī eum necāvērunt.

▶▶▶ 어휘

cōnsul, -ullis=M., consul, a Roman magistrate (consular 영사의, consulate 영사관).

dux, ducis=M., leader (duke 공작, ducal 공작의, duchess 공작부인, duchy 공국, doge 총독).

frāter, frātris=M., brother (fraternal 형제의, fraternity 형제애, fratricide 형제 살해).

lēx, lēgis=F., law (legal 법률상의, legislator 입법자, legitimate 적법한, legislature 입법부).

līberī, -ōrum=M., *pl.*, children.

magister, -trī=M., teacher, master (magistrate 행정관, magistracy 행정 장관, magisterial 주인다운).

māter, mātris=F., mother (maternity 모성, maternal 어머니의, matricide 모친살해, matrimony 결혼생활, matron 부인, matriarchy 모권사회).

pater, patris=father (paternity 부성, paternal 아버지의, patricide 부친살해, patrician 귀족, patrimony 세습재산, patron 보호자, patronize 후원하다).

pāx, pācis=F., peace (Pax Americana 미국의 힘에 의해 유지되는 평화, pacific 평화로운, pacifist 평화주의자, appease 달래다).

rēx, rēgis=M., king (regal 왕의).

toga, -ae=F., toga; a garment worn by Roman men.

vōx, vēcis=F., voice (vocal 목소리의, vocalic 모음의, vocalize 목소리로 내다, vociferous 떠들썩한, vowel 모음, vox angalica 파이프 오르간의 특수 음전(音栓); 우아하고 섬세한 음색을 낸다, vox humana 사람 목소리 비슷한 음은 내는 오르간 음전(音栓), vox populi 백성의 목소리).

❶ 제3 격변화 (Third Declension)

라틴어 명사의 격변화형은 항상 단수 속격의 어미에 의해 결정된다. 제1, 2, 3 격변화의 단수 속격 어미는 다음과 같다.

제1 격변화　-ae

제2 격변화　-ī

제3 격변화　-is

제3 격변화에 속하는 명사들의 주격 어미는 일정하지 않다.

❷ 제3 격변화 명사는 두 부류로 나누어진다. 첫 번째 부류에 속하는 명사들의 복수 속격 어미는 -um이다. 첫 번째 부류에 속하는 남성, 여성 명사의 변화형은 다음과 같다.

단수

	여성	남성	남성	남성
N	māter	rēx	dux	prīnceps
G	mātris	rēgis	ducis	prīncipis
D	mātrī	rēgī	ducī	prīncipī
A	mātrem	rēgem	ducem	prīncipem
Ab	mātre	rēge	duce	prīncipe

복수

N	mātrēs	rēgēs	ducēs	prīncipēs
G	mātrum	rēgum	ducum	prīncipum
D	mātribus	rēgibus	ducibus	prīncipibus
A	mātrēs	rēgēs	ducēs	prīncipēs
Ab	mātribus	rēgibus	ducibus	prīncipibus
	(=mother)	(=king)	(=leader)	(=chief)

❸ 어미를 정리하면 다음과 같다.

	단수	복수
N	—	-ēs
G	-is	-um
D	-ī	-ibus
A	-em	-ēs
Ab	-e	-ibus

❹ 비교와 복습의 편의를 위해 제1, 2 격변화형과 제3 격변화형을 동시에 제시하였다.

	제1 격변화	제2 격변화	제3 격변화	
	여성	남성	남성	여성
단수				
N	silva	magister	pater	vōx
G	silvae	magistrī	patris	vōcis
D	silvae	magistrō	patrī	vōcī
A	silvam	magistrum	patrem	vōcem
Ab	silvā	magistrō	patre	vōce
복수				
N	silvae	magistrī	patrēs	vōcēs
G	silvārum	magistrōrum	patrum	vōcum
D	silvīs	magistrīs	patribus	vōcibus
A	silvās	magistrōs	patrēs	vōcēs
Ab	silvīs	magistrīs	patribus	vōcibus
	(=forest)	(=teacher)	(=father)	(=voice)

옛적에 이탈리아에서 로마의 장군 Sulla가 로마의 집정관 Marius의 군대를 격파했다. 나중에 Marius의 친구인 Sertorius가 스페인으로 도망갔다. 그때 스페인에는 왕이 없었다. 그러나 스페인 사람들은 훌륭한 지도자와 훌륭한 작전 계획을 가지고 있었다. 스페인 사람들이 많은 로마인에게 적대적이었으나 그들은 Sertorius를 좋아했는데, 까닭은 그들 부모들에게 그가 좋은 법을 주었으며, 애들에게는 좋은 학교를 주었기 때문이다. 로마인 교사들이 스페인 학교에서 가르쳤다. 스페인 어린이들은 로마의 토가 옷을 입었으며, 학교에서는 로마 어를 배웠다.

나중에 Sertorius가 평화를 원했으나 로마의 장군들은 그에게 다음과 같이 대답했다. "로마는 배신하는 사람들에게는 평화를 주지 않는다."

그래서 Sertorius는 스페인의 숲에서 로마군에 대항해 싸울 준비를 했다.

한 때 어떤 스페인 사람이 Sertorius에게 흰 사슴을 준 적이 있다. 이 선물은 Sertorius에게는 고마운 것이었다. 그는 그 사슴을 자기 군졸들에게 보이면서 "이 사슴은 Diana의 선물이다. 사슴이 온전한 한 Diana는 우리 군대에 도움을 줄 것이다"라고 말했다.

나중에 Sertorius가 말했다. "이 사슴을 통해 Diana가 나에게 말을 하고, 또 나에게 우리에게 닥칠 위험에 대해 경고를 해줄 것이다."

여러 목소리가 외쳤다. "Sertorius는 우리의 형제다! Diana는 우리 형제에게 도움을 줄 것이다. 우리는 로마인들에게 이길 것이다."

오랫동안 이 흰 사슴은 Sertorius를 도왔다. 로마인들은 번번이 패배 당했다. 마침내 그 사슴이 숲속에서 길을 잃었고, 스페인 사람들은 다시 그 사슴을 보지 못했다. 더 이상 행운이 Sartoris를 돕지 않았다. 마침내 그의 적들이 그를 죽여 버렸다.

A. 번역하시오.

❶ Cōpiae hōrum ducum in magnō proeliō pugnābunt.

❷ Illa fēmina est māter rēgum.

❸ Is rēx togam pretiōsam frātrī vestrō dedit.

❹ Rōmānī bonās lēgēs habēbant.

❺ Ducēs eōrum bonōs magistrōs laudant.

❻ Gallī huic rēgī auxilium dedērunt.

❼ Patrem meum magnā vōce vocāvī.

❽ Dux perfidus hīs rēgibus pācem nōn dedit.

❾ Magistrī nostrī et patrēs nostrī līberōs laudant, quod in scholā bene labōrant.

B. 이탤릭체 부분을 라틴어로 옮기시오.

❶ The *king's* brother was the leader.

❷ Your *father's* letter was long and good.

❸ *The king* is praised *by the good leader*.

❹ We are praised *by good leaders*.

❺ I will give the letter *to my teacher*.

❻ My teacher will show the letters *to our fathers*.

050

FRATER PERFIDUS

Ariovistus, rēx Germānus, cum magnīs cōpiīs in Galliam vēnit. Cōnsilium ejus erat occupāre tōtam Galliam. In Galliā erant multī mercātōrēs Rōmānī.

Jūlius Caesar, dux Rōmānus, legiōnēs suās in Galliā trāns Rhodanum habēbat.

Dīviciācus, igitur, amīcus Caesaris, et cēterī prīncipēs Gallōrum Caesarī nūntiāvērunt, "Ariovistus, rēx Germānōrum, et ejus mīlitēs magnam regiōnem Galliae jam occupāvērunt et oppida nostra vāstant. Est homō perfidus et malus. Fēminae nostrae et līberī nostrī erunt servī Germānōrum; magna erit calamitās. Sumus amīcī Rōmānōrum, et Rōmānī Gallīs et mercātōribus suīs auxilium dare dēbent."

Caesar nūntiīs prīncipum respondit, "Magnum perīculum vidēmus et hominēs Galliae juvāre dēsīderāmus, sed satis magnam cōpiam frūmentī nōn habēmus."

Tum nūntius ā Dīviciācō ad Caesarem vēnit, "Frūmentum Rōmānīs dabimus et cum Rōmānīs contrā Germānōs pugnābimus. Dumnorīx, frāter meus, est dux equitum; ille Rōmānīs frūmentum et auxilium quoque dabit."

Itaque Caesar cum legiōnibus suīs in Galliam properāvit, sed Dumnorīx perfidus auxilium Germānīs sēcrētō dabat neque Rōmānīs frūmentum dedit. Dumnorīx equitēs Gallōrum in proelium dūxit sed ante initium proeliī equitēs perfidī fūgērunt.

calamitās, **-tātis**=F., disaster, calamity, misfortune (calamity 재앙).
eques, **equitis**=M., horseman. *pl.* cavalry (equestrian 승마자).
homō, **hominis**=M., man, human being (homicide 살인, homo sapiens (=man+wise) 인류).
legiō, **-ōnis**=F., legion, a Roman company of soldiers (4,000 or 6,000 men).
mercātor, **-ōris**=M., trader, merchant.
mīles, **mīlitis**=M., soldier (military 군대의 militaristic 군국주의자의, militate 군에 복무하다, 호전적인, militia 민병).
prīnceps, **prīncipis**=M., chief, prince, leader (prince 왕자, principal 주요한, 교장, principality 왕손).
regiō, **-ōnis**=F., region.

● 제3 격변화 명사의 첫 번째 부류에 속하는 남성/여성명사의 변화

		단수		
남성	남성	남성	여성	여성
N **mīles**	**mercātor**	**homō**	**legiō**	**calamitās**
G **mīlitis**	**mercātōris**	**hominis**	**legiōnis**	**calamitātis**
D **mīlitī**	**mercātōrī**	**hominī**	**lēgiōnī**	**calamitātī**
A **mīlitem**	**mercātōrem**	**hominem**	**legiōnem**	**calamitātem**
Ab **mīlite**	**mercātōre**	**homine**	**legiōne**	**calamitāte**

N	mīlitēs	mercātōrēs	hominēs	legiōnēs	calamitātēs
G	mīlitum	mercātōrum	hominum	legiōnum	calamitātum
D	mīlitibus	mercātōribus	hominibus	legiōnibus	calamitātibus
A	mīlitēs	mercātōrēs	hominēs	legiōnēs	calamitātēs
Ab	mīlitibus	mercātōribus	hominibus	legiōnibus	calamitātibus
	(=soldier)	(=trader)	(=man)	(=legion)	(=calamity)

▶▶▶ 해석 **배신한 형제**

게르만인 왕 Ariovistus는 대군을 이끌고 갈리아로 왔다. 그의 계획은 갈리아 전체를 점령하는 것이었다. 갈리아에는 많은 로마 상인이 있었다.

갈리아에는 론 강에 걸쳐 로마의 장군 Julius Caesar의 여단이 진을 치고 있었다.

그래서 Caesar의 친구 Diviciacus와 갈리아의 다른 지휘관들이 Caesar에게 보고했다. "지금 게르만 족의 왕 Ariovistus와 그의 군대는 갈리아의 넓은 영역을 점령했고 우리의 도시들을 파괴하고 있소. 그는 배신자이며 나쁜 인간이요. 우리의 처자들이 그의 노예가 될 것이오. 우리는 큰 재앙을 맞게 될 것이오. 우리는 로마의 친구이고, 로마인들은 갈리아 사람들과 그들의 상인들에게 도움을 주어야 하오."

Caesar는 대장들의 보고에 대답했다. "우리는 위험에 처해 있고, 갈리아 사람들을 돕고 싶소. 그러나 우리는 충분한 식량을 가지고 있지 못하오."

그때 Diviciacus에게서 Caesar에게 통고가 왔다. "우리는 로마군에게 식량을 보낼 것이고, 로마인들과 함께 게르만 인들에 대항해 싸울 것이오. 나의 형제 Dumnorix는 기병 대장이오. 그도 로마인들에게 식량과 도움을 줄 것이오."

그래서 Caesar는 자기 여단을 이끌고 갈리아로 진격했다. 그러나 배신자 Dumnorix는 게르만 인들에게 몰래 도움을 주었으며, 로마인들에게 식량을 주지 않았다. Dumnorix는 갈리아의 기병들을 전투로 인도했으나 싸움이 시작하기도 전에 배신한 기병들은 도망을 갔다.

A. 번역하시오.

❶ Legiōnis; legiōnum; cum mīlite; cum mīlitibus.

❷ Frātris tuī; patris tuī; cum patre tuō.

❸ Amīcus ejus hominis est; amīcus eōrum hominum erat.

❹ Rēx ā duce laudātur; dux ā rēge laudātur.

❺ Ā quō mīles vocātur?

❻ Ā quibus equitēs timentur?

❼ Postrīdiē initium magnae calamitātis vīdimus.

❽ Erant multī prīncipēs perfidī in hāc regiōne.

❾ Mercātōrēs dēfessī viās hujus regiōnis nōn laudāvērunt.

❿ Legiōnēs Rōmānae bona arma habent.

B. 괄호 안에 주어진 영어를 라틴어로 옮겨 각기 세 개의 문장을 만드시오.

❶ Fīlius (*of the soldier*, *of the leader*, *of the king*) fortiter pugnābat.

❷ Homō (*with your brother, with the king, with those horsemen*) aderat.

❸ Vīllae (*by the tired soldiers, by a Roman legion, by the cavalry*) occupābantur.

❹ Frāter (*of this chief, of the merchants, of that man*) in Galliā nunc est.

❺ Praemium (*to these traders*, *to the good teachers*, *to the treacherous leaders*) dabō.

C. A의 명사에 알맞은 형용사를 B에서 고르시오.

A		B	
calamitātum	mīlitibus	**angustōrum**	**multae**
ducī	patrem	**apertō**	**multārum**
hominum	prīncipis	**bonī**	**multōrum**
legiōnis	regiō	**bonō**	**nostra**
magister	rēgēs	**decimae**	**perfidōs**
mātrem	vōcēs	**fīdus**	**suīs**
		longīs	**suum**
		meam	**tūtārum**

051

DANIEL ET LEONES

Ōlim rēx Babylōnius cum Isrāēlītīs pugnāvit et eōs facile superāvit. Deinde paucōs puerōs Isrāēlītārum ad rēgiam suam dūxit.

Inter eōs puerōs erat Daniēl. Quamquam ā rēge tenēbātur, tamen Daniēl Deum Isrāēlītārum adōrābat; deōs Babylōniōs nōn adōrābat.

Rēx Babylōnius Daniēlem amābat et eī multa praemia et multōs honōrēs dabat. Comitēs rēgis erant invidiōsi et Daniēlem necāre dēsīderābant.

Rēgī dīxērunt, "Ō rēx, Daniēl deōs Babylōniōs nōn adōrat neque tē, rēgem hujus terrae, adōrat. Contrā lēgem Deum Isrāēlītārum adōrat."

Propter haec verba comitum, rēx miser Daniēlem in spēluncam cum leōnibus injēcit (*threw*).

Etiam tum Daniēl nōn territus erat. Clāmāvit, "Deus mē servābit."

Tum rēx Daniēlī dīxit, "Es nōn perfidus, Daniēl. Deus tuus, quod eum semper adōrās, tē juvābit et tē ā bēstiīs servābit."

Deinde servī rēgis magnum saxum prō portā spēluncae sine morā mōvērunt.

Prīmā lūce ad spēluncam leōnum rēx properāvit et Daniēlem

magnā vōce vocāvit, "Ō Daniēl, servāvitne tē Deus tuus?"

Ē spēluncā Daniēl respondit, "Ō rēx, angelus ex caelō vēnit; in hāc spēluncā aderat. Nūllus leō mē vulnerāvit. Deus mē servāvit."

▶▶▶ 어휘

bēstia, **-ae**=F., beast, animal.
comes, **comitis**=M., companion, attendant.
etiam=even, also.
facile=easily (facile 용이한, facility 용이함, facilitate 용이하게 하다).
lūx, **lūcis**=F., light,
paucī, **-ae**, **-a**=*pl.* few, a few (paucity 결핍).
prīma lūce=at daybreak
spēlunca, **-ae**=F., cave, den.
teneō, **-ēre**=hold, keep (tenacious 잡고 놓지 않는, tenacity 집요함, tenable 버틸 수 있는, tenant 소작인, tenure 보유권, continue 계속하다, pertinent 적절한, pertinacity 끈기).

▶▶▶ 문법

● 라틴어 명사와 영어의 명사

라틴어	영어
(1) 철자의 변화 없이 그대로 사용되는 경우

animal	animal
labor	labor
color	color
error	error
honor	honor
ōmen	omen
victor	victor

(2) **-iō**   **-ion**
    ēducātiō   education
    dēscrīptiō   description
    opīniō   opinion
    īnflātiō   inflation
    expectātiō   expectation
    accommodātiō   accommodation

(3) **-tās**   **-ty**
    calamitās   calamity
    infirmitās   infirmity
    antīquitās   antiquity
    dignitās   dignity
    lībertās   liberty
    sēcūritās   security

▶▶▶ 해석   Daniel과 사자들

한때 바빌로니아 왕이 이스라엘 사람들과 싸워 그들을 쉽사리 정복했다. 그리고 몇 명의 이스라엘 소년을 자기 궁전으로 데리고 갔다.

그 소년 가운데에 Daniel이 있었다. 비록 그는 왕에게 붙잡힌 몸이었으나 Daniel은 이스라엘 사람들의 신을 섬겼다. 바빌로니아의 신들을 섬기지 않았다.

바빌로니아 왕은 Daniel을 좋아했고, 그에게 많은 포상과 많은 영예를 주었다. 왕의 신하들이 시기하게 되었고, 그들은 Daniel을 죽이기를 원했다.

그들은 왕에게 말했다. "오, 왕이시여, Daniel은 바빌로니아의 신들을 섬기지 않으며, 또 이 땅의 왕인 당신도 섬기지 않습니다. 그는 법을 어기고 이스라엘 사람들의 신을 섬깁니다."

신하들의 이 말 때문에 불행한 왕은 Daniel을 사자와 함께 굴속에 던져 넣었다.

그때도 Daniel은 무서워하지 않았다. 그는 "신은 나를 구해주실 것이다"라고 소리쳤다.

그러자 왕이 Daniel에게 말했다. "너는 배신하지 않는구나, Daniel이여. 네가 네 신을 항상 섬기므로 네 신은 너를 도와줄 것이고, 너를 맹수로부터 구해줄 것이다."

그리고 왕의 하인들이 즉각 큰 바위를 동굴 문 앞에 옮겨 놓았다.

새벽에 왕이 사자 굴로 서둘러 와서 Daniel에게 큰 소리로 말했다. "Daniel이여, 네 신이 너를 구해주더냐?"

굴속에서 Daniel이 대답했다. "오, 왕이시여, 하늘에서 천사가 왔나이다. 이 굴속에 있었나이다. 어떤 사자도 나를 해치지 않더이다. 내 신이 나를 도왔나이다."

▶▶▶ 연습문제

A. 번역하시오.

❶ Illī hominēs hunc rēgem adōrābant.

❷ Prīncipēs bēstiam in spēluncā obscūrā tenuērunt.

❸ Etiam nunc in illā terrā sunt malae lēgēs.

❹ Sine morā populus eōs leōnēs facile necābit.

❺ Magnā vōce mīlitēs illīus legiōnis pācem postulāvērunt.

❻ Lūcem clāram prope casam mātris tuae vīdimus.

❼ Prīnceps hārum regiōnum paucōs comitēs facile superāvit.

❽ Rōmānī multōs deōs adōrābant.

❾ Rēx virō validō magnum honōrem dabit.

B. 다음 라틴어에 해당하는 영어를 말하시오.

clāmor	dictātor	hūmānitās	regiō	suspīciō
collēctiō	difficultās	recitātiō	religiō	terror

052

EPISTULA ROMANA

Mārcus Sextō salūtem dīcit. Sī valēs, bene est; valeō. Sumus in magnā silvā Galliae, et legiō nostra castra in rīpā magnī flūminis posuit (*pitched*). Hoc flūmen lātum et altum est.

Mīlitēs bene labōrāvērunt et circum castra mūrum aedificāvērunt. Multī rāmōs et saxa ex silvā portābant, multī equōs cūrābant, multī tabernācula parābant, sed cum illīs mīlitibus nōn labōrābam. Cum paucīs mīlitibus cibum in dēnsā silvā petēbam (*was seeking*).

In hāc regiōne sunt multa genera bēstiārum. Sunt nūllī leōnēs in Galliā, sed in silvā ursās paucās et multōs cervōs vīdimus. Multōs cervōs necāvimus et corpora eōrum ad castra portāvimus.

Hodiē cum sociīs paucīs iterum in silvam ambulāvī. Nōn longē ā castrīs nostrīs parvum flūmen vīdimus. Silvam circumspectāvimus, sed nūllōs Gallōs vīdimus. In mediō flūmine erat magnum saxum. Cum sociīs meīs ad hoc saxum natāvī. In hōc saxō diū sēdimus et mīlitēs in dextrā rīpā flūminis spectāvimus. Paucī in flūmine natābant; capita eōrum in aquā vīdimus.

Laetus sum quod in hāc regiōne diū manēbimus. Germānī magnās cōpiās trāns Rhēnum habent et hanc regiōnem vāstāre parant, sed eōs nōn timēmus. Gallī Germānōs timent quod corpora valida habent et sunt barbarī. Dux Germānus est perfidus, sed ducēs nostrī bona cōnsilia bellī habent.

Nōnne legiō tua mox erit in Galliā? Tum tē vidēbō et tibi multa dē hāc regiōne nārrābō. Valē.

caput, capitis=N., head (cape(=headland) 곶, capitol 수도, capitulate 항복하다, captain 주장, decapitate 목을 베[ek], recapitulate 요약하다, per capita 일인당).

corpus, corporis=N., body (corpse 시체, corpuscle 혈소구, 미소체, corpulent 비대한, corporal 육체의, corporeal 신체상의, corporate 공동의, incorporate 편입하다, corsage (여성복의) 조끼, corset 코르셋, corporeality 육체성).

flūmen, flūminis=N., river (flume 계류).

genus, generis=N., kind, sort (genus 종류, generic (생물의) 속, genitive 속격의, gender 성, genre 장르, congenial 같은 성질의, degenerate 퇴화하다).

medius, -a, -um=middle, the middle of (mediterranean 지중해의, medium 중간, median 중간의 mediate 중재하다, mean 평균, medieval 중세의, meridian 자오선, 정오, intermediary 중간의).

salūs, salūtis=F., safety; greeting; **salūtem dīcit**=gives greetings (salubrious 건강에 좋은, salutary 건강에 좋은, salute 인사하다, salutation 인사, salutatory 인사의).

sedeō, -ēre, sēdī=sit, be seated; settle down (sedan 세단, sedate 차분한, sessile 고착된, sediment 침전물, sedentary occupation 앉아서 하는 직업).

sī=if.

valeō, -ēre, -uī=be well; **valē**=(*at end of a letter*), farewell (valid 타당한, invalidate 무효로 하다, valedictorian 졸업식에서 졸업생 대표로 고별사를 하는 학생).

제3 격변화에 속하는 많은 중성명사들은 49과의 남/여성 명사들과 마찬가지로 제1부류에 속하며, 복수 속격의 어미는 **-um**이다. 변화는 다음과 같다.

단수

N	**flūmen**	**caput**	**corpus**	**genus**
G	**flūminis**	**capitis**	**corporis**	**generis**
D	**flūminī**	**capitī**	**corporī**	**generī**
A	**flūmen**	**caput**	**corpus**	**genus**
Ab	**flūmine**	**capite**	**corpore**	**genere**

복수

N	**flūmina**	**capita**	**corpora**	**genera**
G	**flūminum**	**capitum**	**corporum**	**generum**
D	**flūminibus**	**capitibus**	**corporibus**	**generibus**
A	**flūmina**	**capita**	**corpora**	**genera**
Ab	**flūminibus**	**capitibus**	**corporibus**	**generibus**
	(=river)	(=head)	(=body)	(=kind)

Marcus가 Sextus에게 문안드립니다. 그간 안녕하셨는지요. 나도 무고합니다. 우리는 갈리아의 큰 숲에 있으며, 우리 연대는 큰 강의 둑에 진을 쳤습니다. 이 강은 넓고 깊습니다.

군인들은 열심히 일하며, 진지 둘레에 성벽을 쌓았습니다. 많은 사람이 숲에서 나뭇가지와 바위를 가져왔고, 많은 사람이 말을 돌보고 있으며, 또 많은 사람이 천막들을 준비하고 있습니다. 그러나 나는 그들과 함께 일하고 있지 않습니다. 몇몇 군졸과 함께 깊은 숲에서 식량을 구하고 있었습니다.

이 구역에는 많은 종류의 짐승이 있습니다. 갈리아에는 사자는 없지만 숲에서는 몇몇 곰과 많은 사슴을 봅니다. 우리는 많은 사슴을 죽여 그 고기를 진지로 운반했습니다.

오늘은 몇몇 친구와 함께 다시 숲속을 거닐었습니다. 우리 진지에서 멀지 않은 곳에서 작은 강이 보입니다. 우리는 숲을 둘러보았으나 갈리아 인들은 보이지 않았습니다. 강 한가운데 큰 바위가 있었습니다. 내 친구들과 함께 나는 이 바위로 헤엄처 갔습니다. 우리는 이 바위에 오랫동안 앉아있었는데 강의 오른 쪽 둑엔 군인들이 보였습니다. 몇몇은 강에서 헤엄치고 있었고, 물속에 그들의 머리가 보였습니다.

우리는 이 지역에 오래 머물 것이기 때문에 나는 행복합니다. 게르만 인들은 라인 강 건너편에 대군을 거느리고 있으며, 이 지역을 섬멸할 준비를 하고 있으나 우리는 그들을 두려워하지 않습니다. 갈리아 사람들은 게르만 인들을 무서워하는데, 게르만 인들이 신체가 건장하고 야만스럽기 때문입니다. 게르만 인들의 대장은 배신자이나, 우리의 대장들은 뛰어난 작전 계획을 가지고 있습니다.

당신의 연대는 곧 갈리아로 오게 되지요? 그때 당신을 보게 되겠고, 당신에게 이 고장 이야기를 많이 해드리겠습니다. 안녕히 계십시오.

▶▶▶ 연습문제

A. 번역하시오.
❶ Sunt magna flūmina in patriā meā, sed in magnīs flūminibus natāre nōn amō.
❷ Prō salūte mīlitum suōrum dux bonus semper labōrat.
❸ Hī barbarī magna corpora habent, sed nōn erunt mīlitēs bonī.
❹ In hōc flūmine saepe natāmus; interdum in magnīs saxīs in mediō flūmine sedēmus.
❺ Sī multa genera bēstiārum sunt in hīs regiōnibus, castra nostra nōn sunt tūta.
❻ Hieme in flūmine nōn natābimus, sed mūrōs prope rīpam aedificābimus.

B. 이텔릭체 부분을 복수로 바꾸고 그 밖의 필요한 부분을 수정하시오.
❶ Parvum *caput* vīdī.
❷ Temptā nārrāre dē *bellō* Rōmānō.
❸ *Corpus mīlitis* validum erat.
❹ Mīlitēs trāns illud *flūmen* properābant.
❺ *Mīles* in rīpā *flūminis* lātī sedēbat.
❻ *Eques* in *rīpā* illīus flūminis tenēbātur.
❼ Aut in flūmine *natō* aut in rīpā *sedeō*.

053
POETA CAECUS

Vir in summō colle ambulat; lyram portat. Quamquam est caecus, celeriter ambulat. Cum virō in viā dūrā est parva puella.

Puella. Nox est et in silvā avēs et bēstiae silent. Via est obscūra; lūnam nōn videō quod nūbēs eam cēlant.

Vir. Longē ā tēctō nostrō absumus. Es dēfessa et nūllum cibum habēmus.

Puella. Undique collēs et montēs sunt. Neque urbem neque oppidum videō. Tamen nōn longē lūmen videō. Lūmen est in parvō tēctō.

Vir. Appropinquābimus et cibum rogābimus, quod dēfessus sum et nūllam pecūniam habeō. Illī virī nōn barbarī sunt et cibum dabunt. Pecūniam nōn rogābimus.

In tēctō parvō agricola et puer sedent. In fenestrā tēctī est lucerna. Nōn jam via est obscūra quod subitō per nūbēs lūna vidētur.

Puer [*magnā vōce*]. Ecce, pater! Virum et parvam puellam videō. Ad tēctum appropinquant.

Agricola. Virum et puellam appelāre dēbēmus. Eīs cibum dabimus; vir est dēfessus.

Puer ad jānuam properāvit; virum et puellam appellāvit.

Vir. Ā tēctō meō longē absum. Caecus sum et nūllam pecūniam
　habeō.

Agricola. Sed es homō, et homō hominem juvāre dēbet!

　　Itaque vir cum puellā in tēctum vēnit. Agricola eīs cibum dedit.

　　Post cēnam vir caecus lyram suam ōrāvit et dē urbe longinquā
et dē bellō Trōjānō cantāvit.

　　Caecus erat Homērus, clārus poēta Graeciae.

---

appropinquō, **-āre**, **-āvī**=approach.
avis, **avis**, **-ium**=F., bird (aviary zoo 조류동물원, AI(=avian influenza) 조
　　류독감(bird flu)).
collis, **collis**, **-ium**=M., hill.
lūmen, **luminis**=N., light (luminous dial 야광 문자판).
lyra, **-ae**=F., lyre.
mōns, **montis**, **-ium**=M., mountain (mount 산에 오르다, mountainous 산이
　　많은, amount 총액, catamount 스라소니, paramount 최고의,
　　surmount 산에 오르다, tantamount 동등한).
nox, **noctis**, **-ium**=F., night (nocturnal 밤의, nocturne 야상곡, equinox 추
　　분, noctiluca 야광충, noctuid 나방).
nūbēs, **nūbis**, **-ium**=F., cloud (nebulous 안개 낀).
sileō, **-ēre**, **siluī**=be silent.
summus, **-a**, **-um**=highest; highest part of, top of (summit 정상).
urbs[urps], **urbis**, **-ium**=F., city (urban 도시의, urbanist 도시계획 전문가,
　　urbane 도시적인, suburb 교외, suburban 교외의).

● 제3 격변화 명사의 두 번째 부류의 남성/여성명사들의 변화형

단수

N	**collis**	**nūbēs**	**nox**	**urbs**	**mōns**
G	**collis**	**nūbis**	**noctis**	**urbis**	**montis**
D	**collī**	**nūbī**	**noctī**	**urbī**	**montī**
A	**collem**	**nūbem**	**noctem**	**urbem**	**montem**
Ab	**colle**	**nūbe**	**nocte**	**urbe**	**monte**

복수

N	**collēs**	**nūbēs**	**noctēs**	**urbēs**	**montēs**
G	**collium**	**nūbium**	**noctium**	**urbium**	**montium**
D	**collibus**	**nūbibus**	**noctibus**	**urbibus**	**montibus**
A	**collēs**	**nūbēs**	**noctēs**	**urbēs**	**montēs**
Ab	**collibus**	**nūbibus**	**noctibus**	**urbibus**	**montibus**
	(=hill)	(=cloud)	(=night)	(=city)	(=mountain)

　어떤 사람이 언덕 위를 걷고 있다. 수금을 들고 있다. 그는 비록 장님이지만 빨리 걷고 있다. 그와 함께 어린 소녀가 험한 길 위에 있다.

소녀. 밤이 되니 숲속의 새들과 짐승들이 조용해요. 길이 캄캄해요. 구름이 가려서 달이 보이지 않아요.

맹인. 우린 집에서 멀리 떠나왔구나. 너는 피곤할 텐데 우리에겐 먹을 것이 없구나.

소녀. 주변엔 언덕과 산뿐이에요. 도시도 마을도 보이지 않아요. 하지만 멀지 않은 곳에 불빛이 보여요. 불빛은 작은 집에 있어요.

맹인. 내가 피곤하고, 또 돈도 없으니 그리 가서 먹을 것을 달라고 해보자. 저 사람들은 야만스럽지 않으니 먹을 것을 줄 것이다. 우리는 돈을 달라고 하지는 않을 것이다.

　작은 집에 농부와 소년이 앉아있다. 집의 창문에 등잔불이 있다. 길은 이미 어둡지 않았는데, 왜냐하면 갑자기 구름 사이로 달이 보였기 때문이다.

소년 [큰 목소리로]. 아빠, 저것 보세요! 어른과 작은 소녀가 보여요. 우리 집으로 오고 있어요.

농부. 저 사람과 소녀를 불러야 한다. 그들에게 먹을 것을 주자. 저 사람은 지쳐있다.
소년은 문 쪽으로 서둘러 갔다. 맹인과 소녀를 불렀다.

맹인. 나는 집에서 멀러 떠나와 있습니다. 나는 눈이 멀었고 가진 돈도 없습니다.

농부. 그러나 댁은 인간이며 인간은 인간을 도와야 합니다!

그래서 맹인은 소녀와 함께 집안으로 들어갔다. 농부는 그들에게 먹을 것을 주었
다.

식사 후에 맹인은 자기 수금을 달라고 해서 먼 도시에 대해, 그리고 트로이 전쟁
에 대해 노래했다.

맹인은 유명한 희랍의 시인 호머였다.

▶▶▶ 연습문제

A. 번역하시오.

❶ Nox erat et in collibus et montibus avēs et bēstiae silēbant.

❷ Lūmen lūnae obscūrum erat propter nūbēs, quamquam paucās stellās vidēbam.

❸ Longē ab urbe aberam; nox erat et territus eram.

❹ Homō dēfessus ad flūmen appropinquat; hominēs ad rīpās flūminis
appropinquābant.

❺ Hieme hōrae noctium longae videntur.

❻ In summō colle avēs cantābant.

❼ Hic puer est amīcus avium, et saepe eīs cibum dat.

❽ Ā viā properāmus, quod nūbēs obscūrās vidēmus.

❾ Hominēs hominem dēfessum juvāre dēbent.

❿ Hominēs appropinquāre nōn audent.

B. 이탤릭체 부분을 라틴어로 옮기시오.

❶ *Of the long night*; *of many nights*; *of this night*.

❷ *From a high hill*; *through the clouds*.

❸ *The nights* are *long* in winter.

❹ I see a *bright light* in the window of the cottage.

❺ The man sees a light on the *high mountain*.

❻ We saw *many birds* in this forest.

054 ERROR CONSIDII

Ōlim mīlitēs Rōmānī in proeliīs īnsignia habēbant. Nāvēs in marī īnsignia quoque habēbant. Sīc hostēs et amīcī erant nōti. Signa quoque habēbant. Interdum haec signa erant figūrae, exemplāria avium et animālium.

Cōnsidius erat mīles Rōmānus, dux cōpiārum Rōmānārum. Caesar, prīnceps Rōmānus, hunc ducem ad collem propinquum mīsit.

Cōnsidiō Caesar dīxit, "Properā sine morā ad collem propinquum. Castra hostium sub hōc colle sunt, sed Labiēnus hunc collem occupāvit. Hostēs nōs nōn expectant; auxiliō Labiēnī eōs oppugnāre dēsīderō, sed proelium perīculōsum erit sī hostēs collem jam habent."

Cōnsidius, cum paucīs comitibus, per campum properāvit. Labiēnus jam collem occupābat, et Caesarem et cōpiās ejus expectēbat. Hostēs Labiēnum nōn vīdērunt. Sed Cōnsidius, propter timōrem, mīlitēs in colle nōn bene vīdit. Īnsignia hostium et īnsignia amīcōrum suōrum satis bene nōn cognōvit (*did not know*).

Itaque clāmāvit, "Illa īnsignia sunt Gallica! Hostēs collem occupāvērunt!"

Cōnsidius ad Caesarem properāvit et eī nūntiāvit, "Perīculum magnum est! Gallī sunt in summō colle!"

Propter haec verba Cōnsidiī, Caesar cōpiās suās in castrīs tenuit, quamquam, auxiliō Labiēnī, hostēs facile superāre potuit (*he was able*).

exemplar, -āris, -ium=N., example, likeness (exemplar 본보기, exemplary 모범이 되는).

hostis, hostis, -ium=enemy; **hostēs,** *pl.*=the enemy (hostile 적대적인, hostility 적개심).

īnsigne, īnsignis, -ium=N., decoration, badge, insigne (insignia 휘장).

mare, maris, -ium=N., sea, ocean (marine 바다의, mariner 뱃사람, maritime 바다의, submarine 잠수함).

nāvis, nāvis, -ium=F., ship, boat (naval 바다의, 배의).

sīc=thus, so.

signum, -ī=N., sign, mark, standard, singnal; seal (insignia 휘장, signet 도장, assign 할당하다, consign 위임하다, countersign 부서하다, ensign 문장, 표식).

timor, -ōris=M., fear (timorous 무서워하는).

● 제3 격변화 명사의 두 번째 부류 (**-e, -al, -ar**)

단수

N	īnsigne	animal	exemplar	mare
G	īnsignis	animālis	exemplāris	maris
D	īnsignī	animālī	exemplārī	marī
A	īnsigne	animal	exemplar	mare
Ab	īnsignī	animālī	exemplārī	marī

N	īnsignia	animālia	exemplāria	maria
G	īnsignium	animālium	exemplārium	marium
D	īnsignibus	animālibus	exemplāribus	maribus
A	īnsignia	animālia	exemplāria	maria
Ab	īnsignibus	animālibus	examplāribus	maribus
	(=decoration)	(=animal)	(=example)	(=sea)

▶▶▶ 해석 · Considius의 실책

옛적에 로마 병정들은 전쟁 때 휘장을 달고 있었다. 바다의 배들도 휘장을 달고 있었다. 그리하여 적과 동지가 분명했다. 그들은 군기도 들고 있었다. 때때로 이들 휘장은 새나 짐승 따위의 그림이었다.

Considius는 로마군의 지휘관인 군인이었다. 로마의 사령관인 Caesar는 이 지휘관을 근처의 고지로 보냈다.

Considius에게 Caesar가 말했다. "지체 없이 근처의 고지로 직행하라. 이 고지 밑에 적의 진지가 있지만 Labienus가 이 고지를 점령했다. 적은 우리를 예상하지 못한다. 나는 Labienus의 도움을 받아 그들을 공격하고 싶다. 그러나 만약에 적이 지금 고지를 장악한다면 전투가 위험해질 것이다."

Considius는 몇몇 동료와 함께 진지를 가로질러 서둘러 갔다. Labienus가 이미 고지를 점령하고 있었으며, 그는 Caesar와 그의 부대를 기다리고 있었다. 적은 Labienus를 보지 못했다. 그러나 Considius는 두려움 때문에 고지의 군인들을 잘 보지 못했다. 적군의 휘장과 자기 아군의 휘장을 충분히 식별하지 못했다. 그래서 그는 소리쳤다. "저 휘장은 갈리아 것이다! 적이 고지를 점령했다!"

Considius는 Caesar에게 황급히 가서 그에게 알렸다. "위험이 큽니다! 갈리아인들이 고지 정상에 있습니다!"

Considius의 이 말 때문에 Caesar는 Labienus의 도움으로 적을 쉽사리 정복할 수 있었는데도 자기의 군대를 진지에 묶어두었다.

● 번역하시오.

❶ Illōrum animālium; illōrum flūminum; hōrum hostium; hōrum mīlitum.

❷ Exemplāria nōta sunt; īnsignia nōta sunt; erant flūmina pauca in illā terrā.

❸ Signum Gallōrum erat figūra animālis.

❹ Ē nāvibus signa Rōmāna nōn facile vidēbantur.

❺ Cūr īnsignia vestra sīc cēlātis?

❻ Avēs noctū in silvīs silēbant.

❼ Haec animālia in marī natant; magna corpora et parva capita habent.

❽ Sīc semper amīcōs habēbitis.

A. 괄호 안에 주어진 영어의 어구를 라틴어로 옮기시오.

❶ Pictūrās (*of bodies, of cities, of heads, of rocks*) habēmus.

❷ Fōrma (*of the birds, of the examples, of the hills, of the insignia*) est pulchra.

❸ In hortō (*a lion, birds, children, men*) vidēmus.

❹ (*To my father, To the animal, To the leader, To your brother*) signum dabō, sī parātus es.

B. 다음 물음에 답하시오. 이탤릭체로 된 단어들은 라틴어의 차용어임.

❶ What is meant by national debt *per capita*?

❷ Is the *summit* of a mountain at the top or the foot?

❸ The syllable *-cide* comes from a Latin word meaning "killing"; who is killed in *fratricide, homicide, matricide, patricide, regicide, suicide*?

❹ Did Balboa name the ocean *Pacific* because it looked stormy, green, or peaceful?

❺ Which of the following persons has a *sedentary* occupation: carpenter, gardener, typist, housewife?

❻ Does *paucity* of material mean much or little?

❼ Does a vacuum cleaner *facilitate* housework?

❽ Does a *valedictorian* deliver a greeting or a farewell?

❾ Is a *vocalist* a dancer, a magician, or a singer?

FAMOUS STORIES RETOLD

Unit XII

055

CIVES ROMAN ITERUM AEDIFICANT.

Gallī ferī, ubi Rōmam occupāvērunt, aedificia et templa deōrum per urbem vāstāvērunt. Sed aedificia in arce et in Capitōliō erant tūta.

Prope Rōmam erat oppidum antīquum, Veiī. Mūrī hujus oppidī erant validī, et aedificia erant tūta.

Ducēs populum Rōmānum hīs verbīs excitāvērunt, "Cīvēs miserī, cūr hīc manēmus? Ruīnās urbis vidētis. Cūr iterum urbem nostram aedificāre temptābimus? Veiī sunt nostrī. Mīlitēs nostrī illam urbem bellō superāvērunt. Nunc ad illam urbem mīgrāre dēbemus."

Tum virī et fēminae ruīnās urbis Rōmae circumspectāvērunt.

Multī respondērunt, "Ita, ad urbem Veiōs mīgrāre dēbēmus; in illā urbe Rōmam novam aedificābimus."

Sed Camillus, dictātor et dux ēgregius, cīvēs in forum convocāvit. Diū et vehementer dīxit.

"Quid est, Rōmanī? Estisne ignāvī? Cūr ex hāc urbe jam mīgrāre dēsīderātis? Gēns vestra iterum erit valida, quod dī vōs juvābunt. Mīlitēs vestrī et dī vestrī in arce mānsērunt, quamquam Gallī eam oppugnābant. Collēs Rōmae, campōs, flūmen Tiberim, agrōs nostrōs, hoc caelum Ītaliae amāmus. In urbe Veiīs fortūna erit dubia; hīc calamitās est magna, sed dī auxilium dabunt."

Statim dī eīs signum dedērunt. Populus vōcem ducis mīlitum audīvit. Dux virōs cōnsistere (*to halt*) jubēbat.

"Hic est locus bonus. Hīc manēbimus," dīxit.

Itaque verbīs Camillī et hōc signō cīvēs excitābantur. Nōn jam ignāvī et pigrī, sed impigrī et superbī, in urbe suā mānsērunt et urbem iterum aedificāvērunt.

▶▶▶ 어휘

aedificium, -ī=N., building (edifice 대 건축물).
arx, **arcis**, **-ium**=F., citadel.
cīvis, **cīvis**, **-ium**=M. 또는 F., citizen (civic 시민의, civilian 민간인, civil 시민의, civility 예의 바름, civilize 개화시키다, civic 시민의 incivility 무례함).
gēns, **gentis**, **-ium**=F., nation (gentile 이교도).
ignāvus, **-a**, **-um**=cowardly.
migrō, **-āre**, **-āvī**, **-ātum**=migrate, move (migration 이주, migratory 이주하는).
vōs=you.

▶▶▶ 문법

● 라틴어와 영어의 명사
(1) 라틴어   영어
     -o   **-e**
     altitūdō   altitude
     longitūdō   longitude
     magnitūdō   magnitude
     multitūdō   multitude

(2) **-or**   -or

　　dictātor   dictator

　　spectātor   spectator

　　cūrātor   curator

　　gladiātor   gladiator

　　monitor   monitor

　　ōrātor   orator

　　ēducātor   educator

　　moderātor   moderator

　　nārrātor   narrator

　　victor   victor

▶▶▶ **해석**　시민들이 다시 로마를 건설하다.

　사나운 갈리아 인들은 로마를 점령했을 때 도시 전체의 건물과 신들의 신전을 파괴했다. 그러나 성채와 캐피톨 언덕의 건물들은 무사했다.

　로마 근처에 오래된 도시 베이이가 있었다. 이 도시의 성벽들은 튼튼했으며, 건물들도 안전했다.

　지휘관들은 로마인들을 다음과 같은 말로 선동했다. "불쌍한 시민들이여, 왜 여기에 머무르려 하는가? 당신들은 도시의 잔해를 보고 있다. 왜 우리는 다시금 우리의 도시를 건설하려 애써야 하는가? 베이이는 우리의 것이다. 우리 군대가 이 도시와 싸워 이겼다. 이제 우리는 이 도시로 이주해야 한다."

　그때 남녀 시민들이 로마의 잔해들을 둘러보았다.

　많은 사람이 대답했다. "그렇소, 베이이 시로 가야 합니다. 우리는 그 도시에 새로운 로마를 건설할 겁니다."

　그러나 집정관이자 뛰어난 지휘관인 Camillus가 시민들을 장터에 모았다. 그는 오랫동안 열변을 토했다.

　"로마인들이여, 이게 무슨 일이요? 당신들은 겁쟁이란 말이요? 왜 지금 이 도시에서 이주하려고 합니까? 여러분의 나라는 다시 부강해질 것입니다. 왜냐하면 신들이 당신들을 도울 것이기 때문입니다. 여러분의 군인들과 여러분의 신들은 비록 갈리아 인들이 성채를 공격했을 때에도 성채에 남아있었습니다. 우리는 로마의 언덕과 진지들, 테베레 강과 우리의 땅, 이탈리아의 이 하늘을 사랑합니다. 베이이 시에서의 행운은 의심스럽습니다. 이곳의 재난은 크지만 신들이 도움을 줄 것입니다."

곧 신들이 그들에게 신호를 보냈다. 사람들은 군 지휘관의 목소리를 들었다. 지휘관은 사람들에게 머물라고 명령했다.

그는 말했다. "여기가 좋은 자리입니다. 우리는 여기에 머무를 것입니다."

그리하여 Camillus의 말과 이 신호에 시민들이 흥분되었다. 그들은 더 이상 비겁하거나 게으르지 않았으며, 부지런하고 자랑스럽게 그들의 도시에 머무르며 다시 도시를 건설했다.

▶▶▶ 연습문제

A. 번역하시오.

❶ Multae gentēs; multārum gentium; in hāc arce; hae arcēs.

❷ Magnae calamitātēs; cīvēs ignāvī; mīlitī ignāvō; in urbe pulchrā.

❸ Ruīnae aedificiōrum; mūrī urbium et rīpae flūminum.

❹ Vōs in ruīnīs urbis vidēbimus, sed vōs nōn juvābimus.

❺ Arcem occupāvimus, sed fortūna bellī est dubia.

❻ Ille cīvis est ignāvus; in arce nōn manēbit.

❼ Magna calamitās hās gentēs excitāvit.

❽ Ruīnās arcis antīquae in summō colle vīdimus.

❾ Multa animālia in spēluncīs habitant, sed ea nōn timēmus.

B. 괄호 안에 주어진 영어의 어구를 라틴어로 옮기시오.

❶ Cīvis bonus (*will be safe*, *was not cowardly*, *loves his city*).

❷ Virī (*a tall building*, *a new city*, *a citadel*) aedificābant.

❸ Puerī (*to the forum*, *to the city*, *to the river*) properābant.

❹ (*The citizens*, *Few leaders*, *Bad men*) ignāvī sunt.

❺ Cīvēs (*the treacherous leader*, *the nation*, *the evil king*) monuērunt.

C. 다음 빈칸을 아래 주어진 단어 중 하나로 채우시오.

capital	civic	civilian	edifice	military
capitol	civil	dictatorship	forum	ruinous

❶ A public-spirited citizen is interested in _____ activities.

❷ The _____ at Washington is a beautiful _____.

❸ The soldier was glad to exchange his _____ uniform for _____ clothes.

❹ The matter was discussed at an open _____.

❺ It was a _____ storm.

❻ A _____ is not a democratic form of government.

❼ If you want this government position, you must pass a _____ service examination.

❽ Albany is the _____ of New York.

056

ANDROCLES ET LEO

Androclēs erat servus dominī Rōmānī in Āfricā. Quod ejus dominus erat malus, Androclēs in loca fera fūgit, ubi in spēluncā obscūrā latēbat.

Sed ōlim leō ferus in hanc spēluncam vēnit ubi Androclēs sedēbat, et fugitīvum magnopere terruit. Tamen servus nōn sē mōvit. Leō lēniter ad Androclem vēnit, et pedem suum, longā spīnā vulnerātum, mōnstrāvit. Androclēs benignus ex pede leōnis spīnam celeriter remōvit.

Jam leō servum benignum amāre vidēbātur. Cum amīcō suō manēre dēsiderābat. Itaque diū homō et leō in spēluncā obscūrā habitāvērunt.

Sed dēnique mīlitēs Rōmānī fugitīvum procul ā spēluncā vīdērunt. Androclēs, sonō pedum monitus, celeriter fūgit, sed mīlitēs eum hastīs vulnerāvērunt. Quod Androclēs erat servus, dux mīlitum eum ad dominum ejus dūxit.

Dominus servum vulnerātum ad Ītaliam portāvit. Hīc vir malus dīxit, "Imperātor Rōmānus est amīcus meus; crās in arēnā ā leōnibus ferīs necāberis."

Postrīdiē mīlitēs armātī Androclem in arēnam portāvērunt. Statim leō ferus ad servum appropinquāvit. Subitō leō stetit et servum spectāvit. Tum ad eum lēniter vēnit et pedem mōnstrāvit. Nōn jam leō erat ferus; Androclēs erat amīcus.

Prīmō populus erat īrātus quod leō servum nōn necāvit. Sed, ubi dē leōne et spīnā audīvit, imperātor, magnopere mōtus, Androclem et leōnem līberāvit.

(앞으로는 모든 동사에 대해 네 개의 기본형을 제시할 것임. 즉, 1인칭 단수(1st person singular), 현재부정사(the present infinitive), 1인칭 단수 완료형(the 1st person singular perfect), 완료수동 분사(the perfect passive participle)이다.)

crās=tomorrow (procrastinate 지체하다, procrastination 연기).

dominus, -ī=M., master (of slaves or of a household) (dominate 지배하다, dominant 지배적인, domineer 좌지우지하다, dominion 지배, domain 영토, domine 나리, don =Mr., madonna 성모 마리아, 마님, dame 부인의 존칭, damsel 명문가 처녀).

fugitīvus, -ī=fugitive.

imperātor, -ōris=M., commander, emperor (imperative sentence 명령문).

lateō, -ēre, -uī=lurk, hide, be concealed (latent 숨겨진, 잠재적인).

magnopere=greatly, very much.

pēs, pedis=M., foot, paw (pedestrian 보행자, pedicure 발 치료, pedicurist 발치료 전문의, pedal 페달, pedate 발이 있는, pedestal 받침돌, Piedmont 피에몬테(이탈리아 서북부의 지역), biped 두 발 동물, quadruped 네 발 가진, impede 방해하다, impediment 방해, expedite 진척시키다, expedition 원정, expeditious 신속한, pedigree 족보).

procul=at a distance, far.

spīna, -ae=F., thorn.

terreō, -ēre, -uī, -itum=frighten, terrify (terrifying 무서운, terrible 무서운, terrific 무서운, terrify 무섭게 하다, terror 공포, terrorist 테러리스트).

❶ 완료수동분사 (Perfect Passive Participle)

   (1) 제1 격변화 동사

portō	→	**portātus**,	-a,	-um	(having been) carried
juvō	→	**jūtus**,	-a,	-um
dō	→	**datus**,	-a,	-um
laudō	→	**laudātus**,	-a,	-um
amō	→	**amātus**,	-a,	-um

   (2) 제2 격변화 동사

moneō	→	**monitus**,	-a,	-um	(having been) warned
debeō	→	**dēbitus**,	-a,	-um
habeō	→	**habitus**,	-a,	-um

❷ 완료수동분사는 bonus처럼 변화한다.

   Puer, ā patre <u>monitus</u>, ad scholam properābat.

   The boy, (having been) warned by his father, was hurrying to school.

  Androcles는 아프리카에 있는 로마인 주인의 노예였다. 그의 주인이 고약하여 Androcles는 황야로 도망을 쳐서 그곳에 있는 어두운 동굴에 숨었다.

  그러나 어느 날 사나운 한 마리의 사자가 Androcles가 앉아 있던 동굴로 와서 도망자를 몹시 무섭게 했다. 그러나 노예는 움직이지 않았다. 사자는 천천히 Androcles 쪽으로 와서 긴 가시로 상처가 난 자기의 발을 보였다. 착한 Androcles는 재빨리 사자의 발에서 가시를 뽑아주었다.

  이제 사자는 친절한 노예를 사랑하는 것 같았다. 사자는 자기 친구와 함께 있는 것을 좋아했다. 그래서 오랫동안 인간과 사자는 어두운 굴속에서 살았다.

  그러나 마침내 로마 병정들이 도망자를 굴 멀리서 보았다. Androcles는 발자국 소리에 놀라 재빨리 도망을 갔으나 군인들은 창으로 그에게 상처를 입혔다. Androcles는 노예였으므로 군 지휘관은 그를 그의 주인한테 데리고 갔다.

  주인은 상처 입은 노예를 이탈리아로 데리고 갔다. 여기서 고약한 주인이 말했다. "로마의 황제는 내 친구다. 내일 너는 투기장에서 사나운 사자에게 죽임을 당할 것이다."

이튿날 무장한 군인들이 Androcles를 투기장으로 데리고 갔다. 곧 사나운 사자가 노예에게 다가왔다. 갑자기 사자가 걸음을 멈추더니 노예를 쳐다보았다. 그리고 천천히 그에게로 와서 자기 발을 보였다. 사자는 더 이상 사납지 않았다. Androcles는 그의 친구였다.

처음엔 사자가 노예를 죽이지 않아 사람들이 화가 났다. 그러나 사자와 가시에 관한 이야기를 듣고 나서 몹시 감동된 황제가 Androcles와 사자를 풀어주었다.

▶▶▶ 연습문제

A. 번역하시오.

❶ Urbs, ā Gallīs occupāta, crās dēlēbitur.

❷ Dē perīculō monitus, procul ab arēnā manēbō.

❸ Etiam imperātōrēs, propter perīculum territī, ex agrīs properant.

❹ Salūs mīlitum erat dubia..

❺ Sociī, ōlim ab hostibus superātī, in patriā suā manent et auxilium postulātum nōn dabunt.

❻ Animal excitātum puerōs terruit.

❼ Avēs territae in silvā manēbant.

❽ Cūr servus territus in illō locō latet?

❾ Androclēs pedem leōnis spīnā vulnerātum vīdit.

❿ Crāsne dominus malus magnopere excitābitur?

B. 아래 제시된 문장들 가운데서 단 하나만이 옳다. 옳은 것을 고르시오.

❶ We saw many pedestrians on bicycles.

❷ The child was pacified by the terrifying experience.

❸ The concert pianist has latent musical talent.

❹ In Latin, a verb that expresses a command is in the imperative mood.

❺ A weak man usually dominates his stronger brother.

❻ If you procrastinate, you will finish the job today.

057 PICUS—REX ET AVIS

Pīcus, rēx Latiī antīquī, magnam rēgiam in mediō campō habēbat. Circē, maga clāra, prope rēgiam Pīcī habitābat. Magnam et malam potestātem habēbat; saepe hominēs in bēstiās aut in avēs mūtāvit. Ōlim Circē Pīcum vīdit et statim rēgem amāvit. Sed Pīcus Circam nōn amāvit; nympham pulchram hujus regiōnis amāvit.

Dēnique Pīcus nympham in mātrimōnium dūxit. Postrīdiē cīvēs et uxōrēs cīvium ad magnam cēnam convocāvit. Sed ante cēnam Pīcus cum paucīs comitibus in silvam propinquam vēnit. Circē quoque in silvam sēcrētō properāvit et sub altā arbore stetit. Tum comitēs rēgis, magnopere territī, spectāculum mīrum spectābant. Ubi Pīcus ad hanc arborem appropinquāvit, maga invidiōsa fōrmam ejus mūtāvit.

Nōn jam caput Pīcī corōnā sed cristā (*crest*) adōrnātur; manūs (*hands*) ejus in ālās mūtantur; pedēs ejus in pedēs avis; oculī ejus in parvōs oculōs avis. Nōn jam vōcem hominis habet; ōs (*mouth*) ejus in rōstrum mūtātur. Multī colōrēs in corpore et in ālīs videntur. Pīcus rēx jam est Pīcus avis.

Hōra cēnae vēnit; cīvēs et uxōrēs eōrum aderant; rēgīna aderat; sed Rēx Pīcus aberat. Subitō per apertam portam rēgiae avis pulchra, multīs colōribus adōrnāta, volāvit. Circum magnam rēgiam errāvit; tum ē fenestrā celeriter volāvit.

Jam Pīcus avis in arboribus et in rīpīs flūminis, aut in silvīs aut in hortīs habitat. Semper clāmat, "Ōlim rēx fuī et corōnam habuī; nunc avis sum et rōstrō meō cibum in arbore inveniō (*find*)."

arbor, -oris=F., tree (arbor 나무그늘이 있는 휴식 장소, arboreal 나무의,
　　Arbor Day 식목일, arboraceous 나무 모양의, arboretum 수목원,
　　arboriculture 수목재배법).
corōna, -ae=F., crown (coronation 대관식).
maga, -ae=F., witch.
oculus, **-ī**=M., eye (ocular 눈의, oculist 안과의사, binoculars 쌍안경
　　monocle 단안경).
potestās, -tātis=F., power.
rōstrum, -ī=N., beak (rostrum (부리 장식이 있는) 연단).
uxor, -ōris=F., wife.

❶ 동사의 기본형
　동사의 기본형에서 우리는 해당 동사의 활용(conjugation)에 대해 알게 되며,
　사전에는 통상적으로 다음 네 가지 기본형이 표시된다.
　　portō　　현재 능동 (present active) (1인칭 단수)
　　portāre　　현재 부정 (present infinitive)
　　portāvī　　완료 능동 (perfect active) (1인칭 단수)
　　portātum　　완료 수동분사 (perfect passive participle)

❷ 동사의 어간 (Stems of the Verb)
　라틴어 동사는 다음과 같은 세 개의 어간을 가지고 있다.
　　(1) 현재어간(Present Stem) **portā-**
　　　　현재어간은 부정형(infinitive)에서 어미 **-re**를 삭제하여 얻는다.

부정형 : **portāre**　　　현재어간 : **portā-**

현재어간은 현재체계(present system), 즉 현재시제, 미완료 시제, 미래시제의 능동, 수동태를 만드는데 사용된다.

(2) 완료어간 (Perfect Stem) **portāv-**

완료어간은 완료능동태의 1인칭 단수형에서 어미 **-ī**를 삭제하여 얻는다.

완료능동태 : **portāvī**　　　완료어간 : **portāv-**

완료어간은 능동형에서만 사용된다.

(3) 분사어간 (Participial Stem) **portāt-**

분사어간은 완료분사에서 어미 **-um**을 삭제하여 얻는다.

완료분사 : **portātum**　　　분사어간 : **portāt-**

▶▶▶　해석　　Picus—왕과 새

옛날 라틴의 왕 Picus는 평원 한가운데 커다란 왕국을 가지고 있었다. Picus의 궁전 근처에는 유명한 Circe라는 마녀가 살고 있었다. 마녀는 크고 사악한 힘을 가지고 있었다. 종종 사람을 짐승이나 새로 바꿔놓았다. 한때 Circe는 Picus를 보고 곧 그를 사랑하게 되었다. 그러나 Picus는 Circe를 좋아하지 않았다. 자기 고장의 예쁜 요정을 사랑했다.

마침내 Picus는 요정과 결혼했다. 이튿날 시민들과 그들의 배우자들을 성대한 만찬에 초대했다. 그러나 식사 이전에 Picus는 몇몇 친구와 함께 근처 숲으로 왔다. Circe도 몰래 숲으로 서둘러 가서 높은 나무 밑에 서있었다. 그때 몹시 놀란 왕의 친구들이 이상한 광경을 보았다. Picus가 이 나무에 가까이 가자 시기심 많은 마녀가 왕의 모습을 바꿔놓았다.

Picus의 머리는 더 이상 왕관이 아니라 새의 볏으로 장식되어 있으며, 그의 팔은 날개로, 그의 발은 새발로, 그의 눈은 새의 작은 눈으로 변해 있다. 그는 더 이상 인간의 목소리를 가지고 있지 않다. 그의 입은 부리로 변해 있다. 그의 몸과 날개에는 많은 색깔이 보인다. 이제 Picus 왕은 Picus 새이다.

식사 시간이 되었다. 시민들과 그들의 배우자들이 참석했다. 왕비도 참석했다. 그러나 Picus 왕은 오지 않았다. 갑자기 궁전의 열린 문으로 여러 색깔로 장식된 아름다운 한 마리의 새가 날아들었다. 커다란 궁전 안을 여기저기 날아다녔다. 그리고 창밖으로 재빨리 날아가 버렸다.

이제 새가 된 Picus는 나무나, 강둑이나, 숲이나, 정원에서 산다. 그는 항상 소리친다. "나는 이전에 왕이었고, 왕관을 가지고 있었다. 나는 지금 새가 되었고, 내

부리로 나무에서 모이를 찾는다."

A. 번역하시오.

❶ Corōna rēgis Pīcī multōs colōrēs et multās gemmās habēbat.

❷ Sunt altī collēs prope tēctum rēgis.

❸ In rāmīs altārum arborum multās avēs vīdimus.

❹ In ālīs et in corpore hārum avium sunt multī colōrēs.

❺ Uxor ducis magnam potestātem nōn habēbat.

❻ Rēx, potestāte magae mūtātus, per portam volāvit.

❼ Mūrī, pictūrīs adōrnātī, laudābantur.

❽ Oculī cervī sunt magnī, sed oculī avis sunt parvī.

❾ Ea avis parvum rōstrum habet, sed multae avēs magna rōstra habent.

B. 이탤릭체 부분을 라틴어로 옮기시오.

❶ *Many birds* flew among the branches *of the tall trees.*

❷ The witch gave a beautiful crown *adorned* with gems *to the king's wife.*

❸ The color of the wings *of that bird* is beautiful.

❹ The eyes *of those animals* are small.

❺ The boy was sitting *on the rock*; he was watching *the birds.*

C. 각 문장에서 라틴어의 차용어 하나씩을 찾으시오.

❶ Many trees were planted on Arbor Day.

❷ The coronation of the king took place in Westminster Abbey.

❸ If you are having trouble with your eyes, you should visit an oculist.

❹ During the war the queen dressed very simply, without adornment of any kind.

058
PRO AMICO

Aenēās Trōjānus cum rēge Rutulōrum pugnābat. Quod ejus castra erant in magnō perīculō, erat necesse auxilium ab urbibus propinquīs rogāre. Itaque Aenēās cum paucīs comitibus ad urbem Evandrī properāvit. Ascanius, fīlius Aenēae, in castrīs mānsit.

Tum Rutulī castra Trōjāna vehementer oppugnāvērunt. Funditōrēs lapidēs in moenia et in vāllum fundīs conjēcērunt (*hurled*). Undique mīlitēs portās ācriter oppugnāvērunt. Dēnique Trōjānī, magnopere excitātī, perīculum Aenēae nūntiāre dēsīderābant.

Nīsus ducibus dīxit, "Hoc iter perīculōsum prope castra hostium cum comite meō, Euryalō, temptābō. Nūntium ad Aenēam portābimus. Nōmina nostra erunt clāra."

Ducēs cōnsilium probāvērunt. Ascanius laetus hīs amīcīs bona arma dedit; ducēs eīs epistulās dedērunt.

Sēcrētō Nīsus et Euryalus ad castra hostium appropinquāvērunt. Hīc multōs virōs necāvērunt et sine difficultāte fūgērunt. Jam galeās aurēas, in castrīs hostium occupātās, portābant. Lūna et stellae erant clārae, sed comitēs perīculum nōn timēbant.

Subitō agmina hostium novōrum vīdērunt; sociī auxilium ad Rutulōs portābant. Amīcī inter arborēs latēre temptāvērunt, sed hostēs galeās aurēas lūce lūnae vīdērunt. Nīsus fūgit et inter arborēs dēnsās latuit, sed Euryalus nōn fūgit. Nīsus ex silvā perīculum vīdit et ad amīcum suum properāvit. Eum servāre temptāvit; sed Euryalus, gladiō ducis vulnerātus, jam mortuus erat.

Tamen Nīsus prō amīcō ācriter pugnāvit et dēnique gladiō ducem hostium necāvit. Sed comitēs hujus ducis mīlitem sōlum facile superāvērunt; et mox capita amīcōrum miserōrum prope castra Trōjāna in hastīs ā sociīs superbīs Rutulōrum portābantur.

▶▶▶ 어휘

agmen, agminis=N., line of march.
funda, -ae=F., sling.
funditor, -ōris=M., slinger.
iter, itineris=N., road, journey (itinerary 여행일정표, itinerant 순회하는).
lapis, lapidis=M., stone (lapidarian 석공).
moenia, -ium=*pl.* walls, fortifications (munitions 군수품, ammunition 탄약).
necesse=necessary (necessitate 필요로 하다, necessitous 궁핍한, unnecessary 필요없는).
nōmen, nōminis=N., name (nominate 지명하다, nomenclature 명칭, nominative 주격, nominal 이름뿐인, noun 명사, pronoun 대명사, renown 명성, denomination 호칭, ignominy 불명예, misnomer 잘못된 명칭).
vāllum, -ī=N., rampart.

❶ 제2활용 동사(Second-conjugation Verb)의 기본형

현재능동형	현재부정형	완료능동형	완료수동형	
dēbeō	dēbēre	dēbuī	dēbitum	(=ought)
	dēbē-	dēbu-	dēbit-	
habeō	habēre	habuī	habitum	(=have)
	habē-	habu-	habit-	
moneō	monēre	monuī	monitum	(=warn)
	monē-	monu-	monit-	
terreō	terrēre	terruī	territum	(=terrify)
	terrē-	terru-	territ-	
lateō	latēre	latuī	—	(=lurk)
	latē-	latu-		
sileō	silēre	siluī	—	(=be silent)
	silē-	silu-		
teneō	tenēre	tenuī	—	(=hold)
	tenē-	tenu-		
timeō	timēre	timuī	—	(=fear)
	temē-	timu-		

❷ 위의 동사들은 완료능동형이 모두 -uī로 끝나고 있으나 다음에서 보듯 -ī로 끝나는 동사들도 있다.

현재능동형	현재부정형	완료능동형	완료수동형	
maneō	manēre	<u>mānsī</u>	mānsum	(=remain)
jubeō	jubēre	<u>jussī</u>	jussum	(=order)
moveō	movēre	<u>mōvī</u>	mōtum	(=move)
sedeō	sedēre	<u>sēdī</u>	sessum	(=sit)
videō	vidēre	<u>vīdī</u>	visum	(=see)
dēleō	dēlēre	<u>dēlēvī</u>	dēlētum	(=destroy)
respondeō	respondēre	<u>respondī</u>	respōnsum	(=answer)

트로이 사람 Aeneas는 루투리아 왕과 싸우고 있었다. 그의 진지가 큰 위험에 처해 있어 그는 주위의 도시에 도움을 청할 필요가 있었다. 그래서 Aeneas는 몇몇 친구들과 함께 Evander 시로 서둘러 갔다. Aeneas의 아들 Ascanius는 진지에 남았다.

그때 루투리아 인들은 트로이 진지를 맹렬하게 공격했다. 투석 전사들은 성벽과 요새에 투석기로 돌을 던졌다. 사방에서 군졸들이 성문을 맹렬하게 공격했다. 마침내 몹시 흥분한 트로이 사람들이 Aeneas에게 위험을 알리고 싶어졌다.

Nisus가 지휘관들에게 말했다. "적의 진지 근처를 지나는 이 위험한 길을 내 친구 Euryalus와 함께 도전해 보겠습니다. Aeneas에게 전갈을 가지고 가겠습니다. 우리의 이름은 유명해질 것입니다."

지휘관들은 그 계획을 승인했다. 행복한 Ascanius는 이 친구들에게 좋은 무기를 주었다. 지휘관들은 그들에게 편지를 주었다.

Niscus와 Euryalus는 몰래 적의 진지로 다가갔다. 여기서 많은 사람을 죽이고 어려움 없이 빠져나왔다. 지금 이들은 점령당한 적의 진지로 금으로 된 투구를 가지고 왔다. 달과 별이 밝았으나 이들은 위험을 두려워하지 않았다.

갑자기 이들은 새로운 적의 대열을 보았다. 동맹군이 루투리아 사람들에게 원조물자를 운반하고 있었다. 우리 친구들은 나무들 사이에 숨어 있고자 하였으나 적이 달빛에 이들의 금 투구를 보았다. Nisus는 도망을 가 우거진 나무들 사이에 숨었으나 Euryalus는 도망가지 않았다. Nisus는 숲에서 위험을 감지하고는 자기 친구한테 달려갔다. 그는 친구를 구하려 했다. 그러나 적군 지휘관 칼에 상처를 입은 Euryalus는 이미 죽어 있었다.

그래도 Nisus는 친구를 위해 용맹하게 싸웠고, 마침내 적군 지휘관을 칼로 살해했다. 그러나 이 적장의 친구들은 홀로 맞서는 군인을 쉽사리 제압했다. 그리고 곧 창에 꽂힌 불쌍한 친구의 목은 의기양양한 루투리아 인의 친구들에 의해 트로이 진지 근처에 운반되었다.

A. 번역하시오.

❶ Funditōrēs validās fundās et lapidēs portāvērunt.

❷ Multī mīlitēs moenia circum urbem aedificāvērunt.

❸ Hī mīlitēs magnās hastās habēbant.

❹ Mīlitēs barbarī altum vāllum circum castra sua nōn habēbant.

❺ Imperātor, sonō armōrum monitus, inter arborēs latuit.

❻ Cīvīs agmina hostium nōn timēbant.

❼ Itinera per silvās erant perīculōsa.

❽ Nōmina hōrum flūminum sunt clāra.

B. 라틴어로 옮기시오.

❶ The soldiers were carrying shields and spears, but they were not carrying slings.

❷ The slingers stood on the high walls.

❸ The friends, much terrified, tried to escape through the camp of the enemy.

059

OMINA MALA

Lāvīnia Turnum, rēgem Rutulōrum, amābat, sed mala ōmina
eōrum mātrimōnium prohibuērunt.

In mediō hortō rēgiae ubi Lāvīnia cum patre, rēge Latīnō,
habitābat, arbor sacra erat. Ōlim multae apēs ā marī trāns Tiberim
volāvērunt et ad urbem appropinquāvērunt. Prīmō circum mūrōs
urbis volāvērunt; dēnique in hortum volāvērunt et in arbore sacrā
sēdērunt.

Comitēs rēgis et populus erant territī. Servī apēs terrēre
temptāvērunt, sed apēs in arbore mānsērunt. Mīlitēs tubās īnflāre
jussī sunt, sed apēs mānsērunt. Ducēs ad rēgiam vocātī sunt et
rēx Latīnus ē somnō excitātus est. Tum rēx territus deōs ōrāvit.

Vōx magna respondit, "Apēs sunt ōmen. Jam advena appropinquat.
Apēs trāns mare ad urbem tuam volāvērunt et in summā arbore sēdērunt;
advena in summā arce mox sedēbit."

Postrīdiē Latīnus ōmen iterum vīdit. Lāvīnia prō ārā stābat
ubi Latīnus ignem sacrum incendēbat (*was kindling*). Subitō
flammae comam longam Lāvīniae occupāvērunt. Peulla territa per
rēgiam fūgit. Sed flammae subitō cessāvērunt (*ceased*) et Lāvīnia
servāta est.

Rēx, hīs ōminibus magnopere territus, in silvam ad ōrāculum

sacrum properāvit. Hīc mediā nocte Latīnus magnās vōcēs audīvit.

Hae vōcēs eī dīcere vidēbantur. "Nōn Turnus, sed advena Lāviniam in mātrimōnium dūcet (*future*). Advenae erunt fīliī tuī, Ō Latīne; advenae nōmen tuum habēbunt. Advenae, Trōjānī nunc appellātī, mox Latīnī appellābuntur. Hī advenae nōmen Latīnum ad stellās portābunt; gēns tua erit clāra."

advena, -ae=M., stranger, foreigner.
apis, apis, -ium=F., bee (apiarist 양봉가, apiculture 양봉업, apiculturist 양봉업자).
arcus, -ūs=M., bow, arch.
ignis, ignis, -ium=M., fire (ignite 점화하다, ignition 점화, igneous 불의).
somnus, -ī=M., sleep (somnambulism 몽유병, somnambulate 잠결에 걸어 다니다, somniferous 최면의, somniloquy 몽유병, somnolent 졸리게 하는, insomnia 불면증).

❶ **portō**와 **moneō**의 완료 수동태
완료 수동태는 다른 시제와는 달리 어미가 아니라 **sum**의 변화형과 함께 쓰인다. 영어의 완료형이 have 동사의 변화형과 함께 쓰이는 것과 같다.

portō(=cary)의 완료 수동태

portātus sum	I was carried,	I have been carried,
portātus es	you were carried,	you have been carried
portātus est	he was carried,	he has been carried
portātī sumus	we were carried,	we have been carried
portātī estis	you were carried,	you have been carried
portātī sunt	they were carried,	they have been carried

moneō(=warn)의 완료 수동태

monitus sum	I was warned,	I have been warned
monitus es	you were warned,	you have been warned
monitus est	he was warned,	he have been warned
monitī sumus	we were warned,	we have been warned
monitī estis	you were warned,	you have been warned
monitī sunt	they were warned,	they have been warned

❷ 완료 수동태에 쓰이는 분사는 주어의 성과 수에 일치한다.

Puella <u>laudāta</u> **est.**　　The girl has been praised.

Puer <u>laudātus</u> **est**.　　The boy has been praised.

Puerī <u>laudātī</u> **sunt.**　　The boys have been praised.

▶▶▶ 해석　　**불길한 징조**

　　Lavinia는 루투리아의 왕 Turnus를 사랑했으나 불길한 징조가 그들의 결혼을 막았다.

　　Lavinia가 아버지 Latinus 왕과 함께 살고 있는 궁전의 마당 한 가운데에 성스러운 나무가 한 그루 있었다. 한때 많은 벌들이 바다에서 테베레 강을 건너 도시로 다가왔다. 처음엔 도시의 성곽 근처에서 날아다녔다. 드디어 정원으로 날아와 성스러운 나무에 앉았다.

　　왕의 친구들과 백성들은 겁이 났다. 하인들이 벌에게 겁을 주려고 해보았으나 벌들은 그냥 나무에 남아있었다. 군인들이 나팔을 불라는 명령을 받았다. 그러나 벌들은 그냥 있었다. 지휘관들이 궁전으로 불려갔고, Latinus 왕은 잠에서 놀라 깨어났다. 그러자 겁이 난 왕은 신들에게 기도했다.

　　큰 목소리가 대답했다. "벌은 징조이다. 지금 타관 사람이 가까이 오고 있다. 벌들이 바다를 건너 네 도시로 날아 와서 나무 꼭대기에 앉았다. 타관 사람이 곧 성채의 꼭대기에 앉게 될 것이다.

　　이튿날 Latinus는 다시금 징조를 보았다. Lavinia가 제단 앞에 서 있었고, Latinus가 성화를 붙이고 있었다. 갑자기 불길이 Lavinia의 긴 머리칼을 휩쌌다. 겁에 질린 소녀는 궁전을 가로질러 도망갔다. 그러나 불길은 곧 꺼지고 Lavinia는 구조되었다.

　　이 징조에 몹시 겁이 난 왕은 성스러운 신탁을 구하기 위해 숲으로 달려갔다. 여기서 한밤중에 Latinus는 큰 목소리를 들었다.

이 목소리는 그에게 다음과 같이 말하는 것처럼 보였다. "Turnus가 아니라 타관 사람이 Lavinia와 결혼하게 될 것이다. 오, Latinus여, 타관 사람들은 그대의 자식들이 될 것이다. 타관 사람들은 그대의 이름을 가지게 될 것이다. 지금은 트로이인이라고 불리는 타관 사람들은 곧 라틴 사람이라고 불리게 될 것이다. 이들 타관 사람들은 라틴의 이름을 별까지 가지고 갈 것이다. 그대의 나라는 유명해질 것이다."

💿 번역하시오.

❶ Advena rēx appellātus est; virī hujus regiōnis rēgēs appellātī sunt.

❷ Coma longa puellae gemmīs adōrnāta est.

❸ Puella monita est; advena monitus est.

❹ Arbor ā Latīnīs propter apēs sacra appellāta est.

❺ Multī ignēs in castrīs vīsī sunt.

❻ Auxilium ā mīlitibus nostrīs datum est et castra mōta sunt.

❼ Puer ab amīcō suō jūtus est; oppidum ā barbarīs dēlētum est.

❽ Āra pulchra prope mare aedificāta est.

❾ Ōmina mala rēgem terruērunt.

❿ Ducēs, ōminibus monitī, fugam cīvium prohibuērunt.

● 영어에 해당하는 라틴어 어구를 찾으시오.

❶ fuērunt   (a) he advised

❷ fuistī   (b) he answers

❸ jussērunt   (c) he has remained

❹ jussī   (d) I helped

❺ jūvī   (e) she has answered

❻ mānsit   (f) they have moved

❼ monitī   (g) they ordered

❽ monuit   (h) they were

❾ movent   (i) having been warned

❿ mōvērunt   (j) we saw

⓫ respondet   (k) you have been

⓬ respondit   (l) you feared

⓭ terruistī

⓮ timuistī

⓯ vīdimus

STORIES FROM VERGIL:
I. A KINGDOM SOUGHT

060

MATER ANTIQUA

Postquam Trōja ā Graecīs vāstāta est, Aenēās, dux Trōjānus, cum sociīs suīs ad Thrāciam nāvigāvit.

In lītore erat tumulus. Hic tumulus parvīs arboribus cēlātus est. Aenēās paucōs rāmōs ab arbore remōvit quod āram adōrnāre dēsīderāvit. Sed ubi sanguinem in rāmīs vīdit magnopere territus erat.

Tum vōx ē tumulō clāmāvit, "Ō Aenēās, mē miserum vulnerāvistī. Sum Polydōrus Trōjānus. Rēx hujus terrae mē necāvit et hīc sub hōc tumulō corpus meum cēlāvit. Fuge (*flee*) ab hīs lītoribus perīculōsīs sine morā!"

Hīs verbīs mōtī, Aenēās et sociī ejus ā lītoribus Thrāciae fūgērunt. Īnsula Dēlos, ubi erat templum Apollinis, nōn longē aberat. Hīc Aenēās auxilium dēī rogāvit.

Ita Aenēās ōrāvit, "Ō Apollō, dā Trōjānīs domicilium idōneum; dā gentem validam et urbem mānsūram (*lasting*); dā nōbīs ōmen bonum."

Vōx dēī respondit, "Exquīrite (*seek*) antīquam mātrem vestram. Ibi Aenēās erit rēx, et līberī ejus erunt rēgēs."

"Ubi est māter nostra antīqua?" rogāvērunt sociī Aenēae.

Tum sine morā Anchīsēs, pater Aenēae, dīxit, "In īnsulā Crētā initium gentis nostrae fuit. Illa īnsula est māter nostra antīqua."

Itaque Trōjānī laetī, ventīs portātī, ad īnsulam Crētam nāvigāvērunt, ubi parvam urbem aedificāvērunt. Sed posteā pestilentia multōs Trōjānōs necāvit.

Tum Aenēās ā deīs suīs ita monitus est, "Crēta nōn est antīqua māter vestra. Longē ab hāc īnsula in terrā Italiā tūtum domicilium vōs expectat."

▶▶▶ 어휘

domicilium, **-ī**=N., home (domicile 거주지).
idōneus, **-a**, **-um**=suitable.
lītus, **lītoris**=N., seashore, beach (littoral 해안의).
sanguis, **-inis**=M., blood (sanguine 쾌활한, 불그스레한, sanguinary 피묻은).
tumulus, **-ī**=M., mound, tomb.
ventus, **-ī**=M., wind (vent 통풍구, ventilate 통풍시키다, ventilation 환기, ventilator 환풍기).

▶▶▶ 문법

⚫ cum과 사용된 탈격
  (1) 동반의 탈격 (Ablative of Accompaniment)
    Cum amīcō ambulō.   I walk with my friend.
  (2) 방법의 탈격 (Ablative of Manner)
    Ibi magnā cum difficultāte parvum oppidum aedificāvit.
      With great difficulty he built a small town there.
  (3) 행위자의 탈격 (Ablative of Agent)
    Ursa ā mīlite necāta est.
      The bear was killed by the soldier.
  (4) 수단의 탈격 (Ablative of Means)
    Ursa hastā necāta est.   The bear was killed with a spear.

　　트로이가 희랍사람들에 의해 파괴된 뒤, 트로이의 지휘관 Aeneas는 자기 친구들과 함께 트라키아로 항해해 갔다.

　　해안가에 무덤이 하나 있었다. 이 무덤은 작은 나무에 가려져 있었다. Aeneas는 제단을 장식하고 싶어 나무에서 가지 몇 개를 떼어냈다. 그러나 나뭇가지에서 피를 보았을 때 그는 몹시 겁이 났다.

　　그러자 무덤에서 외치는 소리가 들렸다. "오, Aeneas여! 그대는 불쌍한 나에게 상처를 입혔다. 나는 트로이의 왕자 Polydorus이다. 이 땅의 왕이 나를 죽여 내 시체를 여기 이 무덤 아래에 감춰놓았다. 지체 없이 이 해변의 위험에서 도망가라!"

　　이 말에 놀라 Aeneas와 그의 친구들은 트라키아의 해안에서 도망갔다. Apollo의 신전이 있는 델로스 섬은 멀지 않았다. 여기서 Aeneas는 신의 도움을 청했다.

　　Aeneas는 이렇게 빌었다. "오, Apollo 신이여, 트로이 인들에게 적절한 주거지를 주십시오. 강건한 백성과 항구적인 도시를 주십시오. 우리에게 길조를 내려주십시오."

　　신의 목소리가 대답했다. "너희의 나이든 어머니를 찾아라. 거기서 Aeneas는 왕이 될 것이고, 그의 자손들도 왕이 될 것이다."

　　"나이든 우리 어머니는 어디에 있습니까?"라고 Aeneas의 친구들이 물었다.

　　그때 지체 없이 Aeneas의 아버지 Anchises가 말했다. "크레타 섬에 처음 우리백성이 살았다. 그 섬이 나이든 우리 어머니이다."

　　그래서 행복한 트로이 사람들은 바람에 실려 크레타 섬으로 항해해 와서 거기에 작은 도시를 건설했다. 그러나 뒤에 돌림병이 많은 트로이 사람들을 죽였다.

　　그러자 Aeneas가 자기 신들로부터 다음과 같은 경고를 받았다. "크레다는 너희의 나이든 어머니가 아니다. 이 섬에서 멀리 떨어진 이탈리아의 땅에 너희의 안전한 주거지가 있을 것이다."

A. 번역하시오.

❶ Ventī nāvēs ad lītus portāvērunt.

❷ Nāvēs, ad lītus ventīs portātae, dēlētae sunt.

❸ Locum idōneum vidēmus; loca idōnea vidēbimus.

❹ Hoc domicilium ā rēge malō aedificātum est.

❺ Castra, ab hostibus oppugnāta, vāstāta sunt.

❻ Prope tumulum erat multus sanguis.

❼ Trōjānī domicilia idōnea in lītore aedificābant.

❽ Aenēās sanguinem in rāmō videt.

❾ Dux Trōjānus, vōce amīcī suī monitus, cum sociīs fūgit.

❿ In scholā nōmina multōrum animālium discimus.

B. 이탤릭 부분을 라틴어로 옮기시오.

❶ The land seen *by the sailors* was called Crete.

❷ The aid asked *by our allies* was given *by our leader*.

❸ Aided *by the wind*, the ship sailed swiftly to the shore.

❹ We live in a land loved *by the inhabitants*.

061

NULLUM DOMICILIUM IDONEUM

Nāvibus parātīs, Aenēās iterum trāns mare ab īnsulā Crētā nāvigāvit. Tamen ubi longē ā lītore āfuit, et caelum undique et undique mare vīdit, magna tempestās eum per undās perīculōsās in vada portāvit. Dēnique Aenēās cum sociīs suīs ad īnsulam vēnit.

Hīc Trōjānī dēfessī multa animālia in lītore vīdērunt. Pauca animālia necāvērunt et cēnam et sacrificia parāvērunt. Sed subitō dē caelō avēs ferae circum eōs volāvērunt. Haec mōnstra habēbant corpora avium, capita fēminārum; Harpyiae appellābantur. Hīs mōnstrīs vīsīs, Trōjānī territī fūgērunt. Posteā, verbīs ducis Aenēae excitātī, contrā Harpyiās pugnāre temptābant, sed haec erat difficultās—etiam gladiīs acūtīs terga dūra avium nōn vulnerāta sunt.

Subitō Harpyia fera magnā cum vōce clāmāvit, "Animālia nostra necāvistis; nōs necāre temptāvistis. In hāc terrā igitur pācem numquam habēbitis. In Ītaliā urbem dēsīderātam habēbitis."

Propter terrōrem mortis Trōjānī in hōc locō manēre nōn jam audēbant. Itaque, mente mūtātā, ab īnsulā celeriter nāvigāvērunt.

Deinde Aenēās prope ōram Graecam nāvigāvit, et dēnique cum Trōjānīs cēterīs ad terram vēnit ubi Helenus erat rēx. Helenus, fīlius rēgis Trōjānī, erat laetus ubi amīcōs vīdit, et eōs ad rēgiam dūxit. Ibi eīs cibum et multa dōna dedit.

Tum, auxiliō deī prō Aenēā rogātō, Helenus dīxit, "Magna erunt perīcula et magnae erunt difficultātēs; per multa maria nāvigābitis, sed dēnique in Ītaliā domicilium tūtum et idōneum post itinera perīculōsa habēbitis."

▶▶▶ 어휘

mēns, mentis, -ium=F., mind, purpose (mental 정신적인, mentally 정신적으로, mentality 심성).

mors, mortis, -ium=F., death. (mortal 죽을 운명의, mortality 사망률).

numquam=never.

unda, -ae=F., wave (undulate 물결치다, undulant 파도치는, undulation 파동).

vadum, -ī=N., shoal, ford.

▶▶▶ 문법

❶ 절대탈격 (The Ablative Absolute)
영어에서는 다음 문장에서 보듯 분사구문의 주어가 주절의 주어와 일치하지 않는 경우가 있다. 흔히 문법서에서 분사구문의 절대적 용법, 혹은 독립적 분사구문(The Independent Participial Construction)이라고 불리는 것이다.

A new leader having been chosen, we may expect better results.
이와 같은 경우 라틴어에서는 탈격이 사용된다.

Duce vocātō, hostēs fūgērunt.

The leader having been called, the enemy fled.

Fīliīs meīs laudātīs, laetus sum.

My sons having been praised, I am happy.

❷ 절대탈격 구문에서 분사 대신 명사나 형용사가 사용되기도 한다.

Amīcō meō aegrō, nōn manēbō.

My friend (being) sick, I will not remain.

Sextō duce, mīlitēs semper fortiter pugnābant.

Sextus (being) leader, the soldiers always fought bravely.

❸ 라틴어의 절대탈격 문장을 영어로 옮길 때에는 when, after, if, since, although 따위의 접속사로 시작하는 것이 좋다.

monte occupātō =when the mountain had been seized

duce vocātō =after the leader had been called

Turnō necātō =if Turnus is killed

amīcō meō aegrō =since my friend is sick

puerō pigrō =although the boy was lazy

▶▶▶ **해석**　　**적절치 않은 주거지**

배들이 준비되자 Aeneas는 다시 바다를 건너 크레타 섬을 떠나 항해했다. 그러나 그들이 해안에서 멀리 떨어지고 사방이 온통 하늘과 바다만일 때, 큰 태풍이 그들을 위험한 파도에 실어 여울로 밀어냈다. 마침내 Aeneas는 그의 친구들과 더불어 어떤 섬에 왔다.

여기서 지친 트로이 사람들은 해안에서 많은 짐승들을 보았다. 몇몇 짐승들을 잡아 식사와 제물을 준비하였다. 그러나 갑자기 하늘에서 사나운 새들이 그들 주변에 날아들었다. 이들 괴물들은 새의 몸과 여자의 머리를 가지고 있었다. Harpy라고 불리는 것이었다. 이들 괴물을 보자 겁이 난 트로이 인들이 도망을 갔다. 나중에 Aeneas 대장의 말에 고무되어 그들은 Harpy와 싸우고자 했으나 그것은 어려운 일이었다―날카로운 칼에 의해서조차 새의 단단한 잔등엔 상처가 나지 않았다.

곧 사나운 Harpy가 큰 소리로 외쳤다. "너희는 우리 짐승들을 죽였다. 우리를 죽이려고 했다. 따라서 너희들은 절대로 이 땅에서 평화를 갖지 못할 것이다. 이탈리아에서 바라는 도시를 갖게 될 것이다.

죽음의 공포 때문에 트로이 사람들은 더 이상 이 곳에 머무르려고 하지 않았다. 그래서 마음을 바꿔 재빨리 섬을 떠나 항해했다.

다음에 Aeneas는 희랍의 해안 가까이로 항해했고, 마침내 다른 트로이 사람들과 Helenus가 왕으로 있는 땅으로 왔다. 트로이 왕의 아들인 Helenus는 친구들을 만나 반가웠고, 그들을 궁전으로 안내했다. 거기서 그들에게 식사를 제공하고 많은 선물을 주었다.

　그러자 Helenus는 Aeneas를 위한 신의 도움을 청하고 난 뒤 말했다. "위험과 어려움이 클 것입니다. 많은 바다를 건너게 될 것입니다. 그러나 결국 그대들은 위험한 여정 끝에 이탈리아에서 안전하고 적절한 주거지를 갖게 될 것이오."

▶▶▶ 연습문제

● 번역하시오.

❶ Avibus novīs vīsīs, terror mentēs Trōjānōrum occupāvit.

❷ Moenibus aedificātīs, oppidum erat tūtum.

❸ Calamitāte hostium nūntiātā, ducēs castra ā tergō oppugnāvērunt.

❹ Mentibus mūtātīs, cīvēs fortiter pugnāvērunt.

❺ Territī magnā tempestāte, nautae undīs per vada portābantur.

❻ Morte prīncipis nūntiātā, mīlitēs doluērunt.

❼ Urbe suā dēlētā, Trōjānī mortem numquam timuērunt.

062
AENEAS ET DIDO

Post multa et longa itinera, Aenēās iterum ad Ītaliam nāvigāre temptat. Sed Jūnō, rēgina deōrum, magnam tempestātem mittit, et nāvēs Aenēae ad lītus Āfricae portantur. Classis Trōjāna inter vada et magna saxa paene vāstātur, sed dēnique Trōjānī tūtī in lītore stant.

Frūmentum portātum ē nāvibus nōn est bonum. Virī dēfessī alium cibum habēre dēbent. Itaque in silvā propinquā Aenēās sagittīs cervōs septem necat, et sociī cēnam in ōrā parant.

Postrīdiē Aenēās et sociī ejus magnam et pulchram urbem, Carthāginem, vident.

Dīdō, ōlim rēgina Phoenīciae, post mortem conjugis suī trāns mare Mediterrāneum ad Āfricam cum multīs comitibus nāvigāvit et hanc novam urbem aedificāvit.

Calamitāte Trōjānōrum nūntiātā, Dīdō, nunc rēgīna Carthāginis, advenīs benigna est. Aenēās et Ascanius, fīlius ejus, cum multīs prīncipibus ad rēgiam dūcentur. Cibus quoque et alia dōna ad cēterōs Trōjānōs mittuntur.

Noctū in rēgiā magna cēna parātur. Hīc Aenēās, verbīs rēginae mōtus, fābulam Trōjae nārrat. Dux Trōjānus hanc fābulum bene nārrat; Dīdō statim Aenēam maximē amat.

Quod Aenēam et Trōjānōs in Āfricā diū manēre dēsīderat, rēgīna Aenēae et sociīs ejus domicilia in rēgnō suō dat.

Dēnique Juppiter, hāc morā vīsā, Mercurium celeriter ad Aenēam mittit.

Mercurius dīcit, "Carthāgō nōn est urbs Trōjānīs ā deīs data. Ītalia tē trāns mare expectat. Ibi urbem clāram aedificābis; ibi Lāvīnia, fīlia rēgis, erit conjūnx tua. Relinque hanc urbem. In Ītaliā pete domicilium tuum."

Tum Aenēās, verbīs deī mōtus, sine morā urbem relinquit. Ē rēgiā Dīdō misera nāvēs Trōjānās videt. Nunc mortem dēsīderat; sine Aeneā vīta nōn jam amoena est.

▶▶▶ 어휘

alius, -a, -ud=another, other (alias 일명, alibi 알리바이, alien 이방인).

classis, classis, -ium=F., fleet; division, class.

conjūnx, -jugis=M., husband; wife.

petō, -ere=seek (petition 탄원, appetite 식욕(식욕은 음식을 구하게 만든다), repetition 반복(다시 구하기), repeated 반복적인, petulant 성을 잘 내는, impetuous, 성급한, repeat 반복하다).

relinquō, -linquere=leave, leave behind (relinquish 포기하다, reliquary 성 유물함, relict 잔존물, relic 유물)

❶ 제3활용 동사의 현재 부정형의 어미는 **-ere**이다. **-ēre**로 끝나는 제2활용 동사 와 구별되어야 한다. 제 3활용 동사에는 두 개의 부류가 있는데, 첫 번째 부 류는 현재능동형의 제1인칭 단수형이 **-ō**로 끝나며, 두 번째 부류는 **-iō**로 끝 난다.

❷   **dūcō**(=lead)의   변화

능동

dūcō	I lead	**dūcimus**	we lead
dūcis	you lead	**dūcitis**	you lead
dūcit	he leads	**dūcunt**	they lead

수동

dūcor	I am led	**dūcimur**	we are led
dūceris	you are led	**dūciminī**	you are led
dūcitur	he is led	**dūcuntur**	they are led

이 밖에도 다음과 같은 동사들이 **dūcō, dūcere**와 동일한 변화형을 갖는다.

colō, colere (=cultivate)   **legō, legere** (=read)

dēfendō, dēfendere (=defend)   **mittō, mittere** (=send)

dīcō, dīcere (=say)   **scrībō, scrībere** (=write)

discō, discere (=learn)

❸ **-ō**로 끝나는 제3활용 동사의 명령형

제1, 제2활용 동사들의 경우와 마찬가지로 단수 명령형은 현재어간과 같으 며, 복수 명령형에서는 제3활용 동사는 모두 동일한 어미를 갖는다.

단수 명령 : **cole   dēfende   dic   disce   lege   mitte scrībe**

복수 명령 : **colite dēfendite   dīcite   discite legite   mittite scrībite**

여러 번의 긴 여정 끝에 Aeneas는 다시 이탈리아로 항해를 시도한다. 그러나 신들의 여왕인 Juno가 큰 태풍을 보내 Aeneas의 배들은 아프리카의 해안으로 밀려온다. 트로이 함대는 여울과 큰 바위 사이에서 거의 파괴되지만, 마침내 트로이 인들은 안전하게 해안에 발을 디딘다.

배에서 가져온 식량은 좋지 않다. 피로에 지친 사람들은 다른 식량을 먹어야 한다. 그래서 Aeneas는 근처의 숲에서 화살로 일곱 마리의 사슴을 잡고, 친구들은 해안에서 식사 준비를 한다.

이튿날 Aeneas와 그의 친구들은 크고 아름다운 도시 카르타고를 본다.

한때 페니키아의 여왕이었던 Dido는 자기 배우자가 죽자 많은 친구들과 함께 지중해를 건너 아프리카로 항해해 와 이 새로운 도시를 건설했다.

트로이 인들의 고난을 보고 받자 지금은 카르타고의 여왕인 Dido는 이방인들에게 친절히 대해준다. Aeneas와 그의 아들 Ascanius는 많은 지휘관과 함께 궁전으로 안내된다. 다른 트로이 사람들에게도 식사와 다른 선물이 주어진다.

밤에 궁전에는 큰 연회가 준비된다. 여기서 Aeneas는 여왕의 말에 마음이 움직여 트로이 전쟁 이야기를 한다. 트로이의 지휘관은 이야기를 재미있게 한다. Dido는 곧 Aeneas를 몹시 사랑하게 된다.

Aeneas와 트로이 사람들이 아프리카에 오래 머물기를 원했으므로 여왕은 Aeneas와 그의 친구들에게 자기 궁전 안에 머물 곳을 제공한다.

마침내 Jupiter가 이처럼 미적거리는 것을 보고 급히 Mercurius(전령)를 Aeneas에게 보낸다.

Mercurius가 말한다. "Carthago는 신들이 트로이 사람들에게 선물한 도시가 아니다. 바다 건너 Italy가 그대를 기다린다. 그 곳에서 그대는 유명한 도시를 건설하게 될 것이다. 그 곳에서 Lavinia 공주가 그대의 배필이 될 것이다. 이 도시를 떠나라. Italy에서 그대의 거주지를 구하라."

그래서 Aeneas는 신의 말에 마음이 움직여 지체 없이 도시를 떠난다. 불쌍한 Dido는 궁정에서 트로이 배들을 본다. 지금은 죽고 싶을 따름이다. 이제 Aeneas 없는 인생은 즐겁지가 않다.

● 번역하시오.

❶ Uxor ab Aenēā petitur.

❷ Cōpiae in proelium aliud dūcuntur.

❸ Propter terrōrem hostium ad mortem ignāvam dūciminī.

❹ Auxiliō nōn postulātō, sociī auxilium mittunt.

❺ Urbe aedificātā, Trōjānī pācem ab incolīs regiōnis petunt.

❻ Fābulā nārrātā, Aenēās urbem relinquit.

❼ Lītore novō visō, classis Trōjāna ad Ītaliam nāvigāvit.

❽ Populō convocātō, rēx aliam calamitātem nūntiāvit.

❾ Mercurius dīcit, "Pete urbem aliam."

063 CONJUNX AENEAE PROMITTITUR.

Post multās difficultātēs et calamitātēs classis Trōjāna ad Ītaliam et urbem Latīnī rēgis venit. Multa et pretiōsa dōna ad rēgem ab Aeneā, prīncipe Trōjānō, mittuntur, et pāx et salūs ā Trōjānīs petuntur.

Tum rēx Latīnus comitibus suīs dīcit, "Ille dux Trōjānus est advena ā nōbīs expectātus. Aenēās erit conjūnx fīliae meae. Haec ōmine apium mōnstrantur."

Itaque Aenēās ad rēgiam dūcitur, et Lāvīnia, fīlia rēgis, eī conjūnx prōmittitur. Sed Lāvīnia ā Turnō, rēge Rutulōrum, amātur, et Amāta, uxor Lātīnī, Turnum esse conjugem fīliae suae cupit. Itaque Amāta mātrimōnium Aeneae et Lāvīniae prohibēre in animō habet; auxilium Jūnōnis, rēgīnae deōrum, ōrat.

Statim Allēctō, rēgīna Furiārum, ā deā īrātā ad rēgiam mittitur. Allēctō Amātam verbīs īnsānīs excitat.

Rēgīna Amāta igitur Latīnum petit et cum lacrimīs dīcit. "Lāvīnia ab Aeneā petitur. Ōminibus territus, dabisne fīliam nostram huic advenae Trōjānō?

Alia verba quoque ā rēgīnā īrātā dīcuntur; sed Latīnus, ā deīs monitus, mentem suam nōn mūtat. Itaque Amāta sēcrētō fīliam suam capit et noctū in montēs altōs fugit. Ibi Lāvīniam cēlat.

Interim Allēctō mala ad urbem Rutulōrum volat et haec verba Turnō dīcit, "Rēgnum tuum et conjūnx tua ab hōc advenā Trōjānō capiuntur. Convocā comitēs tuōs fīdōs; oppugnā castra hostium; dūc mīlitēs validōs contrā hostēs; pugnā prō virgine; cōnfirmā animum. Dī tē juvābunt; Fortūna tibi victōriam dabit."

Sine morā Turnus populum convocat et clāmat, "Uxōrem meam, Lāvīniam, postulō! Trōjānī sunt perfidī! Ā deīs dūcimur; victōria nōbīs dabitur!"

▶▶▶ 어휘

animus, -ī=M., mind, soul, spirit (anima 영혼, animus 의도, animosity 적개심, animism 애니미즘(모든 자연계의 사물에 영혼이 깃들어 있다는 원시 세계관), animatism 유생관(有生觀)(모든 자연물·자연 현상에는 생명과 의식이 있다고 하는 원시적인 세계관, animation 생기, animated 활기에 찬, inanimate 생명이 없는, magnanimous 도량이 큰, unanimous 만장일치의, pusillanimous 마음이 약한); in animō habēre=to intend.

capiō, -ere=take, seize (capture 붙잡다, captive 포로, capable 할 수 있는, capacious 통이 큰, capsule 캡슐, captious 말꼬리를 잡는, captor 포획자).

cupiō, -ere=wish, want (cupidity 탐욕, concupiscence 정욕, covet 탐내다, covetous 탐내는).

interim=meanwhile (interim report 중간보고).

lacrima, -ae=F. tear (lacrimation 눈물을 흘리는 것, lacrimatory 채류가스 (tear gas)).

prōmittō, -mittere=promise (promissory 약속의).

virgō, -inis=F., maiden, girl (virgin 처녀, virginal 처녀의, virginity 처녀성).

❶ -iō로 끝나는 제3활용 동사의 변화

capiō(=take)의 변화

능동

capiō	I take	**capimus**	we take
capis	you take	**capitis**	you take
capit	he takes	**capiunt**	they take

수동

capior	I am taken	**capimur**	we are taken
caperis	you are taken	**capiminī**	you are taken
capitur	he is taken	**capiuntur**	they are taken

이 밖에 **capiō, capere**와 동일한 변화형을 갖는 동사에는 **faciō, facere**(=make, do)와 **fugiō, fugere**(=flee)가 있다.

❷ -iō동사의 명령형

단수 명령형 : **cape**　　**fuge**　　**fac**
복수 명령형 : **capite**　　**fugite**　　**facite**

많은 고난과 재난 끝에 트로이 함대는 이탈리아의 Latinus 왕의 도시로 온다. 트로이의 사령관은 많은 값진 선물을 왕에게 보내고, 트로이 인들에 대한 평화와 안전을 요구한다.

그러자 Latinus가 그의 동료들에게 말한다. "저 트로이 사령관이 우리가 기다리던 그 이방인이다. Aeneas는 내 딸의 배필이 될 것이다. 이것은 별의 징조가 알려준 것이다."

그리하여 Aeneas는 궁전으로 안내되고, 왕의 딸 Lavinia는 그에게 짝이 될 약속을 한다. 그러나 Lavinia는 루투리아의 왕 Turnus의 사랑을 받고 있다. 그리고 Latinus의 아내 Amata는 Turnus가 딸의 배필이 되기를 원한다. 그리하여 Amata는 Aeneas와 Lavinia가 결혼하는 것을 반대하기로 작정한다. 그녀는 신들의 여왕인 Juno에게 도움을 청한다.

곧 화가 난 여신에 의해 분노의 여신 Allecto가 궁전으로 보내진다. Allecto는 미친 듯한 말로 Amata를 흥분시킨다.

그래서 Amata 여왕은 Latinus를 찾아 눈물로 호소하며 말한다. "Lavinia를 Aeneas가 원합니다. 흉조에 겁이 나서 우리 딸을 이 트로이의 이방인에게 주시렵니까?"

화가 난 여왕이 또 다른 말도 한다. 그러나 신의 경고를 받은 Latinus는 그의 마음을 바꾸지 않는다. 그래서 Amata는 몰래 자기 딸을 붙잡아 밤에 높은 산으로 도망을 간다. 거기에 Lavinia를 숨겨놓는다.

그러는 사이에 고약한 Allecto가 루투리아 시로 날아가서 Turnus에게 다음과 같은 말을 한다. "당신의 왕국과 당신의 배우자는 이 트로이의 이방인에 의해 점령당한다. 당신의 충직한 동료들을 모으시오. 적의 진지를 공격하시오. 강한 군졸들을 적의 진지로 인도하시오. 처녀를 위해 싸우시오. 마음을 단단히 하시오. 신들은 당신을 도울 것이오. 행운이 당신에게 승리를 가져다줄 것이오."

지체 없이 Turnus는 사람들을 모아놓고 소리친다. "나는 나의 배우자 Lavinia를 요구한다! 트로이 인들은 배신자다! 우리는 신의 인도를 받을 것이다. 우리에게 승리가 주어질 것이다!"

▶▶▶ 연습문제

● 번역하시오.

❶ Multī fugiunt; multī servantur.

❷ Fugitis, mīlitēs, sed cīvēs perfidī vōs nōn juvābunt.

❸ Quamquam flūmen est lātum, ad rīpam natāre temptābimus.

❹ Ab hostibus caperis, sed tē servābimus.

❺ Propter terrōrem mortis ignāvī mīlitēs fugiunt, itaque ab hominibus aliīs capiuntur.

❻ Interim Aenēās Lāvīniam in mātrimōnium dūcere in animō habuit.

❼ Puellā captā, populus dolet.

❽ Virgō multās epistulās mittere in animō habēbat, sed epistulae ad patrem ejus nōn mittuntur.

❾ Auxilium cum lacrimīs petis, sed auxilium prōmissum nōn dabitur.

❿ Aurum multī cupiunt, sed paucī id habent.

064

AENEAS AUXILIUM PETIT.

Turnus sociīque ejus, furōre excitātī, Trōjānōs ex Ītaliā in mare expellere cupiunt. Mīlitēs agricolaeque gentium propinquārum convocantur et contrā Trōjānōs pugnāre parant. Trōjānī quoque castra sua dēfendere vehementer parant; Aenēās maximē labōrat.

Itaque nox est, et dux fīdus est dēfessus. Prope castra Trōjāna flūmen Tiberis fluit; in rīpā ejus flūminis Aenēās jacet.

In somniō vōx deī flūminis Aenēae dīcit, "Ā Turnō nōn superāberis. In hāc terrā erit domicilium tuum. Haec ā deīs prōmittuntur. Socius tuus erit Evander. Ante bellum Trōjānum ille ad Ītaliam vēnit, et jam parvae urbis rēx est. Haec urbs, in colle aedificāta, ab eō locō nōn longē abest. Pete auxilium ab Evandrō."

Mānē Aenēās cum paucīs comitibus castra relinquit et postrīdiē ad urbem Evandrī appropinquat. Nāvibus Trōjānōrum vīsīs, incolae urbis graviter territī sunt et statim arma capiunt.

Pallās, fīlius Evandrī, ad rīpam properat. "Īnsignia armōrum vestrōrum mihi nōn nōta sunt," dīcit. "Cūr ad urbem nostram appropinquātis? Petitisne certāmina?"

Aenēās respondet, "Sumus Trōjānī; sum Aenēās, dux Trōjānus. Bellum cum Rutulīs gerimus; auxilium ab Evandrō petimus."

Tum Evander ita dīcit, "Populus meus tibi auxilium dabit.

Saepe incolae hujus regiōnis contrā Rutulōs bellum gerunt. Gentēs Etrūriae propinquae quoque vōs juvābunt. Etiam nunc eōrum nāvēs sunt parātae; eōrum mīlitēs sunt in armīs. Sed bella nōn gerimus quod expectāre advenam ducem jussī sumus. Aenēās Trōjānus erit ille dux ēgregius."

▶▶▶ 어휘

certāmen, certāminis=N., contest, struggle, combat.
expellō, -pellere, -pulī, -pulsum=expel, drive out (expulsion 추방).
fluō, -ere=flow (fluid 유동체, fluent 유창한, flux 흐름, influx 유입, affluence 풍요함, effluence 유출, confluence 합류, melliflous 감미롭게 흐르는, superfluous 넘쳐흐르는, 과잉의).
furor, -ōris=M., madness, frenzy (furious 격노한).
gerō, -ere=wear, carry; carry on, wage.
graviter=severely, heavily; greatly, deeply.
jaceō, -ēre, -uī=lie, lie down (adjacent 인접한, adjacency 인접, interjacent 사이에 있는, subjacent 아래에 놓인).
parāgregius, -a, -um=excellent, distinguished, unusual
-que=(*attached to a word*) and.

▶▶▶ 문법

● 라틴어와 영어의 명사

(1) 라틴어   영어
     -tia   **-ce**
     dīligentia   diligence
     indulgentia   indulgence
     patientia   patience
     intelligentia intelligence

(2) **-ia**   -y
  memoria   memory
  furia   fury
  mīlitia   military service
  perfidia   perfidy

(3) **-us**   -us
  alumnus   alumnus
  radius   radius
  stimulus   stimulus

(4) **-um**
  auditorium auditorium
  candēlābrum candelabrum
  dictum   remark
  stadium   stadium
  strātum   stratum

  : (3)에 속하는 영어의 명사들은 복수형에서 통상적인 어미 -(e)s 대신 라
  틴어와 동일한 복수형을 갖는다.

▶▶▶ **해석** **Aeneas가 도움을 청하다.**

 화가 치솟은 Turnus와 그의 친구들은 트로이 인들을 이탈리아에서 바다로 쳐
넣고 싶어 한다. 근처 나라의 군인들과 농부들이 소집되어 트로이 인들과 싸울 준
비를 한다. 트로이 인들도 자신들의 진지를 지킬 준비를 열심히 한다. Aeneas는
힘껏 일한다.

 그리하여 밤이 되고 충실한 지휘관은 지쳐있다. 트로이 군의 진지 근처를 테베레
강이 흐르고 있다. Aeneas는 강둑에 누워있다.

 꿈속에서 강의 신의 목소리가 말한다. "너는 Turnus에게 패배하지 않을 것이다.
이 땅이 네 집이 될 것이다. 이것은 신에 의해 약속된 것이다. Evander가 네 동맹이
될 것이다. 트로이 전쟁 이전에 그는 이탈리아로 와서 지금은 작은 도시의 왕이다.
언덕에 세워진 이 도시는 이곳에서 멀리 떨어져 있지 않다. Evander에게 도움을
청하라."

 아침에 Aeneas는 몇몇 동료와 함께 진지를 떠나 이튿날 Evander의 도시로 가까
이 간다. 트로이 배들을 보자 섬 주민들은 몹시 두려워 즉시 무기를 든다.

Evander의 아들 Pallas는 둑으로 서둘러 간다. 그는 "당신들 무기의 휘장은 내가 알지 못하는 것이요"라고 말한다. "어찌하여 우리 도시로 가까이 오는 거요? 한번 겨루어 보자는 거요?"

Aeneas가 대답한다. "우리는 트로이 사람들이요. 나는 트로이의 지휘관 Aeneas요. 우리는 루투리아와 싸움을 하고 있소. 우리는 Evander의 도움을 청하오."

그러자 Evander가 다음과 같이 말한다. "내 백성들이 당신에게 도움을 줄 것이오. 이 지역의 주민들은 종종 루투리아 인들과 전쟁을 합니다. 근처의 에트루리아 사람들도 당신들을 도울 것이오. 이미 지금도 그들의 배는 준비가 되어 있소. 그들 군인들은 무장을 하고 있소. 그러나 우리는 전쟁은 하지 않소. 왜냐하면 이국 사령관을 기다리라는 명령을 받고 있기 때문이오. 트로이의 Aeneas가 그 뛰어난 사령관일 것이오."

▶▶▶ 연습문제

A. 번역하시오.

❶ Dux graviter vulnerātus est, sed ejus comitēs certāmen gerunt.

❷ Lūmine lūnae stellārumque multa animālia in flūmine vidēmus.

❸ Relinque haec castra, Turne, et fuge sine morā.

❹ Ex eō locō hostēs expellere parātī sumus.

❺ Duce ē Thrāciā expulsō, mīlitēs arcem capiunt.

❻ Furōre excitātus, Turnus bellum gerere in animō habuit.

❼ Interim hastae pīlaque in lītore jacēbant.

❽ Magnum flūmen prope castra Trōjānōrum fluit.

❾ Numquam cīvēs lacrimās rēgīnae suae vīdērunt.

❿ Mīlitēs dēfessī in animō jacēre in castrīs habent.

B. 옳은 것을 고르시오.

❶ Puer dēfessus in terrā dūrā (jacent, jacēre, jacet).

❷ Illudne flūmen in magnum mare (fluitis, fluō, fluit)?

❸ Ventīs undīsque territī, mīlitēs lītus (relinquunt, relinquis, relinquuntur).

❹ Furōre excitātus, certāmen (gerimus, gerit, gerunt).

A. 주어진 라틴어 어구 중에서 다음 영어에 해당하는 것을 고르시오.

certāmine temptātō	classe dēlētā	conjuge necātā
hostibus vīsīs	lītore occupātō	mōnstrō necātō
morte nūntiātā	multīs vulnerātīs	tēctō aedificātō
urbe occupātā		

❶ after the city was taken

❷ after the monster had been killed

❸ on seeing the enemy

❹ when many had been wounded

❺ when the house was built

❻ because his wife had been killed

B. 옳은 것을 고르시오.

❶ Magna fuit (animus, calamitās,　domicilium).

❷ (Classem, Undae, Ventum) vīdimus.

❸ Trōjānī (certāmina, difficultātis, sanguine) habuērunt.

❹ (Animus, Furōris, Vadum) Aenēae erat magnus.

❺ Mors (conjugem, mōnstrī, tumulus) erat idōnea.

❻ Ventō (classium, nāvēs, pestilentia) ad ōram portātae sunt.

C. 다음 문장의 동사를 라틴어로 옮기시오.

❶ The ship was being carried to the land.

❷ The town was being heavily attacked.

❸ The bad omens were being announced.

❹ The men of Carthage built a new city.

❺ The companions of Aeneas saw the contests.

❻ The boy was watching the fleet.

D. 옳은 것을 고르시오.

❶ An animated person is (dull, lively).

❷ A tempest causes (laughter and gaiety, destruction and sorrow).

❸ The mortally wounded man (dies in a short time, recovered his reason).

❹ Ventilation refers to (waves of a river, circulation of air).

❺ A man's domicile is (his legal residence, a small gift).

❻ A petition is a (request, command).

STORIES FROM VERGIL:
II. A KINGDOM WON

065

AUDACIA TURNI

Nox est, et Trōjānī prope urbem Latīnī castra pōnunt. Rutulī quoque in hōc campō lātō castra pōnunt ubi flūmen Tiberis fluit. Ad hunc locum dēfessī mīlitēs veniunt; aut in grāmine campī aut in rīpā flūminis dormiunt.

Interim Turnus ad rēgiam Latīnī venit.

"Māne," Turnus rēgī dīcit, "Aenēam ad certāmen prōvocābō. Aut hāc dextrā ducem Trōjānum necābō aut Aenēās Lāvīniam, fīliam tuam, conjugem habēbit."

Rēx Latīnus respondet, "In Latiō sunt multae virginēs; dēlige conjugem ex hīs virginibus. Aenēae Lāvīniam in mātrimōnium dare dēbeō; ita dī jussērunt. Propter lacrimās conjugis meae hoc bellum injūstum gerō.

"Heu! Fortūnam bellī maximē timeō. Jam Latīnī in proeliō superātī sunt, quamquam moenia urbis mūniuntur et vehementer dēfenduntur. Multī amīcī in campīs, ā Trōjānīs necātī, jacent. Pete pācem ā Trōjānīs!"

Turnus respondet, "Mortem nōn timeō. Vītam sine glōriā nōn cupiō. Gladiō meō Aenēam vincere temptābō."

Interim ā rēgīnā Amātā illa verba audiuntur. "Ō Turne," dīcit, "fortūnam bellī temptāre nōn debēs. Necāberis; ubi auxilium expectābimus? Tua perīcula sunt mea. Nōnne meae lacrimae tē movent?"

Sed Turnus ācriter respondet, "Ō rēgīna, lacrimae tuae sunt ōmen malum! Mē nōn vincunt. Mēns mea nōn mūtāta est. Neque Trōjānī neque Rutulī iterum pugnābunt. Cum Aeneā pugnābō; victor Lāvīniam habēbit!"

▶▶▶ 어휘

audācia, -ae=F., boldness (audacious 대담한, audacity 대담).

audiō, -īre=hear, listen (audible 들리는, audience 청중, audit 청강하다, audition 청각, 오디션, auditory 청각의).

dēligō, -ligere=choose.

dormiō, -īre=sleep (dormitory 기숙사, dormant 잠자는, dormouse 겨울 동안 잠자는 작은 짐승 류).

grāmen, -inis=N., grass.

injūstus, -ā, -um=unfair, unjust (justice 정의, injustice 불법, unjust 불법의, justify 정당화하다, justification 정당화, adjust 맞추다, adjustment 적응, readjust 재조정하다).

mūniō, -īre=fortify (munition 군수품(본래의 뜻은 fortification(방비), ammunition 탄약).

pōnō, -ere=place, put; **castra pōnere**=to pitch camp.

vincō, -ere=conquer, overcome (conviction 설득, invincible 무적의, convince 설득하다, evince 증명하다, victor 승리자, vanquish 정복하다).

❶ 제4활용 동사 (Fourth Conjugation) -īre

audiō(=hear)의 변화

능동

audiō	I hear	**audīmus**	we hear
audīs	you hear	**audītis**	you hear
audit	he hears	**audiunt**	they hear

수동

audior	I am heard	**audīmur**	we are heard
audīris	you are heard	**audīminī**	you are heard
audītur	he is heard	**audiuntur**	they are heard

❷ 제4활용 동사의 명령형

단수 : **audī**　　**venī**

복수 : **audīte**　　**venīte**

밤이 되어 트로이 사람들은 Latinus의 도시 근처에 진지를 잡는다. 루투리아 인들도 테베레 강이 흐르는 이 넓은 들판에 진지를 잡는다. 이곳으로 지친 군인들이 온다. 들판의 풀밭이나 강둑에서 잔다.

그 사이 Turnus가 Latinus의 궁전으로 온다.

Turnus가 왕에게 말한다. "아침에 Aeneas에게 한판 벌이자고 제안하겠소. 이 오른손으로 트로이의 지휘관을 죽이든지, 아니면 Aeneas가 당신의 딸을 배필로 차지할 것이오.

Latinus 왕이 대답한다. "라틴에는 많은 처녀가 있소. 이 처녀들 가운데서 배필을 고르시오. 나는 Aeneas에게 Lavinia를 주어야만 하오. 신들이 그렇게 명하였소. 내 아내의 눈물 때문에 나는 이 부당한 싸움을 하고 있는 거요.

맙소사! 나는 전쟁의 운을 몹시 두려워하오. 지금 라틴 사람들은 비록 도시의 성벽을 보강하고, 맹렬히 방어하는데도 전투에서 패배당하고 있소. 전장에는 트로이 인들에게 살해된 많은 친구가 누워 있소. 트로이 사람들에게 평화를 청하시오!"

Turnus가 대답한다. "나는 죽음을 두려워하지 않소. 나는 영광이 없는 삶을 원하지 않소. 내 칼로 Aeneas를 정복해 보겠소."

그러는 사이에 Amata 왕비가 이 말을 듣는다. "오, Turnus여"라고 그녀가 말한다. "그대는 전쟁의 행운을 시험해서는 안 돼요. 당신은 죽임을 당할 거예요. 우리는 어디에서 도움을 기대할 수 있나요? 당신의 위험이 내 위험이에요. 내 눈물로도 당신의 마음을 움직일 수 없나요?"

그러나 Turnus는 격렬하게 대답한다. "오, 왕비시여, 당신의 눈물은 흉조입니다. 눈물이 나를 이기지 못합니다. 나의 마음은 변하지 않습니다. 트로이 인들이나 루투리아 인들은 다시는 싸우지 않을 것입니다. 나는 Aeneas와 싸울 것이며, 승자가 Lavinia를 차지할 것입니다!"

A. 번역하시오.

❶ Sonus multōrum pedum audītur.

❷ Multī mīlitēs nunc castra ā tergō mūniunt.

❸ Certāmen injūstum audīmus et vidēmus.

❹ Paucī mīlitēs ā duce dēliguntur et castra pōnunt.

❺ Multae virginēs ex eō locō celeriter veniunt.

❻ Parvum animal in grāmine jacēbat.

❼ Mīlitēs nostrī in campō dormiunt.

❽ Incolae ejus terrae ab hostibus vincuntur.

B. 동사를 라틴어로 옮기시오.

❶ The town is being fortified.

❷ The Trojans did not choose the unjust plan.

❸ The weary victor is sleeping in the grass.

❹ A new camp is being pitched by the enemy.

❺ The good leader is coming to the city.

C. 괄호 안에 주어진 어구를 라틴어로 옮겨 문장을 완성하시오.

❶ Dīcō et ā multīs hominibus (*I am heard*).

❷ Vesperī in hortō avem (*I hear*).

❸ Nōnne sonum mīlitum (*you (pl.) hear*)?

❹ Apēs rēgis vidēmus et (*we hear*).

❺ Multī mīlitēs ā virī (*are heard*).

❻ Apēsne in hortō (*do you (sg.) hear*)?

❼ Clāmor mīlitum graviter vulnerātōrum (*is herd*).

❽ Sēcrētō ad flūmen properāmus, sed ab hostibus (*we are heard*).

066

FOEDUS FRACTUM

Māne Rutulī et Trōjānī castra sua relīquērunt et sub moenia urbis prōcessērunt ubi locum certāminis parāvērunt.

Tum in medium campum Latīnus et Turnus cum magnō agmine prīncipum suōrum prōcessērunt. Ad eōs Aenēās et Ascanius cum paucīs comitibus appropinquāvērunt. Populus silentium tenēbat.

Prīmō Aenēās ita dīxit, "Foedus aeternum petimus; hoc foedus bellum prohibēbit. Rēx Latīnus arcem suam, urbem suam, rēgnum suum habēbit. Turnō victōre, Trōjānī numquam hoc rēgnum oppugnābunt. Sed, sī erō victor, Latīnī sub potestāte Trōjānōrum numquam erunt. Trōjānī urbem suam aedificābunt, et Lāvīnia huic urbī novae nōmen suum dabit."

Deinde Latīnus ita dīxit, "Haec probō. Hoc foedus sacrum semper erit. Pāx aeterna inter nōs erit."

Hōc foedere probātō ab Aenēā Latīnōque furor mentēs Rutulōrum occupāvit. Eīs hoc foedus nōn erat grātum; bellum, nōn pācem, dēlēgērunt.

Turnus sōlus ad āram silentiō prōcessit. Subitō silentium frāctum est. Soror Turnī, Jūturna, clāmāvit, "Ubi est honor? Ubi est fāma? Capite arma, Rutulī! Pugnāte prō patriā nostrā! Turnus sōlus pugnāre nōn dēbet. Nōs eum juvāre dēbēmus."

Verbīs sorōris ejus audītīs, animus Turnī quoque furōre
occupātus est. Etiam mēns ejus jam mūtāta est. Itaque Rutulī
foedus frēgērunt. Arma petīta sunt; hastae jactae sunt. Foedero
frāctō, mīlitēs cum mīlitibus iterum pugnābant.

▶▶▶ 어휘

aeternus, -a, -um=eternal.
foedus, foederis=N., agreement, treaty.
frangō, -ere, frēgī, frāctum=break (fracture 골절, fragile 부서지기 쉬운,
    fragment 조각).
jaciō, -ere, jēcī, jactum=throw, hurl (trajectory (투사물의) 곡선).
prōcēdō, -ere, -cessī, -cessum=proceed, advance, march.
silentium, -ī=N., silence; silentiō=in silence, silently.
soror, -ōris=F., sister (sorority 여학생 클럽).

▶▶▶ 문법

❶ 제3, 4활용 동사의 완료능동형(Perfect Active)

dūcō(=lead)의 변화형

dūxī	I (have) led	dūximus	we (have) led
dūxistī	you (have) led	dūxistis	you (have) led
dūxit	he (has) led	dūxērunt	they (have) led

audiō(=hear)의 변화형

audīvī	I have heard	audīvimus	we (have) heard
audīvistī	you (have) heard	audīvistis	you (have) heard
audīvit	he (has) heard	audīvērunt	they (have) heard

❷ 제3, 4활용 동사의 완료수동형(Perfect Passive)

dūcō(=lead)의 변화형

ductus sum	I was led	**ductī sumus**	we were led
ductus es	you were led	**ductī estis**	you were led
ductus est	he was led	**ductī sunt**	they were led

audiō(=hear)의 변화형

audītus sum	I was heard	**audītī sumus**	we were heard
audītus es	you were heard	**audītī estis**	you were heard
audītus est	he was heard	**audītī sunt**	they were heard

❸ 이 밖에 **dūcō**와 동일한 변화형을 갖는 제3활용 동사는 다음과 같다.

capiō	**capere**	**cēpī**	**captum**	(=take)
colō	**colere**	**coluī**	**cultum**	(=cultivate)
cupiō	**cupere**	**cupīvī**	**cupītum**	(=wish)
dēligō	**-ligere**	**-lēgī**	**-lēctum**	(=choose)
dēfendō	**-fendere**	**-fendī**	**-fēnsum**	(=defend)
dīcō	**dīcere**	**dīxī**	**dictum**	(=say)
discō	**discere**	**didicī**	—	(=learn)
dūcō	**dūcere**	**dūxī**	**ductum**	(=lead)
faciō	**facere**	**fēcī**	**factum**	(=make)
fluō	**fluere**	**flūxī**	**flūxum**	(=flow)
fugiō	**fugere**	**fūgī**	—	(=flee)
gerō	**gerere**	**gessī**	**gestum**	(=carry)
legō	**legere**	**lēgī**	**lēctum**	(=read)
mittō	**mittere**	**mīsī**	**missum**	(=send)
petō	**petere**	**petīvī**	**petīum**	(=seek)
pōnō	**pōnere**	**posuī**	**postitum**	(=place)
prōmittō	**-mittere**	**-mīsī**	**-missum**	(=promise)
scrībō	**scrībere**	**scrīpsī**	**scrīptum**	(=write)
vincō	**vincere**	**vīcī**	**victum**	(=defeat)

❹ 이 밖에 **audiō**와 동일한 변화형을 갖는 제4활용 동사는 다음과 같다.

audiō	**audīre**	**audīvī**	**audītum**	(=hear)
dormiō	**dormīre**	**dormīvī**	**dormītum**	(=sleep)
mūniō	**mūnīre**	**mūnīvī**	**mūnītum**	(=fortify)
veniō	**venīre**	**vēnī**	**ventum**	(=come)

▶▶▶ 해석　　깨진 협약

아침에 루투리아 인들과 트로이 인들은 자기들의 진지를 떠나 도시의 성벽 아래 결전이 약속된 도시의 성곽 밑으로 진군해 갔다.

그때 들판 한가운데로 Latinus와 Turnus가 자기들의 지휘관들의 대군과 함께 행진해 갔다. 그들쪽으로 Aeneas와 Ascanius가 몇몇 친구들과 함께 다가갔다. 사람들은 침묵을 지켰다.

먼저 Aeneas가 이렇게 말했다. "우리는 영구한 협약을 원하오. 이 협약은 전쟁을 막아줄 것이오. Latinus 왕은 자기의 성채와 자기의 도시와 가지의 왕국을 가지게 될 것이오. Turnus가 승리한다면 트로이 사람들은 절대로 이 왕국을 공격하지 않을 것이오. 그러나 만약에 내가 승리자가 된다면 Latinus가 트로이 사람들의 지배하에 들어오는 일은 결코 없을 것이오. 트로이 사람들은 자신들의 도시를 건설할 것이며, Lavinia는 이 새로운 도시에 자기의 이름을 붙일 것이오."

그러자 Latinus는 다음과 같이 말했다. "그 제안에 동의하오. 이 협약은 항상 성스럽게 존중될 것이오. 우리들 사이에는 항구적인 평화가 존재할 것이오."

Aeneas와 Latinus에 의해 이 협약이 이루어지자 분노가 루투리아 인들의 마음을 사로잡았다. 그들에게 이 협약은 반갑지 않았다. 그들은 평화가 아니라 싸움을 택했다.

Turnus 혼자 조용히 제단으로 나아갔다. 갑자기 정적이 깨졌다. Turnus의 누이동생 Juturna가 소리쳤다. "영예는 어디에 있는가? 명성은 어디에 있는가? 루투리아 인들이여, 무기를 들라! 우리의 조국을 위해 싸우라! Turnus 혼자 싸우게 해서는 안 된다. 우리는 그를 도와야 한다."

누이동생의 말을 듣자 Turnus의 마음도 분노에 사로잡혔다. 이제는 그의 마음마저 달라졌다. 그리하여 루투리아 인들은 협약을 깼다. 무기들을 찾았다. 창들이 던져졌다. 협약이 깨지자 군인들은 군인들끼리 다시 싸웠다.

A. 번역하시오.

❶ Latīnus urbem pulchram et arcem suam habuit.

❷ Turnus dīxit, "Foedus frāctum nōn grātum est."

❸ Silentium erat, et soror ducis prōcessit.

❹ Multae hastae ab hostibus jactae sunt.

❺ Trōjānī pācem, nōn bellum dēlēgērunt.

❻ Mīlitēs verba ducum suōrum audīvērunt.

❼ Rutulī arma cēpērunt et prō patriā suā pugnāvērunt.

❽ Ubi verba sorōris audīta sunt, furor mentem Turnī occupāvit.

❾ Hoc foedus bellum prohibēbit; pāx aeterna erit.

❿ Multī lapidēs jaciuntur et multa corpora sub moenibus jacent.

B. 동사를 라틴어로 옮기시오.

❶ The citadel was never attacked by the enemy.

❷ The soldiers advanced; spears were hurled; there was war again; the treaty was broken.

❸ When the words of the leader were heard, the plan of the Rutuli was changed.

❹ In silence Aeneas and his companions left their camp and marched to the field.

❺ Take up arms, Turnus! Fight for your country.

C. 빈칸에 적당한 동사를 넣으시오.

❶ _____ ne vir epistulam longam?

Yes, the man wrote a long letter.

❷ Cūr Trōjānī _____ ?

The Trojans fought because they had a good leader.

❸ Ubī āram _____ ?

I placed the altar in the temple.

❹ Nōnne Trōjānī et Latīnī foedus _____ ?

Yes, they made a treaty.

❺ Nōnne fābula ā puerīs _____ ?

The story was read in the evening.

D. 주어진 라틴어 동사에서 파생한 영어의 뜻을 확인하시오.

capio (=take)	**moveo** (=move)	**duco** (=lead)
captive	movement	duke
captivate	movable	duchess
captivity	mobile	ductile
captor	motor	aqueduct
capture	motive	conduct
anticipate	motion	conductor
accept	demote	conducive
acceptance	promote	viaduct
acceptable	commotion	abduction
unacceptable	emotion	induce
incipient	remove	induction
intercept	immovable	introduce
receive	automobile	introduction
recipe	automotive	produce
reception	locomotive	reduction

facio (=make, do)	**dico** (=say)	**jacio** (=throw)
fact	diction	abject
faction	dictionary	dejected
factor	dictum	eject
faculty	edict	inject
benefactor	predict	object
manufacture	prediction	objection
confectionery	contradict	project
beneficent	contradiction	projection
deficient	verdict	reject
efficient	valedictory	subject

067

IRA AENEAE

Foedere frāctō, Aenēās īrā excitātus Trōjānōs magnā vōce vocāvit. "Cūr bellum iterum geritis?" clāmāvit. "Foedus factum est! Huic foederī fīdus erō. Sōlus cum Turnō pugnāre dēbeō."

Tamen neque Trōjānī neque Rutulī ā proeliō recēdēbant; eum nōn audiēbant. Etiam Turnus in certāmine hastam contrā Trōjānōs vehementer jēcit. Sed ab Aenēā inter agmina Rutulōrum petēbātur, quod dux Trōjānus cum illō sōlō pugnāre cupiēbat.

Undique magnus numerus sociōrum Aenēae, necātus ā Turnō perfidō, in terrā jacēbat. Jam Aenēās, sociīs mortuīs vīsīs, īrā agitābātur; prope urbem Latīnī veniēbat. Urbe vīsā, subitō mēns ejus mūtāta est.

"Oppugnāte moenia!" mīlitēs suōs Aenēās jussit. "Dēbetne haec urbs, causa bellī, manēre, dum nostrī in proeliō injūstō interficiuntur?"

Mox Trōjānī moenia ascendēbant et portās oppugnābant. Nōn sōlum hastae sed etiam taedae in urbem jaciēbantur. Magnus erat terror cīvium; urbs et domicilia eōrum dēlēbantur.

"Ubi est Turnus?" clāmāvit rēgīna Amāta, maximē furōre agitāta. "Urbs nostra vincitur. Turnus sōlus nōs servābit; sine eō superābimur. Sum causa calamitātis; nōn jam vīvere dēbeō."

Statim Amāta sē interfēcit. Propter mortem rēgīnae cīvēs multīs cum lacrimīs dolēbant. Clāmōre audītō, Turnus ad urbem fūmō flammīsque cēlātam properāvit. Undique mīlitēs ab aliīs mīlitibus interficiēbantur.

"Ō Rutulī et Latīnī!" Turnus clāmāvit, "sōlus Aenēam in certāmine petō."

agitō, -āre, -āvī, -ātum=drive on, agitate; pursue.

interficiō, -ficere, -fēcī, -fectum=kill, slay.

nōn sōlum~sed etiam=not only~but also.

numerus, -ī=M., number (numeral 수의, innumerable 무수한, enumerate 열거하다).

recēdō, -ere, -cessī, -cessum=withdraw, retreat (recede 후퇴하다, recession 후퇴).

vīvō, -ere, vīxī, vīctum=live (vivid 생생한, vivify 소생시키다, convivial 유쾌한).

❶ 제3, 4활용 동사의 미완료(Imperfect) 시제는 **-bā**로 나타낸다. 제3활용 동사 **dūcō**는 **moneō**와 변화형이 같으며, 제4활용 동사는 시제표시 **-bā** 앞에 **-iē-**가 온다.

dūcō(=lead)의 변화형

능동

dūcēbam	I was leading	**dūcēbāmus**	we were leading
dūcēbās	you were leading	**dūcēbātis**	you were leading
dūcēbat	he was leading	**dūcēbant**	they wee leading

dūcēbar	I was being led	**dūcēbāmur**	we were being led.
dūcēbāris	you were being led	**dūcēbāminī**	you were being led
dūcēbātur	he was being led	**dūcēbantur**	they were being led

audiō(=hear)의 변화형
능동

audiēbam	I was hearing	**audiēbāmus**	we were hearing
audiēbās	you were hearing	**audiēbātis**	you were hearing
audiēbat	he was hearing	**audiēbant**	they were hearing

수동

audiēbar	I was being heard	**audiēbāmur**	we were being heard
audiēbāris	you were being heard	**audiēbāminī**	you were being heard
audiēbātur	he was being heard	**audiēbantur**	they were being heard

❷ 제3활용 -iō-동사의 미완료형(Imperfect)

capiō(=take)의 변화형
능동

capiēbam	I was taking	**capiēbāmus**	we were taking
capiēbās	you wer taking	**capiēbātis**	you were taking
capiēbat	he was taking	**capiēbant**	they were taking

수동

capiēbar	I was being taken	**capiēbāmur**	we were being taken
capiēbāris	you were being taken	**capiēbāminī**	youwere being taken
capiēbātur	he was being taken	**capiēbantur**	they were being taken

협약이 깨지자 Aeneas는 분노에 흥분되어 트로이 사람들에게 큰 소리로 소리쳤다. "그대들은 왜 다시 전쟁을 하려는가?"라고 그가 소리쳤다. "협약은 이루어져 있소! 나는 이 협약에 충실할 것이오. 나 홀로 Turnus와 싸워야 하오."

그러나 트로이 사람들도 루투리아 사람들도 싸움에서 물러나지 않았다. 그의 말을 듣고 있지 않았다. Turnus마저도 접전에서 트로이 인들에게 창을 맹렬하게 던졌다. 그러나 Aeneas는 루투리아 인들의 대열 속에서 그를 찾고 있었는데, 왜냐하면 트로이의 지휘관은 그하고만 싸우기를 원했기 때문이다.

사방엔 신의없는 Turnus에 의해 살해된 Aeneas의 많은 동료가 땅위에 누워있었다. 이제 죽은 동지들을 보자 Aeneas는 분노에 휩싸였다. 그는 Latinus의 도시 근처에 오고 있었다. 도시를 보자 갑자기 그의 마음이 달라졌다.

"성벽을 공격하라!" Aeneas는 그의 군인들에게 명령했다. "부당한 전쟁에서 우리가 살해되는 이 마당에 전쟁의 씨앗인 이 도시가 그대로 있어야 되겠는가?"

곧 트로이 사람들은 벽을 타고 올라가서 성문을 공격했다. 창뿐만 아니라 횃불도 도시 안에 던져졌다. 시민들의 공포는 대단했다. 그들의 도시와 주거지는 파괴되었다.

"Turnus는 어디에 있느냐?"라고 분노에 격앙된 Amata 왕비가 소리쳤다. "우리 도시가 정복당하고 있다. Turnus만이 우리를 구할 것이다. 그가 없다면 우리는 정복당할 것이다. 나는 재앙의 원인이다. 더 이상 살아서는 안 된다."

곧 Amata는 자결했다. 왕비의 죽음 때문에 많은 시민은 눈물을 흘리며 슬퍼했다. 외치는 소리를 듣자 Turnus는 연기와 불길에 휩싸인 도시로 서둘렀다. 사방에서 군인들이 다른 군인들에 의해 살해되고 있었다.

"오 루투리아 인들과 라틴 인들이여!"라고 Turnus가 소리쳤다. "Aeneas 하고만 결투를 원하오."

A. 번역하시오.
  ❶ Rēgīna nōn sōlum furōre agitābātur sed etiam sē interfēcit.
  ❷ Multa animālia ā mīlitibus interficiēbantur.
  ❸ Mīlitēs ad oppidum prōcēdēbant; deinde ab oppidō recēdēbant.
  ❹ In hōc proeliō magnus numerus Trōjānōrum interfectus est.
  ❺ Prīncipēs interficiēbantur et hastae eōrum frangēbantur.
  ❻ Mīlitēs longa itinera saepe faciēbant et in castrīs vīvēbant.

B. 다음 중 하나로 빈칸을 채우시오.

audiēbat	audiēbātur	dūcēbat	dūcēbātur
jaciēbam	jaciēbantur	necābant	necābantur
relinquēbāmur	relinquēbant		

  ❶ Puerī ursās _____.
  ❷ Ursae ā puerīs _____.
  ❸ Puella caecum _____.
  ❹ Caecus ā puellā _____.
  ❺ Magnus numerus mīlitum vōcem ducis _____.
  ❻ Hastam meam pīlumque meum _____.

068

TURNUS RELICTUS A DEIS

Vōce Turnī audītā, Aenēās urbem relīquit et ācriter ad certāmen prōcessit. Hoc certāmen, autem, Juppiter et Jūnō ē caelō spectābant.

Procul Aenēās hastam suam contrā hostem jēcit, sed hasta suprā caput Turnī volāvit et in arbore stetit. Tum gladiīs Aenēās et Turnus vehementer pugnābant. Subitō gladius Turnī scūtō Aenēae frāctus est. Gladiō āmissō, dux Rutulus, captus terrōre, celeriter fūgit. Interim soror ejus, Jūturna, alium gladium invēnit eumque frātrī suō dedit.

Hōc vīsō, Juppiter dīxit, "Quī erit fīnis hujus certāminis, Ō conjūnx mea? Nōnne Aenēās Turnum vincet? Quid in animō facere habēs? Noctū et interdiū, aestāte et hieme, Trōjānōs per terrās et maria agitāvistī. Propter tē, nōn sōlum foedus frāctum est, sed etiam bellum malum iterum inceptum est. Auxiliō tuō, Jūturna gladium invēnit et frātrī suō eum dedit. Jam ad fīnem hoc certāmen veniet. Prohibeō tē haec iterum facere."

Jūnō respondit, "Propter tē, magne Juppiter, Turnum et terram relīquī. Facta Jūturnae probāvī; meō auxiliō illa gladium invēnit. Tamen, potestātem meam āmittam. Nōn jam Turnus vōcem sorōris suae audiet; nūllum auxilium inveniet. Fātīs repulsa, nōn jam fīnem gentis Trōjānae postulō. Mors Turnī fīnem certāminis faciet. Aenēās vītam suam nōn āmittet; is vīvet; sed Turnus interficiētur."

Tum Juppiter haec prōmīsit, "Quamquam Aenēās erit rēx eōrum, Latīnī nōmen suum linguamque suam tenēbunt. Ūnam (*one*) gentem Trōjānī Latīnīque facient; ūnam linguam habēbunt; et ex eōrum līberīs populus clārus veniet."

▶▶▶ 어휘

āmittō, -mittere, -mīsī, -missum=lose, let go.

autem=but, however (*never stands first in a clause*).

fīnis, fīnis, -ium=M., end, boundary, limit.

incipiō, -cipere, -cēpī, -ceptum=begin (incipient 초기의, inception 개시, inceptive 시작의).

inventiō, -venīre, -vēnī, -ventum=find, discover (invent 발명하다, invention 발명).

populus, -ī=M., people (populate 입주시키다, population 인구, popularity 인기, popularize 대중화하다, populous 인구가 많은)

repellō, -pellere, reppulī, repulsum=repel, drive back, repulse (repel 튀기다, repellent 튀기는).

suprā (*with acc.*)=above, over.

▶▶▶ 문법

❶ 제3, 4활용 동사의 미래형 (-ē-)

dūcō(=lead)의 변화형

능동

dūcam	I will lead	**dūcēmus**	we will lead
dūcēs	you will lead	**dūcētis**	you will lead
dūcet	he will lead	**dūcent**	they will lead

수동

dūcar	I will be led	**dūcēmur**	we will be lead
dūcēris	you will be led	**dūcēminī**	you will be led
dūcētur	he will be led	**dūcentur**	they will be lead

capiō(=take)의 변화형
능동

capiam	I will take	**capiēmus**	we will take
capiēs	you will take	**capiētis**	you will take
capiet	he will take	**capient**	they will take

수동

capiar	I will be taken	**capiēmur**	we will be taken
capiēris	you will be take	**capiēminī**	you will be taken
capiētur	he will be taken	**capientur**	they will be taken

audiō(=hear)의 변화형
능동

audiam	I will hear	**audiēmus**	we will hear
audiēs	you will hear	**audiētis**	you will hear
audiet	he will hear	**audient**	they will hear

수동

audiar	I will be heard	**audiēmur**	we will be heard
audiēris	you will be heard	**audiēminī**	you will be heard
audiētur	he will be heard	**audientur**	they will be heard

❷ 제1, 2활용 동사의 미래시제 표시는 **-bi-**였으나 제3, 4활용 동사의 미래표시는 **-ē-**이다. **-ē-**는 1인칭 단수의 경우에는 **a**로 대체되며, **-t, -nt, -ntur** 앞에서는 짧아진다.

Turnus의 목소리를 듣자 Aeneas는 도시를 떠나 결투장으로 거칠게 달려갔다. 그러나 이 결투를 Jupiter와 Juno가 하늘에서 보고 있었다.

멀리서 Aeneas는 적을 향해 자기 창을 던졌다. 그러나 창은 Turnus의 머리 위로 날아가 나무에 박혔다. 그리고 Aeneas와 Turnus는 칼로 격렬하게 싸웠다. 곧 Turnus의 칼이 Aeneas의 방패에 부러졌다. 칼을 놓치자 루투리아의 왕은 공포에 사로잡혀 재빨리 도망갔다. 그러는 사이 그의 누이동생 Juturna는 다른 칼을 찾아 자기 오빠에게 주었다.

이것을 보고 Jupiter가 말했다. "오, 내 아내여, 이 싸움의 끝은 어찌되겠소? Aeneas가 Turnus에게 이기지 않겠소? 어떻게 할 작정이시오? 밤과 낮으로, 여름과 겨울로 그대는 트로이 사람들을 땅과 바다에서 힘들게 했소. 그대 때문에 협약이 깨졌을 뿐만 아니라 몹쓸 전쟁도 다시 시작되었소. 그대의 도움으로 Juturna는 칼을 찾아 자기 오빠에게 주었소. 이제 이 싸움의 종말이 왔소. 나는 그대가 다시 이런 일을 하는 것을 금하오."

Juno가 대답했다. "위대한 Jupiter여, 당신 때문에 나는 Turnus와 나라를 버렸소. 나는 Juturna의 행동을 승인했었소. 내 도움으로 그녀는 칼을 발견했소. 그러나 내 힘을 포기하겠소. 더 이상 Turnus는 누이동생의 말을 듣지 못할 것이오. 아무 도움도 발견하지 못할 것이오. 운명에게 밀려난 지금 나는 더 이상 트로이 사람들의 종말을 요구하지 않겠소. Turnus의 죽음이 이 결투의 끝이 될 것이오. Aeneas는 자기 목숨을 잃지 않게 될 것이며, 그는 살아남을 것이나 Turnus는 살해될 것이오."

그러자 Jupiter는 다음과 같은 약속을 했다. "비록 Aeneas는 그들의 왕이 되겠지만, 라틴 사람들은 그들의 이름과 언어를 지니게 될 것이오. 트로이 사람들과 라틴 사람들은 하나의 나라를 이룰 것이오. 하나의 언어를 가지게 될 것이오. 그리고 그들로부터 빛나는 후손들이 나올 것이오."

A. 번역하시오.

❶ Cum Jūnō dīcet, tum bellum incipiētur; cum Turnus interficiētur, tum bellum āmittētur.

❷ Mors gentis Trōjānae ā deā postulābitur.

❸ Dux Trōjānus vīvet; multī advenae, autem, interficientur.

❹ Noctū et interdiū, aestāte et hieme, domicilium idōneum petent.

❺ Apēs, autem, ā rēge et conjuge ejus suprā hortum vīsae sunt.

❻ Mīlitēs dēfessī ab hostibus repellentur.

❼ Aenēās Lāvīniam in mātrimōnium dūcet, et līberī eōrum erunt rēgēs.

❽ Trōjānī in Latiō tēcta nova aedificāvērunt, sed nōmen eōrum mūtātum est et lingua antīqua āmissa est.

B. 라틴어로 옮기시오.

❶ The men will discover the limits of the city.

❷ The soldiers, seized by terror, were driven back.

❸ But will the gods begin a new conflict?

❹ Turnus will lose his sword.

❺ The leader threw his sword above his enemy's head.

069
FINIS CERTAMINIS

Avis fera, missa ad terram ā deīs, Turnum inter agmina Rutulōrum petēbat. Ante oculōs et circum umerōs ducis Rutulī volābat scūtumque ejus ālīs suīs oppugnābat. Turnus potentiam (*power*) deōrum et ōmen mortis recognōvit.

Jūturna hanc avem procul vīdit et clāmāvit, "Certē haec avis missa est quod dī Turnum interficī et Rutulōs superārī cupiunt. Frātre meō interfectō Rutulīsque victīs, nōn jam vīvere dēsīderō."

Hīs verbīs dictīs, Jūturna sē in undās Tiberis jēcit.

Interim Aenēās Turnum agitāre iterum incēpit.

"Cūr recēdis, Turne?" dīxit. "Cūr mortem tuam fugere temptās?"

Turnus respondit, "Verba tua mē nōn terrent. Dī et odium deōrum mē terrent. Juppiter est hostis meus."

Tum Aenēās magnam hastam jēcit, et Turnus, graviter vulnerātus, ad terram cecidit (*fell*).

Rutulus victus dīxit, "Vītam meam āmittere prō patriā meā jam diū parātus sum. Satis pugnāvī; nunc mē vīcistī. Lāvīnia erit conjūnx tua. Vītam nōn ōrō, sed certē prō patre miserō meīs amīcīs corpus meum dabis."

Prīmō Aenēās Turnum interficere in animō nōn habēbat. Tum in umerō hostis vulnerātī īnsigne nōtum vīdit. Ōlim fīlius Evandrī illud īnsigne gerēbat; jam ille erat mortuus—necātus ā Turnō. Celeriter Aenēās īrātus Turnum gladiō interfēcit. Ita mors Turnī fīnem certāminis fēcit.

▶▶▶ 어휘

certē=surely, certainly.
odium, -ī=hatred (odious 미운, odium 혐오).
recognōscō, -**cognōscere**, -**cognōvī**, -**cognitum**=recognize (recognition 인식, recognizance 서약서, reconnaissance 사전 검사, reconnoiter 정찰하다).
umerus, -ī=M., shoulder.

▶▶▶ 문법

❶ 네 활용형의 현재부정형(Present Infinitive)

I	II	III	IV
portāre	**monēre**	**dūcere/capere**	**audīre**
(=to carry)	(=to warn)	(=to lead/take)	(=to hear)

❷ 네 활용형의 수동부정형(Passive Infinitive)

I	II	III	IV
portārī	**monērī**	**dūcī/capī**	**audīrī**
(=to be carried)	(=to be warned)	(=to be led/ taken)	(=to be heard)

신이 땅으로 날려 보낸 사나운 새가 루투리아 인들의 대열 사이에서 Turnus를 찾았다. 새는 루투리아 지휘관의 눈앞과 어깨 둘레를 날아다니면서 자기 날개로 방패를 공격했다. Turnus는 신들의 힘과 죽음의 징조를 알아보았다.

Juturna는 멀리서 이 새를 보고 소리쳤다. "틀림없이 이 새는 Turnus가 살해되고 루투리아 인들이 정복되기를 원해서 신들이 보낸 것이다. 내 오빠가 죽고 루투리아 인들이 정복당한 지금 나는 더 이상 살고 싶지 않다."

이 말을 하고 나서 Juturna는 스스로를 테베레 강의 물결 속으로 던졌다.

그러는 동안 Aeneas는 다시 Turnus를 선동하기 시작했다.

"Turnus여, 왜 물러서는가?"라고 그가 말했다. "어찌하여 그대의 죽음을 피하려 하는가?"

Turnus가 대답했다. "나는 그대의 말이 무섭지 않다. 나는 신들과 신들의 증오가 무섭다. Jupiter는 나의 적이다."

그러자 Aeneas는 큰 창을 던졌고, 큰 상처를 입은 Turnus는 땅에 쓰러졌다.

굴복당한 루투리아 인이 말했다. "나는 오랫동안 이미 내 목숨을 내 조국을 위해 바칠 준비가 돼 있소. 나는 충분히 싸웠소. 이제 당신이 나에게 이겼소. Lavinia는 당신의 배우자가 될 것이오. 내 목숨을 구걸하진 않겠소. 그러나 확실히 당신은 불쌍한 내 아버지를 위해 내 시체를 내 친구들에게 주길 바라오."

처음엔 Aeneas가 Turnus를 죽일 생각이 없었다. 그러자 그는 상처 입은 적의 어깨에서 낯익은 휘장을 보았다. 한때 Evander의 아들이 그 휘장을 지니고 있었다. 지금 그는 죽었다—Turnus에 의해 살해된 것이다. 화가 난 Aeneas는 재빨리 칼로 Turnus를 죽였다. 이리하여 Turnus의 죽음이 결투의 종말을 이루게 되었다.

A. 번역하시오.

❶ In umerīs tuīs cervum portāre jubēris.

❷ Jussitne tē propter odium frātrem tuum interficere?

❸ Cūr dī Rutulōs superārī cupiunt?

❹ Dux aquam et frūmentum ad equōs in umerīs servōrum portārī jubet.

❺ Hī leōnēs ferī ā sagittāriīs timērī nōn videntur.

❻ Certē eōs auxilium ad sociōs nostrōs sine morā mittere jubēbō.

❼ Urbs ab hostibus recognōscī dēbet.

❽ Certē virī malī ā bonīs cīvibus expellī dēbent.

❾ Dī Turnum vincī ab Aenēā īrātō cupiunt.

❿ Turnus Aenēam vincere in animō habuit.

B. 각 문장 아래 주어진 세 개의 영어 어구를 라틴어로 옮기시오.

❶ Mīlitēs frūmentum _____ invenient.

    in the city   of the inhabitants   in the fields

❷ Mīles _____ fūgit.

    overcome by the enemy   severely wounded   frightened by trumpets

❸ Sed cōpiae Rōmānae in campō _____.

    will sleep   will pitch camp   will conquer the enemy

❹. Foedus ā Rōmānīs et Latīnīs _____ .

    will be approved   will be broken   will be sought

❺ Puer saxum _____ jēcit.

    into the water   over the house   above his friend's head

❻ Turnus _____.

    will be killed   will break the spear   will not be king

A. 왼쪽 영어에 해당하는 라틴어 동사를 오른쪽에서 찾으시오.

❶ to begin   ❻ to fortify   (a) **dūcere**   (f) **mūnīre**

❷ to be led   ❼ to make   (b) **dūcī**   (g) **scrībere**

❸ to be broken   ❽ to lead   (c) **facere**   (h) **timēre**

❹ to seem   ❾ to see   (d) **frangī**   (i) **vidēre**

❺ to fear   ❿ to write   (e) **incipere**   (j) **vidērī**

B. 괄호 안의 영어 어구를 라틴어로 옮기시오.

❶ Magnum oppidum (*is being fortified*).

❷ Foedus initiō bellī (*was broken*).

❸ Mentēs Trōjānōrum (*were agitated*).

❹ Silentiō verba patris ā līberīs ejus (*are heard*).

❺ Bellum novum ab hostibus (*will be begun*).

❻ Hostēs ā duce bonō (*will be driven back*).

C. **jaceō**(=lie down)나 **jaciō**(=hurl)의 변화형으로 빈칸의 어구를 바꾸시오.

❶ Mīles dēfessus in terrā (*lay down*).

❷ Certē hostis pīlum suum (*hurled*).

❸ Librī Latīnī in mēnsā (*will be lying*).

❹ Soror mea lapidem (*will hurl*).

❺ Avis necāta in grāmine (*lay*).

D. 괄호 안에 주어진 어구를 밑에 주어진 라틴어 어구로 바꾸시오.

dēfendunt	gestum est	jaciēbantur	vīsae estis
dēfēnsa sunt	interfēcistis	jactae sunt	vīsum est
dūceris	inerfectae sunt	recognōvit	vulnerāmus
dūciminī	interficiuntur	vidēbitur	vulnerātī sumus

❶ Cervum, puerī, (*you have killed*).

❷ Bellum in hāc terrā (*has been waged*).

❸ Multum grāmen (*has been seen*).

❹ Multae virginēs in proeliō (*were slain*).

❺ Castra fortiter (*was defended*),

❻ In urbe, sorōrēs, (*you have been seen*).

❼ Sumus mīlitēs, sed graviter (*we have been wounded*).

❽ Silentiō hastae (*were being hurled*).

❾ In urbem, Anna, (*you are being led*).

❿ Magnum numerum mīlitum (*he recognized*).

MYTHS

070 VELLUS AUREUM

Ōlim in Colchide erat vellus aureum ā magnō mōnstrō defēnsum. Ubi Jāsōn, vir fortis, dē vellere aureō audīvit, statim id invenīre in animō habuit. Magnā nāve aedificātā, Jāsōn cum paucīs comitibus dēlectīs ad Colchidem nāvigāvit. Statim ad rēgem appropinquāvit vellusque postulāvit.

Rēx respondit, "Sī vellus aureum cupis, haec facere necesse est. Prīmō taurōs jungere dēbēs. Eī taurī sunt ācrēs; ignem expīrant (*breathe out*). Deinde, taurīs jūnctīs, agrum arāre dēbēs. Agrō arātō, in agrō dentēs dracōnis serere (*to sow*) dēbēs. Ē dentibus virī armātī venient et tē necāre temptābunt. Dēnique, omnibus virīs interfectīs, mōnstrum ācre superāre vellusque capere dēbēs."

Haec facta perīculōsa Jāsonī fortī grāta erant, et mox hōra certāminis aderat. Jāsōn in agrō stābat. Perīculum nōn timēbat; in tōtō corpore erat unguentum (*ointment*) magicum datum eī ā Mēdēā, fīliā rēgis. Tamen rēx populusque mortem juvenis fortis expectābant.

Taurī in agrum vēnērunt et ad Jāsonem ācriter appropinquāvērunt. Ignem expīrābant, sed Jāsōn nōn vulnerātus erat. Taurīs jūnctīs, sine morā Jāsōn agrum arāvit dentēsque dracōnis serere incēpit. Posteā virī armātī ex dentibus vēnērunt. Magnō saxō captō, Jāsōn id inter hominēs ācrēs jēcit. Mox hominēs stupidī inter sē ācriter pugnābant et nōn jam juvenem necāre temptābant.

Omnibus hominibus mortuīs, Mēdēa Jāsonem in silvam dēnsam dūxit, ubi dracō ācer vellus aureum vigilābat. Celeriter Mēdēa contrā mōnstrum venēnum (*poison*) validum jēcit; statim dracō dormīvit. Tum Jāsōn, vellere captō, ad nāvem fūgit, ubi comitēs laetī ducem fortem salūtāvērunt.

▶▶▶ 어휘

ācer, ācris, ācre=fierce, eager (acrid 격렬한, acrimony 신랄함, acrimonious 독살스러운).

arō, -āre, -āvī, -ātum=plow.

dēns, dentis=M., tooth (dentist 치과의사).

dracō, -ōnis=M., serpent, dragon.

fortis, forte=brave, strong (fortitude 불굴의 정신).

jungō, -ere, jūnxī, jūnctum=join, yoke (join 결합하다, joint 이음매, junction 결합, juncture 접합, adjunct 첨가물, conjunction 연합, conjoin 결합하다).

juvenis, juvenis (*gen. pl.* **-um**)=M., young man, youth (juvenile delinquency 소년범죄).

omnis, omne=all, every (omniscient=omni(=all)+scio(=know) 전지의, omnipotent 전능의, omnivorous=omni(=all)+voro(=eat) 잡식성의, omnipresent 어디에나 존재하는, omnibus 합승마차(여기에서 bus가 만들어졌다)).

taurus, -ī=M., bull.

vellus, velleris=N., fleece.

● 제3 격변화 형용사 (3rd-Declension Adjective)

(1) 남성, 여성이 동일한 변화형을 갖는 형용사

omnis (=all)

	단수		복수	
	남성/여성	중성	남성/여성	중성
N	omnis	omne	omnēs	omnia
G	omnis	omnis	omnium	omnium
D	omnī	omnī	omnibus	omnibus
A	omnem	omne	omnēs	omnia
Ab	omnī	omnī	omnibus	omnibus

(2) 주격 단수형에서 남성, 여성, 중성이 모두 다른 형태를 갖는 형용사

ācer (=fierce)

	단수			복수	
	남성	여성	중성	남성/여성	중성
N	ācer	ācris	ācre	ācrēs	ācria
G		ācrī	ācris	ācrium	ācrium
D		ācrī	ācrī	ācribus	ācribus
A		ācrem	ācre	ācrēs	ācria
Ab		ācrī	ācrī	ācribus	ācribus

옛날 콜키스에 큰 괴물이 지키는 금 양털이 있었다. 힘이 센 Jason이 금 양털 이야기를 듣자 곧 그것을 찾을 생각을 했다. 큰 배들을 건조한 Jason은 선발한 몇 몇 친구들과 함께 콜키스로 항해했다. 그는 곧 왕에게 다가가서 양털을 요구했다.

왕이 대답했다. "만약에 금 양털이 갖고 싶다면 이 일을 해야 한다. 우선 황소들을 묶어야 한다. 이 황소들은 사납다. 불을 내뿜는다. 황소들을 묶은 다음에는 밭을 갈아야 한다. 밭을 갈고 나면 밭에 용의 이빨을 심어야 한다. 이빨에서 무장한 사람들이 나와 당신을 죽이려 할 것이다. 끝으로 모든 사람들을 다 죽이고 난 다음에 사나운 괴물을 정복하고 나서 양털을 가져야 한다."

이 위험한 사실들은 힘이 센 Jason에게는 반가운 것이었다. 곧 결투의 시간이 왔다. Jason은 밭에 섰다. 그는 위험을 두려워하지 않았다. 온 몸에 왕의 딸 Medea가 준 마법의 기름을 바르고 있었다. 그러나 왕과 백성들은 힘이 센 젊은이의 죽음을 예상하고 있었다.

황소들이 밭으로 와서 Jason 쪽으로 사납게 달려 왔다. 불을 내뿜고 있었으나 Jason은 상처를 입지 않았다. 황소들이 묶이자 Jason은 지체 없이 밭을 갈고 용의 이빨을 뿌리기 시작했다. 나중에 이빨에서 무장한 사람들이 나왔다. Jason은 큰 바위를 들어 이 사나운 인간들 사이에 던졌다. 곧 어리석은 인간들은 자기들끼리 격렬하게 싸웠고, 더 이상 젊은이를 죽이려 하지 않았다.

모든 인간이 죽자 Medea는 Jason을 울창한 숲으로 안내했는데, 거기에는 사나운 용이 금 양털을 지키고 있었다. Medea는 재빨리 괴물에게 강력한 독을 던졌다. 곧 용은 잠이 들었다. 그러자 Jason은 양털을 집어 들고 배가 있는 데로 도망갔는데, 거기서 행복한 동료들이 용감한 지휘관을 맞아주었다.

A. 번역하시오.

❶ Jāsōn, vir fortis, magna perīcula nōn timēbat.

❷ In animō habēbat, taurīs jūnctīs, agrum arāre.

❸ Rēx ācer dīcit Jāsonī, "Junge taurōs ācrēs et arā tōtum agrum."

❹ Dracōne necātō, Mēdēa ā Jāsone ad nāvem suam dūcitur.

❺ Inter hominēs armātōs magnum saxum jaciētur.

❻ Dracōnēs sunt magnī et ignem expīrant.

❼ Vir validus agrum arāre nōn temptābat.

❽ Fēmina fortis perīculum nōn timēbat.

B. 형용사를 라틴어로 옮기시오.

❶ When all the soldiers were dead, Jason was safe.

❷ The fierce monster guarded the golden fleece.

❸ The brave youth yoked the great bulls and plowed the field.

❹ Every dragon will be conquered by the brave youths.

❺ From the teeth of the dragon, armed men will come.

C. 빈칸을 352쪽의 신출 단어의 변화형으로 채우고, 이야기의 순서에 맞게 문장들을 재배열하시오.

❶ Jāsōn _____ ācrēs jūnxit.

❷ Jāsōn magnum agrum _____.

❸ _____ vellus cēpit et fūgit.

❹ Virī armātī ē _____ vēnērunt.

❺ Jāsōn _____ aureum dēsīderābat.

❻ Fīlia rēgis _____ fortem amāvit.

❼ _____ hominēs armātī mortuī erant.

❽ Comitēs laetī Jāsonem _____ salūtāvērunt.

❾ Erat in Colchide _____ aureum ā mōnstrō dēfēnsum.

071

UXOR INFELIX

Nūlla puella uxor Plūtōnis esse dēsīderābat quod ille erat rēx mortuōrum et in Orcō habitābat.

Ōlim, autem, ubi Plūtō in terrā equōs suōs agēbat, Prōserpinam, fīliam Cereris, vīdit. Statim puellam pulchram amāvit et in mātrimōnium dūcere cupiēbat. Rēx potēns igitur puellam vī (*by force*) capere cōnstituit.

Celeriter Prōserpina īnfēlix capta est et ā Plūtōne sub terram in Orcum, rēgnum mortuōrum, portāta est. In terrā puella misera vēstīgia nūlla relīquit.

Jam Plūtō uxōrem habēbat. Jam Prōserpina erat rēgīna mortuōrum, sed illa erat rēgīna īnfēlīx. Semper magnopere dolēbat quod mātrem vidēre cupiēbat. Lūcem, autem, amābat, et in Orcō erat, ubi neque sōl neque lūna erat.

Diū māter īnfēlīx Prōserpinam fīliam in terrā invenīre temptābat. Mox nūllum frūmentum in agrīs erat et nūlla folia in arboribus erant, quod Cerēs, dea agricultūrae, per multās terrās errābat neque agricultūram cūrābat.

Dēnique Cerēs dē Plūtōne et dē uxōre īnfēlīcī audīvit. Dea īrāta ad Jovem, rēgem potentem deōrum, properāvit et auxilium ab eō postulāvit.

Juppiter respondit, "Fīliam tuam tibi dare cupiō, sed Prōserpina in Orcō manēre dēbet quod cibum gustāvit (*has tasted*). Illa est lēx deōrum."

Mōtus Cereris lacrimīs, autem, Juppiter benignus cōnsilium bonum cōnstituit.

"Annum dīvidam," dixit. "Per sex mēnsēs Prōserpina in terrā cum mātre suā habitābit; tum in Orcō cum conjuge suō per sex mēnsēs manēbit."

Itaque aestāte, dum Prōserpina est in terrā, Cerēs est fēlīx et hominibus frūmentum dat. Hieme, autem, dum Prōserpina est in Orcō, Cerēs est īnfēlix et hominibus nihil dat.

▶▶▶ 어휘

agō, **-ere**, **ēgī**, **āctum**=do, drive (actor 배우, action 행위, active 활발한, actual 실제적인)

cōnstituō, **-stituere**, **-stituī**, **-stitūtum**=decide, decide upon, set up (constitution 헌법).

fēlīx, *gen.* **fēlīcis**=happy, fortunate (felicity 지복, felicitate 축복하다, felicitation 축하, felicitous (표현 따위가) 적절한, infelicitous 부적절한, 불행한, infelicity 불운).

īnfēlīx, *gen.* **īnfēlīcis**=unhappy, unlucky.

mēnsis, **mēnsis**, **-ium**=M., month.

nihil=N., nothing (nil 무, 영, annihilate 섬멸하다, annihilation 섬멸).

potēns, *gen.* **potentis**=powerful (potent 강력한, impotent 무력한, omnipotent 전능의, potentate 세력가, potential 잠재력이 있는).

sōl, **sōlis**=sun (solarium 일광욕실, parasol 양산, solar year 태양년).

vēstīgium, **-ī**=N., footstep; track, trace (vestige 흔적, vestigial 흔적의).

● 제3활용 형용사 가운데는 다음에서 보듯 단수 주격의 모양이 남성, 여성, 중성 모두 동일한 경우가 있다. 그 변화는 다음과 같다.

fēlīx (=fortunate)

	단수		복수	
	남성/여성	중성	남성/여성	중성
N	fēlīx	fēlīx	fēlīcēs	fēlīcia
G	fēlīcis	fēlīcis	fēlīcium	fēlīcium
D	fēlīcī	fēlīcī	fēlīcibus	fēlīcibus
A	fēlīcem	fēlīx	fēlīcēs	fēlīcia
Ab	fēlīcī	fēlīcī	fēlīcibus	fēlīcibus

potēns (=powerful)

N	potēns	potēns	potentēs	potentia
G	potentis	potentis	potentium	potentium
D	potentī	potentī	potentibus	potentibus
A	potentem	potēns	potentēs	potentia
Ab	potentī, -e	potentī, -e	potentibus	potentibus

▶▶▶ 해석   불행한 배우자

어떤 처녀도 Pluto의 배우자가 되고 싶어 하지 않았는데, 왜냐하면 그가 죽음의 왕이며, 저승 오르쿠스에서 살고 있었기 때문이다.

그러나 한때 Pluto가 땅위에서 자기 말들을 몰고 있을 때 그는 Ceres의 딸 Proserpina를 보았다. 곧 이 아름다운 처녀를 사랑하게 되었고, 그녀와 결혼하고 싶어졌다. 그래서 강력한 왕은 강제로 그녀를 잡아가기로 작정했다.

불행한 Proserpina는 재빨리 붙잡혀 Pluto에 의해 지하의 죽음의 나라로 끌려갔다. 불쌍한 처녀는 땅위에 아무 흔적도 남기지 않았다.

이제 Pluto는 배우자가 생겼다. 이제 Proserpina는 죽음의 왕비가 되었으나 그녀는 불행한 왕비였다. 항상 어머니가 보고 싶어 한없이 슬퍼했다. 한편 빛을 사랑했는데, 그녀는 해도 달도 없는 오르쿠스에 있었다.

오랫동안 불행한 어머니는 Proserpina를 땅위에서 찾으려고 애썼다. 곧 밭에는 곡식이 사라졌고 나무에는 잎이 사라졌다. 왜냐하면 농사의 여신인 Ceres는 많은 땅위를 방황하느라 농사를 돌보지 않았기 때문이다.

마침내 Ceres는 Pluto와 불행한 왕비에 대한 이야기를 들었다. 화가 난 여신은 신들의 강력한 왕인 Jupiter에게 달려가서 그에게 도움을 청했다.

Jupiter가 대답했다. "당신 딸을 당신에게 돌려주고 싶다. 그러나 Proserpina는 저승의 음식을 먹었으므로 오르쿠스에 남아 있어야 한다. 그것이 신들의 법이다."

그러나 인자한 Jupiter는 Ceres의 눈물에 감동되어 좋은 방안을 결정했다.

"한해를 반으로 나누겠다"라고 그가 말했다. "6개월 동안 Proserpina는 자기 어머니와 함께 살게 될 것이다. 그리고 6개월 동안은 자기 남편과 함께 남아있게 될 것이다."

그래서 Proserpina가 땅위에 있는 여름에는 Ceres가 행복하여 사람들에게 곡식을 준다. 그러나 Proserpina가 오르쿠스에 있는 겨울 동안에는 Ceres는 불행하여 인간에게 아무것도 주지 않는다.

▶▶▶ 연습문제

A. 괄호 안의 보기에 따라 다음 물음에 라틴어로 답하시오.

❶ Qui erat Cerēs? (Cerēs erat dea agricultūrae.)

❷ Quis erat Plūtō?

❸ Ubi Plūtō habitāvit?

❹ Quis erat Prōserpina?

❺ Quis erat uxor Plūtōnis?

❻ Quis erat Juppiter?

❼ Ubi Juppiter habitāvit?

❽ Quis erat uxor Jovis?

❾ Ubi aestāte Prōserpina habitat?

❿ Ubi hieme Prōserpina habitat?

B. 옳은 것을 고르시오.

❶ Vellus aureum ā juvene (fortī, fortis, fortēs) captum est.

❷ Dracōnēs (ācre, ācrēs, ācris) virōs necāre dēsīderābant.

❸ Bella ā rēgibus (īnfēlīcibus, īnfēlīcī, īnfēlīcia) geruntur.

❹ Praemia puerīs (omnēs, omnibus, omnis) dabantur.

072

UXOR AMISSA

Per silvam sonus amoenus lyrae audītus est. Avēs, sonō lyrae audītō, cantāre dēstitērunt. Bēstiae ferae quidem stetērunt et nōn jam necāre hominēs temptāvērunt.

Orpheus, fīlius Apollinis, lyram habēbat et cantābat. Eurydicē, virgō pulchra, Orpheum cantantem audīvit. Eum vidēre cupiēns, ad eum properāvit. Orpheus eam venientem vīdit et statim eam amāvit. Posteā Eurydicēn in mātrimōnium dūxit.

Ōlim serpēns pedem Eurydicēs ambulantis in agrō momordit (*bit*). Illa statim ē vītā excēdēns sub terram in Orcum, locum mortuōrum, ducta est.

Orpheus, propter uxōrem āmissam dolēns, eam etiam in Orcō petere cōnstituit. Itaque per cavernam sub terram dēscendit.

Sed ubi ad flūmen Stygem vēnit, portitor (*ferryman*) Charōn eum vīventem trāns flūmen nāve suā portāre recūsāvit. Orpheus autem lyram cēpit et cantāvit; tum Charōn libenter eum trāns flūmen portāvit. Ibi Cerberus, magnus canis, eum terrēre temptāvit. Sed Orpheus iterum cantāvit et canis statim dormīvit.

Ita post multa perīcula Orpheus ad rēgiam Plūtōnis vēnit et ā Plūtōne uxōrem petīvit. Plūtō autem Eurydicēn āmittere recūsābat. Tum Orpheus, capiēns lyram, cantāvit.

Dēnique Plūtō sonō lyrae victus Eurydicēn Orpheō dedit, sed sub hāc lēge: "Orpheus ad terram prōcēdet; Eurydicēn post sē venientem nōn respiciet. Sī Orpheus respiciet, Eurydicē in Orcum iterum dūcētur."

Orpheus laetus ad terram ascendere incīpit. Dum sub terrā Orheus erat, nōn respexit. Subitō prope portam cavernae respexit et uxōrem amātam suam vīdit.

Eurydicē misera clāmāvit, "Valē! Iterum ad mortuōs dūcar. Valē!"

Conjuge suā iterum āmissā, Orpheus dolōre victus est et in terrā nōn diū habitābat. Mox in Orcō Eurydicēn cāram iterum invēnit.

▶▶▶ 어휘

canis, -is (*gen. pl.* **-um**)=M. or F., dog (canine 개의 canine tooth 송곳니).
dēsistō, -sistere, -stitī, -stitum=desist from, cease, stop.
dolor, -ōris=M., grief, sorrow (doleful 슬픈, dole 시주).
excēdō, -cēdere, -cessī, -cessum=go out, depart.
libenter=gladly, freely.
quidem=certainly, indeed.
recūsō, -āre, -āvī, -ātum=refuse, reject.
respiciō, -spicere, -spexī, -spectum=look back, look back at.
serpēns, -entis=serpent, snake (serpentile 뱀 같은).

❶ 현재분사 (Present Participle)
능동 : **portāns** (=carrying)
수동 : **portātus** (=having been carried)

❷ 네 가지 활용형 동사들의 현재 능동분사는 다음과 같다.

	I	II	III		IV
	(**portō**)	(**moneō**)	(**dūcō**)	(**capiō**)	(**audiō**)
	portāns	**monēns**	**dūcēns**	**capiēns**	**audiēns**
	(=carrying)	(=warning)	(=leading)	(=taking)	(= hearing)

❸ 현재분사의 변화

portō(=carry)의 변화

	단수		복수	
	남성/여성	중성	남성/여성	중성
N	portāns	portāns	portantēs	portantia
G	portantis	portantis	portantium	portantium
D	portantī	portantī	portantibus	portantibus
A	portantem	portāns	portantēs	portantia
Ab	portante, -ī	portante, -ī	portantibus	portantibus

moneō(=warn)의 변화

	남성/여성	중성	남성/여성	중성
N	monēns	monēns	monentēs	monentia
G	monentis	monentis	monentium	monentium
D	monentī	monentī	monentibus	monentibus
A	monentem	monēns	monentēs	monentia
Ab	monente, -ī	monente, -ī	monentibus	monentibus

숲속에서 감미로운 수금 소리가 들려온다. 수금 소리를 듣고 새들이 노래를 멈췄다. 사나운 짐승들마저 정말 멈춰 서서 더 이상 사람들을 죽이려 하지 않았다.

Apollo의 아들 Orpheus는 수금을 들고 노래하고 있었다. 아름다운 처녀 Eurydice가 Orpheus의 노래 소리를 들었다. 그가 보고 싶어져서 그에게로 서둘러 갔다. Orpheus는 다가오는 그녀를 보고 곧 그녀를 사랑하게 되었다. 나중에 Eurydice와 결혼했다.

한때 뱀이 밭에서 거닐고 있던 Eurydice의 발을 물었다. 그녀는 곧 이승을 떠나 땅 밑의 죽음의 땅 오르쿠스로 인도되었다.

Orpheus는 잃어버린 아내가 슬퍼 오르쿠스까지라도 가서 그녀를 찾기로 결심한다. 그래서 그는 동굴을 지나 지하로 내려간다.

그러나 스틱스 강에 다다랐을 때 뱃사공 Charon은 자기 배로 살아있는 그를 강 건너로 데려다주기를 거절했다. 그러나 Orpheus는 수금을 집어 들고 노래를 불렀다. 그러자 Charon이 기꺼이 그를 강 건너로 태워다 주었다. 거기서 큰 개 Cerberus가 그를 겁주려고 하였다. 그러나 Orpheus는 다시 노래를 불렀고, 그러자 개는 곧 잠이 들었다.

이처럼 많은 위험 끝에 Orpheus는 Pluto의 궁전으로 와서 Pluto에게 아내를 간청했다. 그러나 Pluto는 Eurydice를 놓아주기를 거부했다. 그래서 Orpheus는 수금을 들고 노래를 불렀다.

마침내 수금의 소리에 굴복한 Pluto는 한 가지 조건하에 Orpheus에게 Eurydice를 내주었다. "Orpheus는 땅으로 걸어간다. 그의 뒤에 오는 Eurydice를 뒤돌아봐서는 안 된다. 만약에 Orpheus가 뒤돌아보면 Eurydice는 다시 오르쿠스로 끌려올 것이다."

Orpheus는 기뻐 지상으로 올라가기 시작했다. 땅 아래 있는 동안에는 Orpheus는 뒤돌아보지 않았다. 곧 동굴의 문 가까이에 오게 되었을 때 그는 뒤돌아 자기의 사랑하는 아내를 보았다.

불쌍한 Eurydice가 소리쳤다. "안녕! 나는 다시 죽음으로 끌려갑니다. 안녕!"

자기 아내를 다시 잃어버린 Orpheus는 슬픔에 사로잡혀 땅위에 오래 살지 못했다. 곧 오르쿠스에서 그리운 Eurydice를 만났다.“

A. 번역하시오.

❶ Fīlius Apollonis, lyram portāns, per silvam vēnit et Eurydicēn vīdit.

❷ Lacrimae uxōris lacrimantis numquam dēstitērunt.

❸ Vir respexit et canēs necantēs magnam serpentem vīdit.

❹ Dum Orpheus, fīlius Apollinis, cantat, avēs parvae quidem cantāre dēsistunt.

❺ Juvenēs fortēs taurōs ācrēs jungere nōn recūsāvērunt.

❻ Charōn quidem virōs vīventēs trāns flūmen nōn libenter portābit.

❼ Dolōre victus, Orpheus sub terram in Orcum dēscendit.

❽ Conjūnx laetus respexit et Plūtō iterum conjugem miseram cēpit.

❾ Orpheus lyram cēpit et cantāre nōn recūsāvit.

B. 괄호 안에 주어진 영어 어구에 해당하는 라틴어 분사로 빈칸을 채우시오.

❶ Serpēns pedem Eurydicēs _____ in hortō vulnerābat. (*walk*)

❷ Cerēs, _____ filiam āmissam, in Orcum properāvit. (*grieve for*)

❸ Lyram _____ et _____, Orpheus ad rēgiam Plūtōnis vēnit. (*carry*, *sing*)

❹ Orpheus uxōrem post sē _____ respexit. (*come*)

❺ Charōn virōs _____ trāns flūmen nāve suā nōn portābat. (*live*)

073

FEMINA CURIOSA

Ōlim in terrā sōla fēmina erat uxor Epimētheī. Haec fēmina nōn sōlum pulchra erat, sed etiam maximē cūriōsa erat. Multa dōna ā deīs data habēbat. Nōmen ejus igitur erat Pandōra, significāns "dōna omnia." Inter dōna deōrum erat parva arca, dōnum Jovis.

"Haec arca," Juppiter dīxit, "magnum sēcrētum tenet; aperīrī nōn dēbet. Sī aperiētur, perīcula gravia in terrā aderunt. Dā arcam clausam tuō conjugī."

Epimētheus arcam libenter cēpit; sed, ā deīs monitus, eam nōn aperuit. Nōn satis sapiēns autem erat conjūnx Pandōrae cūriōsae. Arcam nōn cēlāvit.

Cotīdiē Pandōra arcam spectābat, cupiēns eam aperīre. Timēns autem perīcula gravia ā Jove prōmissa, ab eā procul manēre temptāvit.

Ōlim Pandōra sōla erat in hortō ubi arca erat. Fēmina cūriōsa eam diū spectāvit; scrīpta in arcā haec verba vīdit: "Teneō omnia gaudia deōrum. Aperī mē."

Maximē haec gaudia habēre cupiēns, Pandōra arcam aperuit. Subito mala, nōn gaudia, ex arcā volāvērunt. Prīmō duo mala, deinde tria alia ex arcā vēnērunt. Dēnique omnia mala hominum per terrās volāvērunt. Pandōra territa celeriter arcam clausit.

Mox autem Pandōra īnfēlīx audīvit vōcem dīcentem: "Aperī iterum arcam. Summum bonum in arcā relīquistī. Hominēs juvābō. Līberā mē!"

Itaque Pandōra cūriōsa parvam arcam iterum aperuit. Ex arcā Spēs (*Hope*), sōlum dōnum bonum deōrum, vēnit.

apericō, **-īre**, **-uī**, **apertum**=open (aperture 틈).
claudō, **-ere**, **clausī**, **clausum**=close.
cotīdiē=every day, daily.
cūriōsus, **-a**, **-um**=curious.
duo, **duae**, **duo**=two.
gaudium, **-ī**=N., joy, delight, pleasure.
gravis, **-e**=heavy, severe, serious (aggravate 악화시키다, grief 슬픔, grievance 불평, grieve 슬퍼하다, grave 심대한, gravity 중력).
sapiēns, *gen.* **-entis**=wise (sapient 현명한, sage 현자, savant 학자).
significō, **-āre**, **-āvī**, **-ātum**=mean (significance 의의, signify 뜻하다).

❶ 라틴어의 형용사와 영어의 형용사

라틴어 -īnus			영어 -ine
fēmin-inus	(<**fēmin**	=woman)	femin-ine
canīnus	(<**canis**	=dog)	canine
equīnus	(<**equus**	=horse)	equine
felīnus	(<**fēlis**	=cat)	feline
leōnīnus	(<**leō**	=lion)	leonine

❷ 라틴어 명사와 영어의 형용사

라틴어		영어 -al
lēx	(=law)	legal
conjūnx	(=spouse)	conjugal
corpus	(=body)	corporal
locus	(=place)	local
nātūrā	(=nature)	natural
nāvis	(=ship)	naval
nōminō	(=name)	nominal
prīnceps	(=chief)	principal
rēx	(=king)	regal
vīta	(=live)	vital
vōx	(=voice)	vocal

❸ 수사 (Cardinal Number)

1=**ūnus**,	2=**duo**,	3=**trēs**,	4=**quattuor**,	5=**quīnque**,
6=**sex**,	7=**septem**,	8=**octō**,	9=**novem**,	10=**decem**

이 가운데서 **ūnus, duo, trēs**의 셋만이 변화형을 갖는다. **ūnus**는 **bonus**와 동일한 변화형을 가지며, **duo**와 **trēs**는 다음과 같이 변화한다. **duo**와 **trēs**는 당연히 복수로만 쓰인다.

duo(=two)의 변화

	남성	여성	중성
N	**duo**	**duae**	**duo**
G	**duōrum**	**duārum**	**duōrum**
D	**duōbus**	**duābus**	**duōbus**
A	**duōs, duo**	**duās**	**duo**
Ab	**duōbus**	**duābus**	**duōbus**

trēs(=three)의 변화

	남성/여성	중성
N	trēs	tria
G	trium	trium
D	tribus	tribus
A	trēs	tria
Ab	tribus	tribus

▶▶▶ 해석   호기심 많은 여인

옛날 이 땅에는 Epimetheus의 아내가 유일한 여인이었다. 이 여인은 아름다울 뿐만 아니라 호기심도 매우 왕성했다. 그녀는 신들이 준 많은 선물을 가지고 있었다. 따라서 그녀의 이름이 Pandora였는데, 그것은 "모든 선물"이라는 뜻이었다. 신들의 선물 가운데는 Jupiter의 선물인 작은 상자가 있었다.

Jupiter가 "이 상자는 큰 비밀을 간직하고 있어 열어서는 안 된다. 만약 열면 이 땅에 큰 위험이 있게 될 것이다. 닫힌 이 상자를 네 배우자에게 주어라"라고 말했다.

Epimetheus는 기꺼이 상자를 집어 들었다. 그러나 신의 경고를 받은 그는 상자를 열지 않았다. 그러나 호기심이 많은 Pandora의 남편은 충분히 현명하지 못했다. 그는 상자를 숨기지 않았다.

매일 Pandora는 상자를 쳐다보고 그것을 열어보고 싶어 했다. 그러나 Jupiter가 예언한 큰 위험이 겁이 나서 그 상자에서 멀리 떨어져 있으려 했다.

한때 Pandora는 상자가 있는 정원에 혼자 있었다. 호기심 많은 여인은 상자를 한참 쳐다보았다. 그녀는 상자에는 다음과 같은 말이 쓰여 있는 것을 보았다: "나는 신들의 모든 즐거움을 간직하고 있다. 나를 열어라."

이 즐거움을 몹시 갖고 싶어 한 Pandora는 상자를 열었다. 곧 상자에서 즐거움이 아니라 사악한 것이 날아갔다. 처음엔 두 개의 사악한 것이, 그 다음엔 세 개의 다른 사악한 것이 상자에서 나왔다. 마침내 인간의 모든 사악한 것이 땅위에 날아다녔다. 겁이 난 Pandora는 재빨리 상자를 닫았다.

그러나 곧 불행한 Pandora는 다음과 같이 말하는 목소리를 들었다: "다시 상자를 열어라. 너는 상자 안에 가장 좋은 것을 남겨놓았다. 나는 사람들을 도울 것이다. 나를 풀어다오!"

그래서 호기심 많은 Pandora는 다시 작은 상자를 열었다. 상자에서 신의 유일한 좋은 선물인 **희망**이 빠져나왔다.

A. 번역하시오.

❶ Conjūnx sapiēns Padōrae cūriōsae arcam nōn aperuit.
❷ Aperī duās arcās, Pandōra; aperī trēs arcās.
❸ Cotīdiē fēminae cūriōsae arcam gravem aperiēbant claudēbantque.
❹ Verba sapientia sapientibus virīs grāta sunt.
❺ In viā urbis octō puerōs et quīnque puellās vīdī.
❻ Aenēās gaudia pauca et dolōrēs multōs habuit.
❼ Sex verba in arcā scrīpta sunt.
❽ Aperī jānuam, Mārce; claude fenestram.
❾ Nōmina multa aut gaudium aut fortūnam bonam significant.
❿ Legitisne omnēs fābulās duōrum librōrum?

B. 번역하시오.

❶ Ōlim fuērunt decem canēs parvī.
❷ Ūnus canis puerō datus est. Tum fuērunt novem.
❸ Ūnus canis puellae datus est. Tum fuērunt octō.
❹ Ūnus canis ā leōne captus est. Tum fuērunt septem.
❺ Ūnus canis ā feminā in casam portātus est. Tum fuērunt sex.
❻ Ūnus canis procul errāvit. Tum fuērunt quīnque.
❼ Ūnus canis ē vitā excessit. Tum fuērunt quattuor.
❽ Ūnus canis fūgit. Tum fuērunt trēs.
❾ Ūnus canis āmissus est. Tum fuērunt duo.
❿ Ūnus canis ā virō in silvam portātus est. Tum fuit ūnus.
⓫ Ūnus canis in cavernā latuit. Jam fuit nūllus.

A. 빈칸을 채우시오.

❶ Sex et quattuor sunt _____.

❷ Quīnque et trēs sunt _____.

❸ Septem et duo sunt _____.

❹ Novem et ūnus sunt _____.

❺ Octō et duo sunt _____.

B. 다음 문장을 번역하시오.

AUDACIA JUVENIS

Phaëthōn erat superbus fēlīxque quod Apollō erat pater ejus. Cotīdiē juvenis Apollinem, deum sōlis, agentem equōs potentēs trāns caelum spectābat. Ōlim ad rēgiam sōlis vēnit.

Fīliō salūtātō, Apollō dīxit, "Quid cupiēns vēnistī? Nihil recūsābō."

Phaëthōn magnō cum gaudiō respondit, "Equōs sōlis trāns caelum agere cupiō."

Apollō cum dolōre dīxit, "Ō Phaëthōn īnfēlīx, es fortis sed neque satis potēns neque satis sapiēns. Tua audācia quidem tibi mortis, mihi dolōris causa erit."

Fīlius, autem, respondit, "Deus hoc prōmissum recūsāre nōn audet. Cōnstituī; mentem nōn mūtābō."

Māne, igitur, equī ācrēs jūnctī sunt, et per portās Aurōrae apertās Phaëthōn eōs libenter ēgit. Equī subitō respicientēs territī erant. Prīmō prope terram, deinde procul inter stellās juvenem īnfēlīcem portantēs, dēsistere recūsābant. In agrīs flammae frūmentum vāstābant; aquae quidem flūminum mariumque recēdēbant.

Tum Juppiter, perīculō gravī terrae vīsō, fulmen (*thunderbolt*) jēcit. Statim inter flammās Phaëthōn ē caelō in flūmen cecidit (*fell*). Posteā sorōrēs ejus in rīpā flūminis lacrimantēs in arborēs mūtātae sunt, et folia eārum sonum fēminārum dolentium facere numquam dēstitērunt.

C. 라틴어 어원을 생각하면서 옳은 것을 고르시오.

❶ A conjunction (joins, modifies, separates).

❷ The K-9 corps was made up of (cooks, dogs, nurses).

❸ A pedestrian (rides horseback, takes an airplane, walks).

❹ Significance is (grief, meaning, relationship).

❺ A trio is made up of (six, three, two).

STORIES OF THE TROJAN WAR

074
JUDICIUM PARIDIS

Ōlim dī deaeque ad magnam cēnam invītātī sunt. Discordia erat sōla dea quae nōn invītāta est. Tamen, maximē īrāta, ad cēnam vēnit et jēcit inter deōs deāsque mālum aureum in quō hoc verbum scrīptum est: "Pulcherrimae (*for the most beautiful*)."

Statim erat contrōversia inter deās Jūnōnem et Minervam et Veneram. Omnēs mālum aureum habēre cupiēbant.

Juppiter, quī aderat, dīxit, "In hāc contrōversiā jūdex esse nōn cupiō. In monte Īdā, autem, habitat pāstor, cujus nōmen est Paris. Petite eum; is hoc mālum, īnsigne victōriae, deae 'pulcherrimae' dabit."

Deae, igitur, in montem Īdam convēnērunt. Cum eīs erat Mercurius, cujus auxiliō deae Paridem invēnērunt.

Mercurius pāstōrī mālum aureum mōnstrāvit, et dīxit, "In hōc mālō quod teneō ūnum verbum scrībitur: 'Pulcherrimae.' Magna est contrōversia inter hās deās quibuscum veniō. Juppiter, igitur, tē jūdicem hujus contrōversiae dēlēgit."

Itaque Paris, graviter agitātus, verba deārum audiēbat. Prīmō Jūnō dīxit, "Dā mihi mālum aureum, Paris. Rēgīna deōrum sum; dīvitiās potentiamque tibi dabō."

Deinde Minerva jūdicī dīxit, "Dā mihi mālum aureum. Dea

sapientiae sum; magnam sapientiam et cōnsilia bona tibi dabō."

Dēnique Venus pulchra prō jūdice stetit. "Fīnem hujus contrōversiae facile faciam," dīxit. "Dā mihi mālum aureum. Dea amōris sum; pulcherrimam fēminam quae in orbe terrārum (*the world*) vīvit conjugem tibi dabō!"

Paris, autem, jūdicium facile nōn fēcit. Dīvitiae, potentia, sapientia —omnēs juvenī grātae erant. Tamen conjugem pulcherrimam prōmissam ā Venere maximē cupiēbat. Itaque deae amōris mālum dedit.

▶▶▶ 어휘

amor, -ōris=love (amorous 호색적인).

conveniō, -venīre, -vēnī, -ventum=assemble, gather (convene 소집하다, convention 회의, convenient 편리한).

dīvitiae, -ārum=riches, wealth.

jūdex, jūdicis=M., judge (judge 판사, judgment 판단).

jūdicium, -ī=N., judgment, decision (judicial 재의, judiciary 사법상의, judicious 사료 깊은, adjudge 재결하다, adjudicate 판결하다, prejudice 편견, injudicious 분별없는).

mālum, -ī=N., apple.

pāstor, -ōris=M., shepherd (pastoral 목축용의, 전원의).

potentia, -ae=F., power (potential 가능성이 있는).

sapientia, -ae=F., wisdom.

❶ 관계대명사 (Relative Pronoun)

	단수			
	남성	여성	중성	
N	**quī**	**quae**	**quod**	who, which, that
G	**cujus**	**cujus**	**cujus**	whose, of whom, of which
D	**cui**	**cui**	**cui**	to whom, to which
A	**quem**	**quam**	**quod**	whom, which, that
Ab	**quō**	**quā**	**quō**	(from/with/by/in) whom, which
	복수			
N	**quī**	**quae**	**quae**	who, which, that
G	**quōrum**	**quārum**	**quōrum**	whose, of whom, of which
D	**quibus**	**quibus**	**quibus**	to whom, to which
A	**quōs**	**quās**	**quae**	whom, which, that
Ab	**quibus**	**quibus**	**quibus**	(form/with/by/in) whom, which

❷ 관계대명사는 선행사와 성과 수가 일치한다. 한편 격은 종속절 안에서의 역할에 의해 결정된다.

Homō quem vidēs amīcus meus est.

The man whom you see is my friend.

quem은 선행사 **homō**와 마찬가지로 남성 단수이며, 동시에 **vidēs**의 목적어이므로 대격형이 사용되고 있다.

❸ **cum**과 함께 사용되는 관계대명사

관계대명사의 탈격형이 **cum**과 함께 사용될 경우 **cum**은 다음에서 보듯 규칙적으로 관계대명사의 끝 음절에 첨가된다.

quōcum, quācum, quibuscum   with whom, with which

옛날 신들과 여신들이 큰 만찬에 초대되었다. Discordia는 초대받지 못한 유일한 여신이었다. 그러나 극도로 화가 난 그녀는 만찬장에 와서 신과 여신들 사이에 금 사과를 던졌는데, 거기에는 다음과 같은 말이 쓰여 있었다: "가장 아름다운 이에게."

곧 Juno, Minerva, Venus의 여신들 사이에 논쟁이 벌어졌다. 모두 금 사과를 갖고 싶어 했다.

그 곳에 있던 Jupiter가 말했다. "나는 이 논쟁의 판정관이 되고 싶지 않다. 그러나 아이다 산에 Paris라는 이름의 목동이 살고 있다. 그에게 부탁해라. 그는 승리의 징표인 이 사과를 '가장 아름다운 여신'에게 줄 것이다."

그리하여 여신들은 아이다 산에 모였다. 그들과 함께 Mercury가 있었는데, 그의 도움으로 여신들은 Paris를 찾을 수가 있었다.

Mercury는 목동에게 금 사과를 보여주며 말했다. "내가 들고 있는 이 사과에 '가장 아름다운 이에게'라는 한 단어가 쓰여 있다. 나와 같이 온 이들 여신 사이에 큰 논쟁이 벌어졌다. 그래서 Jupiter가 너를 이 논쟁의 판정관으로 선택했다."

그래서 크게 흥분한 Paris는 여신들의 말을 들었다. 맨 처음 Juno가 말했다. "Paris여, 이 사과를 나에게 다오. 나는 여신들의 여왕이다. 내가 너에게 부와 권력을 주겠다."

다음으로 Minerva가 판정관에게 말했다. "금 사과를 나에게 다오. 나는 지식의 여신이다. 내가 너에게 많은 지식과 좋은 계획을 주겠다."

마지막으로 아름다운 Venus가 판정관 앞에 섰다. "이 논쟁의 결말을 쉽게 끝내겠다"라고 그녀가 말했다. "금 사과를 나에게 다오. 나는 사랑의 여신이다. 나는 너에게 이 세상에 사는 가장 아름다운 여인을 배필로 주겠다."

그러나 Paris는 쉽사리 판정을 내릴 수가 없었다. 부와 권력과 지식─이 모든 것이 젊은이에게는 소중한 것이었다. 그럼에도 불구하고 그는 Venus가 약속한 가장 아름다운 배우자를 몹시 갖고 싶었다. 그래서 그는 사랑의 여신에게 사과를 주었다.

A. 번역하시오.

❶ Pāstor quī erat jūdex erat fīlius rēgis.

❷ Pāstōrēs quī dīvitiās dēsīderant jam in campum convēnērunt.

❸ Mālum, quod ā deā īrātā jactum est, erat initium contrōversiae.

❹ Māla quae erant in arboribus erant aurea.

❺ Fēminae quās in silvā vīdistī erant deae.

❻ Propter sapientiam jūdicis lēx bene facta est.

❼ Dea cui mālum datum est dea amōris erat.

❽ Deae ante tumulum stetērunt in quō jūdex sedēbat.

❾ Pāstor ā quō jūdicium audītum est mīlitēs monuit.

B. 빈칸을 quī나 quae, quod 중 어느 하나로 채우시오.

❶ Pāstor _____ mālum habet est frāter tuus.

❷ Jūdex _____ vīdī est amīcus tuus.

❸ Fēmina _____ mē monuit est māter tua.

❹ Fēmina ā _____ monitus sum est māter tua.

❺ Oppidum _____ occupāvimus erat in colle.

❻ Oppidum _____ occupātum est prope flūmen erat.

❼ Deae _____ convocāvērunt fuērunt Jūnō et Venus et Minerva.

❽ Collis in _____ stant nōn est altus.

075

PARIS ET HELENA

Mālō aureō acceptō, Venus Paridī nūntiāvit, "Fēmina pulcherrima (*most beautiful*) in Graeciā habitat. Nōmen ejus est Helena; Helena erit tua conjūnx."

Dea Paridī quoque dīxit patrem et mātrem ejus esse rēgem et rēgīnam Trōjae. "Monitus ōrāculō, pater tuus mortem tuam cupiēbat et tē in silvīs relīquit; pāstor tē servāvit," dīxit.

Dea ostendit Hectorem, frātrem Paridis, in rēgiā Trōjānā habitāre et ā populō propter magnam audāciam laudārī.

Itaque Paris invidiōsus īrātusque ad urbem Trōjam prōcessit. Ubi Priamus rēx pāstōrem vīdit, statim sēnsit eum esse fīlium suum. Nōn jam mortem Paridis cupiēbat. Laetus quod Paris vīvēbat, Priamus juvenem libenter in rēgiam invītāvit.

Posteā cum classe Paris ad Graeciam nāvigāvit, quamquam pater ejus crēdidit eum ad aliam terram iter facere. Hīc audīvit Helenam, fēminam ā Venere prōmissam, Spartae rēgīnam et uxōrem Menelāī esse.

Itaque Paris sōlus ad urbem Spartam prōcessit, sed cum Helenā sēcrētō discessit. Regīna perfida, conjuge relictō, ad urbem Trōjam cum Paride fūgit.

Uxōre āmissā, Menelāus prīncipēs Graeciae convocāvit. Graviter agitātus, rēx in animō bellum contrā Trōjānōs gerere habuit.

accipiō, **-cipere**, **-cēpī**, **-ceptum**=receive, accept (acceptance 수락).

crēdō, **-ere**, **crēdidī**, **crēditum**=believe, trust (credible 믿을만한, credit 신용, creditable 신용할 수 있는, credulous 쉽게 믿는, credulity 너무 쉽게 믿는 성격, creed 신조, credence 신임, credentials 신임장, accredit 신임장을 주어 파견하다, miscreant 믿을 수 없는).

discēdō, **-ere**, **-cessī**, **-cessum**=depart, withdraw.

ostendō, **-tendere**, **-tendī**, **-tentum**=show, display (ostensible 표면상의, ostensibly 눈에 띄게, ostentatious 허세부리는, ostentation 허식, ostensive 명시하는).

sentiō, **-īre**, **sēnsī**, **sēnsum**=feel, believe (sentiment 감상, sense 감각, sensible 현명한, sensitive 민감한, sensory 감각의, sensual 관능적인, insensate 감각이 없는).

❶ 간접인용 (Indirect Quotation)

간접인용문에서는 영어의 that에 해당하는 접속사가 없으며, 다음에서 보듯 인용문의 주어는 대격형이, 그리고 동사는 부정형이 쓰인다.

Dīcit puerum in silvā ambulāre.

He says that the boy is walking in the forest.

직접화법에서라면 위의 문장은 다음과 같이 된다.

Puer in silvā ambulat.

The boy walks in the forest.

❷ 간접화법 (Indirect Discourse)

간접화법이란 saying, hearing, knowing, thinking, believing, seeing 등의 동사와 함께 쓰이면서 주어는 대격, 동사는 부정형이 쓰이는 경우를 말한다.

Crēdō tē librum meum habēre.

I believe (that) you have my book.

간접화법에서 화자가 자신에 대한 언급을 할 때, 다시 말해 주절과 종속절의 주어가 동일할 때에는 재귀대명사가 쓰인다.

Dīcit sē librum tuum habēre.

He says that he has your book.

❸ 간접화법에서 보어로 사용된 명사와 형용사
간접화법에서 보어로 사용된 명사와 형용사는 부정형 동사의 주어와 마찬가지로 대격이 사용된다.

Crēdimus ducem nostrum <u>fortem</u> esse.

We believe (that) our leader is brave.

❹ 간접인용문에서 사용된 현재부정형은 주절의 동사가 나타내는 것과 동일한 시간을 나타낸다.

<u>Dīcit</u> sē perīculum <u>timēre</u>.

He <u>says</u> that he <u>fears</u> danger.

<u>Dīxit</u> sē perīculum <u>timēre</u>.

He <u>said</u> that he <u>feared</u> danger.

▶▶▶ **해석** Paris와 Helen

금 사과를 받아들고 Venus는 Paris에게 알렸다. "가장 아름다운 여인은 희랍에 살고 있다. 그녀의 이름은 Helen이다. Helen은 너의 배필이 될 것이다."

여신은 Paris에게 그의 아버지와 어머니가 트로이의 왕과 왕비라는 말도 했다. "신탁의 경고대로 너의 아버지는 너를 죽이고자 너를 숲속에 버렸다. 목동이 너를 구해주었다"라고 여신이 말했다.

여신은 Paris의 형 Hector가 트로이 왕궁에서 살고 있으며, 그의 대단한 용맹 때문에 백성들의 칭송을 받고 있는 모습을 보여주었다.

그래서 질투심이 생기고 화가 난 Paris는 트로이로 갔다. 거기서 Priam 왕은 목동을 보고 즉시 그가 자기의 아들인 것을 알았다. 더 이상 Paris의 죽음을 원치 않았다. Paris가 살아 있어 행복한 Priam은 젊은이를 기꺼이 왕궁으로 초대했다.

비록 Paris의 아버지는 그가 다른 땅으로 가리라고 믿고 있었으나, 나중에 Paris는 함대를 이끌고 희랍으로 항진했다. 거기서 스파르타의 왕비이며 Menelaus의 배필인, Venus가 약속했던 여인 Helen에 대한 이야기를 들었다.

그래서 Paris는 스파르타의 도시로 홀로 갔으나 Helen과 함께 몰래 떠났다. 신의 없는 왕비는 배필을 버리고 Paris와 함께 트로이의 도시로 도망갔다.

아내를 잃어버린 Menelaus는 희랍의 지휘관들을 소집했다. 몹시 흥분한 왕은 트로이에 대해 전쟁을 하기로 작심했다.

A. 번역하시오.

❶ Mīles cui arma dedimus discēdet; mīlitēs quibus arma data sunt auxilium nostrum accipient.

❷ Urbs ex quā vēnistī est magna; oppidum ex quō vēnī in montibus est.

❸ Cīvēs ostendēbant auxilium ā Graecīs libenter mittī.

❹ Trōjānī crēdēbant Graecōs ab īnsulā discēdere.

❺ Populus videt portās urbis ā mīlitibus mūnīrī.

❻ Nūntius dīcit ducem hostium praemia accipere.

❼ Cīvēs sēnsērunt jūdicem ēgregiam sapientiam habēre.

B. 옳은 동사를 고르시오.

❶ Paris dīcit fēminam in Graeciā (habitāre, habitat).

❷ Helena dīcit, "In Graeciā (habitāre, habitō)."

❸ Dea nūntiat juvenem fīlium rēgis (esse, est).

❹ Priamus dīcit, "Paris (esse, est) fīlius meus."

❺ Rēgīna dīcit, "Conjugem meum (āmīsī, āmittere)."

076

DOLI ULIXIS

Convocātī ā Menelāō, multī prīncipēs Graeciae convēnērunt. Parātī ad urbem Trōjam nāvigāre sunt.

Duo ducēs, autem, Ulīxēs et Achillēs, aberant.

Ulīxēs uxōrem suam, Penelopam, et fīlium suum, Tēlēmachum, relinquere nōn dēsīderābat. Itaque, equō et bove jūnctīs, Ulīxēs ōram maritimam arāre incipiēbat. Ubi nūntius bellī vēnit, prīmō crēdidit Ulīxem esse īnsānum.

Sed nūntius dēnique sēnsit hunc esse dolum Ulīxis. Itaque, Tēlēmachō captō, parvum puerum prō equō et bove posuit. Ulīxēs, quī fīlium suum interficere nōn dēsīderāvit, ā dolō dēstitit, et sē cum cēterīs Graecīs jūnxit.

Interim māter Achillis, Thetis, quae fīlium bellum gerere nōn dēsīderābat, Achillem ad rēgiam amīcī mīsit. Ibi Achillēs vestēs fēminae gerēbat. Thetis crēdidit juvenem, inter fēminās cēlātum, tūtum esse.

Multī nūntiī, autem, ad rēgiam vēnērunt et bellum nūntiāvērunt. Nūllōs virōs autem vīdērunt. Tamen Ulīxēs sēnsit dolum latēre. Itaque ad rēgiam iter fēcit, sed vestem mercātōris gerēbat. Fēminīs puellīsque gemmās et vestēs pulchrās et urnās aureās ostendit. Gladium pulchrum quoque ostendit. Fēminae gemmās et vestēs ludāvērunt sed Achillēs gladium statim cēpit.

Tum Ulīxēs clāmāvit, "Achillēs es! Cum aliīs ducibus ad urbem Trōjam nāvigāre dēbēs!"

Mōtus hīs verbīs Ulīxis, Achillēs libenter arma cēpit et cum eō discessit.

Itaque duo ducēs quī pugnāre nōn dēsīderābant sē cum aliīs ducibus jūnxērunt.

▶▶▶ 어휘

bōs, bovis=M., ox.
vestis, -is, -ium=F., garment, clothing (vest 조끼).

▶▶▶ 해석　　　Ulysses의 속임수

Menelus가 부르자 희랍의 많은 지휘관이 모였다. 그들은 트로이의 도시로 항진해 갈 준비가 돼 있었다.

그러나 Ulysses와 Achilles의 두 지휘관이 보이지 않았다.

Ulysses는 그의 아내 Penelope와 그의 아들 Telemachus를 남겨두고 떠나기 싫었다. 그래서 Ulysses는 말과 황소를 함께 묶어 해변을 경작하기 시작했는데, 처음 전쟁의 전령이 왔을 때 그는 Ulysses가 미친 줄 알았다.

그러나 마침내 전령은 이것이 Ulysses의 속임수라는 것을 알았다. 그래서 그는 어린 소년 Telemachus를 잡아 말과 황소 앞에 세웠다. 자신의 아들을 죽이기 원치 않았던 Ulysses는 속임수를 그만두고 다른 그리스 인들과 합류했다.

한편 자기 아들이 전쟁에 나가는 것을 원치 않았던 Achilles의 어머니 Thetis는 Achilles를 친구의 궁전으로 보냈다. 거기서 Achilles는 여자의 옷을 입고 있었다. Theta는 여자들 사이에 숨은 젊은이가 안전하리라고 믿었다.

그러나 많은 전령이 궁전으로 와서 전쟁을 알렸다. 남자는 아무도 보이지 않았다. 그러나 Ulysses는 계략이 숨어있다는 것을 눈치챘다. 그래서 그는 궁전으로 갔는데, 그는 장사꾼의 옷을 입고 있었다. 그는 여인네들과 처녀들에게 보석과 아름다운 옷과 금으로 만든 항아리들을 보여주었다. 또 아름다운 칼도 보여주었다. 여인네들은 보석과 옷을 칭송했으나 Achilles는 단번에 칼을 집어 들었다.

그러자 Ulysses가 소리쳤다. "그대는 Achilles다! 다른 사령관들과 함께 트로이로 항해해 가야 하오!"

Ulysses의 말에 감동되어 Achilles는 기꺼이 무기를 들고 그와 함께 떠났다.

그리하여 싸우기를 원치 않았던 두 장수는 다른 사령관들에 합류했다.

▶▶▶ 연습문제

A. 번역하시오.

❶ Ulīxēs crēdidit fortem Achillem inter fēminās cēlārī.

❷ Nūntius sēnsit Ulīxem īnsānum nōn esse.

❸ Achillēs, cujus māter eum cēlāvit, vestem fēminae gerere nōn dēsīderābat.

❹ Trēs deae inter quās contrōversia ācris erat mālum cupiēbant.

❺ Dīcō Paridem juvenem īnfēlīcem esse.

❻ Audīmus omnēs mīlitēs in oppidō capī.

❼ Magnus bōs argum arābat.

B. 다음 물음에 라틴어로 답하시오.

❶ Quis erat uxor Ulīxis?

❷ Quis erat fīlius Pēnēlopae?

❸ Quis Tēlēmachum prō equō et bove posuit?

❹ Quis erat māter Achillis?

❺ Quī gemmās et vestēs laudāvērunt?

❻ Quis gladium statim cēpit?

❼ Quis cum Ulīxe discessit?

C. 이탤릭체 부분을 라틴어로 옮기시오.

❶ I believe that *Helen is running away*.

❷ They say that Achilles *is being led* to war *by Ulysses*.

❸ *Whose* book is on the table?

❹ The man *to whom* I gave the money shows me that *the road is safe*.

❺ Do you say that the ox and the horse *are yoked together*.

❻ Who said that the brave youth *was wearing* women's garments?

077

HELENA ET MENDICUS

Postquam Paris et Hector ā Graecīs interfectī sunt, magnus dolor mentēs populī Trōjānī occupāvit. In viās urbis Helena exīre nōn audēbat, quod fēminae Trōjānae clāmāvērunt, "Propter tē, fēmina mala, dī nōs nōn jam amant."

In templīs sacerdōtēs dīxērunt, "Deōs, Trōjānī, ōrāre dēbētis; in ārīs sacrificia pōnite. Ōmina sunt mala. Fāta nōs nostramque urbem dēlēbunt."

Trōjānī sciēbant sē ducēs bonōs nōn jam habēre.

Jam Helena ad Graecōs trānsīre cupiēbat. Tamen nōn sōlum īram Menelāī timēbat sed etiam portae urbis clausae sunt.

Ōlim Helena in urbe mendicum vīdit. Multī līberī, clāmantēs et lapidēs jacientēs, ad eum ībant. Helena subitō sēnsit hunc mendicum esse Ulīxem, ducem clārum Graecum. Itaque servō suō dīxit, "Vocā mendicum in rēgiam; dā eī cibum et aquam."

Hōc factō, Helena servōs suōs expulit et parvā vōce mendicō dīxit, "Tē recognōscō; tū es Ulīxēs. Quid in hāc urbe facis? Nōnne ad Graecōs redībis?"

Ulīxēs respondit sē portās et viās urbis spectāre; Graecōs novum cōnsilium habēre. "Certē," dīxit, "urbs Trōja dēlēbitur."

Tum Helena dīxit, "Tē juvābō; tibi viam sēcrētam in mediam urbem mōnstrābō. Ita, meō auxiliō, Graecī Trōjam vāstābunt."

▶▶▶ 어휘

eō, īre, iī (īvī), itum=go.
exeō, -īre, -iī, -itum=go out.
mendicus, -ī=M., beggar (mendicant 거지).
redeō, -īre, -iī, -itum=go back.
sacerdōs, -dōtis=M. and F., priest, priestess (sacerdotal 성직자의).
sciō, scīre, scīvī, scītum=know (science 과학, scientist 과학자, conscience 양심, conscious 의식하고 있는, prescience 선견지명),
trānseō, -īre, -iī, -itum=go across, cross.

▶▶▶ 문법

❶ eō(=go)의 변화형

현재형

eō	I go	īmus	we go
īs	you go	ītis	you go
it	he goes	eunt	they go

미완료시제형

ībam	I was going	ībāmus	we were going
ībās	you were going	ībātis	you were going
ībat	he was going	ībant	they were going

미래형

ībō	I will go	ībimus	we will go
ībis	you will go	ībitis	you will go
ībit	he will go	ībunt	they will go

❷ eō(=go)의 완료형

iī	I have gone	**iimus**	we have gone
īsfī	you have gone	**īstis**	you have gone
iit	he has gone	**iērunt**	they have gone

❸ eō 동사의 복합형

exeō=go out
redeō=go back
trānseō=go across

Paris와 Hector가 희랍 사람들에 의해 살해된 뒤에 큰 슬픔이 트로이 사람들의 마음을 사로잡았다. Helen은 도시의 거리로 감히 나갈 생각을 못했는데, 까닭은 트로이의 여인네들이 "너 나쁜 여자 때문에 신들이 더 이상 우리를 사랑하지 않는다"라고 외치고 있었기 때문이다.

신전에서 사제들이 말했다. "트로이 인들이여, 신들에게 부탁해야 합니다. 제단에 제물을 바쳐야 합니다. 징조가 좋지 않습니다. 운명이 우리와 도시를 멸망시킬 것입니다."

트로이 인들은 그들이 더 이상 훌륭한 지도자들을 가지고 있지 않다는 것을 알고 있었다.

이제 Helen은 그리스로 건너가고 싶었다. 그러나 그녀는 Menelaus의 분노를 두려워했을 뿐만 아니라 도시의 성문들은 잠겨 있었다.

한번은 그녀가 도시에서 한 거지를 보았다. 많은 아이들이 소리를 지르고 돌을 던지면서 그에게로 다가가고 있었다. Helen은 즉각 그가 저명한 희랍의 장수 Ulysses라는 것을 알아보았다. 그래서 그녀는 자기 하인에게 말했다. "거지를 궁전으로 불러라. 그에게 먹을 것과 마실 것을 주어라."

이 일들을 마치자, Helen은 그녀의 하인들을 내보내고 낮은 목소리로 거지에게 말했다. "당신을 알아보겠어요. 당신은 Ulysses입니다. 이 도시에서 무엇을 하고 있습니까? 그리스 인들에게로 돌아가지 않을 건가요?"

Ulysses는 그가 도시의 성문과 길들을 보고 있으며, 그리스 인들은 새로운 책략을 가지고 있다고 대답했다. 그는 "분명히 트로이 도시는 멸망할 것입니다"라고 말했다.

그러자 Helen이 말했다. "당신을 돕겠습니다. 도시 한복판의 비밀 통로를 당신에게 보여주겠습니다. 그러면 내 도움으로 그리스 인들은 트로이를 멸망시킬 것입니다."

A. 번역하시오.

❶ Scīmus Ulīxem fortem ad Graecōs sēcrētō redīre.

❷ Sacerdōtēs ad templa deōrum eunt.

❸ Rēx potēns in Eurōpam trānsībit.

❹ Multī ad urbem eunt quod audīvērunt bellum gerī.

❺ Māne ex urbe exiī; crēdidī hostēs ācrēs urbem oppugnāre.

❻ Māne mendicus celeriter trānsiit.

❼ Achillēs fortis ad urbem Trōjam ībit.

❽ Paris et Helena ad urbem ībunt.

B. 괄호 안에 주어진 영어의 어구를 라틴어로 옮기시오.

❶ Mendicus altus (*went out of the temple, went to the house, went back*).

❷ Canis parvus (*goes across the street, goes back, goes quickly*).

❸ Sacerdōs (*will go into the temple, will go back, will go across the street*).

❹ Nūntius dīxit (*the boys were going across, they were going back, we were going*).

❺ Vir scit (*you* (sg.) *are here, I am going, we are going across the sea*).

C. 다음 단어들의 뜻을 말하시오.

redeō, redūcō, refugiō, remittō, removeō, repellō

078

EQUUS LIGNEUS

Hectore mortuō, tamen exercitūs Graecī urbem Trōjam nōn cēpērunt. Quamquam Helena Graecōs juvāre dēsiderāvit, fortēs Trōjānī eam prohibuērunt.

Dēnique Graecī dolum parāvērunt. Magnum equum ligneum fēcērunt in quō paucōs virōs fortēs cēlāvērunt. Noctū cēterī Graecī, equō in cōnspectū Trōjānōrum relictō, ad īnsulam propinquam discessērunt. Relīquērunt ūnum ē comitibus suī, cujus nōmen erat Sinōn; et is prope urbem sē cēlāvit.

Māne Trōjānī ex urbe magnō cum gaudiō prōcessērunt et in castra Graecōrum dēserta convēnērunt. Equum spectāvērunt. Multī quī dolum nōn sēnsērunt eum in urbem trahere dēsīderāvērunt. Aliī, autem, equum timuērunt eumque dēlēre dēsiderāvērunt.

Deinde Lāocoōn, sacerdōs, clāmāvit in equō latēre dolum. "Timeō Graecōs," dīxit, "etiam dōna dantēs."

Hīs verbīs dictīs, statim Lāocoōn hastam contrā equum jēcit. Subitō autem duo serpentēs ē marī vēnērunt et Lāocoontem et ejus duōs fīliōs interfēcērunt.

Tum omnēs dīxērunt Lāocoontem malum esse. Clāmāvērunt, "Dī sunt īrātī. Equum in urbem trahere dēbēmus."

Interim Sinōn inventus est et ad rēgem ductus est.

"Graecus sum," dīxit. "Cēterī Graecī mē interficere temptāvērunt. Fūgī, autem, et mē (*myself*) celāvī. Jam Graecī in partriam suam sēcrētō rediērunt. Equus est sacer deae Minervae. Pōne eum in arce; ita urbs tua semper tūta erit."

Equō in arce positō, deīs sacrificia Trōjānī fēcērunt. In tōtā urbe magnum erat gaudium.

Mediā nocte (*at midnight*) Sinōn ad equum vēnit. Jānuam parvam in corpore equī aperuit; Graecī dēscendērunt et portās urbis aperuērunt. Jam omnēs exercitūs Graecī adfuērunt; signum proeliī cornibus dedērunt; impetum in Trōjānōs fēcērunt. Urbs, capta auxiliō equī ligneī, mox ā Trōjānīs dēserēbātur.

▶▶▶ 어휘

cōnspectus, -ōs=M., sight.
cornū, -ūs=N., horn; wing of an army.
dēserō, -serere, -seruī, -sertum=desert, abandon (desert 탈주하다).
dēsertus, -ā, -um=deserted.
exercitus, -ūs=M., army.
impetus, -ūs=M., attack (impetus 기동력).
ligneus, -a, -um=wooden.
trahō, -ere, trāxī, tractum=drag, draw, pull (attract 끌다, contract 계약하다, retract 움츠리다, subtract 공제하다, tractor 트랙터).

❶ 제4 격변화 명사(Fourth Declension of Noun) -ūs의 변화

exercitus (=army)의 변화

	단수	복수
N	exercitus	exercitūs
G	exercitūs	exercituum
D	exercituī	exercitibus
A	exercitum	exercitūs
Ab	exercitū	exercitibus

cornū (=horn)의 변화

	단수	복수
N	cornū	cornua
G	cornūs	cornuum
D	cornū	cornibus
A	cornū	cornua
Ab	cornū	cornibus

❷ 제4 격변화 명사의 어미

	단수		복수	
N	-us	-ū	-ūs	-ua
G	-ūs	-ūs	-uum	-uum
D	-uī	-ū	-ibus	-ibus
A	-um	-ū	-ūs	-ua
Ab	-ū	-ū	-ibus	-ibus

Hector가 죽었는데도 그리스 군대는 트로이 도시를 점령하지 못했다. 비록 Helen이 그리스 인들을 돕고 싶어 했지만 용감한 트로이 인들이 그녀를 막았다.

마침내 그리스 인들이 속임수를 준비했다. 그들은 나무로 된 큰 말을 만들었는데, 그 안에는 몇 명의 용감한 남자들이 숨어있었다. 밤이 되자 다른 그리스 인들은 그 말을 트로이 인들이 보는 곳에 남겨두고 가까운 섬을 향해 떠났다. 그들은 그들의 동료 중 한 명을 남겨두고 떠났는데, 그의 이름은 Sinon이었다. 그리고 그는 마을 근처에 숨었다.

아침이 되자 트로이 인들은 크게 기뻐하면서 도시에서 나왔다. 그리고 그들은 버려진 그리스 인들의 진지에 모였다. 그들은 말을 보았다. 속임수를 깨닫지 못한 많은 이들은 그것을 도시 안으로 끌어오기를 바랐다. 하지만 다른 이들은 그 말을 두려워했고, 그 말을 없애버리기를 원했다.

그때 사제인 Laocoon이 말 안에는 속임수가 숨겨져 있다고 외쳤다. "나는 그리스 인들을 두려워하오." 그가 말했다. "선물을 주는 그들조차도."

이 말을 하면서, 즉시 Laocoon은 말을 향해 창을 던졌다. 하지만 갑자기 바다에서 뱀 두 마리가 나와서 Laocoon과 그의 두 아들을 죽였다.

그러자 모두 Laocoon이 나쁜 사람이라고 말했다. 그들은 외쳤다. "신들이 화가 났다. 우리는 말을 도시 안으로 끌고 가야 한다."

그 동안에 Sinon은 발견되었고 왕 앞으로 이끌려 왔다.

"나는 그리스 인입니다"라고 그가 말했다. "다른 그리스 인들이 나를 죽이려고 했습니다. 하지만 나는 도망쳐서 숨었습니다. 이제 그리스 인들은 몰래 자신들의 나라로 돌아갔습니다. Minerva 여신에게 말은 신성합니다. 말을 성채 안에 놓으십시오. 그러면 당신의 도시는 항상 안전할 것입니다."

말을 성채 안에 들여놓고 트로이 사람들은 신들에게 제물을 바쳤다. 온 도시가 크게 기뻐했다.

한밤중에 Sinon은 말을 향해 다가왔다. 그는 말의 몸에 있는 작은 문을 열었다. 그리스 인들이 내려왔고 그들은 도시의 문들을 열었다. 이제 모든 그리스 군인이 왔다. 그들은 나팔소리로 전쟁의 신호를 했다. 그들은 트로이 인들을 향해 공격을 했다. 트로이 인들은 목마 때문에 점령당한 도시를 곧 버렸다.

A. 번역하시오.

❶ Duo exercitūs impetum in urbem īnfēlīcem faciunt.

❷ Vīdimus equum ligneum per mūrōs trahī.

❸ In cōnspectū hostium dux duo cornua exercitūs relīquit.

❹ Scīmus urbem dēsertam esse; itaque ad patriam nostram redībimus.

❺ Numquam amīcōs nostrōs dēserēmus quod sentīmus eōs in perīculō esse.

❻ Serpentēs Lāocoontem ab ārā Neptūnī trahēbant.

❼ Haec animālia potentia ē marī exiērunt.

❽ Impetum fortem in fīliōs quoque fēcērunt.

B. 빈칸들을 밑에 주어진 구로 채우시오.

| Graecōrum fortium | hostēs omnēs | sē esse causam |
| gravēs sunt | pugnābimus | viam dūram esse |

❶ Hastae mīlitum _____.

❷ Vīdimus _____ per montēs.

❸ Mox cum pīrātīs ācribus _____.

❹ Dux _____ in proeliō necātus est.

❺ Servus scīvit _____ calamitātis.

❻ _____ quī in oppidō manēbant captiī sunt.

A. 다음 빈칸들을 적절한 관계대명사로 채우시오.

❶ Vir _____ vīdī fuit dux noster.

❷ Vestis _____ gerēbat alba erat.

❸ Hic est lapis _____ vir necātus est.

❹ Virī _____ cum ambulābant jūdicēs sunt.

❺ Sacerdōtēs _____ vidēbimus convēnērunt.

B. 다음 빈칸들을 괄호 안에 주어진 뜻에 알맞은 eō 동사의 변화형으로 채우시오.

❶ Deae ad montem _____ (are going).

❷ Paris ad urbem Trōjam _____ (was going).

❸ Ad urbem Spartam mox _____ (he will go),

❹ Ad ōram maritimam saepe _____ (we have gone).

C. 아래 주어진 단어 중 하나로 빈칸을 채우시오.

cōnspectus	exercitūs	mālum
cornū	impetus	pāstor

❶ Crēdō _____ esse fīlium rēgis.

❷ Audīmus _____ Venerī darī.

❸ Dīcit _____ contrā hostēs _____ facere.

❹ Crēdō _____ ducis mentēs mīlitum cōnfirmāre.

❺ Silentium _____ proelium parārī ostendit.

D. 괄호 안의 어구를 라틴어로 옮기시오.

❶ Virī et puerī (*are being called together, are industrious, are watching*).

❷ Oppidum (*is being attacked, is being destroyed, is large and wide*).

❸ Itaque, servī, (*you are being warned, you are watching, you have good weapons*).

❹ Tēctum novum (is being built, *is being prepared, is mine*).

❺ Gladius ā puerō (*is carried, is being destroyed, is being changed*).

THE STORY OF IPHIGENIA

Unit XVII

079

EPISTULA FALSA

Nox erat, et castra Graecōrum, prope urbem Aulidem posita, silēbant. In tabernāculō Agamemnonis, ducis Graecī, erat lūmen clārum. Subitō rēx ad portam tabernāculī vēnit servumque fīdum ad sē vocāvit.

Servus. Ō domine, vocāvistīne mē?

Agamemnōn. Ita; ego dēsīderō hanc epistulam ad uxōrem meam, Clytemnestram, sine morā portārī.

Servus. Tibi semper fīdus sum. Cūr, domine, per tōtam noctem numquam tū dormīvistī?

Agamemnōn. Magnam causam dolōris habeō. Ventī adversī per trēs mēnsēs nāvēs nostrās nāvigāre prohibuērunt. Calchās sacerdōs mihi nūntiāvit Diānam esse īrātam, magnaque sacrificia postulāre. Meam fīliam, Īphigenīam, sacrificāre jussus sum.

Servus. Certē Calchās est vir malus. Īphigenīa nōbīs cāra est.

Agamemnōn. Sed Menelāus, frāter meus, dīxit, "Hōc sacrificiō ā tē factō, ventī secundī nōs ad urbem Trōjam portābunt. Nōbīscum et auxiliō deōrum Trōjānōs superābis."

Servus. Cūr Menelāus fīliam suam nōn dat? Tū tē tuamque familiam dēfendere dēbēs.

Agamemnōn. Dī fīliam ejus nōn postulāvērunt. Itaque maestus ad
   uxōrem meam jam mīsī epistulam in quā scrīpsī, "Achillēs
   fīliam nostram, Īphigenīam, in mātrimōnium dūcere
   dēsīderat. Mitte eam sine morā ad castra nostra."

Servus. Sed cūr nunc aliam epistulam mittis?

Agamemnōn. Mentem meam mūtāvī. In hāc epistulā quam tibi
   dō scrīpsī, "Ō conjūnx amāta, servā tē et fīliam nostram;
   perīculum magnum est; tenē eam domī."

Servus fīdus, epistulā acceptā, per noctem fūgit.

▶▶▶ 어휘

ego=I (egoism 이기주의, egotism 자기중심 성향, egotist 이기주의자,
   egotistical 이기적인).

maestus, -a, -um=sad, gloomy.

secundus, -a, -um=favorable, second (secondary 두 번째의).

tū=you.

▶▶▶ 문법

❶ 주어의 사용

라틴어에서는 원칙적으로 동사의 어미로 주어를 나타낸다. 그러나 주어를 강
조하거나 다른 주어와의 대조를 나타내기 위해서는 주격의 주어를 사용할 수
있다. 주어로 사용되는 대명사는 다음과 같다.

ego (=I)	**nōs** (=we)
tū (=you)(*sg.*)	**vōs** (=you)(*pl.*)

❷ **ego**(=I)와 **tū**의(=you, *sg.*)의 변화형

        ego(=I)의 변화형

N	**ego**	**nōs**
G	**meī**	**nostrum, nostrī**
D	**mihi**	**nōbīs**
A	**mē**	**nōs**
Ab	**mē**	**nōbīs**

        tū(=you, *sg.*)의 변화형

N	**tū**	**vōs**
G	**tuī**	**vestrum, vestrī**
D	**tibi**	**vōbīs**
A	**tē**	**vōs**
Ab	**tē**	**vōbīs**

❸ 소유의 개념은 다음과 같은 소유형용사에 의해 표시된다.

meus,   -a, -um (=my)   **noster, -tra, -trum** (=our)

tuus,   -a, -um (=your, *sg.*) **vester, -tra, -trum** (=your, *pl.*)

❹ 제1, 2인칭의 재귀대명사 (Reflexive Pronoun of the First and Second Person)
대명사의 속격, 여격, 대격, 탈격형이 재귀대명사로 쓰인다. 다음은 대격형이
재귀대명사로 쓰인 예들이다.

<u>**Mē**</u> **nōn laudō.**	I do not praise myself.
<u>**Nōs**</u> **nōn laudāmus.**	We do not praise ourselves.
<u>**Tē**</u> **nōn laudās.**	You do not praise yourself.
<u>**Vōs**</u> **nōn laudātis.**	You do not praise yourselves.

❺ **cum**과 함께 사용되는 대명사들

    mēcum (=with me)   **nōbīscum** (=with us)

    tēcum (=with you)   **vōbīscum** (=with you)

밤이었고 아울리스 마을 근처에 위치한 그리스 인들의 진지는 조용했다. 그리스 인들의 사령관 Agamemnon의 텐트 안에서는 빛이 밝았다. 갑자기 사령관이 텐트의 문으로 와서 신실한 하인을 자신에게로 불렀다.

하인. 오, 주인님, 저를 부르셨습니까?

Agamemnon. 그렇다. 나는 이 편지가 나의 아내 Clytemnestra에게 지체 없이 전달되기를 원한다.

하인. 저는 항상 당신에게 충실합니다. 주인님, 왜 밤새 한잠도 주무시지 않으십니까?

Agamemnon. 내게는 큰 근심거리가 있다. 석 달 동안 역풍이 우리의 배들이 항해 하는 것을 막고 있다. 사제 Calchas가 나에게 보고하기를 Diana 여신이 매우 화가 났고, 굉장한 제물을 요구한다고 한다. 내 딸 Iphigenia을 희생시키란 명령을 받았다.

하인. 분명 Calchas는 악한 사람입니다. Iphigenia는 우리 모두에게 소중합니다.

Agamemnon. 하지만 나의 형 Menelaus가 말했다. "너에 의해 이 희생이 치러진 다면, 순풍이 우리를 트로이 도시로 데려다 줄 것이다. 신들의 도움이 있다면 너는 우리와 함께 트로이 인들을 정복할 것이다."

하인. 어찌하여 Menelaus는 자신의 딸을 바치지 않습니까? 당신은 당신과 당신의 가족을 지켜야 합니다.

Agamemnon. 신들이 그의 딸은 요구하지 않으신다. 그래서 슬퍼하며 나는 지금 내 아내에게 이렇게 적은 편지를 보냈다. "Achilles가 우리의 딸 Iphigenia와 결혼하기를 원했소. 그 애를 지체 없이 우리 진지로 보내시오."

하인. 그런데 지금 왜 다른 편지를 보내십니까?

Agamemnon. 내 생각을 바꿨다. 네게 주는 이 편지에는 이렇게 적혀있다. "오, 사랑하는 아내여, 당신과 우리 딸을 살리십시오. 위험이 큽니다. 그 애를 집안 에 두십시오."

편지를 받아든 충실한 하인은 밤중에 빠르게 달려갔다.

A. 번역하시오.

❶ Ego crēdō tē mihi fīdum esse.

❷ Nōbīscum bellum secundum bene gessistī!

❸ Mēcum contrā fortūnam adversam per multōs mēnēs contendistī.

❹ Sacerdōs maestus crēdit vōs causam ācris dolōris habēre.

❺ Tū nōbīs epistulam dedistī.

❻ Mīlitēs tēcum impetum in hostēs facient.

❼ Prō nōbīs et exercitū nostrō Īphigenīa sacrificābitur.

B. A와 B를 짝지으시오.

A	B
❶ Juvā	(a) ad portam
❷ Tēcum ībimus	(b) ad templum
❸ Jūdex, dūc nōs	(c) tē
❹ Scīmus vōs sacerdōtēs habēre	(d) tibi
❺ Causam dolōris ducis nārrābō	(e) vōbīscum

080

MATER ET FILIA PERVENIUNT.

Servus portāns epistulam Agamemnonis ā vigilibus captus erat, sed Agamemnōn haec nōn audīverat. Ubi, igitur, audīvit Clytemnestram cum Īphigenīā ad castra appropinquāre, graviter mōtus erat, quod scīvit fīliam suam ad mortem dūcī. Itaque ad Menelāum vēnerat.

Agamemnōn. Heu! Uxor mea fīliam nostram mox ad mē dūcet.
Ego, rēx potēns sapiēnsque, ad mortem fīliam meam mittō!
Jam in vincula Īphigenīa conjiciētur. Numquam iterum fēlīx laetusque erō. Hanc calamitātem timēbam. Fāta mē regunt.

Menelāus. Dīc eīs Achillem ā castrīs abesse; Calchās in tabernāculō manēbit fīliamque nōn vidēbit.

Agamemnōn. Sed Ulīxēs, vir sapiēns, voluntātem deōrum scit.
Ego sciō hunc virum potentem cum inimīcīs meīs sē jungere.
Interim Clytemnestra et Īphigenīa, ā mīlite ductae, ad Agamemnonem appropinquāverant.

Clytemnestra. Ecce, Īphigenīa, pater tuus! Laeta, Agamemnōn, tē videō. Propter imperāta tua ad castra pervēnimus.

Īphigenīa. Ō pater, iter erat dūrum. Heu! Tū es maestus! Nōnne putās Achillem mē in mātrimōnium dūcere dēbēre? Putō Achillem esse virum potentem, sapientem, fēlīcem. Fēlīx erō, uxor ducis clārī.

Agamemnōn. Ita, Achillēs vir fortis est. Sed Trōja est longinqua.

Īphigenīa. Sciō iter esse longum; bene sciō omne bellum esse ācre.
Ubi est Achillēs? Cūr ad mē nōn venit? Cūr nōs nōn salūtat?

Agamemnōn. Achillēs cum cōpiīs suīs in lītore nunc est. Mox
aderit.

Hōc dictō, Agamemnōn fēminās in tabernāculum dūcit.

Agamemnōn [tabernāculō relictō]. Heu! Jam miser vīvō! Certē
servus meus epistulam ad Clytemnestram nōn portāvit.

▶▶▶ 어휘

conjiciō, -jicere, -jēcī, -jectum=throw, hurl.

imperātum, -ī=N., command, order; **imperāta facere**=carry out order, obey
commands (imperative sentence 명령문, emperor 황제).

perveniō, -venīre, -vēnī, -ventum=arrive at, reach.

putō, -āre, -āvī, -ātum=think (compute 산정하다, depute 대리를 명하다,
dispute 논쟁하다, impute 남의 탓으로 여기다, putative 추정되는,
repute 평판).

vigil, vigilis=M., watchman, guard, sentinel (vigilant 자지 않고 지키는).

vinculum, -ī=N., chain, bond (vinculum 결속, 매듭).

voluntās, -ātis=F., desire (voluntary 자발적인).

❶ 과거완료 능동 (Past Perfect Active)
과거완료의 능동형은 완료어간에 **-erā**를 더해 만들며, 이것은 네 활용형 모두
에 공통이다.

portō(=carry)의 변화형

portāveram	I had carried	**portāverāmus**	we had carried
portāverās	you had carried	**portāverātis**	you had carried
portāverat	he had carried	**portāverant**	they had carried

moneō(=warn)의 변화형

monueram	I had warned	**monuerāmus**	we had warned
monuerās	you had warned	**monuerātis**	you had warned
monuerat	he had warned	**monuerant**	they had warned

❷ 과거완료 수동 (Past Perfect Passive)
과거완료의 수동형은 **sum**의 미완료형에 완료분사형을 더해서 만든다.

portō(=carry)의 변화형

portātus eram	I had been carried	**portātus erāmus**	we had been carried
portātus erās	you had been carried	**portātus erātis**	you had been carried
portātus erat	he had been carried	**portātus erant**	they had been carried

moneō(=warn)의 변화형

monitus eram	I have been warned	**monitus erāmus**	we had been warned
monitus erās	you had been warned	**monitus erātis**	you had been warned
monitus erat	he had been warned	**monitus erant**	they had been warned

Agamemnon의 편지를 지니고 가던 하인이 파수꾼에게 사로 잡혔지만 Agamemnon은 그 사실을 듣지 못했다. 그래서 Agamemnon은 Clytemnestra가 Iphigenia와 함께 진지에 오고 있다는 말을 들었을 때 무척 놀랐다. 왜냐하면 그는 그의 딸이 죽게 될 것이라는 것을 알았기 때문이다. 그래서 그는 Menelaus에게로 갔다.

Agamemnon. 아아, 내 아내가 곧 우리 딸을 내게로 이끌고 옵니다. 유능하고 지혜로운 장수인 내가 내 딸을 죽음으로 보내야 하는군요! 이제 Iphigenia는 사슬에 묶일 것입니다. 나는 절대로 다시는 축복받거나 행복할 수 없을 거예요. 나는 이 재앙을 두려워했습니다. 운명이 나를 지배하는 군요.

Menelaus. 그들에게 Achilles가 진지에 없다고 말하렴. Calchas는 텐트 안에 머물 것이고, 네 딸을 보지 못할 것이다.

Agamemnon. 하지만 지혜로운 Ulysses가 신들의 소망을 알고 있습니다. 나는 그 유능한 남자가 내 적들과 내통하고 있다는 것을 알고 있어요.

그러는 동안에 Clytemnestra와 Iphigenia가 한 병사에게 이끌려 Agamemnon에게로 왔다.

Clytmnestra. Iphigenia야, 네 아버지를 보렴! Agamemnon이여, 나는 당신을 만나서 기뻐요. 당신의 명령대로 우리가 진지로 왔어요.

Iphigenia. 오, 아버지, 여정은 힘들었어요. 아아, 아버님이 슬퍼 보이시네요. Achilles가 저와 결혼해야 한다고 생각하지 않으세요? 제 생각에 Achilles는 능력 있고 현명하고 축복받은 남자예요. 저는 유명한 지도자의 아내가 되어 행복할 거예요.

Agamemnon. 그래, Achilles는 용감한 남자지. 하지만 트로이는 멀어.

Iphigenia. 저도 여정이 길다는 것을 알아요. 모든 전쟁이 가혹하다는 것도 잘 알아요. Achilles는 어디 있나요? 왜 그는 저에게 오지 않죠? 왜 그는 우리를 환영하지 않나요?

Agamemnon. Achilles는 지금 그의 군대와 함께 해변에 있단다. 곧 여기로 올 거야.

이렇게 말하면서 Agamemnon은 여자들을 텐트 안으로 안내한다.

Agamemnon [텐트를 떠나면서]. 아아, 이제 나는 불행한 삶을 사는구나! 분명 내 하인이 Clytemnestra에게 편지를 전달하지 않은 거야.

A. 번역하시오.

❶ Īphigenīa nōn audīverat deōs sacrificium postulāre.

❷ Imperātum Agamemnonis ad Clytemnestram nōn pervēnerat.

❸ Per multa et perīculōsa bella Agamemnōn ducēs exercituum dūxerat.

❹ Putāmus nōs ā virō sapientī regī.

❺ Mīlitēs hostium in vincula conjectī erant.

❻ Certē fīlia rēgis ā sacerdōte interficiētur.

❼ Dolor servī bonī magnus erat quod vīderat magnum dolum parārī.

❽ Dī jam voluntātem suam nūntiāverant.

B. 이탤릭체 부분을 라틴어로 옮기시오.

❶ The judge *had* not *ordered* the shepherd *to be sacrificed.*

❷ The soldier *had dragged* his weary *body* to the shore.

❸ We see that the camp *is being attacked* by the enemy.

❹ Calchas *had* not *returned* from the altar.

❺ I think that *we are being ruled* well.

❻ Agamemnon *had feared* the will of the gods.

❼ The guards *will be thrown* into chains.

081

ACHILLES DOLUM INVENIT.

Māne Achillēs, quī nōn audīverat Clytemnestram in castra
pervēnisse, prō tabernāculō Agamemnonis stetit.

Achillēs [magna vōce]. Ubi est Agamemnōn quī exercitūs Graecōs
agit? Dīc eī Achillem prō tabernāculō stāre. Omnēs sciunt
mē ad hoc bellum ā Manelāō arcessītum esse. Jam pugnāre
parātus, exercitus meus propter moram longam graviter dolet.
Clytemnestra ē tabernāculō venit.

Achillēs. Quem videō? Certē tū fēmina nōbilis es.

Clytemnestra. Sum Clytemnestra, conjūnx Agamemnonis. Laeta
sum quod tū fīfliam meam in mātrimōnium dūcēs.

Achillēs. Quid dīcis? Ego sum Achillēs. Quis dīxit mē fīliam tuam
in mātrimōnium petīvisse?

Clytemnestra. Quid? Agamemnōn scrīpserat tē cupere eam in
mātrimōnium dūcere.

Achillēs. Ego fīliam tuam numquam arcessīvī.

Servus territus ad Clytemnestram properat.

Servus. Ō rēgīna, mala sunt ōmina! Agamemnōn in animō magnum
scelus habet. In animō habet fīliam suam occīdere! Nōn sōlum
āram parātam et gladium sed etiam sacerdōtem vīdī. Jam
Calchās sacrificium parāverat; nunc virī animālia ad āram

dūcunt. Tua fīlia quoque sacrificābitur.

Clytemnestra. Crēdō conjugem meum īnsānum esse. Quis hoc scelus parāvit? Achillēs, juvā nōs! Servā fīliam meam, quae uxor tua erit!

Achillēs [graviter excitātus]. Ō Clytemnestra, ego fīliam tuam ab omnī impetū dēfendam! Meōs mīlitēs contrā Agamemnonem agam.

▶▶▶ 어휘

arcessō, -ere, -īvī, -ītum=summon.
nōbilis, -e=noble; M. *pl.*=the nobles.
occīdō, -cīdere, -cīdī, -cīsum=kill, slay.
scelus, sceleris=crime; **scelus facere**=to commit a crime.

▶▶▶ 문법

❶ 라틴어의 분사와 영어의 형용사
라틴어의 분사는 흔히 형용사로 사용되며, 이들 중 많은 부분은 -ant/-ent로 끝나는 모양으로 영어에 차용되었다.

라틴어		영어
-ens/-ans		**-ant/-ent**
latens	(<lateō (=lurk))	latent
vigilans	(<vigilō (=watch))	vigilant
repellens	(<repellō (=repel))	repellent
expectans	(<expectō (=expect))	expectant

❷ 마찬가지로 수동의 완료분사형은 -ate/-ite의 모양으로 영어에 차용되었다.

라틴어 영어

temperātus (<temperō (=be temperate) temperate
oppōsitus (<oppōnō (=oppose) opposite
ōrnātus (<ōrnō (=equip)) ornate
fīnitus (<fīniō (=finish)) finite

❸ 능동의 완료부정형 (Perfect Active Infinitive)
능동의 현재부정형 : **portāre** (=to carry)
능동의 완료부정형 : **portāvisse** (=to have carried)
능동의 완료부정형은 완료어간(perfect stem)에 **-isse**를 더해 만들며, 네 활용형의 변화형은 다음과 같다.

	I	II	III	IV
현재부정형 :	**portāre**	**monēre**	**dūcere**	**audīre**
완료부정형 :	**portāvisse**	**monuisse**	**dūxisse**	**audīvisse**

❹ 수동 부정사 (Passive Infinitive)

I	II	III	IV
portārī	**monērī**	**dūcī** **capī**	**audīrī**

❺ 수동의 완료 부정사 (Perfect Passive Infinitive)는 수동의 완료 분사(perfect participle)에 **esse**를 더해 만든다.

I	II	III	IV
portātus esse	**monitus esse**	**ductus esse** **captus esse**	**audītus esse**

❻ 간접화법에서의 부정사의 시제
현재부정사는 주절의 동사 시제와 일치하며, 완료부정사는 주절의 동사 시제 이전의 시간을 나타낸다.

현재부정사

Dīcit sē perīculum timēre. He says that he fears danger.
Dīxit sē perīculum timēre. He said that he feared danger.

완료부정사

Hostēs fūgisse videō. I see that the enemy have fled.
Hostēs fūgisse vīdī. I saw that the enemy had fled.

아침에 Clytemnestra가 진지에 도착했다는 말을 듣지 못한 Achilles가 Agamemnon의 텐트 앞에 섰다.

Achilles [커다란 목소리로]. 그리스 군대를 이끄는 Agamemnon은 어디에 있는가? 그에게 Achilles가 그의 텐트 앞에 서 있다고 전해라. 내가 Menelaus에 의해 이 전쟁에 불려왔다는 것은 모두가 알고 있다. 싸울 준비를 모두 마친 지금, 내 군대는 길어지는 지체 때문에 심각하게 고통 받고 있다.

Clytemnestra가 텐트에서 나온다.

Achilles. 내가 보고 있는 당신은 누구십니까? 분명 당신은 고귀한 여성입니다.

Clytemnestra. 나는 Agamemnon의 아내인 Clytemnestra입니다. 나는 당신이 내 딸과 결혼할 것이라는 것 때문에 기쁩니다.

Achilles. 무슨 말씀을 하시는 겁니까? 나는 Achilles입니다. 누가 내가 당신의 딸과 결혼하기를 원했다고 말했습니까?

Clytemnestra. 뭐라고요? Agamemnon이 편지에 당신이 내 딸과 결혼하기를 원한다고 했었습니다.

Achilles. 나는 당신의 딸을 결코 부르지 않았습니다.

겁에 질린 하인이 Clytemnestra에게로 서둘러 온다.

하인. 오, 마님, 불행한 징조입니다! Agamemnon은 마음속에서 커다란 죄를 짓고 있습니다. 그는 자신의 딸을 죽이려고 합니다! 나는 준비된 제단과 칼뿐만 아니라 사제까지 보았습니다. 이미 Calchas는 제물을 준비해 놓았습니다. 지금 사람들이 동물들을 제단으로 이끌고 있습니다. 당신의 딸 역시 희생될 것입니다.

Clytemnestra. 내 남편이 미친 것이 틀림없어요. 누가 이런 범죄를 준비했단 말입니까? Achilles, 우리를 도와주세요! 당신의 아내가 될 내 딸을 살려주세요!

Achilles [크게 분개해서]. 오, Clytemnestra, 내가 당신의 딸을 모든 공격으로부터 지키겠습니다. 내 병사들을 Agamemnon에 맞서 진군시킬 것입니다!

A. 아래에 예시한 어구들 중에서 괄호 안에 주어진 영어의 어구에 해당하는 것을 고르시오.

āctum esse	dūxisse	fuisse	parāvisse
arcessīvisse	dēsertum esse	occīdī	trānsīsse

❶ Crēdimus oppidum ā duce (*was abandoned*).

❷ Certē fīlia nōbilis (*to be killed*) nōn dēbet.

❸ Scīmus bellum causam magnī dolōris (*has been*).

❹ Servus dīcit sacerdōtem sacrificium (*has prepared*).

❺ Menelāus ostendit Helenam ad Graecōs (*had gone across*).

❻ Agamemnōn dīxit sē Īphigenīam ad castra (*had summoned*).

❼ Achillēs dīxit exercitum suum ad bellum (*had been driven*).

B. 라틴어로 옮기시오.

❶ They say that the watchmen have arrived.

❷ The general announces that I have summoned an army.

❸ Surely you did not believe that we had been killed.

❹ He shows that the orders have been sent and that the leader has come to the camp.

C. 다음 라틴어 분사들의 영어 차용어를 말하시오.

ambulans	currens	errans	sēparatus
cōgens	dēfīnitus	fortūnātus	significans
conveniēns	dēspērātus	incipiens	silēns

082
SACRIFICIUM IPHIGENIAE

Agamemnōn fīliam suam amātam sacrificāre nōn dēsīderāvit, sed putāvit deōs hoc per Calcham sacerdōtem jussisse.

Diē sacrificiī mīlitēs omnium exercituum Graecōrum in lītore Īphigenīam multās hōrās expectāvērunt; ventōs secundōs et iter fēlīx multōs mēnsēs petīverant; itaque mortem virginis nōn dolēbant.

Achillēs tamen suōs mīlitēs ad tabernācula sua redīre subitō jusserat. Ulīxēs et Menelāus, ubi audīvērunt Achillem hanc rem nōn probāre, graviter mōtī erant.

Clytemnestra, clāmōribus hominum audītīs, sēnsit Īphigenīam ā mīlitibus arcessītam esse. Agamemnōn tōtam noctem doluerat sed fīlam suam ē tabernāculō ad āram dūcere parābat.

Īphigenīa mātrī maestae dīxit, "Māter amāta, nūllō tempore pater meus mē sacrificāre dēsīderāvit; injūriam nōn facit; est voluntās deōrum. Nōn erō ignāva; cupiō mīlitēs nostrōs contrā fortūnam malam dēfendī. Brevī tempore exercitūs Graecī ā portū ventīs secundīs nāvigābunt; Graecī victōriam habēbunt; omnēs scient mē prō patriā occīsam esse."

Ubi Agamemnōn fīliam ad āram dūxit, puella fortis mīlitibus dīxit, "Sentiō deōs mortem meam cupere. Mortem nōn recūsābō."

Multae rēs ā sacerdōte parātae erant et puella in ārā posita est. Subitō magnus clāmor audītus est magnumque lūmen in caelō apparuit (*appeared*). Dea Diāna aderat. Dea corpus cervae in ārā posuit quod Graecī corpus Īphigenīae esse crēdidērunt. Puellam, nūbe dēnsā tēctam, per caelum ad locum longinquum Diāna portāvit.

▶▶▶ 어휘

brevis, -e=short, brief (brevity 짧음, abbreviate 단축하다, abbreviation 단축).
diēs, diēī=M. and F., day (diary 일기, dial 문자판, diurnal 매일 일어나는, journal 일기, adjourn 휴회하다, meridian 정오).
portus, -ūs=M., harbor (port 항구, export 수출).
rēs, reī=F., thing, affair, fact, matter (real 참된, realistic 현실적인, realize 실현하다, reality 현실, real estate 부동산).
tegō, -ere, tēxī, tēctum=cover, protect.
tempus, temporis=N., time (tempo (음악의) 속도, 템포, temporary 일시적인, temporarily 일시적으로, contemporary 동시대적인, temporize 우물쭈물하다, extempore 즉흥적으로, extemporaneously 즉흥적으로).

▶▶▶ 문법

❶ 제5 격변화 명사 (The 5th Declension Noun)

제5 격변화 명사의 속격 어미는 -**ēī**이며, 단수 주격 어미는 항상 -**ēs**이다.

	단수	복수		단수	복수
N	diēs	diēs		rēs	rēs
G	diēī	diērum		reī	rērum
D	diēī	diēbus		reī	rēbus
A	diem	diēs		rem	rēs
Ab	diē	diēbus		rē	rēbus
	(=day)			(=thing)	

❷ 제5 격변화 명사의 어미

	단수	복수
N	-ēs	-ēs
G	-ēī, -eī	-ērum
D	-ēī, -eī	-ēbus
A	-em	-ēs
Ab	-ē	-ēbus

❸ 영어의 다음 두 문장은 전치사의 유무에 관계없이 동일한 뜻을 갖는다.

We stayed in the country <u>three days</u>.

We stayed in the country <u>for three days</u>.

그러나 라틴어에서는 시간의 길이를 나타내기 위해서는 항상 전치사 없는 대격이 사용된다.

Multās hōrās in īnsulā mānsī.

I remained on the island many hours.

❹ 시각을 나타내는 탈격

어떤 일이 일어난 시각이나 시간을 나타내기 위해서는 다음에서 보듯 탈격이 사용된다.

Eō anō pater meus tēctum aedificāvit.

My father built a house that year.

Paucīs hōrīs portum vidēbit.

In a few hours he will see the harbor.

Agamemnon은 사랑하는 딸을 희생시키고 싶지 않았다. 하지만 그는 신들이 사제 Calchas를 통해서 이것을 명령했다고 생각했다.

희생의 날에 모든 그리스 군대의 병사들은 해변에서 많은 시간 동안 Iphigenia를 기다렸다. 그들은 순풍과 축복받은 여러 달 동안의 여정을 희구했었다. 그래서 그들은 처녀의 죽음을 슬퍼하지 않았다.

그러나 Achilles는 갑자기 그의 병사들에게 텐트로 돌아가라고 명령했었다. Achilles가 이 일을 찬성하지 않는다는 말을 듣자 Ulysses와 Menelaus는 크게 놀랐다.

사람들이 소리 지르는 것을 들은 Clytemnestra는 Iphigenia가 병사들에게 불려 갔다고 생각했다. Agamemnon은 밤새 슬퍼했었다. 하지만 그는 그의 딸을 텐트에서부터 제단으로 인도할 준비를 하고 있었다.

Iphigenia가 슬픈 어머니에게 말했다. "사랑하는 어머니, 나의 아버지는 한 시도 나를 희생시키고 싶어 하지 않으셨어요. 아버지 잘못이 없어요. 이 일은 신들의 소망이에요. 나는 겁쟁이처럼 굴지 않겠어요. 나는 우리 병사들을 불행한 운명으로부터 지키고 싶어요. 곧 그리스 군대가 순풍을 타고 항구로부터 항해해 나갈 거예요. 그리스 인들은 승리를 차지하게 될 것입니다. 모든 이들이 내가 고국을 위해 죽임을 당했다는 것을 알게 될 거예요."

Agamemnon이 딸을 제단으로 이끌었을 때, 용감한 소녀가 병사들에게 말했다. "신들이 나의 죽음을 원한다는 것을 알고 있습니다. 나는 죽음을 피하지 않겠어요."

사제에 의해 많은 것들이 준비되어 있었고 소녀가 제단에 세워졌다. 갑자기 굉음이 들렸고, 하늘에 섬광이 나타났다. 여신 Diana가 나타났다. 여신은 제단 위에 사슴의 몸을 놓았다. 왜냐하면 그리스 인들은 그것을 Iphigenia라고 믿었기 때문이다. Diana는 하늘을 통해 두터운 구름에 휩싸인 소녀를 먼 곳으로 옮겨 갔다.

A. 번역하시오.

❶ Scit vōs īsse ad portum mēcum.

❷ Putō Īphigenīam ā sacerdōte nōn sacrificātam esse.

❸ Ad ōram maritimam breve tempus eō diē ierant.

❹ Virī quibuscum contendēbās dē hāc rē vigilēs arcessīverant.

❺ Certē dux scit nōs in urbe diem tōtum fuisse.

❻ Scelus quod brevī tempore vir fēcit stultum fuit.

❼ Exercitus expellere advenās vōbīscum recūsāverat.

❽ Vir nōbilis decem annōs rēx erat.

B. 이탤릭체 부분을 라틴어로 옮기시오.

❶ *In the first hour* of the night the enemy made an attack on the camp.

❷ *On account of this matter* your sister remained in this city *four years*.

❸ We watched *all day*, but we saw no animals near the road.

❹ The leader says that the citizens *defended* the wall *all night* from every attack of the enemy.

❺ *At no time* was the town without guards.

C. 아래에 주어진 영어의 단어들은 라틴어의 **brevis**(=short), **nōbilis**(=noble), **portus** (=port), **tempus**(=time), **voluntās**(=wish)에서 차용된 단어들이다. 알맞은 것으로 빈칸을 채우시오.

abbreviate	temporarily	nobleman	volunteers
abbreviations	temporary	voluntarily	export
brevity	nobility	voluntary	Gulfport
noble	port	volunteered	extemporaneously

❶ The men who joined the army _____ were called _____.

❷ For the sake of _____, we will use _____ for the names of the states.

❸ Although he was not of _____ birth, he was a man of great _____.

❹ The speaker _____ lost his notes; so he had to speak _____.

❺ _____ is a well-known _____ on the gulf of Mexico.

083 IPHIGENIA INVENTA EST.

Graecī crēdidērunt, Īphigenīā sacrificātā, animum deōrum mūtātum esse. Itaque brevī tempore ad lītora Trōjae nāvigāverant. Decem annōs pugnāverant; tandem Trōja expugnāta erat victōrēsque Graecī ad patriam redierant.

Quod Agamemnōn imperāta eōrum facere recūsāverat dī erant crūdēlēs. Rēx miser ab uxōre occīsus est quod Clytemnestra crēdidit Īphigenīam fīliam ab eō ad mortem āctam esse. Deinde Orestēs, fīlius eōrum, lēge deōrum, mātrem suam occīdere coāctus est. Propter hoc scelus mentem āmīsit et diū erat īnsānus.

Dēnique sacerdōtēs eī dīxērunt, "In īnsulā Taurōrum est parva statua Diānae; nāvigā ad hanc īnsulam, cape hanc statuam, portā eam ad templum Apollinis. Hōc factō, tū iterum sānus eris."

Īnsula Taurōrum longē aberat. Orestēs nōn scīvit sorōrem suam Īphigenīam vīvam esse et ā Diānā ad hanc īnsulam portātam esse et jam sacerdōtem Diānae in illō locō habitāre.

Orestēs cum amīcō Pylade post multōs mēnsēs in portum hujus īnsulae vēnit. Hīc nāvem cēlāvērunt. Sed duo aliēnī ā pāstōribus captī sunt et ad Īphigenīam ductī sunt.

Statim sacerdōs Īphigenīa aliēnōs sacrificāre parāvit.

Ubi prope āram tenēbantur, Īphigenīa Orestem recognōvit et

clāmāvit, "Nonne es Orestēs, frāter meus? Sum soror tua, Īphigenīa, ā Diānā servāta. Dēbēmus fugere sine morā."

Orestēs respondit, "Prīmō necesse est capere statuam Diānae."

Hāc statuā captā, Orestēs et ejus amīcus cum Īphigenīā ad nāvem fūgērunt. Orstēs nōn jam īnsānus erat. Ventīs secundīs portātī, brevī tempore ad Graeciam pervēnērunt. Ibi magnō cum gaudiō acceptī sunt.

▶▶▶ 어휘

cōgō, -ere, **cōgī**, **coāctum**=compel, force.
crūdēlis, -e=cruel.
expugnō, -āre, -āvī, -ātum=take by storm (pugnacious 호전적인).
tandem=finally, at last.

▶▶▶ 문법

제4 격변화 명사의 영어 차용어
(1) 라틴어   영어

-us	**-us**	
cēnsus	census	(인구조사)
cōnsēnsus	consensus	(일치)
cōnspectus	conspectus	(개관)
impetus	impetus	(충동)

(2) - **us**　　　　　　　　　Ø

adventus	advent	(출현)
aquaeductus	aqueduct	(수로교)
ēventus	event	(사건)
exitus	exit	(출구)
portus	port	(항구)
recessus	recess	(휴식)
senātus	senate	(상원)
tumultus	tumult	(소동)

(3) -**us**　　　　　　　　　-e

domus	dome	(둥근 천장)
magistratus	magistrate	(행정장관)

▶▶▶ 해석　　Iphigenia가 발견되다.

그리스 인들은 Iphigenia가 희생되었으므로 신들의 마음이 바뀌었을 것이라고 믿었다. 그래서 그들은 곧 트로이의 해변으로 항해해 갔다. 그들은 10년을 싸웠다. 마침내 트로이는 점령당했고 그리스 정복자들은 고국으로 돌아갔다.

Agamemnon이 신들의 명령을 따르는 것을 거부했었기 때문에 신들은 잔인했다. 불쌍한 장수는 부인에 의해 살해되었다. 왜냐하면 Clytemnestra는 딸 Iphigenia가 그에 의해 죽음에 이르렀다고 믿었기 때문이다. 그러자 그들의 아들 Orestes가 신들의 법칙에 따라 그의 어머니를 죽일 것을 강요당했다. 이 죄 때문에 그는 그의 정신을 놓았고 오랫동안 미쳐있었다.

마침내 사제들이 그에게 말했다. "타우리스 섬에 작은 Diana의 동상이 있습니다. 그 섬으로 항해해 가십시오. 그리고 그 동상을 가져다 Apollo의 신전으로 가져 오십시오. 이 일이 끝나면 당신은 다시 제정신으로 돌아올 것입니다."

타우리스 섬은 멀리 떨어져 있었다. Orestes는 그의 누나가 살아 있고 Diana가 누나를 이 섬으로 데려와서 이제 그녀가 Diana의 사제로 이 섬에서 살고 있다는 것을 알지 못했다.

Orestes는 그의 친구 Pylades와 함께 여러 달 뒤에 이 섬의 항구에 도착했다. 그들은 여기에다 배를 숨겼다. 하지만 두 이방인은 양치기들에 의해서 붙잡혀 Iphigenia에게로 끌려갔다.

당장 사제 Iphigenia는 두 이방인을 희생시키기 위한 준비를 했다.

그들이 제단 근처에 붙잡혀 있었을 때, Iphigenia는 Orestes를 알아보고 외쳤다. "너는 내 동생 Orestes가 아니냐? 나는 Diana에 의해 구출된 네 누나 Iphigenia야. 우리는 지체 없이 도망가야 해."

Orestes가 대답했다. "먼저 Diana의 동상을 가져가야 해요."

그 동상을 훔친 다음 Orestes와 그의 친구는 Iphigenia와 함께 배로 도망갔다. Orestes는 더 이상 미친 상태가 아니었다. 순풍이 불어 그들은 곧 그리스에 도착했다. 그곳에서 그들은 큰 기쁨으로 환영을 받았다.

▶▶▶ 연습문제

A. 번역하시오.

❶ Nūntiat aliēnōs virōs in castrīs tenērī.

❷ Brevī tempore rēx crūdēlis discēdere cōgētur.

❸ Scīmus injūriam factam esse, et puellam ad mortem coāctam esse.

❹ Nūntiāmus portum propter hanc rem expugnātum esse.

❺ Voluntāte rēgis audītā, omnēs putāvērunt eum īnsānum esse.

❻ Omnēs eō tempore crēdidērunt sacrificium factum esse.

❼ Īphigenīā tandem servātā, tū tē et amīcum tuum servābis.

B. 라틴어로 옮기시오.

❶ He stayed in the cottage with me for a few days.

❷ Then Orestes recognized that Iphigenia had been saved by Diana.

❸ For a short time they had refused to go back.

❹ For a few hours the city had been ruled by a crazy man.

A. 다음 문장들의 밑줄 친 부분을 라틴어로 옮기시오.

❶ He knows that <u>you</u> (*pl.*) have seen the boys on the shore with me.

❷ I think that <u>Iphigenia</u> was not sacrificed by the priest.

❸ They had gone to the seashore for a short time <u>on that day</u>.

❹ The man with <u>whom</u> you (*sg.*) contended about that matter have summoned guards.

❺ Surely the leader knows that we have been in the city <u>all day</u>.

❻ The goddess by <u>whose</u> order Iphigenia had been seized was Diana.

❼ The army had refused to drive out the strangers with <u>you</u> (*pl.*).

❽ The noble kind had ruled <u>for ten years</u>.

B. 다음 문장들이 잘못된 까닭을 말하시오.

❶ They rode side by side on a tandem bicycle.

❷ The egotist did not think highly of himself.

❸ The vigilant guard went to sleep at his post.

❹ The speaker wearied his audience with his brevity.

❺ A man is an alien when he lives in his own country.

❻ A permanent employee always has a temporary position.

❼ Your character is what others think of you; your reputation is what you are.

THE RETURN OF ULYSSES

084

ULIXES AD PATRIAM REDIT.

Decem annōs Ulīxēs circum mūrōs Trōjae pugnāverat. Posteā
decem annōs propter īram deōrum in multīs terrīs errāre coāctus
erat, quamquam dea Athēna prōmīserat eum ad patriam suam
tūtum reditūrum esse.

Dēnique autem post multōs cāsūs Ulīxēs ad Ithacam pervēnit.
Nēmō eum recognōvit, quod dea Athēna vestēs ejus et faciem
(*features*) mūtāverat. Omnēs crēdidērunt eum esse mendicum.

Itaque Ulīxēs casam Eumaeī, pāstōris fidēlis, petīvit, sed subitō
canēs ferī impetum in eum fēcērunt. Magnā cum difficultāte
Eumaeus canēs lapidibus reppulit Ulīxemque servāvit. Celeriter
eum in casam dūxit et eī cibum vīnumque dedit.

Tum Ulīxēs, acceptūrus haec dōna, dīxit, "Cūr es mihi, hominī
miserō, benignus? Nūllam pecūniam habeō, sed mihi cibum
vīnumque dedistī. Dominus tuus erit īrātus; tē culpābit."

Eumaeus autem respondit, "Ille benignus erat et semper
mendicōs juvābat; tamen nōn jam domī adest. Vīgintī annōs
dominum nostrum expectāvimus. Ejus uxor et fīlius Tēlēmachus
crēdunt eum ad tēctum suum reditūrum esse."

Tum Ulīxēs dīxit, "Suntne Tēlemachus et rēgīna in rēgiā?"

Eumaeus respondit, "Tēlemachus Ithacam relīquit; dīxit sē

patrem suum petītūrum esse. Pēnelopē Ulīxem expectat. Cotīdiē
in rēgiā texit. Pallā factā, conjugem alium accipere cōgētur. Itaque
interdiū texit; noctū pallam textam retexit (*ravels out*).

"Cotīdiē procī hūc veniunt et animālia, frūmentum, vīnum
dominī meī cōnsūmunt, sed mihi pecūniam nōn dant. Jam Pēnelopē
territa est, quod procī dīcunt ūnum ē numerō suō brevī tempore
eam in mātrimōnium ductūrum esse."

▶▶▶ 어휘

cāsus, -ūs=M., fall, accident, disaster (casualty 사고).

culpō, -āre, -āvīm, -ātum=blame, find fault with (culpable 유죄의, culprit
범인, exculpate 무죄로 하다, inculpate 죄를 씌우다).

fidēlis, -e=faithful (fidelity 충실).

hūc=to this place, here, hither.

nēmō (*dat.* **nēminī**, *acc.* **nēminem**, *no gen. or abl.*)=no one.

procus, -ī=M., suitor, lover.

texō, -ere, -uī, textum=weave (textile 직물).

vīgintī=twenty.

vīnum, -ī=wine.

❶ 미래 능동분사 (Future Active Participle) **-ūr-**

미래 능동분사는 분사어간(participial stem)에 **-ūr-**를 더해 만든다.

portātūrus, -a, -um   about to carry *or* going to carry

monitūrus, -a, -um   about to warn *or* going to warn

미래분사는 **sum**의 변화형과 함께 화자가 미래에 의도하는 일을 나타낸다.

Mānsūrus eram.

I was about to remain, *or* I intended to remain.

Laudātūrus est.

He is about to praise, *or* He intends to praise.

❷ 미래 능동부정사 (Future Active Infinitive)

미래 능동부정사는 미래 능동분사에 **esse**를 더해 만든다.

portātūrus esse   monitūrus esse   ductūrus esse   audītūrus esse

❸ 간접인용문에 사용된 미래부정사는 주절의 동사가 나타내는 시간보다 미래에 일어날 일에 대해 언급한다.

Puer dīcit frātrem ventūrum esse.

The boy says that his brother will come.

Puer dīxit frātrem ventūrum esse.

The boy said that his brother would come.

Ulysses는 10년을 트로이의 성벽 근처에서 싸웠다. 10년이 지난 뒤에 비록 Athena 여신이 그가 안전하게 고국으로 돌아가게 될 것이라고 약속했었지만 신들의 분노로 인해 그는 여러 해 동안 많은 지방을 헤매고 다니도록 강요당했다.

그러나 많은 역경을 겪은 뒤 Ulysses는 마침내 이타카에 도착했다. 아무도 그를 알아보지 못했다. 왜냐하면 Athena 여신이 그의 옷과 용모를 바꿔 놓았기 때문이다. 모든 사람은 그가 거지라고 믿었다.

그래서 Ulysses는 믿을 수 있는 양치기인 Eumaeus의 오두막을 찾았다. 하지만 갑자기 사나운 개들이 그를 공격했다. 어렵게 Eumaeus는 돌로 개들을 쫓아버리고 Ulysses를 구했다. 그는 재빨리 Ulysses를 오두막으로 인도하고 그에게 음식과 포도주를 주었다.

그러자 이 선물들을 받으면서 Ulysses가 말했다. "왜 당신은 나 같은 비참한 사람에게 친절하게 대합니까? 나는 돈이 없습니다. 하지만 당신은 나에게 음식과 포도주를 주었습니다. 당신의 주인이 화를 낼 것입니다. 그가 당신을 탓할 거예요."

하지만 Eumaeus가 대답했다. "나의 주인은 친절했고 항상 거지들을 도왔습니다. 하지만 그는 더 이상 집에 있지 않습니다. 우리는 20년 동안 주인님을 기다렸습니다. 그의 아내와 아들 Telemachus는 그가 집으로 돌아오리라고 믿고 있습니다."

그러자 Ulysses가 말했다. "Telemachus와 왕비는 궁전 안에 있습니까?"

Eumaeus가 대답했다. "Telemachus는 이타카를 떠났습니다. 그는 자신의 아버지를 찾겠다고 말했어요. Penelope는 Ulysses를 기다리고 있습니다. 매일 그녀는 궁전에서 베를 짜고 있습니다. 그녀는 천 짜는 일이 끝나면 다른 남편을 맞으라고 강요받을 거예요. 그래서 그녀는 낮에는 천을 짜고 밤에는 짠 천을 풀고 있어요.

매일 구혼자들이 이곳에 와서 내 주인님의 가축들과 곡식과 포도주를 먹어치우고 있습니다. 하지만 그들은 나에게 돈을 내지 않아요. 지금 Penelope는 두려워하고 있습니다. 왜냐하면 구혼자들이 그녀가 그들 중의 한 명과 곧 결혼하게 될 것이라고 말하고 있기 때문입니다."

A. 번역하시오.

❶ Cotīdiē nauta nūntiāvit sē nēminem in īnsulā invēnisse.

❷ Pāstor crēdidit canēs in mendicum impetum factūrōs esse.

❸ Post multōs cāsūs ad patriam meam reditūrus sum.

❹ Nēmō, autem, mendicum recognōvit quī pāstōrem petēbat.

❺ Servus fidēlis dīxit procōs brevī tempore tōtam cōpiam cibī cōnsūmpsisse.

❻ Scīmus tē mox dē itineribus Ulīxis audītūrum esse.

❼ Nūntius dīxit ducem interfectum esse et ejus corpus hūc portātum esse.

❽ Crēdidimus ducēs nostrōs benignōs futūrōs esse; nōn crēdidimus eōs nōs culpātūrōs esse.

❾ Pēnelopē scīvit sē pallam numquam textūram esse.

❿ Nēmō procīs nūntiāverat pāstōrem fidēlem eōs culpātūrum esse.

⓫ Hūc vigintī servī ventūrī sunt.

B. 이탤릭체 부분을 라틴어로 옮기시오.

❶ The young man said that *he had hidden* all weapons.

❷ *About to sail*, we sent messages to our friends.

❸ We knew that the sailors *would sail* at daybreak.

❹ I believe that our leader *will drive* us into a dangerous matter.

❺ We heard daily that the barbarians *would take* many towns *by storm*.

C. 옳은 것을 고르시오.

❶ Automobile casualties are (accidents, outings, trips).

❷ A culprit should be given (blame, food, praise).

❸ **Semper fidelis**, the motto of U. S. Marine Corps, means (always faithful, always true, on land and sea).

085 TELEMACHUS PATREM VIDET.

Tēlemachus quidem per omnēs urbēs Graeciae iter fēcerat, sed nēmō prō certō dīcere potuerat patrem Ulīxem esse vīvum. Dēnique dea Athēna in somniō Tēlemachum dē perīculō mātris, Pēnelopae, monuerat; itemque dīxerat procōs malōs in animō eum interficere habēre.

Tēlemachus autem ad patriam suam statim redīre cōnstituit. Sed quod sciēbat procōs adventum suum expectāre, in portum nōn intrāre potuit. Nāve relictā, ante prīmam lūcem sōlus ad casam Eumaeī, pāstōris fidēlis, prōcessit.

Hīc Eumaeus et mendicus ignem accenderant cibumque parābant. Vōce hominis audītā, Eumaeus ad portam properāvit.

Ubi Tēlemachum vīdit, juvenem magnō cum gaudiō nōmine appellāvit. Tēlemachus dē mātre et dē procīs atque dē rēgnō et dē multīs et aliīs rēbus rogāvit, dolēbatque quod pater ad Ithacam nōn redierat.

Dēnique dīxit, "Ego propter suspīciōnem procōrum in casā tuā tōtum diem manēbō; tū, Eumaee, ī ad tēctum meum et dīc mātrī meae mē tūtum rediisse."

Eumaeus omnēs hās rēs fēcit. Interim Athēna iterum vestem et faciem (*face*) Ulīxis mūtāvit.

Tēlemachus quidem clāmāvit ubi hominem tam mūtātum vīdit, "Tū es deus! Tū nōs juvāre potes! Nōlī nōs relinquere!"

Ulīxēs fīliō suō respondit, "Nōlī timēre! Nōn deus sum; sum pater tuus, quī post multōs cāsūs rediī. Tempus est breve; necesse est nōs procōs interficere et mātrem tuam līberāre. Tū, Tēlemache, ad rēgiam redī; explōrā omnia; es fortis!

"Paucīs hōrīs ego mendicus ad tēctum veniam. Tum tibi signum dabō. Hōc signō vīsō, ī sēcrētō et portā omnia arma ex ātriō. Sed relinque prope portam duo scūta valida, duās hastās, duōs gladiōs; hīs armīs impetum mēcum facere poteris; hodiē procōs occīdēmus."

▶▶▶ 어휘

accendō, **-cendere**, **-cendī**, **-cēnsum**=kindle, set on fire.

adventus, **-ūs**=M., approach. arrival.

atque=and, and also.

ātrium.-ī=N., atrium(=the principal room of a house).

certus, **-a**, **-um**=certain, sure; **prō certō**=certainly (ascertain 확인하다, certify 증명하다, certificate 증명서).

intrō, **-āre**, **-āvī**, **-ātum**=enter.

item=likewise.

possum, **posse**, **potuī**=be able, can (posse 무장대, possible 가능한, potent 유력한, potentate 세도가, potential 가능성이 있는, puissant 힘이 있 는, omnipotent 전능의).

tam=so.

❶ possum=potis(=able)+sum

possum(=I can)의 변화

현재

possum	I can	possumus	we can
potes	you can	potestis	you can
potest	he can	possunt	they can

미완료

poteram	I could	poterāmus	we could
poterās	you could	poterātis	you could
poterat	he could	poterant	they could

미래

poterō	I will be able	poterimus	we will be able
poteris	you will be able	poteritis	you will be able
poterit	he will be able	poterunt	they will be able

❷ eō(=go)와 **sum**(=be)의 명령형

단수 복수

eō의 명령형 : ī īte

sum의 명령형 : **es** **este**

Es fortis.   Be brave.

Este fortēs.   Be brave.

❸ 부정 명령문 (Negative Command)
금지를 나타내는 부정의 명령문은 동사의 부정형 앞에 단수인 경우에는 **nōli**를, 복수의 경우에는 **nōlīte**를 첨가해서 만든다.

Nōlī redīre.   Do not return.

Nōlīte redīre.   Do not return.

정말로 Telemachus는 그리스의 모든 도시를 여행했었다. 하지만 아무도 그의 아버지가 살아 있을 거라고 확실하게 말하지 못했었다. 마침내 Athena 여신은 Telemachus에게 그의 꿈속에서 어머니 Penelope에게 닥친 위험에 대해서 경고했었다. 또한 여신은 악한 구혼자들이 그를 죽일 생각을 가지고 있다고 말했었다.

한편 Telemachus는 당장 그의 나라로 돌아가기로 결정했다. 하지만 그는 구혼자들이 그의 도착을 기다리고 있다는 것을 알고 있었기 때문에 항구로 들어갈 수는 없었다. 배는 뒤에 남겨둔 채로 날이 밝기 전에 그는 홀로 충직한 양치기 Eumaeus의 오두막으로 걸어갔다.

여기서는 Eumaeus는 거지와 함께 불을 지피고 음식을 준비하고 있었다. 사람의 목소리가 들리자 Eumaeus는 서둘러 문으로 갔다.

그가 Telemachus를 보았을 때, 그는 크게 기뻐하며 젊은이의 이름을 불렀다. Telemachus는 그의 어머니와 구혼자들에 대해, 나라와 많은 일과 다른 일들에 대해 물었다. 그리고 그의 아버지가 이타카로 돌아오지 않았기 때문에 그는 슬퍼했다.

마침내 그가 말했다. "나는 구혼자들의 의심 때문에 하루 종일 당신의 오두막에 머물겠습니다. Eumaeus여, 당신은 내 집으로 가서 내 어머니에게 내가 무사히 돌아왔다고 전하세요."

Eumaeus는 그 모든 일을 했다. 그러는 동안에 Athena는 다시 한 번 Ulysses의 옷과 얼굴을 바꾸었다.

그처럼 바뀐 사람을 보자 Telemachus가 크게 외쳤다. "당신은 신입니다! 당신은 우리를 도울 수 있어요! 우리를 버리지 마세요!"

Ulysses는 그의 아들에게 대답했다. "두려워하지 말거라! 나는 신이 아니다. 나는 많은 고난 끝에 돌아온 네 아버지다. 시간이 얼마 없다. 우리는 구혼자들을 죽이고 네 어머니를 자유롭게 해야 한다. Telemachus, 너는 궁전으로 돌아가거라. 모든 것을 살펴 보거라. 너는 용감하다!

조금 있다가 거지의 모습으로 내가 집으로 갈 것이다. 그리고 너에게 신호를 보내겠다. 이 신호를 보게 되면 비밀리에 가서 모든 무기를 중앙 홀에서 가져 오거라. 하지만 문 근처에 두 개의 튼튼한 방패와 두 개의 창과 두 개의 검은 남겨두어라. 너는 이 무기들을 가지고 나와 함께 공격을 할 수 있을 것이다. 오늘 우리는 구혼자들을 죽일 것이다."

A. 번역하시오.

❶ Īte ad silvam, nautae, et vōs cēlāte.

❷ Es fortis, mīles fīde, et urbem dēfende.

❸ Este fīdī, mīlitēs fortēs; vōs dēfendere potestis.

❹ Nōlī monēre cīvēs dē hostium adventū, quod sunt virī timidī.

❺ Nōlīte redīre in portum, nautae; ignem in cōnspectū exercitūs accendite.

❻ Perīculō vīsō, ego quidem mē in cavernā longinquā cēlāre potuī.

❼ Ego et tū semper amīcī erimus.

❽ Gladiōs, mīlitēs, capite et in hostēs impetum facite.

❾ Dūc tēcum omnēs mīlitēs tuōs; dūcite vōbīscum omnēs mīlitēs vestrōs.

B. 라틴어로 옮기시오.

❶ We had decided to kindle a fire on the shore.

❷ We knew that the sailors would explore the region at daybreak.

❸ Surely you will not be able to remain so long.

❹ Friend, do not desert me; friends, do not desert your leader.

❺ Come with me, friend; I can show you a remarkable thing.

❻ Go with us, suitors, and we will show you a beggar whom nobody recognizes.

086

ULIXES RECOGNOSCITUR.

Ulīxēs, mendicus, veste iterum mūtātā, ad rēgiam vēnerat. Jussū patris, Tēlemachus arma parāverat. Ulīxēs ipse in ātriō cum servīs mānsit quod sciēbat Pēnelopam brevī tempore adfutūram esse.

Pēnelopē, ubi in ātrium intrāvit, omnēs servōs servāsque dīmīsit praeter nūtrīcem longaevam, cui dīxit, "Cāra nūtrīx, ubi omnēs servī discesserint, dūc ad mē mendicum. Certē iter fēcit in regiōnibus ipsīs ubi conjūnx meus errāvit."

Jussū nūtrīcis Ulīxēs ad rēgīnam ipsam appropinquāvit. Pēnelopē sine suspīciōne eī dīxit, "Noctū et interdiū doleō quod Ulīxēs, conjūnx amātus meus, ā terrā Trōjānā nōn rediit. Certē in longinquīs terrīs errāvistī. Vīdistīne eum?"

Ulīxēs Pēnelopae respondit, "Ōlim in Crētā virum quem comitēs Ulīxem appellābant vīdī. Vestem purpuream (*purple*) cum fībulā aureā gerēbat. In hāc fībulā erant figūrae canis et cervī parvī."

Pēnelopē lacrimāvit quod vestem et fībulam recognōvit. Deinde dīxit, "Certē conjugem meum ipsum vīdistī. Illam vestem et illam fībulam Ulīxī ipsa dedī."

Ulīxēs respondit, "Sciō Ulīxem hōc annō ad patriam ventūrum esse."

Pēnelopē, magnō gaudiō mōta, jussit nūtrīcem pedēs mendicī lavāre. Nūtrīx fīda, ubi pedēs Ulīxis lavāre incēpit, lātam cicātrīcem (*scar*) recognōvit.

Magnopere excitāta, parvā vōce eī dīxit, "Rediistī, Ulīxēs."

Ulīxēs quidem celeriter respondit, "Nōlī clāmāre. Ego sum Ulīxēs. Nōlī appellāre mē nōmine meō."

Pēnelopē, quae haec verba nōn audīverat, dīxit, "Crās procī mē conjugem novum dēligere cōgent. Crās arcum in ātrium portārī jubēbō. Ille quī arcum Ulīxis tendere potuerit, mē in mātrimōnium dūcet."

▶▶▶ 어휘

arcus, **-ūs**=M., bow (archer 궁수).
dīmittō, **-ere**, **-mīsī**, **missum**=dismiss, send away.
fībula, **-ae**=F., brooch.
ipse, **ipsa**, **ipsum**=myself, yourself, himself, herself, itself.
jussū=M., *abl. sg.*, at the order.
lavō, **-āre**, **lāvī**, **lautum**=bathe, wash (lavatory 화장실. lave 씻다).
longaevus, **-a**, **-um**=aged, old (longevity 장수).
nūtrīx, **-trīcis**=nurse.
praeter=except (preterit 과거, preterition 간과, 누락, pretermit 간과하다,
       preternatural 불가사의한).
tendō, **-ere**, **tetendī**, **tentum**=bend, stretch.

❶ ipse의 변화와 용법

ipse는 myself, yourself, himself, herself, ourselves, yourselves, themselves 등의 뜻을 갖는 말로서 보통 강조를 나타내기 위해 사용된다.

Dux ipse fūgit.　The leader himself fled.

ipse는 단순히 강조를 나타낼 뿐으로서, 재귀대명사와는 구별된다. 재귀대명사는 생략할 수 없음에 비해 ipse는 생략해도 무방하다. ille(=that)와 동일하게 변화한다.

❷ 능동의 미래완료 (Future Perfect Active)

미래완료형은 미래에 정해진 어느 때 이전에 완료되는 행위를 나타낸다.

portō(=carry)의 변화형

portāverō	I will have carried	**portāverimus**	we will have carried
portāveris	you will have carried	**portāveritis**	you will have carried
portāverit	he will have carried	**portāverint**	they will have carried

moneō(=warn)의 변화형

monuerō	I will have warned	**monuerimus**	we will have warned
monueris	you will have warned	**monueritis**	you will have warned
monuerit	he will have warned	**monuerint**	they will have warned

❸ 수동의 미래완료 (Future Perfect Passive)

portātus erō	I will have been carried	**portātī erimus**	we will have been carried
portātus eris	you will have been carried	**portātī eritis**	you will have been carried
portātus erit	he will have been carried	**portātī erunt**	they will have been carried

monitus erō	I will have been warned	**monitī erimus**	we will have been warned
monitus eris	you will have been warned	**monitī eritis**	you will have been warned
monitus erit	he will have been warned	**monitī erunt**	they will have been warned

❹ 완료체계 (Perfect System)

능동

완료　　　= 완료어간 + 인칭어미 (-ī, -istī, 등등)

과거완료 = 완료어간 + **-erā**-+인칭어미

미래완료 = 완료어간 + **-eri**-+인칭어미

수동

완료　　　= 완료수동분사와 **sum**의 현재시제형

과거완료 = 완료수동분사와 **sum**의 미완료형

미래완료 = 완료어간과 **sum**의 미래형

❺ 라틴어 명사의 성 (Gender)

　　라틴어 명사의 성에는 다음과 같은 몇 가지 상이한 경우들이 있다.

1. 자연성 (natural gender) : 자연성(sex)과 문법성이 일치하는 경우

　　　M : 　**frāter**　　(=father)

　　　F : 　**māter**　　(=mother)

2. 문법성 (grammatical gender) : 문법성이 자연성과 무관한 경우

　　　M : 　**gladius**　　(=sword)

　　　F : 　**nāvis**　　(=ship)

　　　N : 　**saxum**　　(=stone)

3. 단일 명사가 두 개의 성을 갖는 경우

　　　M : 　**cervus**　　(=stag)

　　　F : 　**cerva**　　(=deer)

4. 공통성 (common gender) : 하나의 형태로 두 개의 성을 나타내는 경우

　　　M/F : 　**cīvis**　　(=citizen)

5. 하나의 성, 하나의 형태로 다른 성도 나타낼 수 있는 경우

　　　M : 　**leō**　　(=lion)

　　　F : 　**avis**　　(=bird)

　　다시 옷을 바꾼 거지 Ulysses가 궁전으로 와 있었다. 아버지의 명령으로 Telemachus는 무기를 준비했었다. Ulysses 자신은 하인들과 함께 중앙 홀에 남았다. 왜냐하면 곧 Penelope가 그곳에 나타날 것이라는 것을 알고 있었기 때문이다.

　　Penelope는 중앙 홀에 들어서자 나이 든 유모만 남기고 하인들과 하녀들을 모두 내보냈다. 그녀는 유모에게 말했다. "친애하는 유모, 모든 하인이 나가면 거지를 내게로 데려 오세요. 그는 분명 내 남편이 헤맸던 바로 그 고장들을 여행했어요."

　　유모의 명령으로 Ulysses는 여왕 자신 앞으로 나아갔다. Penelope는 의심하는 마음 없이 그에게 말했다. "밤에도 낮에도 나는 슬프다. 왜냐하면 나의 사랑하는 남편 Ulysses가 트로이 땅에서 돌아오지 않기 때문이다. 너는 분명히 먼 나라들을 헤매었다. 그를 본 적이 있느냐?"

　　Ulysses는 Penelope에게 대답했다. "옛날에 크레타에서 나는 동료들이 Ulysses라고 부르는 남자를 본 적이 있습니다. 보라색 옷을 입고 금으로 만든 브로치를 하고 있었습니다. 그 브로치에는 개와 작은 사슴의 형상이 있었습니다."

　　Penelope는 울었다. 왜냐하면 그녀는 옷과 브로치를 알아보았기 때문이었다. 그리고 그녀는 말했다. "너는 분명 바로 내 남편을 보았다. 내가 그 옷과 그 브로치를 Ulysses 자신에게 주었다."

　　Ulysses가 대답했다. "나는 Ulysses가 올해 고국으로 돌아오는 것으로 알고 있습니다."

　　큰 기쁨으로 감동된 Penelope가 유모에게 거지의 발을 씻을 것을 명령했다. 충직한 유모가 Ulysses의 발을 씻기 시작했을 때 큼직한 흉터를 알아보았다.

　　무척 흥분한 그녀는 작은 목소리로 그에게 말했다. "돌아오셨군요, Ulysses."

　　Ulysses가 빠르게 분명히 대답했다. "소리치지 말거라. 나는 Ulysses다. 내 이름으로 나를 부르지 말라."

　　이 말들을 듣지 못한 Penelope가 말했다. "구혼자들이 내일 내게 새 남편을 고를 것을 강요할 것이다. 내일 중앙 홀로 활을 가져오도록 명령하겠다. Ulysses의 활을 구부릴 수 있는 사람이 나와 결혼할 것이다."

● 번역하시오.

❶ Nēmō praeter longaevam nūtrīcem ipsam Ulīxem recognōvit.

❷ Jussū ducis ipsīus domī mānsimus.

❸ Item is dīxit sē jussū ducum ipsōrum omnēs dīmissūrum esse.

❹ Nōlīte fībulam mātrī dare; date fībulam puellae ipsī.

❺ Nōlī mēcum intrāre ātrium; manē in viā.

❻ Este quiētī; canēs impetum in vōs nōn facient.

❼ Tēlemachus scit patrem procōs occīsūrum esse.

❽ Ubi procī arcum tendere temptāverint, Ulīxēs ipse arcum tendet.

❾ Poteruntne procī arcum tendere?

087

PENELOPE LIBERATA EST.

Postrīdiē eīdem procī ad magnum ātrium properāvērunt. Quisque (*each one*) quidem crēdidit Pēnelopam sē conjugem dēlēctūram esse. Ulīxēs, quī eandem vestem mendicī gerēbat, in ātriō aderat.

Tum procī dīxērunt, "Multōs annōs, Tēlemache, patrem tuum expectāvistī; propter amōrem patris honōrem tibi rēctē dedimus, mātremque tuam in mātrimōnium contrā voluntātem dūcī nōn coēgimus. Sed jam prō certō scīmus Ulīxem numquam reditūrum esse."

Interim Pēnelopē arcum Ulīxis et sagittās, arma gravia, in magnum ātrium portāvit.

Tum procīs dīxit, "Audīte mē, procī nōbilēs. Nūntiāvistis ūnum ē numerō vestrō conjugem meum futūrum esse. Ecce, īdem arcus et eaedem sagittae quae Ulīxēs ōlim portābat! Ille quī hunc arcum tendere potuerit, mē in mātrimōnium rēctē dūcet."

Quamquam omnēs temptāvērunt, nēmō arcum tendere poterat. Subitō mendicus dīxit, "Dā mihi arcum."

Sine difficultāte arcum tetendit; deinde magnā vōce clāmāvit, "Multa mīlia passuum nāvigāvī, contrā mīlle perīcula mē dēfendī. Jam ego Ulīxēs ipse adsum!"

His verbīs audītīs, Tēlemachus arma cēpit et patrī auxilium dedit; eōdem tempore servī fīdī et cīvēs, quī sēcrētō arcessītī erant, ātrium intrāvērunt ācriterque pugnāre incēpērunt. Omnibus procīs interfectīs, Pēnelopē fidēlis ad Ulīxem, conjugem amātum, properāvit.

īdem, eadem, idem=same (id.(=idem) 동일(저자, 출처, 등), identical 동일한; identity 일체성, identify (동일함을) 확인하다).
mīlle=a thousand, **mīlia, -ium**=*N., pl.*, thousands (millenium 천년 기념제, millennial 천년의, mile 마일, milligram 밀리그램, millimeter 밀리미터, millipede 노래기, million 백만, bimillennium 2천 년제).
passus, -ūs=M., pace; **mīlle passūs**=a mile(=one thousand paces).
rēctē=rightly.

❶ 영어에서는 형용사에 어미 -ly를 첨가해서 부사를 만든다. 라틴어에서도 형용사의 어간에 일정한 어미를 첨가해서 부사를 만든다.
　(1) 제1, 2활용 동사의 어간 + **-ē**

lātus	(=wide)	**lātē**	(=widely)
cārus	(=dear)	**cārē**	(=dearly)
longus	(=long)	**longē**	(=far)

　(2) 제3활용 동사의 어간 + **-ter(-iter, -er)**

fortis	(=brave)	**fortiter**	(=bravely)
gravis	(=heavy)	**graviter**	(=heavily)
sapiēns	(=wise)	**sapienter**	(=wisely)

❷ īdem(=same)의 변화와 용법

	단수		
	남성	여성	중성
N	īdem	eadem	idem
G	ejusdem	ejusdem	ejusdem
D	eīdem	eīdem	eīdem
A	eundem	eandem	idem
Ab	eōdem	eādem	eōdem
	복수		
N	eīdem, īdem	eaedem	eadem
G	eōrundem	eārundem	eōrundem
D	eīsdem, īsdem	eīsdem, īsdem	eīsdem, īsdem
A	eōsdem	eāsdem	eadem
Ab	eīsdem, īsdem	eīsdem, īsdem	eīsdem, īsdem

❸ 전치사 없이 사용되는 대격 명사가 시간이나 거리를 나타내는 경우가 있다.

Multa mīlia passuum nāvigāvī.

I have sailed many miles.

Ad hortum suum, quī pauca mīlia passum aberat, properāvit.

He hastened to his garden, which was a few miles away.

▶▶▶ 해석 　　Penelope가 자유로워지다.

이튿날 바로 그 구혼자들이 커다란 중앙 홀로 서둘러 모였다. 모든 이가 Penelope가 자신을 그녀의 남편으로 선택해줄 것이라고 확실히 믿고 있었다. 바로 그 거지 옷을 입은 Ulysses도 중앙 홀에 있었다.

그러자 구혼자들이 말했다. "Telemachus여, 너는 여러 해 동안 네 아버지를 기다렸다. 네 아버지에 대한 사랑 때문에 우리는 너에게 정당하게 명예를 부여했고, 네 어머니에게 원치 않는 결혼을 강요하지도 않았다. 하지만 이제 우리는 Ulysses가 절대 돌아오지 않을 것이라는 것을 확실히 안다."

그러는 동안에 Penelope가 Ulysses의 활과 화살과 무거운 무기들을 큰 중앙 홀로 가지고 왔다.

그리고 구혼자들에게 말했다. "고귀한 구혼자 여러분, 제 말을 들으세요. 여러분

가운데 한 명이 장래의 내 남편이 될 것이라고 여러분이 말했습니다. 보십시오, 이 활과 화살은 예전에 Ulysses가 지니고 다니던 바로 그것입니다! 이 활을 구부릴 수 있는 사람이 정식으로 저와 결혼하게 될 것입니다."

모든 이가 시도해 보았지만 누구도 활을 구부리지 못했다.

갑자기 거지가 외쳤다. "나에게 활을 주십시오."

그는 힘들이지 않고 활을 구부렸다. 그리고 큰 소리로 외쳤다. "나는 먼 거리를 항해해 왔고, 수없는 위험으로부터 나를 지켰다. 이제 나, Ulysses 자신이 여기 왔다!"

이 말을 듣자 Telemachus가 무기를 들고 아버지를 도왔다. 같은 순간에 비밀리에 불려온 충실한 하인과 시민들이 중앙 홀로 들어와 격렬하게 싸우기 시작했다. 모든 구혼자가 죽임을 당하자, 충실한 Penelope는 사랑하는 남편 Ulysses에게 달려갔다.

▶▶▶ 연습문제

A. 번역하시오.

❶ In eō colle est oppidum; in eōdem colle est oppidum.

❷ Frātrem ejus puerī videō; frātrem ejusdem puerī videō.

❸ Eam legiōnem multa mīlia passuum mittēmus; eandem legiōnem mittēmus.

❹ Amīcī eōrum hominum sumus; amīcī eōrundem hominum sumus.

❺ Imperātōrēs ab eādem urbe discessērunt.

❻ Eās epistulās eīdem servō rēctē dedī.

B. 각 문장에 주어진 세 개의 영어 어구를 라틴어로 번역하여 빈칸을 채우시오.

❶ Fābulam _____ rēctē nārrāvī.

to a small boy   *to other messengers*   *to the same messenger*

❷ Multa mīlia mīlitum sunt _____.

in the leader's army   *in the same army*   *in the same country*

❸ Saepe _____ ambulāvērunt.

with the same friends   *with a few inhabitants*   *with the same soldier*

❹ Illī virī sunt incolae _____.

of the same city   *of the same country*   *of the same island*

A. 괄호 안에 주어진 말을 적절한 라틴어로 바꿔 빈칸을 채우시오.

❶ Ulīxēs dīcit sē in rēgiam īre _____ . (*is able*)

❷ Scīmus procōs in casam Eumaeī nōn _____ . (*will enter*)

❸ Nēmō sēnsit mendicum esse Ulīxem ipsum _____ . (*could*)

❹ Nūntiā Tēlemachō Ulīxem rēgiam _____ . (*has entered*)

❺ Nēmō, quidem, scit Ulīxem arcum in ātriō _____ . (*will bend*)

B. 아래에 주어진 말 가운데서 괄호 안에 주어진 영어의 어구에 해당하는 것을 골라 빈칸을 채우시오.

este	ipsīus	ipsī	nōlīte	mīlia	passuum
nōlī	ipsōs	poterunt	eandem	eundem	poterant

❶ _____ fidēlēs, sociī. (Be)

❷ _____ timēre, virī, portum explōrāre. (Don't)

❸ _____ virum cotīdiē vidēmus. (the same)

❹ Item Pēnelopē _____ fībulam vīdit. (the same)

❺ Quīnque _____ nūtrīx longaeva ambulāvit. (miles)

❻ Jussū Ulīxis _____ Tēlemachus hūc vēnit. (himself)

❼ Adventum Tēlemachī cēlāre _____ . (they will be able)

❽ Vigilēs _____ captīvōs dīmittere rēctē cōsnstituērunt. (themselves)

STORIES FROM CAESAR

088

UTER FORTIOR ERAT?

Ōlim ūna legiō Rōmāna ā multīs Gallīs oppugnābātur. Cōpiae Gallōrum collēs altiōrēs circum castra Rōmāna occupāverant.

Erant in excercitū Rōmānō duo centuriōnēs fortissimī, Pullō et Vorēnus nōmine; hī erant inimīcī. Uterque ā duce suō fēlīcissimus esse putābātur quod saepe in proeliīs perīculōsissimīs cum hostibus contenderat. Nēmō eōs occīdere potuerat.

"Uter fortior est?" aliī mīlitēs rogābant. Estne Pullō potentior quam Vorēnus? Estne Vorēnus fidēlior quam Pullō?"

Itaque Pullō dīxit, "Cūr nunc dubius es, Vorēne? Jam virtūtem ostendere potes. Nōlī timēre! Hic diēs contrōversiam nostram finiet."

Tum sōlus ex castrīs prōcessit impetumque in hostēs fēcit. Idem Vorēnus statim fēcit.

Pullō pīlum in hostēs conjēcit; ūnum ē Gallīs interfēcit. Cēterī Gallī in Pullōnem tēla sua conjēcērunt eumque circumvenīre temptāvērunt. Pullō gladium suum ēdūcere temptāvit, sed ejus balteus hastā trānsfīxus erat. Gladius post tergum mōtus erat. Hōc vīsō, hostēs impetum graviōrem in eum ācriter fēcērunt.

Tum Vorēnus ad auxilium inimīcī suī vēnit; celeriter currēbat; subitō cecidit (*fell*). Gallī, quī putāvērunt Pullōnem mortuum esse, eum relīquērunt, impetumque in Vorēnum fēcērunt.

Interim Pullō, quī nōn sōlum mortuus nōn erat, sed etiam nūllum vulnus accēperat, ad Vorēnum cucurrit, impetumque hostium frēgit. Ita duo inimīcī multōs Gallōs aut interfēcērunt aut vulnerāvērunt. Tum tūtī in castra rediērunt.

Uterque inimīcum servāvit. Uter fortior erat?

▶▶▶ 어휘

balteus, **ī**=M., belt, sword belt.

centuriō, **-ōnis**=M., centurion.

currō, **-ere**, **cucurrī**, **cursum**=run (current 현재의, cursive 초서체의, cursory 서두르는, course 경로).

ēdūcō, **-dūcere**, **-dūxī**, **-ductum**=lead out; draw (educate 교육하다, education 교육, educable 교육할 수 있는).

tēlum, **-ī**=N., weapon.

trānsfīgō, **-fīgere**, **-fīxī**, **-fīxum**=pierce, transfix.

uter, **utra**, **utrum**=which (of two).

uterque, **utraque**, **utrumque**=each (of two).

virtūs, **-ūtis**=F., valor, bravery (virtuoso (예술의) 대가, virtuosity (예술적) 묘기, virtual 실질상의).

❶ 라틴어 동사와 관련된 명사와 형용사

영어에서와 마찬가지로 라틴어에서도 많은 경우에 명사와 동사들이 유사한 형태를 갖는다. 예를 들어 동사 **culpō, -āre**(=to blame)와 명사 **culpa, -ae**(=blame)는 모양이 비슷하며, 동사 **dōnō, -āre**(=to give)와 명사 **dōnum, -ī**(=gift), 동사 **vulnerō, -āre**(=to wound)와 명사 **vulnus, -eris**(=wound)도 모양이 비슷하다. 따라서 동사 **pugnō**(=to fight)의 뜻을 알면 명사 **pugna**(=fight)의 뜻을, 반대로 명사 **cēna**(=dinner)의 뜻을 알면 동사 **cēnō**(=to dine)의 뜻을 알아내기가 어렵지 않다.

동사와 형용사에서도 마찬가지 관계를 볼 수 있다. **timeō, -ēre**(=to fear)나 **firmō, -āre**(=to make firm)의 뜻을 알면 형용사 **timidus, -a, -um**(=fearful)이나 **firmus, -a, -um**(=firm)의 뜻을 어렵지 않게 짐작할 수 있다. 다음 예들을 참조하기 바란다.

동사		명사/형용사
clāmō, -āre	(=to shout)	**clāmor, -ōris**
cupiō, -ere	(=to wish)	**cupidus, -a, -um**
cūrō, -āre	(=to care)	**cūra, -ae**
fīniō, -īre	(=to finish)	**fīnis, fīnis**
honōrō, -āre	(=to honor)	**honor, -ōris**
jūdicō, -āre	(=to judge)	**jūdex, jūdicis**
labōrō, -āre	(=to labor)	**labor, -ōris**
lacrimō, -āre	(=to weep)	**lacirma, -ae**
laudō, -āre	(=to praise)	**laus, laudis**
līberō, -āre	(=to liberate)	**līber, -era, -erum**
nōminō, -āre	(=to name)	**nōmen, nōminis**
novō, -āre	(=to renew)	**novus, -a, -um**
rēgnō, -āre	(=to rule)	**rēgnum, -ī**
regō, -ere	(=to direct)	**rēgius, -a, -um**
serviō, -īre	(=to serve)	**servus, -ī**
spectō, -āre	(=to watch)	**spectātor, -ōris**
terreō, -ēre	(=to frighten)	**terror, -ōris**
vestiō, -īre	(=to clothe)	**vestis, vestis**

❷ 형용사의 비교급 (Comparative of Adjective)

남성/여성 : **-ior**

중성　　 : **-ius**

원급	비교급		
	남/여성	중성	
altus	**altior**	**altius**	(=high)
fortis	**fortior**	**fortius**	(=brave)
fēlix	**fēlīcior**	**fēlīcius**	(=happy)

❸ 최상급 (Superlative)

최상급은 남성, 여성, 중성형에 따라 어간에 **-issimus, issima, -issimum** 등의 어미를 첨가해서 만든다.

원급	최상급	
altus	**altissimus, -a, -um**	(=high)
fortis	**fortissimus, -a, -um**	(=brave)
fēlīx	**fēlīcissimus, -as, -um**	(=hapy)
potēns	**potentissimus, -a, -um**	(=powerful)

❹ 비교급과 최상급의 격변화

lātus(=wide)의 격변화

	단수		복수	
	남성/여성	중성	남성/여성	중성
N	**lātior**	**lātius**	**lātiōrēs**	**lātiōra**
G	**lātōris**	**lātiōris**	**lātiōrum**	**lātiōrum**
D	**lātiōrī**	**lātiōrī**	**laātiōribus**	**lātiōribus**
A	**lātiōrem**	**lātius**	**lātiōrēs**	**lātiōra**
Ab	**lātiōre**	**lātiōre**	**lātiōribus**	**lātiōribus**

❺ 비교급은 경우에 따라 영어의 too나 rather로, 그리고 최상급은 very로 번역해야 하는 경우가 있다.

비교급 : **flūmen lātius**　　a <u>rather wide</u> river

최상급 : **mōns altissimus**　　a <u>very high</u> mountain

옛적에 어느 로마 군단이 많은 갈리아 인에게 공격을 받았다. 갈리아 인들의 군대가 로마 진지 근처의 더 높은 언덕들을 점령했었다.

로마 군단 안에는 Pullo와 Vorenus란 이름의 더 없이 용감한 두 백부장이 있었다. 그들은 사이가 좋지 않았다. 이들 각각은 그들의 지도자가 매우 운이 좋다고 생각했다. 왜냐하면 그들은 자주 아주 위험한 전투에서 적들과 싸웠었기 때문이다. 아무도 그들을 죽일 수 없었다.

"어느 쪽이 더 용감한가?" 다른 병사들이 물었다. "Pullo가 Vorenus보다 더 힘이 센가? Vorenus가 Pullo보다 더 충성스러운가?"

그래서 Pullo가 말했다. "Vorenus여, 너는 지금 왜 의심하는가? 너는 이제 용기를 보일 수 있다. 두려워하지 마라! 오늘 우리의 논쟁이 끝날 것이다."

그리고 그는 홀로 진지에서 나와 적들을 공격했다. 즉각 Vorenus도 똑같이 했다.

Pullo가 적들에게 창을 던졌다. 갈리아 인 하나를 죽였다. 다른 갈리아 인들이 Pullo에게 그들의 무기를 던졌다. 그리고 그를 포위하려고 시도했다. Pullo는 그의 칼을 뽑으려고 했지만 그의 벨트가 창에 의해 관통되어 있었다. 등 뒤에서 칼이 움직였다. 이것을 보고 적들이 그에게 더 격렬한 공격을 가했다.

그러자 Vorenus가 그의 경쟁자에게 도움을 주러 갔다. 그는 빠르게 달려갔다. 그가 갑자기 쓰러졌다. Pullo가 죽었다고 생각한 갈리아 인들은 그를 내버려두고 Vorenus를 공격했다.

그러는 동안에 죽지 않았을 뿐 아니라 아무 상처도 입지 않았던 Pullo는 Vorenus에게 달려가서 적들의 공격을 무찔렀다. 그리하여 두 경쟁자는 많은 갈리아 인들을 죽이거나 상처를 입혔다. 그리고 그들은 무사하게 진지로 돌아왔다.

그들은 서로의 경쟁자를 구했다. 누가 더 용감했는가?

A. 번역하시오.

❶ Mārcus erat vir benignissimus.

❷ Collēs Rōmae altissimī nōn sunt.

❸ Illa arbor altissima est.

❹ Mīdās erat rēx potentissimus.

❺ Utrum cōnsilium tūtius erit?

❻ Puer quī ē tēctō cucurrit est amīcus meus cārissimus.

❼ Uter mīles validior erat?

❽ Bracchium ejus sagittā trānsfixum erat.

❾ Virtūs mīlitis magna erat.

❿ Balteus ducis erat validissimus.

⓫ Ēdūxitne Pullō gladium suum?

B. 이탤릭체 부분을 라틴어로 옮기시오.

❶ We know that *the leader* ran toward his men.

❷ The same man can be either *very brave* or *very timid*.

❸ A *very long* journey with good companions seems to be *very short*.

❹ The days are *longer* in summer *than* in winter.

❺ Who can be *more faithful* to a friend than was Pullo?

❻ His belt *was pierced* by an arrow.

❼ The *tallest* man was the *bravest*.

❽ *Draw* your sword quickly, Vorenus.

C. 다음 짝지어 놓은 단어들은 동일한 어간에서 도출된 단어들이다. 이들의 뜻을 확인 하시오.

❶ acer   —   acrimonia

❷ avis   —   aviarium

❸ bonus   —   bonitas

❹ centum   —   centurio

❺ consul   —   consulatus

❻ decem   —   decimus

❼ fluo   —   flumen

❽ nuntio   —   nuntius

❾ odium   —   odiosus

❿ quattuor   —   quartus

⓫ scribo   —   scriptura

⓬ solus   —   solitudo

⓭. specto   —   spectaculum

⓮. timeo   —   timidus

089
TERROR EXERCITUM ROMANUM OCCUPAT.

Ariovistus, dux ācerrimus Germānōrum, in animō iter in Galliam facere et bonōs argōs in illā regiōne occupāre habēbat. Cōnsilium Germānō ācrī facilius esse vidēbātur quod gentēs Galliae inter sē pugnābant.

Hōc cōnsiliō nūntiātō, Gallī territī auxilium ā Caesare, duce Rōmānō, quī sex legiōnēs in hanc regiōnem jam dūxerat, postulāvērunt.

Caesar, quī magnum perīculum sēnsit, exercitum suum dūxit ad oppidum, prope quod oppidum Ariovistus castra posuerat. Iter erat difficillimum, et mīlitēs erant dēfessī. In hōc oppidō erant multī mercātōrēs, quī Ariovistum saepe vīderant. Hī mercātōrēs multa dē Germānīs fortissimīs nārrāvērunt.

Mox multī rūmōrēs nūntiātī dē ingentī magnitūdine corporum Germānōrum atque incrēdibilī virtūte atque magnā crūdēlitāte paucōs mīlitēs Rōmānōs maximē terruērunt. Brevī tempore similis timor tōtum exercitum occupāvit et omnium mentēs animōsque maximē perturbāvit.

Etiam abditī in tabernāculīs mīlitēs magnum timōrem tegere nōn poterant.

Per tōta castra etiam testāmenta facta sunt. Hōrum vōcibus et timōre mīlitēs veterānī et centuriōnēs perturbābantur. Multī quī

sē timidōs aut humilēs exīstimārī nōn dēsīderābant, dīxērunt sē
hostēs nōn timēre, sed angustiās itineris et magnitūdinem silvārum.

Dēnique Caesarī nūntiātum est mīlitēs propter timōrem
magnum in proelium nōn prōcessūrōs esse.

▶▶▶ 어휘

abdō, **-dere**, **-didī**, **-ditum**=hide, put away (abduction 납치).
difficilis, **-e**=hard, difficult (difficulty 어려움).
dissimilis, **-e**=unlike (dissimilar 상이한; dissimilarity 상이함; dissemble 속이다).
exīstimō, **-āre**, **-āvī**, **-ātum**=think, estimate.
facilis, **-e**=easy (facility 용이함).
humilis, **-e**=low, humble (humility 모욕, humiliate 모욕을 가하다, humiliation
　　　굴욕).
ingēns, *gen.* **ingentis**=huge.
similis, **-e**=like, similar (similarly 마찬가지로, simile 직유, assimilate 동화
　　　하다, dissimulate 위장하다, dissimilar 닮지 않은, simulate 가장하
　　　다, verisimilitude 정말 같음, resemble 닮다, similitude 유사).

▶▶▶ 문법

❶ 명사형성 접미사 (Noun forming suffix)
　　　-ia, **-tia**, **-tas**, **-tudo**

angustus	(=narrow)	**angustia**	(=narrowness)
brevis	(=short)	**brevitas**	(=shortness)
crudelis	(=cruel)	**crudelitas**	(=cruelty)
magnus	(=great)	**magnitudo**	(=greatness)
solus	(=alone)	**solitudo**	(=solitude)
superbus	(=proud)	**superbia**	(=pride)

❷ 형용사형성 접미사 (Adjective forming suffix)

-alis, -aris, -ilis, -anus, -inus, -bilis, -eus, -osus

aurum	(=gold)	**aureus**	(=golden)
civis	(=citizen)	**civilis**	(=civil)
credo	(=believe)	**credibilis**	(=credible)
cura	(=care)	**curiosus**	(=curious)
mare	(=sea)	**marinus**	(=marine)
mīles	(=soldier)	**militaris**	(=military)
natura	(=nature)	**naturalis**	(=natural)
urbs	(=city)	**urbanus**	(=urban)

❸ **-er**로 끝나는 형용사의 비교급

-er로 끝나는 형용사의 최상급은 남성 단수 주격형에 **-rimus**를 첨가해서 만든다.

원급 :	**miser, -era, -erum**	**purcher, -chra, -chrum**
비교급 :	**miserior, -ius**	**pulchrior, -chrius**
최상급 :	**miserrimus, -a, -um**	**pulcherrimus, -a, -um**

❹ **-lis**로 끝나는 형용사의 비교급

-lis로 끝나는 형용사의 최상급은 어간에 **-limus**를 첨가해서 만든다.

원급 :	**facilis, -e**	**humilis, -e**
비교급 :	**facilior, -ius**	**humilior, -ius**
최상급 :	**facillimus, -a, -um**	**humillimus, -a, -um**

similis (=like)나 **difficilis** (=difficult), **dissimilis** (=unlike)도 동일한 변화형을 갖는다.

게르만의 아주 잔인한 지도자 Ariovistus는 갈리아로 진군해서 그 지역의 좋은 농장을 차지할 생각을 가지고 있었다. 잔인한 게르만 인들에게 이 계획은 더욱 쉽게 여겨졌다. 왜냐하면 갈리아 사람들은 자기들끼리 싸우고 있었기 때문이다.

이 계획이 알려지자 겁에 질린 갈리아 인들은 이제 이 지역에서 6개의 군단을 이끌고 있는 로마인 지휘관 Caesar의 도움을 요청했다.

큰 위험을 감지한 Caesar는 근처에 Ariovistus가 진지를 치고 있는 마을 근처로 그의 군대를 인솔했다. 여정은 매우 힘들었고 병사들은 지쳐 있었다. 이 마을 안에는 많은 상인들이 있었는데, 그들은 자주 Ariovistus를 보았었다. 이들 상인들은 매우 용감한 게르만 인들에 대해 많은 이야기를 했다.

곧 게르만 인들의 몸이 턱없이 크다는 것, 믿을 수 없게 용감하다는 것, 그리고 굉장히 잔인하다는 것 등의 많은 소문이 퍼지게 되자 몇몇 로마 병사들은 극도로 겁에 질렸다. 얼마 안 가 비슷한 공포가 온 군단을 사로잡게 되었다. 모든 이들의 마음과 정신이 극도로 불안정해졌다.

심지어 텐트 안에 숨어있어도 병사들은 큰 두려움을 감출 수 없었다.

심지어 진지 전체에서 유서들이 쓰여지고 있었다. 고참병과 백부장들은 이런 말과 두려움 때문에 불안해했다. 자신들이 겁이 많거나 보잘 것 없다고 평가되기를 원하지 않은 많은 이들은 그들이 적을 두려워하는 것이 아니라 좁은 길과 거대한 숲이 두렵다고 말했다.

마침내 Caesar에게 병사들이 커다란 두려움 때문에 전투에 임하지 않을 것이라는 전갈이 왔다.

A. 번역하시오.

❶ Haec via est brevissima, sed nōn est facillima.

❷ Sapientissimum ducem dēlēgimus; sed nōn est fortissimus.

❸ Urbēs tuae urbibus meīs sunt dissimilēs.

❹ Illī ducēs fortēs sunt miserrimī quod ingentēs cōpiās nōn habent.

❺ Sunt oppida pulchriōra in illā regiōne.

❻ Mīlitēs atque ducēs quidem in silvā ingentī sē abdidērunt.

❼ Nōnne centuriōnēs fortēs exīstimārī dēsīderāvērunt?

❽ Mīles in locō humillimō positus erat.

B. 이탤릭체로 된 부분을 라틴어로 옮기시오.

❶ These brothers are *very unlike*, but they are *very faithful* to our leader.

❷ *The longest* routes are often *the easiest*.

❸ The mountains of Europe are *very high* and *very beautiful*.

❹ The victory will be *very difficult*.

❺ The leaders thought the battles were *very easy*.

❻ This hill is *lower* than the others.

C. 다음 빈칸을 주어진 라틴어의 영어 차용어로 채우시오.

difficilis	dissimilis	facilis	humilis	similis

❶ The boy was _____ when his dishonesty was revealed.

❷ The _____ of the twins makes it _____ to tell them apart.

❸ From the _____ with which he did the work, we knew it was easy for him.

❹ Your tastes are so _____ that you will not enjoy the same things.

090

DUX IRATISSIMUS

Hīs rūmōribus audītīs, Caesar omnēs centuriōnēs convocāvit et eōs vehementer accūsāvit.

Īrātus dīxit: "Cūr vōs Germānōs ignāvōs timētis? Ariovistus ipse, dux pessimus, maximā cum cupiditāte amīcitiam populī Rōmānī petīvit; ego ipse cōnsul eram ubi, omnibus rēbus explōrātīs, Ariovistus amīcitiam grātiamque nostram āmittere nōn dēsīderāvit. Exercitūs nostrī exercitūs Germānōs saepe sustinuērunt; minimā difficultāte iterum exercitum Germānum superābimus.

"Nōs sumus mīlitēs meliōrēs quam Helvētiī, sed Helvētiī eōsdem Germānōs saepe superāvērunt nōn sōlum in fīnibus suīs, sed etiam in fīnibus ipsīs Germānōrum. Ariovistus multōs dolōs bellī scit, sed Rōmānī ejus dolōs timēre nōn dēbent.

"Mīlitēs Rōmānī quī dīcunt sē hostēs nōn timēre sed angustiās itineris et magnitūdinem silvārum sunt ignāvissimī. Haec sunt cūra ducis, nōn mīlitum. Multae gentēs Galliae frūmentum nōbīs dabunt; vōs ipsī brevī tempore dē perīculīs itineris jūdicābitis. Quārtā vigiliā castra movēbimus. Legiō decima nōn timet—ego cum decimā legiōne sōlā contrā Ariovistum ībō; ea legiō mihi erit praetōria cohors (*honor-guard*)."

Verba prīncipis autem decimae legiōnī grātissima erant. Ea

legiō Caesarem jūdicium optimum dē sē fēcisse, sēque esse parātissimam gerere bellum cōnfirmāvit.

Hīs verbīs fortibus audītīs, omnium mentēs mūtātae sunt; maxima alacritās et cupiditās bellī omnem timōrem mīlitum expulērunt.

▶▶▶ 어휘

alacritās, **-ātis**=activity, readiness (alacrity 민활함).
sustineō, **-tinēre**, **-tinuī**, **-tentum**=support, endure, withstand (sustain 지탱
  하다, sustenance 생계).

▶▶▶ 문법

● 형용사 비교급의 불규칙 변화형

원급	비교급	최상급
bonus, -a, -um (=good)	**melior, melius** (=better)	**optimus, -a, -um** (=best)
malus, -a, -um (=bad)	**pejor, pejus** (=worse)	**pessimus, -a, -um** (=worst)
magnus, -a, -um (=large)	**major, majus** (=larger)	**maximus, -a, -um** (= largest)
parvus, -a, -um (=small)	**minor, minus** (=smaller)	**minimus, -a, -um** (=smallest)
multus, -a, -um (=much)	—, **plūs** (=more)	**plūrimus, -a, -um** (=most)
—	**ulterior, ulterius** (=farther)	**ultimus, -a, -um** (=farthest)

이 소문을 듣자 Caesar는 모든 백부장을 불러 모으고 그들을 맹렬하게 책망했다.

화가 난 그가 말했다. "그대들은 어찌하여 겁 많은 게르만 인들을 두려워하는가? 최악의 지도자인 Ariovistus 본인이 로마인들의 우정을 간절히 바랬다. 나 자신이 이곳의 집정관이었고, 모든 것을 검토해 볼 때 Ariovistus는 우리의 우정과 호의를 잃지 않기를 바랐다. 우리 군대는 자주 게르만 군대를 지원했다. 우리는 다시금 게르만 군대를 힘들이지 않고 정복할 것이다.

"우리는 헬베티안 인들보다 나은 군인들이다. 하지만 그 헬베티안 사람들이 바로 이 게르만 인들을 그들의 국경에서 뿐만 아니라 바로 게르만 인들의 국경에서도 자주 정복하곤 했다. Ariovistus는 많은 전쟁 책략들을 알고 있지만 로마인들이 그의 책략을 두려워해서는 안 된다.

적들을 두려워하는 것이 아니라 좁은 길들과 거대한 숲의 규모를 두려워한다고 말하는 로마 병사들이 가장 겁쟁이들이다. 이것들은 지도자가 할 걱정이지, 병사들의 걱정이 아니다. 많은 갈리아 부족이 우리에게 곡식을 주었다. 곧 그대들 자신이 길의 위험을 판단하게 될 것이다. 4경이 지나면 우리는 진지를 옮길 것이다. 제10 군단은 두려워하지 않는다. 내가 제10군단과 함께 홀로 Ariovistus와 맞서러 갈 것이다. 그 군단은 나의 의장대가 될 것이다."

여하튼 사령관의 말은 제10군단에 매우 큰 기쁨이었다. 최상의 판정을 받은 Caesar의 그 군단은 스스로 최상의 전쟁 준비를 강화했다.

이 용기 있는 말을 듣자, 모든 이의 생각이 바뀌었다. 최고의 준비와 전쟁에 대한 갈망이 병사들의 모든 두려움을 쫓아버렸다.

A. 번역하시오.

❶ Puer pessimus minimum saxum jēcit, sed virum optimum vulnerāvit.

❷ Cīvēs meliōrēs lēgēs meliōrēs habēbunt.

❸ Majōrēs cōpiās statim mittēmus, quod perīculum nunc majus est.

❹ Casa tua est minor, sed casa mea est pulchrior.

❺ Cōnsilium tuum est sapientissimum et optimum.

❻ Rēgem accūsāvimus quod scelus ingēns fēcit.

❼ Grātia centurōnis erat maxima.

B. 이탤릭체 부분을 라틴어로 옮기시오.

❶ This city is *the best*, but it is not *the largest*.

❷ This *very beautiful* temple is on a *very small* island.

❸ This man is *worse* than his father.

❹ I will give you a *larger reward* because your dangers have been *greater*.

❺ His name was *more famous*.

091

CAESAR TAMESIM TRANSIT.

Postquam prīncipēs Galliae victī sunt, Caesar ad Britanniam cum cōpiīs majōribus etiam trānsīre cōnstituit. Itaque cum classe maximā ad illam īnsulam nāvigāvit.

Adventū Caesaris nūntiātō, Britannī territī in ūnum locum convēnērunt; pācem amīcitiamque inter sē fēcērunt. Anteā fuerant magnae contrōversiae inter omnēs gentēs īnsulae, sed jam nātiōnēs similēs commūnī perīculō jūnctae sunt.

Cassivellaunus dux dēlēctus est. Flūmen, quod Tamesis appellātur, fīnēs Cassivellaunī ā cīvitātibus maritimīs dīvidēbat. Is ēgregius dux in animō habēbat prope flūmen in dēnsīs silvīs latēre impetūsque in mīlitēs Rōmānōs facere. Hoc flūmen in mare nōn longē fluit.

Hōc cōnsiliō cognitō, Caesar exercitum sine morā in fīnēs Cassivellaunī ad Tamesim celeriter dūxit. Id flūmen maximā cum difficultāte pedibus trānsīrī poterat.

Cōpiae hostium in rīpā īnstrūctae erant. Rīpa flūminis, autem, acūtīs sudibus (*stakes*) mūnīta erat. Hae sudēs, sub aquā positae, flūmine tegēbantur. Hīs rēbus per captīvōs cognitīs, Caesar tamen mīlitēs suōs flūmen trānsīre jussit. Propter altitūdinem aquae, capita sōla mīlitum vidērī poterant. At hostēs hāc rē territī impetum

Rōmānōrum sustinēre nōn poterant. Brevī tempore in silvās dēnsissimās sē abdidērunt.

anteā=before.

at=but.

commūnis, -e=common (communal 공동체의, commune 친밀하게 이야기를 나누다, communicate 의사를 전달하다, communicable 쉽게 전달되는, communion 친교, communism 공산주의, community 공동체, excommunicate 추방하다).

īnstruō, -struere, -strūxī, -strūctum=build; provide; draw up.

❶ 부사의 규칙적 비교급

형용사에서 도출된 부사의 비교급은 해당 형용사의 중성대격 단수형과 동일한 형태를 가지며, 최상급은 해당 형용사의 최상급에 -ē를 첨가해서 만든다.

원급	비교급	최상급
lātē (<lātus)	lātius	lātissimē
ācriter (<ācer)	ācrius	ācerrimē
facile(<facilis)	facilius	facillimē

❷ 부사의 불규칙 비교급

원급	비교급	최상급
bene (=well)	melius (=better)	optimē (=best)
male (=badly)	pejus (=worse)	pessimē (=worst)
parum (=litttle)	minus (=less)	minimē (=least)
magnopere (=greatly)	magis (=more)	maximē (=very greatly)
multum (=much)	plūs (=more)	plūrimum (=most)

　　갈리아의 지휘관들을 정복한 뒤에 Caesar는 더 많은 병사와 함께 심지어 브리튼까지 건너가기로 작정했다. 그리하여 그는 최대의 함대를 이끌고 그 섬으로 항해해 갔다.

　　Caesar의 도착이 알려지자 겁에 질린 브리튼 인들이 한 장소에 모였다. 그들은 서로 간에 평화와 우정을 다졌다. 전에는 섬 안의 부족들 사이에 많은 반목이 있었다. 하지만 지금 유사한 부족들이 공동의 위험으로 함께 뭉치게 되었다.

　　Cassivellaunus가 그들의 지도자로 선택되었다. 템스라고 불리는 강이 경계가 되어 Cassivellaunus의 나라를 해양국들로부터 갈라놓고 있었다. 이 탁월한 지도자는 강 근처의 울창한 숲 속에 숨어서 로마 병사들을 공격할 생각이었다. 이 강은 멀지 않은 바다로 흐르고 있었다.

　　이 공격을 예상한 Caesar는 그의 군대를 지체 없이 빠르게 Cassivellaunus의 영역으로 템스 강 쪽으로 인솔했다. 큰 어려움이 있었지만 이 강은 걸어서 건널 수 있었다.

　　적의 군대는 강기슭에 진을 치고 있었다. 한편 강기슭은 날카로운 말뚝으로 요새화돼 있었다. 물속에 있는 이 말뚝들은 강에 가려져 있었다. 포로들에 의해 이 사실을 알게 된 Caesar는 그럼에도 불구하고 그의 병사들에게 강을 건너라고 명령했다. 물의 깊이 때문에 병사들의 머리만이 보였다. 하지만 이것들에 겁을 먹은 적들은 로마인들의 공격을 견뎌내지 못했다. 그들은 곧 울창한 숲속으로 숨어버렸다.

A. 번역하시오.

❶ Minus facile castra oppugnāre poterimus quod flūmen est lātissimum.

❷ Ducēs, īnstruite cōpiās vestrās in rīpā flūminis.

❸ Cōpiae Britanniae nōn facile repellentur, sed legiōnēs fortissimē pugnābunt.

❹ Captīvōs in illā regiōne facillimē inveniēmus.

❺ Satis ācriter anteā pugnāvimus; satis lātē errāvimus.

❻ Omnēs mīlitēs commūnī perīculō jūnctī sunt.

❼ Scelere Germānī cognitō, hostēs Caesar oppugnāvit.

❽ Paucī mīlitēs impetum sustinēre et cīvitātem servāre poterant.

❾ Dux in proeliō ultimō pugnāverat.

B. 이탤릭체 부분을 라틴어로 옮기시오.

❶ The army came *rapidly* through the forest.

❷ The legions *bravely* defended themselves.

❸ The Gauls *formerly* wandered *more widely*.

❹ The camp will be *better* defended by a *larger* army.

❺ We fear the enemy *less*, but the common danger is *very great*.

❻ Never before had we seen a *similar* danger.

❼ Our forces were *badly* drawn up.

❽ Since the man's crime *was known*, the leader accused him.

❾ The soldiers withstood the attack *very bravely*.

A. 다음 라틴어 명사에 해당하는 영어를 말하시오.

abundantia	captīvus	dignitās	ōmen	stabulum
aedificium	centuriō	multitūdō	religiō	testimōnium

B. 다음 영어에 해당하는 라틴어 동사를 말하시오.

defend	narrate	observe	salute
define	navigate	remove	transcribe

C. 다음 라틴어에 해당하는 영어의 형용사를 말하시오.

canīnus	fēminīnus	marīnus	statuārius
completus	lātens	nāvālis	temperatus
expectans	longus	ōrdinārius	veterānus

D. 형용사에 첨가된 접두사 **in-**의 뜻과 다음 형용사들의 뜻을 말하시오.

incrēdibilis	infēlīx	injūstus	invalidus

E. 다음 형용사들의 라틴어 명사형을 말하시오.

cīvīlis	mīlitāris	nātūrālis	marīnus

F. 다음 라틴어 명사들을 형용사와 접미사로 나누시오.

amīcitia	fortitūdō	lībertās	vītālitās

G. 다음 부사들이 도출된 형용사를 말하시오.

ācriter	facile	graviter	longe	multum
certē	fortiter	lībere	male	timide

H. 다음 단어들의 뜻을 말하시오.

līber	lībertās	līberī	līberālis	līberātor	līberō

해답

001 PATRIA NOSTRA

1. Corēa est terra pulchra.
2. Patria tua est terra pulchra.
3. Patria nostra est terra pulchra.
4. Patria tua est pulchra.
5. Corēa est patria nostra.

002 COREA ET EUROPA

1. Patria mea est parva.
2. Ītalia nōn est īnsula.
3. Patria tua est terra lībera.
4. Īnsula est magna et pulchra.
5. Patria nostra nōn est īnsula.

003 CASA PULCHRA

A.

1. Casa nostra est alba.
2. Patria mea est terra lībera.
3. Fīlia tua īnsulam nōn amat.
4, Magnam īnsulam amās.
5. Britannia est magna et pulchra īnsula.
6. Fīlia tua casam nostram amat.
7. Cūr magnam īnsulam amās?

B.

1. A free country has liberty.

2. Sylvia shows filial devotion to her <u>father</u>.

3. An agriculturist is a <u>farmer</u>.

004 TERRAE PULCHRAE

A.

1. 우리는 자주 당신의 딸을 칭찬한다. 우리는 자주 당신의 딸들을 칭찬한다.

2. 아름다운 집들은 크다.

3. 농부들은 조국을 사랑한다. 농부는 조국을 사랑한다.

4. 나는 아름다운 숲을 사랑한다. 우리는 아름다운 숲들을 사랑한다.

5. 우리는 많은 땅들을 칭송한다. 우리는 당신의 조국도 칭송한다.

6. 농부는 집을 가지고 있다. 그 집은 작다.

7. 영국은 크고 아름다운 섬이다.

8. 영국과 사르디니아는 큰 섬이다.

B.

1. parvam albam casam

2. īnsulās pulchrās

3. filiās tuās

4. terram līberam

5. multās terrās

6. silvae; pulchrae

005 BONAE EPISTULAE

A.

1. 우리는 당신의 편지를 본다.

2. 선원은 좋은 편지들을 쓴다. (편지들을 잘 쓴다.)

3. 선원은 긴 편지를 가지고 있다. 그는 긴 편지들을 좋아한다.

4. 우리는 집을 본다. 그것은 큰 집이다.

5. 우리는 집들을 본다. 그것들은 큰 집이다.

6. 선원들은 당신의 집을 칭송한다. 그들은 우리들의 집들도 칭송한다.

7. 소녀는 아름다운 숲들을 본다. 숲들은 크다.

8. 나는 내 딸을 사랑한다. 우리는 당신의 집을 좋아한다.

9. 나는 당신의 딸을 사랑한다. 우리는 당신의 딸들을 사랑한다.

B.

1. Casa est <u>magna</u>.

2. Epistulae sunt <u>longae</u>.

3. Silvās <u>pulchrās</u> amāmus.

4. Agricola <u>fīliam</u> habet.

5. <u>Patriam</u> amās.

6. Patria nostra est <u>lībera</u>.

7. Silvae sunt <u>magnae</u>.

8. <u>Epistulās</u> laudat.

REVIEW

A.

1. <u>Silvae</u> / <u>īnsulae</u> / <u>puellae</u> / <u>casae</u> sunt pulchrae.

2. <u>Cāsa</u> est alba.

3. <u>Epistulae</u> sunt longae.

4. Nauta <u>epistulās</u> saepe scriībit.

5. Terram <u>pulchram</u> / <u>līberam</u> amāmus.

6. Īnsula <u>pulchra</u> / <u>longa</u> est quoque magna.

7. Sunt bonae <u>epistulae</u>.

8. <u>Fīlia</u> tua est bona.

9. <u>Casae</u> nostrae sunt albae.

10. Patria mea est Corēa.

B.

1. Bonae puellae casās albās amant.
2. Silvās pulchrās amō.
3. Īnsulae sunt parvae.

C.

1. Īnsula est longa.
2. Nauta epistulās longās scrībit.
3. Agricola casam nōn videt.
4. Mārcus est agricola.
5. Agricolae nōn sunt nautae.

D.

1. est. 나머지는 모두 명사.
2. nōn. 나머지는 모두 동사.
3. fīlia. 나머지는 모두 형용사.
4. nauta. 나머지는 모두 형용사.
5. quod. 나머지는 모두 명사.

E.

1. Some rich men are famous for liberality(후함, 너그러움).
2. Girls in Hollywood are noted for pulchritude(육체미).
3. In the evening we sat on the terrace(테라스).
4. In addition to his salary the man received a bonus(보너스).
5. When you take magazine regularly, you are a subscriber(예약구독자).

006 VITA PERICULOSA

A.

1. 우리는 때때로 농부들의 생활을 칭송한다.
2. 선원들은 때때로 농부들의 생활을 칭송한다.
3. 농부들은 때때로 선원들의 생활을 칭송한다.
4. 당신의 생활은 위험하지 않다.
5. 시인의 생활은 자주 위험하지는 않다.
6. 아름다운 섬의 주민들은 땅을 본다.
7. 농부들은 작은 집들을 가지고 있다.
8. 선원의 편지는 조용한 생활을 칭송한다.

B.

1. Britannia est patria nautae.
2. Interdum casās agricolārum vidēmus.
3. Incolae insulārum patriam meam laudant.
4. Jūlia fīliās poētae amat.
5. Fīliae poētārum casās amant.

C.

1. The heart is a vital organ.
2. An athlete needs great vitality.
3. Lack of vitamins may cause disease.
4. The vitality of the invalid was surprising.

007 POETA ET NAUTA

A.

1. 나는 영국의 주민이다. 나의 딸은 스페인의 주민이다.
2. 우리의 조국은 한국이고, 우리들은 우리의 조국을 사랑한다.

3. 당신들은 이탈리아의 주민이다. 이탈리아는 아름다운 땅이다.

4. 우리는 자주 이탈리아를 칭송한다. 그러나 우리는 한국도 사랑한다.

5. 시인은 글을 잘 쓴다. 시인의 딸은 이야기들을 해준다.

6. 당신은 행복한 처녀이다. 당신은 긴 이야기들을 좋아한다.

7. 시인은 긴 이야기들을 쓴다.

8. 우리들은 농부이다. 우리들의 집들은 크지 않다.

9. 처녀들은 행복하다. 그러나 많은 돈을 가지고 있지 않다.

B.

1. Sum incola Corēae.

2. Fīlia poētae casam meam laudat.

3. Casa mea est alba.

4. Sumus incolae īnsulae pulchrae.

5. Estis nautae.

6. Es agricola; patriam tuam amās.

C.

1. Es fīlia nautae.

2. Sum incola Hispāniae.

3. Est agricola.

D.

1. Casa est alba.

2. Puella est laeta.

3. Fābula est bona.

008 FILIA NUATAE

A.

1. 지금 우리는 소녀들을 기다리고 있다

2. 당신들은 재미있는 이야기를 한다. 그러나 우리는 이야기하는 것을 좋아하지 않는다.
3. 농부들은 이야기들을 칭송하지만 우리는 농부들을 칭송하지 않는다.
4. 선원은 섬의 주민들을 보고 있다.
5. 지금 나는 선원이다. 나의 생활은 위험하다.
6. 당신은 농부들을 칭송한다. 농부들은 선원들을 칭송한다.
7. 당신은 농부이다. 당신의 생활은 위험하지 않다.
8. 당신들은 농부들이다. 농부들은 조용한 생활을 사랑한다.
9. 우리들은 시인이다. 우리의 생활 또한 평온하다.

B.
1. ambulāre, 2. spectāmus, 3. nārrant, 4. portat, 5. nārrās

C.
1. Fābulās poētārum laudō.
2. Agricolās laudās.
3. Nautās laudat.
4. Casās agricolārum laudāmus.
5. Vītam perīculōsam laudātis.
6. Casās albās laudant.

D.
1. Fīliās meās expectō.
2. Casam magnam laudās.
3. Poēta pecūniam amat.
4. Fābulās bonās nārrāmus.
5. Casam albam spectātis.
6. Fīliae meae ambulant.

009 GALBA ET PIRATAE

A.

1. 해적들은 여인의 보석들을 가지고 있지 않다. 해적들은 섬을 차지하고 있지 않다. 우리는 해적들을 죽인다.
2. 지금 여인들과 소녀들이 해적들을 보고 있다. 선원들이 여인들과 소녀들을 구한다.
3. 당신들은 농부를 부른다. 농부는 Galba를 구한다.
4. 보석들은 아름답다. 여인네들은 돈과 보석들을 좋아한다.
5. 이탈리아는 당신의 나라다. 당신은 당신의 나라를 구한다. 우리는 우리 나라를 구한다.
6. 농부가 우리 집을 가리킨다. 그는 우리 집을 칭송한다.
7. 해적이 선원을 덮친다. 당신은 해적을 덮친다.

B.

1. <u>Sum</u> agricola.
2. <u>Es</u> poēta.
3. <u>Est</u> nauta.
4. <u>Sumus</u> puellae.
5. <u>Estis</u> pīrātae.
6. <u>Sunt</u> fābulae.

C.

1. Pīrātae parvam īnsulam nostram spectant.
2. Īnsulam pīrātārum occupātis. Gemmās et pecuniam servātis.
3. Pīrāta fēminam vocat. Nunc fēmina clāmat. Pīrātam superāmus. Fēminam servāmus.

REVIEW

A.

1. ❶ -ō   —   (f) I
2. ❷ -s   —   (d) you (*sg.*)
3. ❸ -t   —   (b) he
4. ❹ -mus   —   (c) we
5. ❺ -tis   —   (a) you (*pl.*)
6. ❻ -nt   —   (e) they

B. ambulātis, laudātis, narrant, spectāmus

C. ambulat, expectās, laudat, spectō

D.
1. Casae <u>agricolārum</u> sunt pulchrae.
2. Puella <u>casam</u> mōnstrat.
3. <u>Fēmina</u> interdum ambulat.
4. Pīrātae <u>incolās</u> spectant.
5. <u>Gemma</u> est pulchra.
6. Fēminae et <u>pullae</u> sunt laetae.

010 GALBA ET FILIA

A.
1. 나는 아름다운 여인에게 보석들을 준다. 우리는 아름다운 여인네들에게 보석들을 준다.
2. 시인은 돈을 원한다. 그래서 농부들은 시인에게 돈을 준다.
3. 선원들이 섬의 주민에게 편지들을 준다 (또는, 섬의 주민들은 선원에게 편지들을 준다.) 선원들은 섬의 주민들에게 돈을 준다.

4. 나는 딸에게 이야기를 해준다. 당신의 딸은 이야기를 읽는다.
5. 당신은 선원에게 편지를 준다. 그리고 선원은 그 편지를 나에게 보여준다.
6. 농부들은 일을 잘 한다.
7. 딸은 농부를 사랑한다. 그래서 소녀는 일을 잘한다.

B. 주어진 단어나 구는 뜻이 달라질 뿐 모든 빈칸에 넣을 수 있다.

C.
1. <u>Labor</u> is work.
2. A <u>laborious</u> task is a hard task.
3. <u>Labor</u> Day comes in September.
4. Our school has a science <u>laboratory</u>.
5. A <u>laborer</u> is a person who works.

011 PUELLA BENIGNA

A.
1. 나의 편지는 당신 마음에 듭니다. 나의 편지들은 당신 마음에 듭니다.
2. 당신의 집엔 큰 창문이 있다. 우리 집엔 많은 창문들이 있다. 창문들은 열려 있다.
3. 나는 열린 대문의 그림을 본다. 나는 열린 대문들의 그림들을 본다.
4. 소녀는 착하고 친절하다. 그녀는 나의 딸에게 친절하다.
5. 하얀 집들의 대문들은 열려 있다.
6. 너는 일을 잘 한다. 그래서 우리는 너에게 돈을 준다.
7. 당신은 긴 섬을 보고 있다.
8. 당신들은 어린 소녀들에게 이야기들을 해준다.
9. 우리는 큰 숲들을 선원에게 보여준다. 선원은 숲을 무서워한다.
10. 농부들은 일을 하고 있다. 시인은 농부들을 칭송한다.

B.

1. Ītalia <u>poētīs grata</u> est.

2. Anna <u>fīliae tuae benigna</u> est.

3. Pictūrae <u>parvīs puellīs gratae</u> sunt.

4. <u>Parvae puellae</u> epistulam dās.

5. Epistulae tuae <u>mihi nōn gratae</u> sunt.

012   INSULA NOSTRA

A.

1. 길에; 길들에; 집으로부터; 소녀와 함께; 소녀들과 함께
2. 우리는 숲에서 산책한다. 당신들은 숲에서 걸어온다. 당신들은 농부와 함께 산책한다.
3. 우리는 문에서 선원을 본다. 우리는 길에서 선원을 본다. 우리는 Cornelia와 함께 선원을 본다.
4. 작은 섬에 농가가 있다. 작은 섬들에 농가들이 있다.
5. 농부의 딸은 지금 이탈리아에 있으며, 따라서 이탈리아에서 편지를 써 보낸다.
6. 농부의 딸은 당신의 딸과 함께 있다.
7. 시인들은 섬을 사랑하고, 거기서 산책한다.
8. 농부들은 섬에서 산다.
9. 섬들은 널리 알려져 있다.
10. 당신의 나라는 당신에게 소중하다.

B.

1. Puellae in silvā ambulant; puellae ex vīllīs ambulant; puellae cum agricolā ambulant.

2. In īnsulā ambulō; nunc in viā nōn ambulō.

3. Est silva in īnsulā.

4. Interdum fīliae poētae ibi ambulant.

5. Sunt nautae in viīs; agricola nautīs pecūniam dat.

6. Fīlia mea cum fīliā nautae ambulat.

C.

1. <u>Puella</u> fābulam nārrat.

2. Casa <u>puellae</u> est parva.

3. Pictūra est <u>puellae</u> grāta.

4. <u>Puellam</u> / <u>puellās</u> vidēmus.

5. Cum <u>puellā</u> / <u>puellīs</u> ambulō.

6. <u>Puellae</u> mihi cārae sunt.

7. Casae <u>puellārum</u> / <u>puellae</u> sunt magnae.

8. Multās <u>puellās</u> videō.

9. Cum <u>puellīs</u> / <u>puellā</u> ambulant.

013 LATONA ET RANAE

A.

1. 우리들은 우리의 조국 미국을 사랑한다. 당신은 당신의 조국 이탈리아
   를 사랑한다.

2. 소녀는 숲에서 걸어 나온다. 선원들은 길에서 집들을 보고 있다.

3. 우리는 당신의 딸 Cornelia에게 돈을 준다.

4. 지금 화가 난 여신이 물을 요구한다.

5. 당신의 조국 이탈리아의 언어는 널리 알려져 있다.

6. 집의 문은 열려 있다. 집들의 문들이 열려 있다.

7. 나는 문에서 물을 본다. 우리는 문에서 숲을 본다.

8. 우리 학교에서 우리는 Latona와 개구리에 대해 배운다.

9. 미국에서 우리는 학교에서 라틴어를 배운다.

10. 소녀들은 보석들을 원한다.

B.

1. In īnsulā Siciliā habitāmus.
2. Jānuam apertam casae tuae videō.
3. Lingua īnsulārum magnārum nōn est lingua Latīna.
4. Fīlia tua in viā parvam puellam expectat.
5. Agricolae aquam Lātōnae deae pulchrae nōn dat.

REVIEW

A.

1. 동사 ōrātis 이외는 모두 명사
2. 명사 fāma 이외는 모두 형용사
3. 명사 pictūrās 이외는 모두 동사
4. 동사 dō 이외는 모두 전치사

B.

1. Poēta pictūram puellae dat.
2. Fenestrae apertae sunt.
3. Fābula est fēminīs grāta.
4. Aquam deae damus.
5. Puella mihi benigna est.
6. Fīlae sunt agricolīs cārae.

C.

1. scholarship,   2. orators, timid,   3. lingo,   4. famous, poet, villa, Italy
5. Sylvia, picture, aquarium,   6. benign, liberated,   6. janitor, labors,   8. inhabitants, village, school

014   SICILIA

A.

1. 쾌적한 땅에; 좁은 섬으로부터; 좁은 섬들로부터
2. 우리는 창에서 불길을 본다.
3. 당신의 딸들이 농가에서 걸어 나온다.
4. 좁은 길이 농가와 집 사이에 있다.
5. 메사나에는 많은 좁은 길들이 있다.
6. 메시나의 주민이 당신에게 이탈리아의 해변을 가리킨다.
7. 에트나의 불길은 크다.
8. 시칠리아의 해변은 이탈리아에 가깝다.
9. 좁은 길들은 위험하다.
10. 우리는 이탈리아에 살지 않지만 라틴어를 배운다.

B.

1. Villa tua silvae propinquae est.
2. Ex ōrā maritimā flammās Aetnae vidēmus.
3. Īnsula est longa et angusta.
4. Ōra maritima est amoena, et saepe ibi ambulō.
5. Propinquae Siciliā sunt parvae īnsulae.
6. Aqua īnsulās ab Ītaliā sēparat.
7. Puella ab ōrā maritimā ambulat.
8. Fēmina ex casā pecūniam portat.

015   LUNA ET STELLAE

A.

1. Galba여, 우리는 지금 미국에 있다. 나에게 편지를 보내다오.
2. 아가씨들이여, 당신들은 지금 시칠리아에 있습니다. 농민들에게 해적들에 대해 이야기해주시오.

3. 낮에 당신들은 집에 있다. 당신들은 밤에 하늘에 있는 별들을 본다.

4. 아가씨들이여, 때때로 당신들은 조용합니다. 어찌하여 조용한 겁니까?

5. 달의 여신은 늘 밝은 화살들을 가지고 있다.

6. 당신들은 왜 길에서 우리를 기다리고 있습니까?

7. 우리는 그림에서 자주 Diana를 봅니다. 그녀는 왜 화살을 가지고 있습니까?

B.

1. Spectāte, puellae, stellās! Noctū stellae sunt clārae.

2. Spectā, Fulvia, lūnam! Lūna quoque est clāra.

3. Cornēliae benigna es, et Cornēlia tibi benigna est.

4. Interdiū ex fenestrā meā parvam puellam spectō.

5. Dā mihi, puellae, sagittās, et vocā fēminās.

C.

1. Diāna est dea lunae.

2. Diāna in terrā nōn semper habitat. Noctū in caelō habitat.

3. Noctū Diāna in caelō habitat.

4. Quod Diāna est dea silvārum.

5. Radiī lūnae sunt sagittae Diānae.

016 URSA

A.

1. 당신은 좁은 길에서 걷고 있다. 당신은 좁은 길에서 걷게 될 것이다.

2. 그들은 돈을 가지고 있다. 그들은 농가에서 살고 있다. 그들은 당신의 집에서 살게 될 것이다.

3. 곰들은 숲에서 거닐게 될 것이다. 당신은 곰들을 죽이려 할 것이다.

4. 우리는 오늘 선원의 딸들을 기다리고 있다. 우리는 선원들을 기다리지 않을 것이다.

5. 당신들은 나의 편지들을 칭찬하지만 나의 이야기는 칭찬하지 않을 것이다.
6. 해적은 곧 선원의 집을 덮치지만 선원을 죽이지는 않을 것이다.
7. 나는 시기심 많은 여인의 농가에서 걸어 나올 것이다. 나는 농가에서 살지 않을 것이다.
8. 화가 난 여신이 "여인은 곰이 될 것이다. 그녀는 숲에서 거닐게 될 것이다"라고 말한다.
9. 곧 농부들은 곰들을 죽이려 할 것이다.

B.
1. Fēminae indiviōsa fīliam meam nōn laudābit.
2. Agricolae magnās ursās in silvīs necābunt.
3. Rānās spectābimus.
4. Nauta ursam pulchram mihi mōnstrābit.
5. Noctū et interdiū ursae in silvā ambulābunt.

C.
1. Fābulam nārrāre temptō / temptābō.
2. Pictūram mōnstrāre temptās / temptābis.
3. Agricola ursam necāre temptat / temtābit.
4. Bene labōrāre temptāmus / temptābimus.
5. Sagittās portāre temtātis / temptābitis.
6. Nautae fēminās sevvāre temptant / tamptābunt.

017 NAUTA ET EPISTULA

A.
1. 당신은 집에 있다. 당신은 농가에 있게 될 것이다.
2. 선원은 농부와 있게 될 것이다. 농부들은 선원들과 함께 있게 될 것이다.

3. 우리들은 숲에 있게 될 것이다. 곰들은 숲에 있게 될 것이다.
4. 당신들은 선원이 될 것이다. 당신들은 시골에서 살게 될 것이다.
5. 선원들은 나의 고모에게 편지들을 줄 것이다.
6. 내가 스페인에서 살고 있을 때 나는 여기 살고 있지 않다.

B.

1. Pullae puchraās pictūrās monstrābunt.

2. Agricola erit in casā.

3. Nauta bonās fabulās narrābit.

4. Magnās īnsulās occupābimus.

5. Longās sagittās portābis.

6. Puellās bonās vocābō.

7. Nautae lūnam et stellās spectābunt.

C.

1. In jānuā cum Cornēliā erimus.

2. In viā vesperī eritis.

3. Ursae in silvā erunt.

4. In ōrā maritimā iterum stābimus.

5. Multae vīllae in ōrā maritimā erunt.

6. In viā angustā celeriter amblāre temptābit.

7. In casā nostrā esse dēsiderat.

REVIEW

A.

1. Sagittās sēparāre temptāmus.

2. In ōrā maritimā stant.

3. Nōs sēparātis.

4. Prōvinciam propinquiam dēsīderō.

5. In īnsulā amoenā <u>habitat</u>.

6. Interdiū agricola bene <u>labōrat</u>.

7. Pecūniam amitae <u>dat</u>.

8. In casā <u>stās</u>.

B.

1. <u>Erimus</u> deae.

2. Mox <u>eris</u> ursa.

3. Noctū <u>sunt</u> stellae in caelō.

4. Cornēlius hodiē <u>est</u> in scholā.

5. <u>Eritis</u> poetae.

6. Semper <u>erō</u> incola līberae īnsulae.

7. Jūlia <u>erit</u> invidiōsa.

8. Vesperī flammae <u>erunt</u> clārae.

C.

1. <u>Stā</u> hīc in jānuā, Anna.

2. <u>Necāte</u> ursam, agricolae.

3. <u>Portāte</u> celeriter sgittās.

4. <u>Necā</u> pīrātam, nauta.

5. <u>Spectā</u> lūnam clāram, amita.

D.

❶	he will try	=	(i) temptābit
❷	they will tell	=	(g) nārrābunt
❸	we will praise	=	(d) laudābimus
❹	I will be	=	(c) erō
❺	You (*sg.*) will praise	=	(e) laudābis
❻	you (*pl.*) will walk	=	(b) ambulābitis

018 AGRICOLA LABORAT.

A.

1. Tulia는 어린 사촌이 있습니까? 네, Tulia는 어린 사촌이 있습니다.
2. 누가 밭을 갑니까? 농부가 밭을 갑니다.
3. 당신의 고모는 무엇을 하고 있습니까? 나의 고모는 다시 해변에서 걷고 있습니다.
4. 어린 소녀가 큰 항아리를 운반할까요? 아니요, 작은 항아리를 운반할 것입니다.
5. 부인은 소녀에게 무엇을 줄 것입니까? 부인은 소녀에게 항아리를 줄 것입니다.
6. 소녀는 일을 빨리 합니까? 아니요, 소녀는 천천히 일을 합니다.
7. 누가 Galba를 돕고 있습니까? 딸 Tulia가 Galba를 돕고 있습니다.
8. 나의 사촌은 천천히 걷고 있습니까? 네, 천천히 걷고 있습니다.

B.

1. Estne amita tua in prōpinciā Hispāniae?
2. Habetne Ītalia multās silvās?
3. Portābuntne puellae aquam ex villā?
4. Quid puellae cōnsōbrīnae tuae dabunt?
5. Cūr nauta in ōrā maritimā celeriter ambulat?

C.

1. Galba sum.
2. Tulia sum.
3. Cornēlia sum.
4. Galba sum.
5. Cōnsōbrīna Tulliae sum.
6. Fulvia sum.

019 CORNELIA ET URSA

A.
1. 이전에 당신은 여왕에게 곰을 주었습니다. 그 곰은 큰 것이었습니까?
2. 소녀는 갑자기 어둠침침한 숲에서 곰을 가리켰다.
3. 전에 곰이 소녀를 도왔다.
4. 곰은 겁에 질린 소녀가 소리친 숲에서 걸어 나왔는가?
5. 곰은 천천히 숲에서 걸어 나왔다.
6. 농부가 "마침내 우리는 곰을 죽였다"라고 말했다.

020 REGINA SUPERBA

A.
1. 나중에 우리는 물을 요구했다.
2. 오만한 여왕이 해안가에 섰다.
3. 여왕은 곧 불행해졌다.
4. 뒤에 당신들은 돈을 요구했다.
5. 그들은 유명한 여왕의 딸을 구했다.

B.
1. Sagittās postulābimus. 우리는 화살들을 요구할 것이다.
   Sagittās postulāvimus. 우리는 화살들을 요구했다.
2. Amitae tuae epistulam dabis. 당신은 고모에게 편지를 줄 것이다.
   Amitae tuae epistulam dedistī. 당신은 고모에게 편지를 주었다.
3. Puellae in silvā errābunt. 소녀들은 숲에서 길을 잃을 것이다.
   Puellae in silvā errāvērunt. 소녀들은 숲에서 길을 잃었다.
4. Agricola erō. 나는 농부가 될 것이다.
   Agricola fuī. 나는 농부였다.
5. In silvā errābitis. 당신들은 숲에서 길을 잃을 것이다.
   In silvā errāvistis. 당신들은 숲에서 길을 잃었다.

6. Rēgīna rānās spectābit. 여왕은 개구리들을 볼 것이다.
   Rēgīna rānās spectāvit. 여왕은 개구리들을 보았다.

C.

1. He was noted for his generosity.
2. The child was terrified by the sudden noise.
3. A person with a simple mind is not erratic.
4. The shipwrecked people looked cold and miserable.
5. There were some interesting curios in the antique shop.
6. The cottage was almost entirely obscured by the trees.
7. The teacher had written "erroneous statement' opposite a sentence on my paper.

021   ARCA PIRATARUM

A.

1. 네 명의 해적이 낯선 상자를 여기에 묻었다.
2. 그때 소녀는 해변에서 해적들을 보고 있었다.
3. 소녀는 무서웠으나 소리치지 않았다.
4. 유명한 섬의 주민들이 숲에서 상자를 운반하고 있었다.
5. 우리는 오랫동안 돈을 요구하고 있었다.

B.
walk

1. Poēta ambulat.
2. Puella ambulābit.
3. Nauta ambulāvit.
4. Nauta ambulābat.

hide

1. Cēlō.

2. Cēlāvī.

3. Cēlābam.

4. Cēlābō.

watch

1. Dea spectat.

2. Deae spectāvērunt.

3. Puella spectābat.

4. Puella spectābit.

C.

1. His invention is a novelty.

2. The beggar looked miserable.

3. The station was crowded with the travelers.

4. The bright flame leaped high in the air.

5. Noah took all the animals into the ark.

6. The mind of an erratic thinker often wanders.

7. From a humble and obscure artist, he became a very noted one.

REVIEW

A.

1. juvāre, 2. properāv-, 3. postulā-, 4. -bi-, 5. -bā-

B.

1. 미완료형 : was walking, was hurrying, were coming

2. 완료형   : saw, spoke

C.

❶ celeriter = (h) quickly

❷ dēnique = (e) finally

❸ ita   = (j) so

❹ lēniter = (i) slowly

❺ minimē = (d) by no means

❻ posteā = (a) afterward

❼ subitō = (k) suddenly

❽ tum   = (l) then

022   DEAE NOTAE

A.

1. 나는 신전에서 급하게 나왔다. 나는 제단 앞에 섰다.

2. 당신은 Diana에게 선물을 주었습니다.

3. 당신은 섬에 신전을 지었습니다. 우리들은 섬에 신전들을 지었지요?

4. 당신은 도시에서 일했다. 당신들은 도시에서 일했다.

5. 당신의 고모는 당신에게 보상을 해주지 않겠는가?

B.

1. In īnsulā templa et ārās aedificābimus.

2. In templīs deae erant multae statuae.

3. Nōnne pictūrās templōrum mōnstrāvimus?

4. Mōnstrāvistī pictūram templī?

5. Prō casā meā stābātis?

023   TEMPLUM ANTIQUUM

A.

1. 나는 무엇을 보고 있는가? 나는 무엇을 가지고 있는가? 너는 어디에 사는가?

2. 겨울에 Fulvia는 영국에 머문다. 여름에 영국 밖으로 항해해 나왔다.

3. 마침내 해적들은 스페인에서 바다로 나갔다.

4. 그는 당신의 도시에서 살 것이다. 우리는 당신의 집에서 살 것이다.

5. 겨울에 소녀는 작은 도시에 오래 머문다. 그러나 여름에는 해변에서 산다.

B.

1. Templum <u>magnī</u> oppidī est antīquum.

2. Templa magnōrum oppidōrum sunt <u>antīqua</u>.

3. Āra in <u>parvō</u> templō est.

4. Templum <u>notum</u> laudābimus.

5. Mihi <u>magnum</u> praemium dabunt.

6. In oppidō <u>pulchrō</u> habitāvērunt.

024 HERCULES ET LEO

A.

1. 농부의 아들은 집에 있다. 여름에 농부의 고모는 집에 있다. 그때 농부의 딸은 집에 있지 않다.

2. 나의 아들은 겨울에 도시에 오래 머무르지 않는다.

3. 많은 친구들이 스페인에서 바다로 떠나고 있었다.

4. 나는 내 친구의 아들들을 기다리고 있다.

5. 당신의 친구는 아들이 있다.

B.

1. Cornēlia amīcum agricolae laudāvit. Galba amīcōs agricolae laudābat.

2. Fīliō malō nautae dōnum nōn dabō.

3. Casa amīcī poetae oppidō antiquō propinqua est.

4. Hieme nauta domī manet.

5. Ibi multōs amīcōs videt.

C.

1. Equus meus est <u>malus</u>.
2. Hieme et aestāte in <u>īnsulā</u> habitō..
3. Cum amīcīs <u>tuīs</u> ambulās.
4. Equus amīcī <u>bonī</u> ibi nōn est.
5. Cum fīliō <u>tuō</u> in casā est.
6. <u>Nūllōs</u> equōs habeō.
7. Fīliī <u>meī</u> pugnābant.

D.

1. <u>Agricolae</u> arcam cēlāvērunt.
2. <u>Fīliās</u> amīcī meī expectō.
3. <u>Fīliōs</u> rēgīnae servāvisti.
4. <u>Praemia</u> erant magna.
5. <u>Dōna</u> fēminīs dabimus.
6. <u>Equī</u> in viā stābant.

025 CENA BONA

A.

1. 누가 식사를 준비하고 있었는가?
2. 누가 열린 창을 보고 있는가?
3. Marcus는 겨울에 무엇을 하는가? Marcus는 겨울에 도시에서 일한다.
4. Marcus는 정원에서 무엇을 하고 있는가? Marcus는 많은 장미들을 보고 있다.
5. 당신은 정원에서 일했는가?
6. 그리스 사람들은 제단을 신전 앞에 만듭니까?
7. 식탁 위에 선물들이 있습니까?
8. 누가 하인들을 도왔습니까?
9. 소년들이 하인들을 도왔지요?

10. 소년은 나를 돕겠지요?

B.

1. Amīcus servī (in magnō argō / cum puerīs laetīs) labōrābat.
2. Preumium (puerī bonī / amicī puerī) erat in mēnsā.
3. Fīlius amīcī (ex hortīs / in oppidō) ambulābat.
4. Praemia (puerōrum bonōrum / amīcōrum benignōrum) erant magna.
5. (In parvīs agrīs / Cum amicō puerī) ambulābō.

C.

Ethiopia, fragment, merit, prejudice,
exile, impediment, office, sacrifice

026   AMICUS FIDUS

A.

1. 오늘 Marcus는 정원에서 혼자 거닐었다.
2. Sextus과 Marcus는 친구입니까?
3. Marcus여, 어찌하여 길에서 싸우고 있었는가?
4. 친구여, 어찌하여 그대는 일하지 않았는가?
5. 소년들이여, 어찌하여 말들이 정원에 있는가?
6. 소년들은 지쳤고, 그리하여 친구들을 돕지 않았다.

B.

1. Nauta est (cum amīcō fīdō / in magnō perīculō / cum Marcō sōlō).
2. Puerī sunt (in hortō pulchrō / cum amīcīs fīdīs / cum nautīs validīs).
3. Sum (cum Marcō / cum multīs puerīs / in oppidō).
4. Properānt (cum amīcīs meīs / ex hortō / ā templō).

C.

1. A *bona fide* offer is made <u>in good faith</u>.
2. The leaves of gladioli are shaped like <u>swords</u>.
3. A person is peril is <u>in danger</u>.
4. When you are satisfied, you have <u>enough</u>.
5. A pilot making a solo fight is flying <u>alone</u>.

REVIEW

A.

1. <u>Fīlius</u> est sōlus.
2. <u>Amīcī</u> sunt fīdī.
3. Sunt nullae <u>cēnae</u>.
4. Aedificābunt <u>ārās</u>.

B.

1. Puer <u>amīcōs</u> laudat.
2. Puella <u>epistulās</u> scrībit.
3. Fēmina <u>dōna</u> habet.
4. Portā <u>praemia</u>, serve.
5. Parāte <u>cēnās</u>, servī.

C.

templī **nōtī**, āra **antīqua**, praemia **pulchra**, amīcō **laetō**, equīs **dēfessīs**, oppidōrum **nōtōrum**

D.

1. Laudābatne amīcus puerum?
2. Dabatne servus equō frūmentum?
3. Dabāsne fēminae bonae praemium?

4. Aedificābantne oppidum novum?

5. Dabamne lucernam fīliō meō?

E.

1. In an aquarium you would expect to find <u>trout</u>.

2. A friendly girl is well named if she is called <u>Amy</u>.

3. A lunar month is measured <u>from new moon to new moon</u>.

4. Because they are nocturnal creatures, the <u>owls</u> seldom see.

5. A good scholastic record shows <u>application to studies</u>.

027 DOLUS BELLI

1. 어린 소년들이 큰 트럼펫들을 운반했다.

2. 지친 남자들이 작은 램프들을 운반할 것이다.

3. 어두운 텐트 안에는 램프가 없었다.

4. 이스라엘 사람들은 좋은 계획과 많은 전략을 가지고 있다.

5. 검들은 충분히 길었으나 방패들은 충분히 강하지 못했다.

6. 이스라엘 사람들이 트럼펫을 불었을 때 미디안의 군인들은 싸우기를 시도했다.

028 MIDAS ET AURUM

A.

1. 충직한 남자들이 기다란 트럼펫을 불었다.

2. 착한 시인의 아들들을 나는 잘 안다.

3. 힘센 선원은 잘 싸운다. 지친 농부는 일을 잘 하지 못한다.

4. 신이 행복한 남자에게 금의 선물을 주었다.

5. Midas는 즉시 많은 것들을 바꿔보려고 했는데, 왜냐하면 그가 많은 금을 원했기 때문이다.

6. 정원에는 금으로 된 장미꽃들이 있었다. 식탁에는 금 항아리들과 금 램프들이 있었다.
7. Midas가 주민들을 불렀으나 궁전에는 많은 주민이 있지 않았다.

B.
1. Virī defessī, bellum longum
2. gladiōs longōs, scūta valida
3. saepe convocāvit
4. dēsīderabit, aureum

C.
1. Aurum nautae defessō grātam est.
2. Fēmina cum nautā defessō ambulābat.
3. Nauta defessus in rēgiā est.
4. Lucerna nautae defessī est aurea.
5. Poētae cum nautās defessīs pugnant.
6. Nautae defessī in viīs ambulābant.
7. Convocāte nautās defessōs.

029   LIBRI PRETIOSI

A.
1. 책들 안에는 많은 이야기가 있었다.
2. 보상은 컸으나 선원들은 겨울에 항해하기를 원치 않았다.
3. 남자들은 천천히 걷고 있었다. 남자들은 빨리 일하고 있었다.
4. 달은 충분히 밝았으나 사내는 금을 보지 못했다.
5. 책들은 궁전이나 신전에 있다.
6. 여왕은 아름다운 왕국에서 살고 있었으나 행복하지 않았다.
7. 왜 나에게 여섯 권의 책을 주었는가?
8. 이튿날 여인은 오랫동안 걸었다.

9. 이미 소녀들은 숲에서 나와 걷고 있었고, 피곤했다.

B.

1. Nōn jam labōrāre temptābō.
2. Servus est fīdus; servō fidō praemium dabimus.
3. Propinqua casae nostrae est via perīculōsa; est angusta.
4. In casā nōn lucernae sunt; casa jam obscūra est.
5. Aut dā mihi pretium aut librōs!

C.

1. Puella fābulam domī nunc nārrat.
2. Agricola validus sex ursās jam necāvit.
3. Virī in orā maritimā nunc ambulant.
4. Terrae liberae nunc sunt quiētae.
5. Pīrāta gemmās pulchrās nōn jam habet.
6. Fēmina trēs librōs Tarquiniō nunc dat.

D.

1. 7월, 2. 8월, 3. 두 사람, 4. (두 사람 사이의) 결투, 5. 3배, 6. 네 발달린 포유동물, 7. 다섯 쌍둥이, 8. 5중주, 9. 6중창, 10. 8개, 11. 8면

030 RAMUS AUREUS

A.

1. 전쟁 전; 전후; 숲 뒤
2. 신의 사원에서; 신들의 사원들 앞; 신들의 제단들 앞
3. 길들을 가로질러; 섬을 지나; 하늘을 가로질러
4. 많은 전쟁들; 훌륭한 전략; 도시로; 도시에서
5. 나는 바꿀 것이다. 그는 바꿀 것이다. 그는 바꿨다

6. 사원의 문 앞; 도시들로; 도시들로부터
7. 지금 우리는 숲으로 급히 가고 있다.
8. Sibyl은 먼저 금가지를 요구할 것이다.
9. 그리고 사내는 죽음의 땅으로 서둘러 갈 것이다.

B.

apérta postrídié sếparat scūtốrum Messãna prốperant Sicílla súbitō

C.

1. 여격 2. 대격 3. 대격 4. 여격 5. 대격

D.

1. Virī (in silvā / per silvās / in silvīs) ambulābant.
2. Fēmina (ante casam / in cavernā / post templum) erat.
3. Servus (in cavernam / per oppidum / ad villam) properāvit.
4. Fīlius (ad januam cavernae / per cavernās obscūrās / ad terram mortuam) ambulābit.

031 DAPHNE ET APOLLO

A.

candelabrum,	fragment,	stable,	torment
decorous,	lament,	tabernacle,	wall
domicile	monster	testimony	vehicle

B.
1. 여기 많은 잎들이 있다.
2. 신들은 요정의 미모를 인정했다.
3. 남자는 긴 팔을 가지고 있었다.
4. 지친 남자는 친구의 도움을 받아 소년을 집으로 운반했다.

5. 남자는 우선 창으로 곰에게 상처를 입히고 이어 칼로 죽였다.

6. 의술의 신은 요정을 사랑하고 있었다. 그러나 Daphne는 결혼을 승낙하지 않았다.

7. 요정의 머리카락은 길고 아름다웠다.

8. 한참 뒤에 남자들은 다시금 가지를 동굴로 가져갔다.

9. Aeneas는 그 남자의 친구였다.

C.

1. Servī (gladiīs / cum pīrātīs) pugnābant.

2. Puer (hastā / auxiliō amīcī) ursam necāvit.

3. (Sagittā / Aestāte) Cupīdō deum vulnerāvit.

4. Vir vītam fīliī (medicīnā / auxiliō deī) servāvit.

REVIEW

A.

1. gladiī, 2. cum amicīs nostrīs, 3. tubā, 4. auxiliō deōrum,
5. cum multīs cōpiīs

B.

1. Scūtum erat validum.

2. Pretium erat magnum.

3. Cavernae multae sunt in Ītaliā.

4. Cōnsilia viōrum erant bona.

5. Rāmī multī sunt arureī.

6. Virī scūta valida, tubās multās, glādiōs bonōs habent.

7. Virī multī sunt in tabernāculīs magnīs.

C.

1. Parvus puer lūnam per rāmīs videt.

2. Ursae territae in silvīs errābant.

3. Statua deī ante templō stat.

4. Agricola invidiōsus ad casam properāvit.

5. Gladius aureus post tabernaculum erat.

032 DEUCALION ET PYRRHA

A.

1. 나는 가지고 있다. 나는 살고 있다. 나는 가지고 있었다. 나는 가지게 될 것이다. 나는 살게 될 것이다.

2. Cornelia야, 이야기를 해다오. 아가씨들이여, 이야기를 해다오.

3. Marcus야, 곰을 보아라. 농부들이여, 곰들을 보시오.

4. 우리는 높은 텐트 안에 있을 것이다.

5. 우리는 우리 뒤의 도시들을 본다. 우리는 바위를 볼 것이다.

6. 우리는 친구들을 갖게 될 것이다. 우리는 친구가 될 것이다.

7. 우리는 나쁜 소년에게 경고해야 한다.

8. 우리의 친구들은 부지런할 것이다.

9. 당신들은 나에게 경고한다. 그런데도 나는 열심히 일하지 않는다.

10. 금 가지들과 금 잎들을 잘들 돌보시오.

B.

1. Ā tergō vīllam vidēre dēbēmus.

2. Multōs virōs et multās fēminās vidēbis.

3. Hieme hīc manēbunt.

4. Puerōs bonōs monēbit.

5. In vīllā manēre dēbēmus.

6. Tamen puerī templa deōrum vident.

7. Fēminae Americam, patriam pulchram vidēbant.

8. Virī Britanniam et Eurōpam vidēbunt.

C.

1. Ursae in silvīs errābant; agricolae puerōs dē ursīs monēbant.

2. Servus impiger templum curāre dēbet.

3. Amīcī meī erant maximē territī.

4. In tabernāculō manēbō; saxa nōn vidēbō.

5. Manga saxa sunt in aquā.

D.

1. Max was driving at the maximum speed limit.

2. Her asthma as cured by a change of climate.

3. Theplane had reached an altitude of ten thousand feet.

4. People who did not pay their debt used to be imprisoned.

5. What cannot be cured must be endured.

033 PERSEUS ET MEDUSA

A.

1. 우리는 많은 해적들을 보았다. 해적들은 투구와 방패를 가지고 있었다.

2. 나쁜 남자가 천막 근처에 머물렀다.

3. 당신은 나에게 위험을 경고했다.

4. 한참 뒤에 당신들은 다시 도시를 보았다.

5. 전략은 좋았으나 선원들은 위험을 두려워했다.

6. 많은 사람들이 먼 도시에서 사원을 향해 서둘러 갔다.

7. 당신은 선원들에게 위험에 대해 경고해야 한다.

8. 우리는 농가에 머물러서는 안 된다.

9. Perseus는 먼 땅으로 날아갔다.

10. 마법의 투구 도움으로 그는 나쁜 여자를 죽였다.

B.

1. Galeam magicam habēbat.

2. In agrīs longinquīs multās agricolās vīdimus, sed nōs nōn vidērunt.

3. Puerōs monuistī.

4. Auxiliō deī ad terram longinquam volāvit.

5. Amīcōs nostrōs monēre dēbēmus.

6. Agricola servum timuit.

7. Puella comam pulchram habet.

8. Amōcī tuī prope aquam stābant.

034   CENTUM PIRATAE!

A.

1. 큰 사원이 해적들에 의해 파괴되고 있다. 농부들은 망을 보지 않고 있다.

2. 넓은 방패가 힘센 농부에 의해 운반되고 있다. 근면한 하인은 농부를 두려워하지 않는다.

3. 나는 나의 친구들의 칭찬을 받는다. 나의 친구는 나를 무서워하지 않는다.

4. 당신은 힘센 남자들이 두려워하지 않는다. 당신은 힘센 남자의 칭찬을 받는다.

5. 좋은 무기들이 선원들에 의해 운반되고 있다. 해적들은 친구들의 경고를 받는다.

6. 해적들의 진지는 도시 근처에 있다.

7. 우리는 소년들의 경고를 받는다. 겁에 질린 여인네들이 우리를 부른다.

8. 왜 너는 일을 잘못하는가? 나는 피곤하기 때문에 일을 잘하지 못한다.

9. 당신들은 해적 부대의 공포의 대상이다. 당신들은 섬 주민들의 칭송을 받고 있다.

10. 도시들은 해적들에 의해 격렬한 공격을 받고 있다. 100개의 도시들이 파괴되고 있다.

B.

1. Terrae nostrae ā pīrātīs saepe vāstantur.

2. Castra ā centum virīs vāstantur.

3. Castra Rōmāna ā virīs ācriter oppugnantur.

4. Puerī et puellae ā virīs praemia dantur. Praemia puerīs et puellīs ā virīs dantur.

5. Arma bona ā cōpiīs nostrīs portantur.

035   ARACHNE ET MINERVA

A.

1. 이들 소년들; 이 소년과; 이들 소년들과

2. 이 도시에서; 이들 도시들에서

3. 이들 여인들; 이들 여인들의; 이 여인과

4. 이 길은 위험하다.

5. 우리는 이 행위를 좋아한다. 당신들은 이 이야기를 좋아한다. 당신은 이 책을 좋아한다.

6. 사람들은 이 여신의 신기한 커튼을 칭송했다.

7. 그는 이 소녀에게 친절하다.

8. 나는 행복한 이 소년에게 상을 주었다.

9. 이 소녀는 행복한 여신에게 도전했다.

10. 소녀는 여신을 능가했다.

11. 이 작은 집에 거미들이 있었다.

12. 이 여신의 커튼은 놀라웠다.

B.

1. Cum hāc pallā; cum hīs amīcīs; cum hāc nautā.

2. hī amīcī; hōrum amīcōrum; hae puellae.

3. In hoc tēctum; in hīs tēctīs; ex hōc tēctō.

4. Hic populus hās rānās superbat.

5. Haec palla nova huic deae grāta nōn est.

6. Hoc erat magnum factum; populus hujus terrae factum laudāvit.

036   AEACUS ET FORMICAE

A.

1. Aeacus의 착한 행동이 얼마나 자주 친구들의 칭송을 받는가!

2. 이번 꿈에서 Aeacus는 희한한 소리를 들었다.

3. 사람들은 백성들이 병이 들어 슬퍼했다.

4. 전쟁 중에 군인들이 이 방패를 갖고 다녔다.

5. 이 도시에는 넓은 길들이 있다. 이 길에서 선원들을 자주 볼 수 있다.

6. 우리들의 진지는 넓고 길다.

7. 이 왕국에서 알지 못할 돌림병에 사람들이 죽는다.

8. 개미들에 의해 이 식량은 소리 없이 집밖으로 운반되고 있다.

9. 여신은 이 소녀의 도전을 받는다.

10. 밤에 많은 해적들이 선원들에 의해 발견되나 지체 없이 제압된다.

B.

1. Saepe ab amīcīs meīs laudāminī.

2. Ab amīcīs meīs nōn monēris.

3. Oppida nostra ā pīrātīs saepe vāstantur.

4. Pīrātae ab incolīs monentur.

5. Pīrāta in oppidō nostrō interdum vidētur.

6. Magnum praemium ā nautīs expectātur quod pīrātās necāvērunt.

037   VICTORIA PYRRHI

A.

1. Hōc pīlum est longum et acūtum.

2. Cūr in hōc proeliō sine pīlō pugnās?

3. Interdum hunc sagittārium in oppidō vidēmus.

4. Vīta hujus virī est maximē perīculōsa.

5. Puerō hoc jaculum dedī; sagittāriō haec jacula dedistī.

6. Hoc pīlum, hanc sagitam, hunc gladium vīdimus.

B.

1. Sagitāriī ā sinistrā stetērunt; elephantī ā dextrā stetērunt.

2. Prīmō in proeliō Pyrrhus Rōmānōs elephantīs superāvit.

3. Hodiē librī hōrum poetārum nōn laudantur.

4. Amīcus tuus causam hujus morae nūntiābit.

5. Ā sinistrā sunt viae lātae; ā dextrā sunt hortī.

6. Quam longa et acūta haec jacula sunt!

C.

1. Hodiē hī puerī / hae puellae / hae fēminae ad scholam properābunt.

2. Populus huic puellae / huic poetae / huic arāneae benignus erat.

3. Pallae hārum deārum / hujus puellae / hārum fēminārum pulchrae sunt.

4. Magna victōria ā hōc virō / ā hīs Rōmānīs / ā hōc puerō nūntiātur.

5. Hī elephantī / Hī sagittāriī / Hī virī proelium maximē timēbant.

REVIEW

A.

1. -ēre, 2. -ā-, 3. -ēte, 4. -ā

B.

1. Populus beātus ad hās casās properābat.

2. Galeae hīs sagittāriīs nōn grātae sunt.

3. His sonus populō aegrō nōn grātus est.

4. Haec pīla et jacula <u>huic virō</u> dantur.

5. Volāte celeriter <u>ad rēgnum longinquum</u>.

C.

1. Tamen sagittāriī <u>ab</u> proeliō properāre dēbuērunt.

2. Cum <u>ē</u> tergō castra ācriter oppugnantur, populus <u>ex</u> oppidīs properat.

3. Monēte populum <u>dē</u> hōc virō somniō.

4. Centum agrī <u>ā</u> virīs malīs vāstantur.

5. Arma acūta <u>ā</u> hōc virō portantur.

D.

1. Sine morā populus ā servō impigrō <u>monētur</u>.

2. Cibus ā populuō maximē <u>postulātur</u>.

3. Sagittārius prope saxaum lātum et altum <u>prōvocātur</u>.

4. Quam male hoc tēctum ā fīliīs <u>aedificātur</u>!

5. Ubi vir haec facta mīra nūntiābat, fēminae <u>doluērunt</u>.

038 FORMICA ET CICADA

A.

1. 이 소녀들과 저 소년들이 울고 있다. 이 남자들과 저 여인네들은 울지 않는다.

2. 바닷가의 저 선원들은 위험을 두려워하지 않는다.

3. 우리는 저 친구들을 초대해야 한다.

4. 너는 왜 그 땅에 머무르고 있느냐?

5. 그 개미는 음식을 땅 밑으로 운반하고 있었다.

6. 베짱이는 텐트 밑에 있었다.

7. 그들은 오래된 그 사원을 길옆에 지었다. 새로운 이 사원은 도시 안에 있다.

8. 유럽의 주민들은 실량을 가지고 있지 않다; 얼마나 불쌍한가!

9. 우리는 병든 그 소년에게 먹을 것을 줄 것이다. 당신들은 병든 저 소
   녀에게 물을 줄 것이다.
10. 그 여인은 이 소녀들을 초대하지 않았다.

B.

1. Illud somnium erat longum.
2. Dā mihi illum librum.
3. Quam misera illa puella est!
4. Fāma illīus bellī magna est.
5. Oppidum pulchrum est in hāc insulā.
6. Virī in illīs agrīs erant.
7. Viam prope illam villam aedificant.
8. Vir huic puerō librum dedit.
9. Aestāte illae cicadae cantābant.
10. Aurum illōrum virōrum est sub terrā.

C.

1. A cantata is a story or play set to music to be sung by a chorus, but not acted.
2. A cantor is a man who leads a choir or congregation in singing, or a soloist in a synagogue.
3. The church choir chanted the Psalm.
4. Enchant means to charm by looks, actions, manner, talking, or singing.
5. The tourist were enchanted with the mountain scenery.
6. There was a look of enchantment on the child's face as she listened to the fairy story.

039　FAMA APPII CLAUDII

A.

1. 많은 농민들이 결석했지만 사신들을 있었다.
2. 이 고장은 높다. 저 고장들은 높다.
3. 물은 높은 지대에서 우리 도시로 운반된다.
4. 우리는 신들의 도움을 받아 조국을 위해 싸울 것이다.
5. 오랜 세월 뒤에 나는 내 조국에서 안전할 것이다.
6. 저 눈먼 사람들은 얼마나 힘이 센가!
7. 이것은 있었다. 그것은 없었다.
8. 오늘 저 소녀들이 이 부인을 초대한다.
9. 그때 로마 군인들은 그 사람에 대항해 싸우고 있었다.
10. 사신들은 죽은 친구들 때문에 슬퍼했다.

B.

1. Hīc sunt fēminae caecae.
2. Quam caecī estis, Rōmānī!
3. Hī loca nōn sunt tūta.
4. Rōmānī propter hunc nuntium dolēbant.
5. Cōpiae magnae contrā virōs nostrōs pugnābant.

040　VIR TIMIDUS

A.

1. Virī, fēminae, puerī, puellae in viā stant.
2. Nūntius est Pūblius, fīlius Sextī.
3. Pūblius epistulās ē Galliā portat.
4. Sextus epistulās mittit.
5. Sextus epistulās ad incolās hujus oppidī mittit..
6. Barbarī Galliam oppugnant.

7. Incolae Britanniae sunt sociī Gallōrum.

8. Barbarī agrōs Gallōrium vastant.

9. Britannī Gallīs auxilium dabant.

10. Aqua Britanniam ā Galliā sēparat.

B.

1. cui, 2. quem, 3. quōs, 4. quis, 5. quī, 6. quibus,

7. quibus, 8. cjujus, 9. quōrum

C.

1. The social Party supports socialism.

2. I especially ennoy the society of Andrew.

3. In college my older brother is studying sociology.

4. We have social workers, social security, and social science.

5. It was a purely social meeting; no business was transacted.

6. I like to go to the home of the Jones because they are a sociable family.

041 VESVIUS ET POMPEII

A.

1. 농가에서 멀리 떨어져있지 않은 것은 어느 도시인가?

2. Plius는 하늘에서 무엇을 보았는가?

3. 외삼촌은 누구를 불렀는가?

4. 누구의 농가들이 위험에 처했는가?

5. 외삼촌과 하인들은 어느 곳으로 서둘러 갔는가?

6. Plius는 어느 길을 지나 서둘러 갔는가?

7. 누가 Plius에게 베수비오 산에 대해 알렸는가?

8. 베수비오 산은 어느 도시들을 파괴하였는가?

B. 1. quis, 2. quō, 3. quibus, 4. cujus, 5. cui, 6. cujus, 7. quārum

C.

1. A century plant blooms <u>once in a hundred years</u>. (centum)
2. Tha cantata was attended by a large crowd of <u>music-lovers</u>. (cantō)
3. When Magellan circumnavigated the glove, he sailed <u>all the way round the earth</u>. (circumnavigō)
4. The density of the forest <u>prevented us from seeing far ahead</u>. (dēnsus)
5. A mural is a <u>wall-painting</u>. (mūrus)
6. I felt ducious about passing because <u>I had often been absent</u>. (absum)
7. The fume from the burning building <u>blinded him</u>. (fumus)
8. An interscholastic contest is one between <u>schools</u>. (schola)
9. Local affairs relate to <u>a single community</u>. (locus)

042   THESEUS ET MONOTAURUS

A.

1. 때때로 친구들이 전쟁 중에 로마사람들에 몰래 도움을 주곤 했다.
2. 우리의 친구들이 전에 준비가 되어있지 않아 정복당했다.
3. 농토는 파괴되었고 도시는 맹렬한 공격을 받고 있었다.
4. 도움을 요청받았으나 당시 우리는 큰 병력을 갖고 있지 않았다.
5. 그러나 지금 당신의 충고는 좋아 보이지 않는다.
6. 로마백성들은 뛰어난 친구들을 가지고 있었다.
7. 이 싸움에서 로마사람들은 몰래 친구들을 돕고 있었다.
8. 그는 횃불 없이 비밀 통로를 가로질러 갔다.

B.

1. Sine auxiliō cēterae sagittae ā Theseō portābantur.
2. Ōlim sociī nostrī ā Gallīs nōn timēbantur, sed nunc timēbantur.
3. Amīcum meum videō; mihi vir bonus vidētur.

4. Ōlim patria tua ā sociī nostrī nōn laudābātur, sed nunc saepe laudābātur.

5. Cētērī puerī in perīculō sunt, et sēcrētō auxilium postulābātur.

6. Cētērī sociī parātī videntur.

7. Taedae per oppidō portābantur.

043 PRIMUS AVIATOR

A.
1. 소년도 그의 친구도 부지런하지 않다.
2. 우리는 이 도시에서 궁수들과 그들의 아들들을 본다.
3. 우리는 소년들을 기다리고 있으나 그들은 보이지 않는다. 우리는 소녀들도 기다리고 있으나 그들은 보이지 않는다.
4. 우리는 그 소녀들과 소년들에게 이야기를 해준다.
5. 당신들은 최초의 그 포로들을 자주 보았다.
6. 선원들의 용감성 때문에 우리 섬은 무사했다.
7. Daedalus는 몰래 도망갈 길을 준비하고 있었다.
8. 깃털과 밀랍으로 날개를 준비했다. 그들은 날개로 날아다녔다.
9. 그 소년들을 불러라. 그들은 여기 있어야 한다.
10. 그의 아들의 커다란 용맹성은 칭송을 받았다.

B.
1. cum eō, 2. eīs, 3. cum amīcō ejus, cum amīcō eōrum, 4. eum,
5. cum is puellīs, 6. fīlium tuum et amīcum ejus,
7. eac fēminae et fīliae eārum, 8. virī

REVIEW

A.

> Sextus는 Julia의 외삼촌이다. Fulvia는 Julia의 고모이다. Cornelia는 Julia의
> 외삼촌이다. Julia는 Sextus와 Fulvia의 집에서 산다.
>   Sextus는 친구들이 많다. Sextus는 자주 자기 친구들을 길에서 본다. Marcus
> 는 Sextus의 친구이며, Sextus는 자주 Marcus를 집으로 초대한다. 그러나 오늘
> Marcus는 보이지 않는다.
>   Julia는 자주 Cornelia를 고모의 집으로 초대한다. 가끔 Julia의 고모는
> Cornelia에게 선물을 준다. 가끔 Sextus는 Marcus에게 선물을 준다. Marcus는
> 자주 Julia와 Cornelia와 산보를 한다. 가끔 Fulvia는 Sextus와 Marcus와 산보를
> 한다.

1. Mārcus est amīcus Sextī.
2. Cornēlia est cōnsōbrīna Jūliae.
3. Mārcus saepe ā Sextō invītātur.
4. Cornēlia ā Jūliā invītātur.
5. Sextus dōnum Mārcō dat.
6. Amita Jūliae dōnum Cornēliae dat.
7. Sextus saepe eōs amīcōs in viīs videt.
8. Hōdie Sextus Mārcum nōn videt.
9. Marcus saepe cum Jūliā et Cornēliā ambulat.
10. Interdum Sextus dōnum Mārcō dat.
11. Fulvia Cornēliae dōna dat.

B.

1. 이 사람들은 우리의 친구이다. 그 사람들은 야만인들이다.
2. 그들의 도주는 안전해 보이지 않았다.
3. 그들에 의해 이 도시 둘레에 벽이 건설되고 있었다.
4. 그 게으른 포로들은 횃불을 지하로 운반하라는 명령을 받고 있었다.
5. 다른 사람들은 준비가 되어있지 않았는데 그 사신은 가고 없었다.

6. 그는 짙은 연기 때문에 담도 정원도 보지 못했다.

7. 눈이 먼 시인은 대단한 용기를 가지고 있는 듯이 보였다. 속으로는 겁
   이 나고 의심이 많았다.

8. 아이고! 날개 깃털들 사이의 밀랍이 그대로 있지 않았다.

9. Daedalus가 Icarus를 불러 위험에 대해 경고했다.

10. 소년은 그의 외삼촌이 멀리 계셔서 울고 있었다.

044 DOLUS ANNAE

A.

1. 왜 당신은 그로부터 경고를 받지 못했는가? 왜 당신들은 그들로부터
   경고를 받지 못했는가?

2. 소음 때문에 나는 이 고장에 감히 머물러 있을 수가 없다.

3. Fulvia는 집에서 내 외삼촌을 보고 그에게 인사했다.

4. 군인들이 길을 물었다.

5. Cornelia가 "나는 장님이 아닙니다"라고 대답했다.

6. 그 사람들은 군인들이며 우리는 그들을 두려워한다.

7. Anna는 주변의 울창한 숲을 둘러보아야 하는데, 왜냐하면 그녀의 외삼
   촌이 멀리 계시기 때문이다.

8. 충고는 훌륭하다. 우리는 그 충고를 받아들인다.

9. 우리는 당신의 어린 딸들과 그들의 사촌들을 농가에서 자주 본다.

10. Anna는 숲으로 눈먼 외삼촌을 안내했다.

B.

1. eam,   2. eī,   3. eī, nostrī,   4. circumspectābāmus,   5. is,

6. tuus, hōs, eum,   7. quis, hīc,   8. Who

C.

adorn,   attend,   commemorate, contend,   defend,   err

excite,   liberate,   migrate,   observe,   salute,   tempt

045   ROMANI VEIOS OCCUPANT

1. 이 장소는 전령들에 의해 발견될 것이다
2. 이 도시의 성벽은 동맹군에 의해 맹렬한 공격을 받을 것이다.
3. 당신은 정원에 있는 것이 보일 것이다. 당신들은 들판에 있는 것이 보일 것이다.
4. 식사는 어리석은 하인에 의해 준비될 것이다.
5. 우리 군사는 위험을 두려워하지 않을 것이다.
6. 당신들은 천막으로 부름을 받을 것이다.
7. 라틴어에는 많은 어휘들이 있다.
8. 이 도시는 우리 군사들에 의해 큰 전투에서 파괴된다.
9. 참된 친구가 나의 책을 돌봐주지 않겠는가?
10. 우리는 우리 동맹국의 도움을 요구할 것이다.

046   CLOELIA

A.
1. 우리는 그들을 구할 것이다. 왜냐하면 그들은 우리들의 친구이니까.
2. 이 땅은 그들에 의해 파괴될 것이다.
3. 우리의 군사들은 이 벽 뒤에 머무를 것이다.
4. 열 소녀들의 도망은 어리석어 보인다.
5. 한 남자가 강둑에서 헤엄쳐 갈 것이다.
6. 도시는 아침에 파괴될 것이다.
7. 어제 포로들은 테베레 강둑으로 이송되었다.

B.
1. Sagittārius in hōc proeliō vulnerābitur.
2. Vir ā servō timēbitur.
3. Herī illa puella trāns Tiberium natābat.
4. Decem oppida dēlēbuntur.

5. Magna castra Rōmāna māne <u>movēbitur</u>.

6. Captīvī natāre ad rīpam <u>temptābunt</u>.

7. Rōmānī dare decem puerōs et decem puellās <u>jubēbantur</u>.

047   MANLIUS CAPITORIUM SERVAT

A.

1. 나는 어제 도시에 있지 않았으나 오늘은 있다.

2. 전에 사원에 성스러운 문들이 있었으나 야만인들이 그것들을 파괴했다.

3. 오래고 힘든 싸움에서 사람들은 사나운 야만인들에 대항해 조국과 자신을 위해 격렬하게 싸웠다.

4. 갈리아 사람들은 도망가서 스스로 목숨을 구하려고 했다.

5. 로마 사람들은 Manlius에게 고무되어 성벽으로 서둘러 갈 것이다.

6. 소녀는 물속에서 자신을 보았으나 스스로에게 만족스럽지 못했다.

B.

1. Herī cum avunculō eram prope portam castrae.

2. Hōdie, puerī, adestis; cur herī āfuistis?

3. Hōdie puerī vigilābunt; herī vigilāvimus.

4. Oppidum tōtum dēlēbitur, sed virī sē servābunt.

5. Rōmānī ab barbarī ferī fugērunt ad portās oppidī propinquī.

C.

1. Ita, portae Rōmae sunt apertae.

2. Puellae et puerī trāns Tiberim natāvērunt.

3. Cloelia est puella magnae audāciae.

4. Etruūscī multōs Rōmānōs vlnerāvērunt.

5. Cōnsilium Cloeliae est trāns Tiberim natāre.

6. Persena cloeliae lībertātem dedit.

7. Mānlius Rōmānōs vocāvit et excitāvit.

8. Multī incolae Rōmae ex oppidō fūgērunt.

048 ASCANIUS ET CERVUS ALBUS

A.

1. 그는 자기 책을 가지고 있다. 나는 그의 책을 가지고 있다. 그는 당신의 책을 가지고 있다.

2. 그들은 당신의 책들을 가지고 있다. 그들은 자신들의 책들을 가지고 있다. 우리는 그들의 책들을 가지고 있다.

3. 우리는 그들의 무기를 본 뒤에, 그것들을 두려워하지 않았다.

4. 싸움이 시작되기 전에 배신자들은 도망갔다. 그래서 우리들의 군사는 위험 없이 그들을 제압했다.

5. 당신의 친구가 자기 편지를 쓰고 난 뒤 나의 아들이 그 편지를 읽는다.

6. 해적이 자기 친구들에게 아름다운 상자를 보인다. 그의 친구들은 그 상자를 극찬한다.

7. 오른 쪽에 넓은 길이 있다. 왼쪽에 높은 담이 있다.

8. 당신들의 사슴은 빈사상태이다.

B.

1. Agricola in argō suō laboōrat.

2. Fīlius ejus quoque in argō labōrat.

3. Barbarī oppida sua dēlēbant.

4. Vir fīlium suum laudat.

5. Fīlium ejus nōn laudō.

6. Ab hōc locō castra eōrum vidēmus.

7. Oppida eōrum oppugnābuntur.

8. Fēmina saepe fīliam suam monet.

9. Fīliam ejus monēmus.

REVIEW

A.

1. Puella librum ejus habet.
2. Puella librum eōrum habet.
3. Puella librōs ejus habet.
4. Puella librōs ejus habet.
5. Puerī librōs suōs habent.
6. Puellae librum suōs habent.
7. Puella cum amīcīs ejus vēnit.
8. Puella cum amīcīs eōrum vēnit.
9. Puella cum amīcō ejus vēnit.
10. Puella cum amīcō eōrum vēnit.

B.

1. Tōtum oppidum nōn dēlēbitur; id vigilāmus.
2. Vir ferus sē vulnerāvit.
3. Haec verba erant dūra sed vēra; populus ea audīvit.
4. Portae movēbuntur, sed eās dēlēre nōn audēbimus.
5. Hīc puer suī cārus est, sed cētēris nōn grātus est.

C.

1. Prīmō puerī pigrī lēniter ambulāvērunt; deinde, territī, celeriter
   ambulābērunt.
2. Puerī impigrī bene labōrant; puerī pigrī male labōrant.
3. Oppidum ā silvā dēnsā longē abest.
4. Tum eram armātus; nunc nōn armātus sym; posteā armātus erō.
5. Amāsne hunc campum? Respondē "ita" aut "minimē."
6. Nūntium diū expectāvistī; nūntius iterum nōn vēnit; tamen hīc aderit.
7. Quam perfīdī estis!

049 SERTORIUS ET CERVA DIANAE

A.
1. 이 장군들의 군사들은 큰 전투에서 싸울 것이다.
2. 그 여인은 왕들의 어머니이다.
3. 그 왕은 형의 비싼 토가 옷을 당신들에게 주었다.
4. 로마인들은 좋은 법들을 가지고 있었다.
5. 그들의 장군들은 훌륭한 선생님들을 칭송한다.
6. 갈리아 사람들은 이 왕에게 도움을 주었다.
7. 나는 아버지를 큰 소리로 불렀다.
8. 배신한 장군은 이 왕들에게 평화를 주지 않았다.
9. 우리 선생님들과 우리 아버지들은 아이들을 칭찬하는데, 까닭은 애들이 학교에서 공부를 잘 하기 때문이다.

B.
1. rēgis, 2. pātris, 3. rēx, ā duce bonō, 4. ā ducibus bonīs,
5. magistrō meō, 6. patribus nostribus

050 FRATER PERFIDUS

A.
1. 여단의; 여단들의; 군인과 함께; 군인들과 함께
2. 당신 형의; 당신 아버지의; 당신 아버지와 함께
3. 그는 이 사람의 친구이다. 그는 이 사람들의 친구였다.
4. 왕은 장군의 칭송을 받는다. 장군은 왕의 칭찬을 받는다.
5. 군인은 누구의 부름을 받았는가?
6. 기병들은 누구를 두려워하는가?
7. 그 이튿날 우리는 커다란 재앙의 시작을 보았다.
8. 이 지역에는 많은 배신적 지휘관들이 있었다.
9. 피곤한 상인들은 이 고장의 길들을 칭송하지 않았다.

10. 로마의 여단들은 좋은 무기를 가지고 있다.

B.
1. Fīlius (mīlitis / ducus / rēgis) fortier pugnābat.
2. Homō cum (frātre tuō / rēge / euquitibus) aderat.
3. Vīllae ā (mīlitibus dēfessīs / legiōnibus Rōmānī / equitibus) occupābantur.
4. Frāter (ducis / mercātōrrum / hominis) in Galliā nunc est.
5. Praemium (hīs mercātōribus / magistribus bonīs / ducibus perfidīs) dabō.

C.

multārum calamitātum, **bonō** ducī, **multōrum** hominum, **demicae** legiōnis, **fīdus** magister, **meam** mātrem, **suīs** mīlitibus, **suum** patrem, **bonī** prīncipis, **nostra** regiō, **perfidōs** rēgēs, **multae** vōcēs

051 DANIEL ET LEONES

A.
1. 그 사람들은 이 왕을 숭배하고 있었다.
2. 지휘관들은 짐승을 어둠침침한 굴속에 가두고 있었다.
3. 지금까지도 그 땅에는 나쁜 법들이 있다.
4. 사람들은 지체 없이 그 사자들을 쉽사리 죽였다.
5. 그 여단의 군인들이 큰 소리로 평화를 요구했다.
6. 우리는 당신의 어머니 집 근처에서 밝은 빛을 보았다.
7. 이 고장의 지위관은 소수의 친구들을 쉽게 정복했다.
8. 로마 사람들은 많은 신들을 숭상했다.
9. 왕은 힘센 사람에게 큰 상을 줄 것이다.

B.
clāmor → clamor
dictātor → dictator

hūmānitās → humanity

regiō → region

suspīciō → suspicion

collēctiō → collection

difficultās → difficulty

recitātiō → recital

religiō → religion

terror → terror

052 EPISTULA ROMANA

A.

1. 우리나라에는 큰 강들이 있으나 나는 큰 강에서 헤엄치는 것을 좋아하지 않는다.
2. 훌륭한 지휘관은 자기 병사들의 안전을 위해 항상 노력한다.
3. 저 야만인들은 큰 몸집을 가지고 있으나 훌륭한 군인은 되지 못할 것이다.
4. 우리는 이 강에서 자주 헤엄친다; 때로 강 한 가운데에 있는 큰 바위에 앉는다.
5. 만약 그 지역에 많은 종류의 야수들이 있다면 우리의 진지는 안전하지 않다.
6. 우리는 겨울엔 강에서 헤엄치지 않고 디신 뚝 가까이에 벽을 쌓을 것이다.

B.

1. Parva capita vīdī.
2. Temptā nārrāre dē bellīs Romānīs.
3. Corpora mīlitum valida erant.
4. Mīlitēs in trāns illa flūmina properābant.
5. Mīlitēs in rīpīs flūminum latōrum sedēbant.

6. Equitēs in rīpīs illārum flūminum tenēbantur.

7. Aut in flūnine natāmus aut in rīpā sedēmus.

053 POETA CAECUS

A.

1. 밤이었고 언덕과 산의 새들과 짐승들은 조용했다.

2. 비록 몇 개의 별이 보였으나 달빛은 구름 때문에 어둠침침했다.

3. 나는 도시에서 멀리 떨어져 있었다. 밤이었고 나는 무서웠다.

4. 피곤한 남자가 강으로 가까이 가고 있다. 사람들이 강둑으로 가까이 가고 있다.

5. 겨울엔 밤 시간이 길어 보인다.

6. 언덕 꼭대기에서 새들이 노래하고 있었다.

7. 이 소년은 새들의 벗이며 자주 그들에게 먹이를 준다.

8. 우리는 길에서 서둘러 나왔는데, 까닭은 검은 구름을 보았기 때문이다.

9. 사람들은 피곤한 사람을 도와야 한다.

10. 사람들은 감히 가까이 가려고 하지 않는다.

B.

1. noctis longae, multārum noctium, noctis hujus,

2. ē colle altō, per nūbibus,   3. noctēs longae,   4. lūmem clārum,

5. monte altō,   6. multās avēs

054 ERROR CONSIDII

A.

1. 그 짐승들의; 그 강들의; 이 적들의; 이 군인들의

2. 그림들은 잘 알려진 것들이다. 휘장들은 잘 알려진 것들이다. 땅에는 몇몇 강들이 있었다.

3. 갈리아 인들의 군기는 짐승들의 그림이었다.

4. 배에서는 로마의 군기들이 잘 보이지 않았다.

5. 왜 당신들의 휘장들을 그처럼 감춥니까?

6. 밤에 새들은 숲속에 조용히 있다.

7. 이 짐승들은 바다에서 헤엄친다. 큰 몸집과 작은 머리를 가지고 있다.

8. 당신들은 이처럼 항상 친구들을 갖게 될 것이다.

REVIEW

A.

1. Pictūrās (corporum / urbium / capitum / saxōrum) habēmus.

2. Fōrma (avium / exemplārium / collium / insignium) est pulchra.

3. In hortō (leōnem / avēs / liberōs / virōs) vidēmus.

4. (Patrī meī / Animālī / Ducī / Frātrī tuī) signum dabō, sī parātus es.

B.

1. per capita = for each person,   2. the foot,

3. fratricide = a brother, homicide = a man, matricide = mother,

patricide = father, regicide = a king, suicide = oneself,

4. peaceful,   5. typist,   6. little,   7. yes,   8. farewell,   9. a singer

055 CIVES ROMAN ITERUM AEDIFICANT

A.

1. 많은 종족들; 많은 종족들의; 이 성채에; 이 성채들

2. 큰 재앙들; 겁많은 시민들; 겁많은 군인들; 아름다운 도시에서

3. 건물들의 잔해들; 도시의 성과들과 강들의 둑들

4. 우리는 도시의 잔해들 속에서 당신들을 보게 되겠지만 당신들을 돕지 않을 것이다.

5. 우리는 성채를 점령했으나 전쟁의 행운은 의심스럽다.

6. 그 시민은 겁이 많다. 그는 성채에 머무르지 않을 것이다.

7. 큰 재앙들이 이 국민들을 자극했다.

8. 우리는 언덕의 정상에서 옛 성채의 잔해들을 보았다.

9. 동굴 속에는 많은 짐승들이 살고 있지만 우리는 그들을 두려워하지 않는다.

B.

1. Cīvis bonus (erit tūtus / nōn erat ignāvus / urbem ejus amat).

2. Virī (aedificium altum / urbem novam / arcem) aedificābant.

3. Puerī (ad formum / ad urbem / ad flūmen) properāant.

4. (Cīvēs / Ducēs paucī / virī malī) ignāvī sunt.

5. Cīvēs (ducem perifidum / gentem / rēgem malum) monuērunt.

C.

1. A public-spirited citizen is interested in <u>civic</u> activities.

2. The capitol at Washington is a beautiful <u>edifice</u>.

3. The soldier was glad to exchange his <u>military</u> uniform for <u>civilian</u> clothes.

4. The matter was discussed at an open <u>forum</u>.

5. It was a <u>ruinous</u> storm.

6. A <u>dictatorship</u> is not a democratic form of government.

7. If you want this government position, you must pass a <u>civil</u> service examination.

8. Albany is the <u>capital</u> of New York.

056　ANDROCLES ET LEO

A.

1. 갈리아 인들에게 점령당한 도시는 내일 파괴될 것이다.

2. 위험 경고를 받은 나는 경기장에서 멀리 떨어져 있을 것이다.

3. 황제들마저 위험에 놀라 들판에서 뛰어 나온다.

4. 군인들의 안전이 의심스러웠다.

5. 이전에 적에게 정복당했던 친구들은 자기 나라에 머물러 있으면서 요청받은 도움을 주지 않을 것이다.

6. 흥분한 동물이 소년들을 겁나게 했다.

7. 놀란 새들은 숲속에 남아 있었다.

8. 왜 놀란 노예는 그 곳에 숨는가?

9. Androcles는 가시에 상처가 난 사자의 발을 보았다.

10. 내일 고약한 주인이 몹시 흥분할 것인가?

B. 4

057 PICUS - REX ET AVIS

A.

1. Picus 왕의 왕관은 많은 색깔과 많은 보석을 가지고 있었다.

2. 왕의 집 근처에 높은 언덕들이 있었다.

3. 우리는 높은 나무 가지들 속에서 많은 새들을 본다.

4. 이 새들의 날개와 몸에는 많은 색깔들이 있다.

5. 지휘관의 배우자는 많은 권력을 가지고 있지 않다.

6. 마녀의 힘으로 변신한 왕은 문을 통해 날아갔다.

7. 그림들로 장식된 벽들은 칭송을 받았다.

8. 사슴의 눈은 크지만 새들의 눈은 작다.

9. 이 새는 작은 부리를 가지고 있지만 많은 새들은 큰 부리를 가지고 있다.

B.

1. multae avēs,   arborum altārum,   2. adornātam,   uxorī rēgis,   3. illīus avis,   4. illōrum animālium,   5. in saxō,   avēs

C.

1. Arbor (arbor),   2. coronation (corōna),   3. oculist (oculus),
4. adornment (adōrō)

058   PRO AMICO

A.

1. 투석 전사들은 강한 투석기들과 바위들을 운반했다.
2. 많은 병사들이 도시 주위에 벽을 쌓았다.
3. 이 군인들은 커다란 창들을 가지고 있었다.
4. 야만족 군인들은 그들 진지 주위에 높은 성벽을 가지고 있지 않다.
5. 장군은 무기 소리에 놀라 나무들 사이에 숨었다.
6. 시민들은 적의 대열을 두려워하지 않았다.
7. 숲을 지나는 길들은 위험했다.
8. 이 강들의 이름은 유명하다.

B.

1. Mīlitēs scūta et hastās portābant, sed fundās nōn portābant.
2. Funditōrēs in mūrō altō stābant.
3. Amīcī,   magnopere territī, per castrō hostis fugere temptāvērunt.

059   OMINA MALA

A.

1. 타관 사람을 왕이라고 부른다. 이 고장 사람들을 왕이라고 부른다.
2. 소녀의 긴 머리칼은 보석들로 장식돼 있다.
3. 소녀는 경고를 받았다. 타관 사람은 경고를 받았다.
4. 나무는 벌 때문에 Latinus가 신성하다고 불렸다.
5. 진지 안에는 많은 불이 보인다.

6. 우리 병사들의 도움으로 진지는 이동되었다.

7. 소년은 그의 친구의 도움을 받는다. 마을은 야만인들에게 파괴되었다.

8. 바다 근처에 아름다운 제단이 세워져 있다.

9. 불길한 징조들이 왕을 겁나게 했다.

10. 징조의 경고를 받은 지휘관들은 시민들의 도주를 금지했다.

REVIEW

(a)	he advised	=	❽	monuit
(b)	he answers	=	⓫	respondet
(c)	he has remained	=	❻	mānsit
(d)	I helped	=	❺	jūvī
(e)	she has answered	=	⓬	respondit
(f)	they have moved	=	❿	mōvērunt
(g)	they ordered	=	❸	jussērunt
(h)	they were	=	❶	fuērunt
(i)	having been warned	=	❼	monitī
(j)	we saw	=	⓫	vīdimus
(k)	you have been	=	❷	fuistī
(l)	you feared	=	⓮	timuistī

060 MATER ANTIQUA

A.

1. 바람이 배들을 해안으로 밀고 갔다.

2. 바람에 해안으로 밀려온 배들은 파괴돼 있다.

3. 우리는 안락한 장소를 보고 있다. 안락한 장소들을 보게 될 것이다.

4. 이 주거지는 사악한 왕에 의해 건축된 것이다.

5. 적의 공격을 받은 진지들은 파괴돼 있다.

6. 무덤 근처에 많은 피가 있었다.

7. 트로이 사람들은 해안가에 적절한 거주지를 건설하고 있었다.

8. Aeneas는 나무 가지에서 피를 본다.

9. 트로이의 지휘관은 친구가 경고하는 목소리를 듣고 친구들과 함께 도망간다.

10. 우리는 학교에서 많은 동물들의 이름을 배운다.

B.

1. ā nautīs, 2. ā sociīs nostrī, ā duce nostrum, 3. ā ventiīs, 4. ā incolīs

061 NULLUM COMICILIUM IDONEUM

1. 못 보던 새들이 보이자 공포가 트로이 사람들의 마음을 사로잡았다.

2. 성곽이 지어져서 도시는 안전했다.

3. 적들의 재앙이 알려지자 지휘관들은 진지 후방을 공격했다.

4. 마음이 변하자 시민들은 맹렬히 싸웠다.

5. 커다란 태풍에 놀란 선원들은 여울로 파도에 밀려갔다.

6. 사령관의 죽음이 알려지자 병사들은 슬퍼했다.

7. 그들의 도시가 파괴되었으나 트로이 사람들은 죽음을 결코 두려워하지 않았다.

062 AENEAS ET DIDO

1. Aeneas는 아내를 요구한다.

2. 군인들은 다른 전투에 투입된다.

3. 적에 대한 공포 때문에 당신들은 비겁한 죽음에 이르게 된다.

4. 도움을 요구하지 않지만 친구들은 도움을 준다.

5. 도시를 건설하고 트로이 사람들은 그 고장 주민들에게 평화를 요구한다.

6. 이야기를 하고나서 Aeneas는 도시를 떠난다.
7. 새로운 해안을 보자 트로이 함대는 이탈리아로 항해했다.
8. 사람들을 모아놓고 왕은 다른 재앙을 알렸다.
9. Mercurius는 "다른 도시를 구하라"라고 말한다.

063 CONJUNX AENEAE PROMITTITUR.

1. 많은 사람들이 도망간다. 많은 사람들이 구조된다.
2. 병졸들이여, 그대들은 도망가지만 배신하는 시민들은 그대들을 도와주지 않을 것이다.
3. 강은 넓지만 우리는 둑으로 헤엄쳐 가볼 것이다.
4. 너는 적에게 붙잡혔으나 우리는 너를 구할 것이다.
5. 죽음의 공포 때문에 비겁한 병졸들은 도망가고, 나중에 다른 사람들에게 붙잡힌다.
6. 그 사이 Aeneas는 Lavinia와 결혼하기로 작정했다.
7. 소녀가 붙잡혀 사람들이 슬퍼한다.
8. 처녀는 많은 편지를 보내기로 마음먹었지만 그녀 아버지에게 편지가 보내지지는 않는다.
9. 눈물로 도움을 청했으나 도움의 약속은 주어지지 않을 것이다.
10. 많은 사람들이 금을 원하지만 소수의 사람들이 금을 가지고 있다.

064 AENEAS AUXILIUM PETIT.

A.
1. 지휘관이 심한 상처를 입었으나 그의 친구들은 싸운다.
2. 우리는 달빛과 별빛에 강 속에 많은 물고기를 본다.
3. Turnus여, 이 진지를 버리고 지체 없이 도망가라.
4. 우리는 이 고장에서 적을 추방할 준비가 돼있다.
5. 지휘관이 트라키아에서 쫓겨나자 군인들은 성채를 점령한다.

6. 분노가 치밀어 Turnus는 전쟁을 하기로 작정했다.

7. 그 사이 창과 투창들이 해안가에 놓여 있었다.

8. 트로이 사람들의 진지 근처에 큰 강이 흐르고 있다.

9. 어떤 시민도 결코 그들 여왕의 눈물을 보지 못했다.

10. 지친 군인들은 진지에 누울 작정을 하고 있다.

B.

1. Puer dēfessus in terrā dūrā jacet.

2. Illudne flūmen in magnum mare fluit?

3. Ventīs imdosqie terrotī, mīlitēs lītus relinquunt.

4. Furōre excitātus, cemtāmen gerit.

REVIEW

A.

1. urbe occupātā, 2. mōnstrō necātō, 3. hostibus vīsīs,
4. multīs vulnerātīs, 5. tēctō aedificātō, 6. conjunge necātā

B.

1. Magna fuilt calamitās.

2. Classem vidīmus.

3. Trōjānī certāmina habuērunt.

4. Animus Aenēane erat magnus.

5. Mors mōnstrī erat idōnea.

6. Ventō nāvēs ad ōram portātae sunt.

C.

1. was being carried = portābātur

2. was being attacked = oppugnābātur

3. were being announced = nuntiābantur

4. built = aedificāvērunt

5. saw = vīdērunt

6. was watching = spectābat

D.

1. An animated person is <u>lively</u>.

2. A tempest causes <u>destruction and sorrow</u>.

3. The mortally wounded man <u>dies in a short time</u>.

4. Ventilation refers to <u>circulation of air</u>.

5. A man's domicile is <u>his legal residence</u>.

6. a petition is a <u>request</u>.

065 AUDACIA TURNI

A.

1. 많은 발자국 소리가 들린다.

2. 지금 많은 군인들이 뒤편의 진지를 보강하고 있다.

3. 우리는 부당한 싸움들을 듣고 본다.

4. 지휘관에 의해 소수의 군인들이 선발되어 진지를 구축한다.

5. 많은 처녀들이 이 고장에서 재빨리 나온다.

6. 작은 동물이 풀 위에 누워있다.

7. 우리 군인들이 들판 위에서 자고 있다.

8. 그의 땅 주민들은 적에게 정복당한다.

B.

1. is being fortified = mūnitur

2. did not choose = nōn dēlēgērunt

3. is sleeping = dormit

4. is being pitched = pōnuntur

5. is coming = venit

C.

1. Dīcō et a multīs hominibus audior.

2. Vesperī in hortō avem audiō.

3. Nōnne sonum mīlitum audītis?

4. Apēs rēgis vidēmus et audīmus.

5. Multī mīlitēs ā virī audiuntur.

6. Apēsne in hortō audīs?

7. Clāmor mīlitum graviter vulnerātōrum audītur.

8. Sēcrētō ad flūmen properāmus, sed ab hostibus audīmur.

066 FOEDUS FRACTUM

A.

1. Latinus는 아름다운 도시와 자신의 성채를 가지고 있었다.

2. Turnus는 "깨진 협약은 반갑지 않다"라고 말했다.

3. 주위는 조용했고, 지휘관의 누이동생이 앞으로 걸어갔다.

4. 적들에 의해 많은 창들이 던져졌다.

5. 트로이 사람들은 전쟁이 아니라 평화를 택했다.

6. 군인들은 자기들 지휘관의 말을 들었다.

7. 루투리아 사람들은 무기를 들고 자기들의 조국을 위해 싸웠다.

8. 누이동생의 말이 들리자 분노가 Turnus의 마음을 사로잡았다.

9. 이 협약은 전쟁을 금지할 것이다. 평화는 영원할 것이다.

10. 많은 돌이 날아 왔고 많은 시체가 성곽 밑에 누워 있다.

B.

1. was never attacked = nunquam oppugnāta est

2. advanced = prōcessērunt, were hurled = jacta sunt, was = erat, was
   broken = frāctum erat

3. were heard = audīta sunt, was changed = mutātum erat

4. left = relīnquērunt, marched = prōcessērunt

5. Take = Cape, Fight = Pugnā

C.

1. <u>Scripsine</u> vir epistulam longam?
2. Cūr Trōjānī <u>pugnāvērunt</u>?
3. Ubī āram <u>posuistī</u>?
4. Nōnne Trōjānī et Latīnī foedus <u>fēcērunt</u>?
5. Nōnne fābula ā puerīs <u>legī est</u>?

D.

capio (= take)
captive = 포로
captivate = 매혹하다
captivity = 감금
captor = 잡는 사람
capture = 생포
anticipate = 예기하다
accept = 받아들이다
acceptance = 받아들임
acceptable = 받아들일 수 있는
unacceptable = 받아들일 수 없는
incipient = 시초의
intercept = 가로채다
receive = 받다
recipe = 처방
reception = 접수

moveo (= move)
movement = 운동
movable = 움직일 수 있는
mobile = 움직이기 쉬운
motor = 모터
motive = 동기
motion = 활동
demote = 강등시키다
promote = 진전시키다
commotion = 소요
emotion = 감정
remove = 옮기다
immovable = 부동의
automobile = 자동차
automotive = 자동의
locomotive = 기관차

duco (= lead)
duke = 공작
duchess = 공작부인
ductile =잡아 늘이기 쉬운
aqueduct = 도수관
conduct = 행위
conductor = 지휘자
conducive =도움이 되는
viaduct = 고가교
abduction = 유괴
induce = 유발하다
induction = 유도
introduce = 도입하다
introduction = 소개
produce = 생산하다
reduction = 감소

facio (make, do)
fact = 사실
faction = 당파
factor = 요인
faculty = 능력
benefactor = 은인
manufacture = 제조하다
confectionery = 과자류
beneficent = 인정 많은

dico (= say)
diction = 어법
dictionary = 사전
dictum = 언명
edict = 포고
predict = 예언하다
prediction = 예언
contradict = 반박하다
contradiction = 반박

jacio (= throw)
abject = 비참한
dejected = 기운 없는
eject = 분출하다
inject = 주사하다
object = 반대하다
objection = 반대
project = 계획하다
projection = 사출

deficient = 모자라는　　　verdict = 답신　　　　　reject = 거부하다

efficient = 효과적인　　　valedictory = 고별사　　subject = 신하

067   IRA AENEAE

A.

1. 여왕은 분노에 사로잡혔을 뿐만 아니라 자결까지 했다.
2. 병사들에 의해 많은 동물들이 도살됐다.
3. 병사들은 마을로 진군했다. 그리고는 마을에서 물러났다.
4. 이 싸움에서 많은 수의 트로이 사람들이 살해됐다.
5. 사령관들이 살해되고 그들의 창은 부서졌다.
6. 군인들은 종종 긴 행군을 하고, 진지 안에서 생활한다.

B.

1. Puerī ursās necābant.
2. Ursae ā puerīs necābantur.
3. Puella caecum ducēbat.
4. Caecus ā puellā dūcēbātur.
5. Magnus numerus mīlitum vōcem ducis audiēbat.
6. Hastam meam pīlumque meum jaciēbam.

068   TURNUS RELICTUS A DEIS

A.

1. Juno가 말하면 전쟁이 시작될 것이다. Turnus가 살해되면 전쟁이 끝날 것이다.
2. 여신이 트로이 사람들의 죽음을 요구할 것이다.
3. 트로이 지휘관은 산다. 그러나 많은 타관사람들이 살해될 것이다.
4. 그들은 밤과 낮, 여름과 겨울에 알맞은 주거를 요구할 것이다.

5. 그러나 왕과 왕비는 그들 정원 위에서 벌들을 보았다.

6. 지친 병사들은 적에게 격퇴 당했다.

7. Aeneas는 Lavinia와 결혼 할 것이며 그들의 자손들은 왕이 될 것이다.

8. 트로이 사람들은 Latium에서 새로운 집들을 지었으나 그들의 이름을 바꾸고 오래된 언어를 버렸다.

B.

1. Virī fīnem urbis invenient.

2. Mīlitēs, captī terrōre, repellentur.

3. Sed incipientne deī certāmen novum?

4. Turnus gladium suum āmittet.

5. Dux suprā caput hostis gladium suum jēcit.

069 FINIS CERTAMINIS

A.

1. 당신은 어깨에 사슴을 운반하라는 명령을 받았다.

2. 그가 증오 때문에 당신의 형을 죽이라는 명령을 내렸는가?

3. 어찌하여 신들은 Rutulus가 패배하기를 원하는가?

4. 지휘관은 물과 식량을 하인의 어깨로 말들에게 운반할 것을 명한다.

5. 사나운 이 사자들은 화살을 두려워하는 것 같지 않다.

6. 확실히 나는 우리들 친구에게 지체 없이 그 도움을 보낼 것을 명한다.

7. 도시는 적들에게 발견될 것이다.

8. 확실히 나쁜 사람들은 착한 시민들에 의해 추방되어야 한다.

9. 신들은 화가 난 Aeneas에 의해 Turnus가 정복당하기를 원한다.

10. Turnus는 Aeneas를 정복할 생각을 했다.

B.

1. Mīlitēs frūmentum (in urbe / incolārum / in agrō) invenient.

2. Mīles (superātus ā hostibus / graviter vulnerātus / territus ā tubīs) fūgit.

3. Sed cōpiae Rōmānae in campō (dormient / castram pōnent / hostēs vincent).

4. Foedus ā Rōmānīs et Laīnīs (probābitur / frangētur / petētur).

5. Puer saxum (in aquā / suptrā casam / suprā capite amīcī suī) jēcit.

6. Turnus (interficiētur / hastam franget / rēx nōn erit).

REVIEW

A.

1. to begin = incipere   6. to fortify = mūnīre

2. to be led = dūcī   7. to make = facere

3. to be broken = frangī   8. to lead = dūcere

4. to seem = vidērī   9. to see = vidēre

5. to fear = timēre   10. to write = scrībere

B.

1. is being fortified = mūnītur

2. was broken = fractus erat

3. were agitated = agitābuntur

4. are heard = audiuntur

5. will be begun = incipiētur

6. will be driven back = repellentur

C.

1. lay down = jacēbat

2. hurled = jēcit

3. will be lying = jacēbunt

4. will hurl = jaciet

5. lay = jacēbat

D.

1. Cervum, puerī, interfēcistis.

2. Bellum in hāc terrā gestum est.

3. Multum grāmen vīsum est.

4. Multae virginēs in proeliō interfectae sunt.

5. Castra fortier dēfēnsa sunt.

6. In urbe, sorōrēs, visae estis.

7. Sumus mīlitēs, sed graviter vulnerātī sumus.

8. Silentiō hastae jaciēbantur.

9. In urbem, Anna, dūceris.

10. Magnum numerum mīlitum recognōvit.

070   VELLUS AUREUM

A.

1. 용감한 Jason은 큰 위험을 두려워하지 않았다.

2. 그는 황소들을 묶은 뒤 밭을 갈 생각을 하고 있었다.

3. 사나운 왕은 Jason에게 말한다. "황소들을 묶고 밭을 전부 경작하라."

4. 용들은 살해되고 Medea는 Jason에게 의해 그의 배로 안내된다.

5. 무장한 사람들 사이에 큰 바위가 던져질 것이다.

6. 용들은 컸었고, 불을 토하고 있었다.

7. 힘센 남자는 밭을 경작하려 하지 않았다.

8. 용감한 여인은 위험을 두려워하지 않았다.

B.

1. all the soldiers = omnēs; soldiers were dead = mortuī; Jason was safe = tūtus

2. fierce monster = ācre; golden fleece = aureum

3. brave youth = fortis; great bulls = magnī

4. every dragon = omnis; brave youths = fortī

5. armed men = armātī

C

9. Erat in Colchide vellus aureum ā mōnstrō dēfēnsum.

5. Jāsōn vellus aureum dēsīderābat.

1. Jāson taurōs ācrēs jūnxit.

2. Jāson magnum agrum arāvit.

4. Virī armātī ē dentibus vēnērunt.

7. Omnēs hominēs armātī mortuī erant.

6. Fīlia rēgis juvenem fortem amāvit.

3. Juvenis vellus cēpit et fūgit.

8. Comitēs laetī Jāsonem fortem salūtāvērunt.

071   UXOR INFELIX

A.

1. Cerēs erat dea agricultūrae.

2. Plūtō erat rēx mortuōrum.

3. Plūtō in Orcō habitāvit.

4. Prōserpina erat filia Cereris.

5. Prōserpina erat uxor Plūtōnis.

6. Juppiter erat rēx deōrum.

7. Juppiter in caelō habitāvit.

8. Juno erat uxor Jovis.

9. Aestāte Prōserpina in terrā habitat.

10. Hieme Prōserpina in Orcō, rēgnum mortuōrum,   habitāvit.

B.

1. Vellus aureum ā juvene fortī captum est.

2. Dracōnēs ācrēs virōs necāre dēsīderābant.

3. Bella ā rēgibus <u>infēlīcibus</u> geruntur.

4. Praemia puerīs <u>omnēs</u> dabantur.

072 UXOR AMISSA

A.

1. Apollo의 아들은 수금을 들고 숲을 지나와서 Eurydice를 보았다.

2. 울고 있는 아내의 눈물은 결코 그치지 않았다.

3. 그 사람은 뒤돌아보고 개가 큰 뱀을 죽이고 있는 것을 보았다.

4. Apollo의 아들 Orpheus가 노래하는 동안 작은 새들은 정말 노래하는 것을 그친다.

5. 용감한 젊은이들은 사나운 황소들을 묶는 일을 마다하지 않았다.

6. Charon은 분명히 살아 있는 사람을 기꺼이 강을 건네주려 하지 않을 것이다.

7. 슬픔에 잠겨 Orpheus는 땅 아래 오르쿠스로 내려갔다.

8. 행복한 배우자는 뒤돌아보았고 Pluto는 다시 불쌍한 배우자를 붙잡았다.

9. Orphus는 수금을 잡고 노래하기를 마다하지 않았다.

B.

1. Serpēns pedem Eurydicēs <u>ambulantis</u> in hortō vulnerābat.

2. Cerēs, <u>dolēns</u> filiam āmissam, in Orcum properāvit.

3. Lyram <u>portāns</u> et <u>cantans</u>, Orpheus ad rēgiam Plūtōnis vēnit.

4. Orpheus uxōrem post sē <u>venientem</u> respexit.

5. Charōn virōs <u>vīventēs</u> trāns flūmen nāve suā nōn portābat.

073 FEMINA CURIOSA

A.

1. 호기심 많은 Pandora의 현명한 남편은 상자를 열지 않았다.

2. Pandora여, 두 개의 상자를 열어라. 세 개의 상자를 열어라.

3. 호기심 많은 여인들은 매일 무거운 상자를 열고 닫았다.

4. 현명한 말은 현명한 사람들에게 고마운 것이다.

5. 나는 도시의 길에서 여덟 명의 소년과 다섯 명의 소녀를 보았다.

6. Aeneas는 적은 기쁨과 많은 슬픔을 가지고 있었다.

7. 상자에는 여섯 마디가 쓰여 있었다.

8. Marcus여, 문을 열어라. 창문을 닫아라.

9. 많은 이름들이 즐거움이나 행운을 의미한다.

10. 너희들은 두 책의 모든 이야기를 읽는가?

B.

1. 전에 열 마리의 작은 강아지가 있었다.

2. 소년에게 한 마리의 개를 주었다. 그래서 아홉 마리가 되었다.

3. 소녀에게 한 마리의 개를 주었다. 그래서 여덟 마리가 되었다.

4. 사자에게 한 마리의 개가 잡혔다. 그래서 일곱 마리가 되었다.

5. 여인이 한 마리의 개를 집으로 데려갔다. 그래서 여섯 마리가 되었다.

6. 한 마리의 개가 멀리 방황했다. 그래서 다섯 마리가 되었다.

7. 한 마리의 개가 목숨이 다했다. 그래서 네 마리가 되었다.

8. 한 마리가 도망을 갔다. 그래서 세 마리가 되었다.

9. 한 마리의 개를 잃어버렸다. 그래서 두 마리가 되었다.

10. 한 사자가 한 마리의 개를 숲으로 데려갔다. 그래서 한 마리가 되었다.

11. 한 마리의 개가 동굴에 숨었다. 그래서 한 마리도 남지 않았다.

REVIEW

A.

1. Sex et quattor sunt <u>decem</u>.

2. Quīnque et trēs sunt <u>octō</u>.

3. Septem et duo sunt <u>novem</u>.

4. Novem et ūnus sunt <u>decem</u>.

5. Octō et duo sunt <u>decem</u>.

B.

젊은이의 만용

Phaëthon은 아버지가 Apollo였기 때문에 자랑스럽고 행복했다. 젊은이는 매일 태양의 신인 Apollo가 힘이 센 말로 하늘을 가로질러 달리는 것을 보았다. 하루는 홀로 왕국에 왔다.

아들에게 인사하고 Apollo는 말했다. "뭐가 필요해서 왔느냐? 아무 것도 거절하지 않겠다."

Phaëthon은 매우 기뻐서 말했다. "홀로 말을 타고 하늘을 달리고 싶습니다."

Apollo는 슬프게 말했다. "불행한 Phaëthon이여, 너는 강하지만 아직 충분히 힘이 세거나 현명하지 못하다. 네 만용은 정말 너에게는 죽음을, 그리고 나에게는 슬픔의 원인이 될 수 있다."

그러나 아들은 대답했다. "신은 약속을 거절하지 않습니다. 결정하십시오. 제 마음을 바꾸지 않겠습니다."

그리하여 Phaëthon은 아침에 사나운 말들을 묶고, Aurora(새벽의 여신)의 열린 문으로 말들을 기꺼이 몰고 나갔다. 말들은 곧 뒤를 돌아보고는 겁에 질렸다. 처음엔 땅 가까이에, 그리고는 멀리 별들 사이로 불행한 젊은이를 태우고 달리기를 멈추려하지 않았다. 들판에서 불길은 곡식을 태웠고, 물이 강과 바닷물이 물러나게 했다.

그때 Jupiter가 땅 위의 커다란 위험을 보고 번개를 쳤다. 곧 불길 사이로 Phaëthon이 하늘에서 강으로 떨어졌다. 그 뒤에 강둑에서 울고 있던 그의 여동생들은 나무로 변했고, 그 나뭇잎은 슬픈 여인들의 소리 내기를 그치지 않았다.

C.

1. A conjunction <u>joins</u>.

2. The K-9 crps was made up of <u>dogs</u>.

3. A pedestrian <u>walks</u>.

4. Significance is <u>meaning</u>.

5. A trio is made up of <u>three</u>.

074 JUCICIUM PARIDIS

A.
1. 판정 관이었던 목동은 왕의 아들이었다.
2. 재산을 탐낸 목동들은 이미 들판에 모여 있었다.
3. 화가 난 여신이 던진 사과가 분쟁의 시초였다.
4. 나무에 달려있던 사과들은 금이었다.
5. 당신이 숲속에서 본 여인들은 여신들이었다.
6. 재판관의 지혜 때문에 법이 잘 만들어졌다.
7. 사과가 주어진 여신은 사랑의 여신이었다.
8. 여신들은 판정관이 앉아있는 둔덕 앞에 섰다.
9. 판정을 들은 목동은 군인들에게 경고했다.

B.
1. Pāstor quī mālum habet est frāter tuus.
2. Jūdex quī vīdī est amīcus tuus.
3. Fēmina quae mē monuit est māter tua.
4. Fēmina ā quā monitus sum est māter tua.
5. Oppidum quod occupāvimus erat in colle.
6. Oppidum quod occupātum est prope flūmen erat.
7. Deae quae convocāvērunt fuērunt Jūnō et Venus et Minerva.
8. Collis in quō stant nōn est altus.

075 PARIS ET HELENA

A.
1. 우리가 무기를 준 군인들은 떠날 것이다. 무기가 주어진 군인들은 우리의 도움을 받을 것이다.
2. 네가 떠나온 도시는 크다. 내가 떠나온 마을은 산에 있다.
3. 시민들은 그리스 인들이 기꺼이 보내준 원조품을 전시하고 있었다.

4. 트로이 사람들은 그리스 인들이 섬에서 철수하리라고 믿고 있었다.

5. 사람들은 도시의 성문들이 군인들에 의해 보강되는 것을 본다.

6. 전령이 적의 지휘관이 보수를 받는다고 말한다.

7. 시민들은 뛰어난 재판관이 지혜를 가지고 있다는 것을 느꼈다.

B.

1. Paris dīcit fēminam in Graeciā habitāre.

2. Helena dīcit, "In Graeciā habitō."

3. Dea nūntiat juvenem fīlium rēgis esse.

4. Priamus dīcit, "Paris est fīlius meus."

5. Rēgīna dīcit, "Conjugenm meum āmīsī."

076 DOLI ULIXIS

A.

1. Ulysses는 용감한 Achilles가 여인들 가운데 숨어 있다고 믿었다.

2. 전령은 Ulysses가 미치지 않았다고 느꼈다.

3. 어머니가 자신을 숨겨준 Achilles는 여인의 옷을 입기를 원치 않았다.

4. 그들 사이에 날카로운 논쟁이 벌어진 세 여신은 사과를 원했다.

5. 나는 젊은 Paris가 불행한 젊은이라고 말한다.

6. 우리는 모든 병졸들이 마을에 붙잡혀 있다는 말을 듣는다.

7. 큰 황소가 밭을 갈고 있었다.

B.

1. Uxor Ulīxis erat Penelopa.

2. Tēlēmachus erat fīlius Pēnēlopae.

3. Nūntius Tēlēmachum prō equō et bpve posuit.

4. māter Achillis erat Thetis.

5. Fēminae gemmās et vestēs laudāvērunt.

6. Achillēs gladium statim cēpit.

7. Achillēs cum Ulīxe discessit.

C.

1. Helenam fugere, 2. dūcī ā Ulīxe, 3. Cujus, 4. quem, viam tūta esse,
5. jūnctī esse, 6. gerere

077 HELENA ET MENDICUS

A.

1. 우리는 용감한 Ulysses가 그리스 인들에게 몰래 되돌아갈 것을 알고 있다.
2. 사제들이 신전으로 가고 있다.
3. 강력한 왕은 유럽을 횡단할 것이다.
4. 많은 사람들이 전쟁이 일어났다는 말을 들었기 때문에 도시로 가고 있다.
5. 나는 아침에 도시에서 나왔다. 나는 사악한 적이 도시를 공격하리라고 믿었다.
6. 아침에 거지가 재빨리 가로질러 갔다.
7. 용감한 Achilles는 트로이의 도시로 갈 것이다.
8. Paris와 Helena는 도시로 갈 것이다.

B.

1. Mendicus altus (ēx templō exiit / ad casam iit / rediit).
2. Canis parvus (viam trānsit / redit / celeriter it).
3. Sacredōs (ad templō ībit / redībit / viam transībit).
4. Nūntius dīxit (puerōs trānsīre / eōs redīre / nōs īre).
5. Vir scit (tē hīc esse / mē īre / nōs marem transīre).

C.

redeō=go back,   reduō=lead back,   refugiō=flee,   remittō=send back, removeō=remove, repellō=drive back

078 EQUUS LIGNEUS

A.

1. 불행한 도시에 두 부대가 공격을 가한다.
2. 우리는 성벽을 통해 끌려온 목마를 본다.
3. 지휘관은 적이 보이는 곳에 두 개의 부대 나팔을 버렸다.
4. 우리는 도시가 버려진 것을 안다. 그래서 우리는 우리의 고국으로 되돌아갈 것이다.
5. 우리는 우리의 친구들을 결코 버리지 않는다. 왜냐하면 우리는 그들이 위험 속에 있다는 것을 느끼기기 때문이다.
6. 뱀들이 Laocoon을 Neptune(바다의 신)의 제단에서 끌어냈다.
7. 힘이 센 이들 동물들은 바다에서 나왔다.
8. 그들은 아들들에게도 강력한 공격을 가했다.

B.

1. Hastae mīlitium <u>gravēs sunt</u>.
2. Vīdimus <u>viam dūram esse</u> per montēs.
3. Mox cum pīrātīs ācribus <u>pugnābimus</u>.
4. Dux <u>Graecōrum fortium</u> in proeliō necātus est.
5. Servus scīvit <u>sē esse causam</u> calamitātis.
6. <u>Hostēs omnēs</u> quī in oppidō manēbant captī sunt.

REVIEW

A.

1. Vir <u>quem</u> vīdī fuit dux noster.
2. Vestis <u>quam</u> gerēbat alba est.

3. Hic est lapis quō vir necātus est.

4. Virī quibus cum ambulābant jūdicēs sunt.

5. Sacerdōtēs quōs vidēbimus convēnērunt.

B.

1. Deae ad montem eunt.

2. Paris ad urbem Trōjam ībat.

3. Ad urbem Spartam mox ībit.

4. Ad ōram maritimam saepe iimus.

C.

1. Crēdō pāstor esse fīlium rēgis.

2. Audīms mālum Venerī darī.

3. Dīcit exercitūs contrā hostēs impetus facere.

4. Crēdō cornū ducis mentēs mīlitum cōnfirmāre.

5. Silentim cōnspectus proelium parārī ostendit.

D.

1. Virī et puerī (convocābantur / impigrēs sunt / spectant).

2. Oppidum (oppugnātur / dēlētur / magnum et lātum est).

3. Itaque, servī, (monēminī / spectātis / bona arma habētis).

4. Tēcum novum (aedificātur / parātur / meum est).

5. Gladius ā puerō (portātur / dēlētur / mūtātur).

079 EPISTULA FALSA

A.

1. 나는 네가 나에게 충실하다고 믿는다.

2. 당신은 우리와 함께 두 번째 전쟁을 잘 치렀다.

3. 너는 나와 함께 역경에 맞서 여러 달 동안 싸웠다.

4. 슬픈 사제는 쓰린 슬픔의 원인이 너에게 있다고 믿고 있다.
5. 네가 우리에게 편지를 주었다.
6. 군인들이 너와 함께 적에게 공격을 가할 것이다.
7. 우리와 우리 군을 위해 Iphigenia를 희생시킬 것이다.

B.
1. c   2. a   3. b   4. e   5. d

080 MATER ET FILIA PERVENIUNT

A.
1. Iphigenia는 신들이 제물을 요구한다는 말을 듣지 못했었다.
2. Clytemnestra에 대한 Agamemnon의 명령이 도달하지 못했었다.
3. 많은 위험한 전쟁 동안 Agamemnon은 부대 지휘관들을 지휘해왔다.
4. 우리는 우리가 현명한 사람의 통치를 받고 있다고 생각한다.
5. 적의 병졸들이 사슬에 묶여 있었다.
6. 분명히 왕의 딸은 사제에 의해 살해될 것이다.
7. 착한 하인들의 슬픔은 컸는데, 왜냐하면 커다란 계략이 준비돼있는 것을 보았었기 때문이다.
8. 신들은 이미 자신들의 소망을 공표했었다.

B.
1. had ordered = jusserat, to be sacrificed = sacrificātus
2. had dragged = traxerat, body = corpus
3. is being attacked = oppugnātum esse
4. had returned = redierat
5. we are being ruled = nos rectī esse
6. had feared = timuerat
7. will be thrown = cōnjiciētur

081 ACHILLES DOLUM INVENIT.

A.

1. Crēdimus oppidum ā duce dēsertum esse.
2. Certē fīlia nōbilis occīdī nōn dēbet.
3. Scīmus bellum causam magnī dolōris fuisse.
4. Servus dīcit sacerdōtesacrificium parāvisse.
5. Menelāus ostendit Helenam ad Graecōs trānsīsse.
6. Agamemnīn dīxit sēe Īphigenīam ad castra arcessīvisse.
7. Archillēs dīxit exercitum suum ad bellum āctum esse.

B.

1. Dīcunt vigilēs pervēnisse.
2. Imperātor nūntiat ego exercitum arcessīsvisse.
3. Certē nōn crēdēbas nōs occīsus esse.
4. Ostendit imperāta missa esse et dux ad castra vēnisse.

C.

ambulans = ambulant, currens = current, errans = errant,
sēparatus = separate, cōgens = cogent, dēfīnitus = definite,
fortūnātus = fortunate, significans = significant, dēspērātus = desperate,
incipiens = incipient, silēns = silent

082 SACRIFICIUM IPHIGENIAE

A.

1. 그는 당신들이 나와 함께 항구로 갔었던 것을 알고 있다.
2. 나는 Iphigenia가 사제에게 희생되지 않았다고 생각한다.
3. 그들은 그날 잠시 동안 해변으로 갔었다.
4. 네가 다투고 있던 사람들은 이 일에 관해 감시원들을 요청했었다.

5. 분명히 지휘관은 우리가 종일 이 도시에 있었다는 것을 알고 있다.
6. 잠시 전에 그 남자가 행한 범죄는 어리석은 것이었다.
7. 군대는 당신들과 함께 이방인들을 추방할 것을 거부했었다.
8. 그 고귀한 사람은 10년 동안 왕이었다.

B.

1. hōrā prīmā,   2. Propter hāc rē,   3. tōtum diem,   4. dēfendisse, tōtam noctem,   5. nūllō tempore

C.

1. The men who joined the army <u>voluntarily</u> were called <u>volunteers</u>.
2. For the sake of <u>brevity</u>, we will use <u>abbreviations</u> for the names of the states.
3. Although he was not of <u>noble</u> birth, he was man of great <u>nobility</u>.
4. The speaker <u>temporarily</u> lost his notes; so he had to speak <u>extemporaneously</u>.
5. <u>Gulfport</u> is a well-known <u>port</u> on the gulf of Mexico.

083   IPHIGENIA INVENTA EST.

A.

1. 그는 다른 남자들이 진지 안에 잡혀있다고 알린다.
2. 곧 잔인한 왕은 철수를 강요당할 것이다.
3. 우리는 잘못이 이루어진 것을 알고 있으며 소녀는 죽음으로 내몰렸다.
4. 우리는 이 일 때문에 항구가 강점당했다는 것을 알린다.
5. 왕의 소망을 듣자 모두는 그가 미쳤다고 생각했다.
6. 모두는 그때 희생이 이루어졌다고(제물이 바쳐졌다고) 믿었다.
7. 마침내 Iphigenia가 구해지고, 너는 너와 네 친구들을 구할 것이다.

B.

1. Paucōs diēs mēcum in casā mansit.

2. Tum Orestēs recognōvit Iphigeniam ā Diānā servāta esse.

3. Brevī tempore redīre recūsāverant.

4. Paucās hōrās urbs ā virō insānō recta erat.

REVIEW

A.

1. you (*pl.*) = vōs,   2. Iphigenia = Iphigeniam,   3. on that day = illō diē,
4. with whom = quōcum,   5. all day = tōtum diem,   6. whose = cujus,
7. you (*pl.*) = vōbīs,   8. for ten years = decem annōs

B.

1. tandem bicycle = a bicycle built for two riders with one sitting behind
the other,   2. egoist = a self-centered or selfish person,   3. vigilant =
watchful,   4. brevity = shortness,   5. alien = a foreigner,   6. temporary =
not permanent,   7. reputation = the common opinion tghat people have
about someone or something

084 UIIXES AD PATRIAM REDIT.

A.
1. 선원은 매일 섬에서 아무도 보지 못했다고 알렸다.
2. 목동은 개들이 거지를 공격하리라고 믿었다.
3. 나는 여러 역경 끝에 조국으로 다시 돌아갈 것이다.
4. 그러나 아무도 목동에게 구걸한 거지를 알아보지 못했다.
5. 충직한 하인이 구혼자들이 곧 식량 전부를 먹어버릴 것이라고 말했다.
6. 우리는 당신이 곧 Ulysses의 여행에 대해 듣게 될 것이라고 알고 있다.
7. 전령이 지휘관이 살해되었고 그의 시신은 이리로 운반될 것이라고 말

했다.

8. 우리는 지휘관들이 우리에게 친절할 것이라고 믿었다. 그는 우리를 비난하리라고 믿었다.

9. Penelope는 결코 옷을 짜지 않을 것임을 알고 있었다.

10. 아무도 구혼자들에게 충직한 목동이 그들을 비난할거라고 알리지 않았다.

11. 이리로 20명의 하인들이 올 것이다.

B.

1. cēlāverat, 2. Nāvigātūrī erāmus, 3. nāvigātūrī esse, 4. actūrus esse,
5. oppugnātūrī esse

C.

1. Automobile casualties are <u>accidents</u>.

2. A culprit shoud be given <u>blame</u>.

3. Semper fīdelis, the motto of U. S. Marine Corps, means <u>always faithful</u>.

085 TELEMACHUS PATREM VIDET.

A.

1. 선원들이여, 숲으로 가서 숨어라.

2. 충직한 군인이여, 용감하여라. 그리고 도시를 지켜라.

3. 용감한 군인들이여, 충직하여라. 너희들은 스스로를 방어할 수 있다.

4. 시민들에게 적의 출현을 알리지 말라. 왜냐하면 사람들은 겁이 많기 때문이다.

5. 선원들이여, 항구로 돌라가지 말라. 적들이 보는 곳에 불을 붙여라.

6. 위험을 보고는 나는 정말 먼 곳의 동굴에 숨어 있을 수 있었다.

7. 나와 너는 항상 친구로 있을 것이다.

8. 군일들이여, 칼을 들고 적을 공격하라.

9. 당신과 함께 당신의 모든 병졸들을 인도하라. 당신들과 함께 당신들의

모든 병졸들을 인도하라.

B.
1. In litore ignem accendere constituerāmus.
2. Scīmus nautās prīmā lūce regiōnen explorātūrae esse.
3. Prō certō sciēbāmus tē tam diū manēre nōn potuisse esse.
4. Amice, nōlī dēserere mē; amicī, nōlīte dēserere ducem vestrum.
5. Venī mēcum, amice; tibi res ēgregium mōnstrāre possum.
6. Īte nobiscum, procī, et vōbīs mendicum quem nēmō recognoscit monstābimus.

086   ULIXES RECOGNOSCITUR.

1. 나이 많은 유모 자신을 제외하고는 아무도 Ulysses를 알아보지 못했다.
2. 우리는 지휘관 자신의 명령에 따라 집에 머물렀다.
3. 마찬가지로 그는 지휘관들 자신의 명령에 따라 모든 사람들은 내보내라고 말했다.
4. 어머니에게 브로치를 주지 말라. 브로치를 소녀 자신에게 주라.
5. 나와 함께 홀에 들어가지 말라. 길에 있으라.
6. 조용들 하시오. 개들은 여러분을 공격하지 않을 것입니다.
7. Telemachus는 아버지가 구혼자들을 죽일 것이라는 것을 알고 있다.
8. 구혼자들이 활을 구부리려고 할 때 Ulysses 자신이 활을 구부릴 것이다.
9. 구혼자들이 활을 구부릴 수 있을까요?

087 PENELOPE LIBERATA EST.

A.

1. 그 언덕에 마을이 있다. 바로 그 언덕에 마을이 있다.
2. 나는 그 소년의 형을 본다. 나는 바로 소년의 형을 본다.
3. 우리는 연대를 여러 마일 멀리로 보낼 것이다. 우리는 바로 그 연대를 보낼 것이다.
4. 우리는 그 사람들의 친구이다. 우리는 바로 그 사람들의 친구이다.
5. 사령관들은 바로 이 도시에서 철수 했다.
6. 나는 그 편지들을 바로 이 하인에게 정확히 주었다.

B.

1. Fābulam (parvō puerō / nūntiīs cētērīs / eīdem nūntiō) rēctē nārrāvī.
2. Multa mīlia mīlitum sunt in (exercitū ducis / eōdem exercitū / eādem patriā).
3. Saepe cum (eīsdem amīcīs / paucīs incolīs / eōdem mīlite) ambulāvērunt.
4. Illī virī sunt incolae (ejusdem urbis / ejusdem patriae / ejusdem īnsulae).

REVIEW

A.

1. Ulīxēs dīcit sē in rēgiam īre posse.
2. Scīmus procōs in casam Eumaeī nōn intrātūrōs esse.
3. Nēmō sēsit mendicum esse Ulīxem ipsum poterat.
4. Nūntiā Tēlemachō Ulīxem rēgiam intrāverat.
5. Nēmō, quidem, scit Ulīxem arcum in ātriō tentūrus esse.

B.

1. Este fīdēlēs, sociī.
2. Nōlīte timēre, virī, portum explōrāre.

3. Eundem virum cotīdiē vidēmus.

4. Item Pēnelopē eandem fībulam vīdit.

5. Quīnque mīlia passuum nūtrīs longaeva ambulāvit.

6. Jussū Ulīxis ipsīus Tēlemachus hūc vēnit.

7. Adventum Tēlemachī cēlāre poterunt.

8. Vigilēs ipsī captīvōs dīmittere rēctē cōnstituērunt.

088   UTER FORTIOR ERAT?

A.

1. Marcus는 매우 친절한 사람이었다.

2. 로마인의 언덕들은 별로 높지 않다.

3. 저 나무는 상당히 높다.

4. Midas는 매우 강력한 왕이었다.

5. 어느 충고가 안전할 것인가?

6. 집에서 달려 나온 소년은 나의 가장 친한 친구이다.

7. 둘 중 어느 군인이 힘이 강한가?

8. 그의 팔에 화살이 박혔다.

9. 군인들의 용기는 대단했다.

10. 지휘관의 허리띠는 굉장히 강했다.

11. Pullo는 자신의 칼을 꺼냈는가?

B.

1. ducem, 2. fortissimum, timidissimus, 3. longissimus,   4. longior, quam,
   5. fīdior, 6. trānsifīxum erat, 7. altissimus, fortissimus, 8. Ēdūc

C.

1. acer = sharp   acrimonia = sharpness

2. avis = bird   aviarium = poultry yard; aviary

3. bonus = good   bonitas = goodness

4. centum a hundre   centurio =centurion

5. consul = consul   consulatus = consulship

6. decem = ten   decimus = tenth

7. fluo = flow   flumen = river

8. nuntio = announce   nuntius = messenger; message

9. odium = hatred   odiosus = odious

10. quattor = four   quartus = routh

11. scribo = write   scriptura = writing

12. solus = alone   solitudo = solitude

13. specto = watch   spectaculum = spectacle

14. timeo = be afraid of   timidus = timid

089   TERROR EXERCITUM ROMANUM OCCUPAT.

A.

1. 이 길은 매우 짧지만 쉽지 않다.

2. 우리는 최고로 현명한 지도자를 선출했지만 그는 가장 용감하지는 않다.

3. 당신의 도시들은 나의 도시들과는 다르다.

4. 그들 용감한 지휘관들은 거대한 군대를 가지고 있지 못해 불행했다.

5. 그 지방 도시들이 더 아름답다.

6. 군인들과 지휘관들은 정말 거대한 숲속에 숨었다.

7. 어떤 백부장도 용감하다고 생각되기를 원치 않았는가?

8. 군인은 낮은 곳에 배치되었다.

B.

1. dissimillimī, fidellimī, 2. longissima, facillima, 3. altissimī, pulcherrimī,
4. difficillima, 5. facillimum, 6. humillimus

C.

1. The boy was <u>humiliated</u> when his dishonesty was revealed.

2. The <u>similarity</u> of the twins makes it <u>difficult</u> to tell them apart.

3. From the <u>facility</u> with which he did the work, we knew it was easy for them.

4. Your tastes are so <u>dissimilar</u> that you will not enjoy the same things.

090   DUX IRATISSIMUS

A.

1. 아주 못된 소년이 아주 작은 돌을 던졌는데 아주 착한 어른에게 큰 상처를 입혔다.

2. 보다 좋은 시민들은 보다 좋은 법을 가지게 될 것이다.

3. 우리는 보다 큰 병력을 급파했는데, 왜냐하면 지금 위험이 보다 크기 때문이다.

4. 너의 집은 보다 작다. 그러나 나의 집은 보다 아름답다.

5. 너의 충고는 아주 지혜롭고 최상이다.

6. 우리는 왕을 규탄하는데, 왜냐하면 그가 큰 죄를 지었기 때문이다.

7. 백부장들의 감사하는 마음은 대단했다.

B.

1. optima, maxima,   2. pulchrissimum, parvissimum,   3. pejor,   4. majus praemium, majus,   5. clārior

091   CAESAR TAMESIM TRANSIT.

A.

1. 강이 아주 넓기 때문에 우리가 진지를 공격하는 것이 덜 용이할 것이다.

2. 지휘관들이여, 그대들의 병력을 강둑에 배치하시오.
3. 브리튼의 병력을 격퇴하기가 쉽지 않으나 여단들은 아주 강력하게 싸울 것이다.
4. 우리는 그 고장에서 아주 쉽사리 포로들을 발견할 것이다.
5. 우리는 이전에 충분히 맹렬하게 싸웠다. 충분히 광범위하게 방랑했다.
6. 모든 병졸들은 공통의 위험으로 뭉쳐있었다.
7. 게르만 인들의 범죄를 알고 Caesar는 적들을 공격했다.
8. 소수의 병졸들이 공격을 막아내고 나라를 구할 수 있었다.
9. 지휘관은 마지막 전투에서 싸웠었다.

B.
1. celeriter,   2. fortiter,   3. anteā, lātius,   4. melius, major,   5. minus, magnum,   6. similis,   7. male,   8. cognitus erat,   9. fortissimē

REVIEW

A.

abundantia = abundance,   captīvus = captive,   dignitās = dignity,   ōmen = omen,   stabulum = stable,   aedificium = edifice,   centuriō = centurion,   multitūdō = multitude,   religiō = religion,   testimōnium = testimony

B.

defend = dēfendō,   narrate = narrō,   invalidus = invalid,   observe = observō,   salute = salūtō,   define = definiō,   navigate = navigō,   remove = amoveō,   transcribe = transcribō

C.

canīnus = canine,   fēminīnus = feminine,   marīnus = marine,   statuārius = statuary,   completus = complete,   lātens = latent,   nāvālis = naval,   termeratus = temperate,   expectans = expectant,   longus = long,   ōrdinārius

= ordinary, veterānus = veteran

D.

incrēdibilis = incredible, infēlis = unhappy, injūstus = unjust, invalidus = invalid, in = not

E.

cīvīlis = civil, mīlitāris = military, nātūrālis = natural, marīnus = marine

F.

amīcitia = friendship, fortitūdō = fortitude, lībertās = liberty, vītālitās = vitality

G.

ācriter < ācer; facile < facilis; graviter < gravis; longe < longus; multum < multus; certē < certus; fortiter < fortis; lībere < līber; male < malus; timide < timidus

H.

līber = free; lībertās = freedom; līberī = children; līberālis = liberal; līberātor = liberator; līberō = liberate

부록

1. 변화표
   명사
   형용사
   부사
   수사
   대명사
   동사
2. 어휘사전
   어휘사전 (Latin→English)
   어휘사전 (English→Latin)
3. 고유명사 일람표

SUMMARY OF GRAMMAR

NOUNS

FIRST- AND SECOND-DECLENSION NOUNS

1. ā-stems   **2.** o-stems

	SINGULAR					SINGULAR
Nom.	rosa	amīcus	puer	ager	vir	templum
Gen.	rosae	amīcī	puerī	agrī	virī	templī
Dat.	rosae	amīcō	puerō	agrō	virō	templō
Acc.	rosam	amīcum	puerum	agrum	virum	templum
Abl.	rosā	amīcō	puerō	agrō	virō	templō

	PLURAL					PLURAL
Nom.	rosae	amīcī	puerī	agrī	virī	templa
Gen.	rosārum	amīcōrum	puerōrum	agrōrum	virōrum	templōrum
Dat.	rosīs	amīcīs	puerīs	agrīs	virīs	templīs
Acc.	rosās	amīcōs	puerōs	agrōs	virōs	templa
Abl.	rosīs	amīcīs	puerīs	agrīs	virīs	templīs

The vocative singular of -us nouns ends in -e: amīce.

3. THIRD DECLENSION

MASCULINE AND FEMININE CONSONANT STEMS

	SINGULAR			
Nom.	lēx	mīles	frāter	homō
Gen.	lēgis	mīlitis	frātris	hominis
Dat.	lēgī	mīlitī	frātrī	hominī
Acc.	lēgem	mīlitem	frātrem	hominem
Abl.	lēge	mīlite	frātre	homine

	PLURAL			
Nom.	lēgēs	mīlitēs	frātrēs	hominēs
Gen.	lēgum	mīlitum	frātrum	hominum
Dat.	lēgibus	mīlitibus	frātribus	hominibus
Acc.	lēgēs	mīlitēs	frātrēs	hominēs
Abl.	lēgibus	mīlitibus	frātribus	hominibus

Some masculine and feminine nouns of the third declension have the nominative ending -s. If the stem ends in -c or -g, the combination of the final -c or -g of the stem with -s gives -x: dux, nominative from the stem duc-; lēx, nominative from the stem lēg-. If the stem ends in -d or -t, the final consonant is dropped before -s: laus, nominative from the stem laud-.

In words of more than one syllable having -e- in the final syllable of the nominative, this regularly appears as i in the other cases: nominative mīles, genitive mīlitis; prīnceps, prīncipis.

Nouns with stems ending in -tr have the nominative ending in -ter: frāter from the stem frātr-; māter from the stem mātr-.

Nouns with stems ending in -din and -gin replace -in of the stem by -ō in the nominative: virgō from the stem virgin-; multitūdō from the stem multitūdin-. The nominative homō is also formed by replacing -in of the stem by -ō.

4. NEUTER CONSONANT STEMS

SINGULAR

Nom.	flūmen	caput	corpus	iter
Gen.	flūminis	capitis	corporis	itineris
Dat.	flūminī	capitī	corporī	itinerī
Acc.	flūmen	caput	corpus	iter
Abl.	flūmine	capite	corpore	itinere

PLURAL

Nom.	flūmina	capita	corpora	itinera
Gen.	flūminum	capitum	corporum	itinerum
Dat.	flūminibus	capitibus	corporibus	itineribus
Acc.	flūmina	capita	corpora	itinera
Abl.	flūminibus	capitibus	corporibus	itineribus

5. I-STEMS AND MIXED STEMS

SINGULAR

	MASCULINE AND FEMININE			NEUTER		
Nom.	collis	nūbēs	nox	īnsigne	exemplar	animal
Gen.	collis	nūbis	noctis	īnsignis	exemplāris	animālis
Dat.	collī	nūbī	noctī	īnsignī	exemplārī	animālī
Acc.	collem	nūbem	noctem	īnsigne	exemplar	animal
Abl.	colle	nūbe	nocte	īnsignī	exemplārī	animālī

PLURAL

Nom.	collēs	nūbēs	noctēs	īnsignia	exemplāria	animālia
Gen.	collium	nūbium	noctium	īnsignium	exemplārium	animālium
Dat.	collibus	nūbibus	noctibus	īnsignibus	exemplāribus	animālibus
Acc.	collēs, -īs	nūbēs, -īs	noctēs, -īs	īnsignia	exemplāria	animālia
Abl.	collibus	nūbibus	noctibus	īnsignibus	exemplāribus	animālibus

6. IRREGULAR NOUN

	SINGULAR	PLURAL
Nom.	vīs	vīrēs
Gen.	—	vīrium
Dat.	—	vīribus
Acc.	vim	vīrēs, -īs
Abl.	vī	vīribus

7. FOURTH DECLENSION, u-stems   **8.** FIFTH DECLENSION, ē-stems

	SING.	PLU.	SING.	PLU.	SING.	PLU.	SING.	PLU.
Nom.	exercitus	exercitūs	cornū	cornua	diēs	diēs	rēs	rēs
Gen.	exercitūs	exercituum	cornūs	cornuum	diēī	diērum	reī	rērum
Dat.	exercituī, -ū	exercitibus	cornū	cornibus	diēī	diēbus	reī	rēbus
Acc.	exercitum	exercitūs	cornū	cornua	diem	diēs	rem	rēs
Abl.	exercitū	exercitibus	cornū	cornibus	diē	diēbus	rē	rēbus

ADJECTIVES

9.

FIRST AND SECOND DECLENSIONS

	SINGULAR			PLURAL		
	MASC.	FEM.	NEUT.	MASC.	FEM.	NEUT.
Nom.	bonus	bona	bonum	bonī	bonae	bona
Gen.	bonī	bonae	bonī	bonōrum	bonārum	bonōrum
Dat.	bonō	bonae	bonō	bonīs	bonīs	bonīs
Acc.	bonum	bonam	bonum	bonōs	bonās	bona
Abl.	bonō	bonā	bonō	bonīs	bonīs	bonīs
Nom.	miser	misera	miserum	miserī	miserae	misera
Gen.	miserī	miserae	miserī	miserōrum	miserārum	miserōrum
Dat.	miserō	miserae	miserō	miserīs	miserīs	miserīs
Acc.	miserum	miseram	miserum	miserōs	miserās	misera
Abl.	miserō	miserā	miserō	miserīs	miserīs	miserīs
Nom.	pulcher	pulchra	pulchrum	pulchrī	pulchrae	pulchra
Gen.	pulchrī	pulchrae	pulchrī	pulchrōrum	pulchrārum	pulchrōrum
Dat.	pulchrō	pulchrae	pulchrō	pulchrīs	pulchrīs	pulchrīs
Acc.	pulchrum	pulchram	pulchrum	pulchrōs	pulchrās	pulchra
Abl.	pulchrō	pulchrā	pulchrō	pulchrīs	pulchrīs	pulchrīs

10.

THIRD DECLENSION

THREE TERMINATIONS—I-STEMS

	SINGULAR			PLURAL		
	MASC.	FEM.	NEUT.	MASC.	FEM.	NEUT.
Nom.	ācer	ācris	ācre	ācrēs	ācrēs	ācria
Gen.	ācris	ācris	ācris	ācrium	ācrium	ācrium
Dat.	ācrī	ācrī	ācrī	ācribus	ācribus	ācribus
Acc.	ācrem	ācrem	ācre	ācrēs, -īs	ācrēs, -īs	ācria
Abl.	ācrī	ācrī	ācrī	ācribus	ācribus	ācribus

11. TWO TERMINATIONS—I-STEMS **12.**   ONE TERMINATION

	SINGULAR			SINGULAR		
	MASC. AND FEM.	NEUT.	MASC. AND FEM.	NEUT.	MASC. AND FEM.	NEUT.
Nom.	omnis	omne	fēlīx	fēlīx	potēns	potēns
Gen.	omnis	omnis	fēlīcis	fēlīcis	potentis	potentis
Dat.	omnī	omnī	fēlīcī	fēlīcī	potentī	potentī
Acc.	omnem	omne	fēlīcem	fēlīx	potentem	potēns
Abl.	omnī	omnī	fēlīcī	fēlīcī	potentī, -e	potentī, -e

	PLURAL			PLURAL		
Nom.	omnēs	omnia	fēlīcēs	fēlīcia	potentēs	potentia
Gen.	omnium	omnium	fēlīcium	fēlīcium	potentium	potentium
Dat.	omnibus	omnibus	fēlīcibus	fēlīcibus	potentibus	potentibus
Acc.	omnēs, -īs	omnia	fēlīcēs, -īs	fēlīcia	potentēs, -īs	potentia
Abl.	omnibus	omnibus	fēlīcibus	fēlīcibus	potentibus	potentibus

13. PRESENT PARTICIPLES

	SINGULAR		PLURAL	
	MASC. AND FEM.	NEUT.	MASC. AND FEM.	NEUT.
Nom.	portāns	portāns	portantēs	portantia
Gen.	portantis	portantis	portantium	portantium
Dat.	portantī	portantī	portantibus	portantibu:
Acc.	portantem	portāns	portantēs, -īs	portantia
Abl.	portante, -ī	portante, -ī	portantibus	portantibu:

14. IRREGULAR ADJECTIVES

alius	ūnus	alter
sōlus	tōtus	neuter
ūllus	nūllus	uter

			SINGULAR			
	MASC.	FEM.	NEUT.	MASC.	FEM.	NEUT.
Nom.	sōlus	sōla	sōlum	alter	altera	alterun
Gen.	sōlīus	sōlīus	sōlīus	alterīus	alterīus	alterīu:
Dat.	sōlī	sōlī	sōlī	alterī	alterī	alterī
Acc.	sōlum	sōlam	sōlum	alterum	alteram	alterun
Abl.	sōlō	sōlā	sōlō	alterō	alterā	alterō

The plurals are like those of **bonus** and **miser**.

15. REGULAR COMPARISON OF ADJECTIVES

POSITIVE	COMPARATIVE	SUPERLATIVE
lātus	lātior, lātius	lātissimus, -a, -um
fortis	fortior, fortius	fortissimus, -a, -um
fēlīx	fēlīcior, fēlīcius	fēlīcissimus, -a, -um
miser	miserior, miserius	miserrimus, -a, -um
facilis	facilior, facilius	facillimus, -a, -um

16. IRREGULAR COMPARISON OF ADJECTIVES

POSITIVE	COMPARATIVE	SUPERLATIVE
bonus	melior, melius	optimus, -a, -um
malus	pejor, pejus	pessimus, -a, -um
magnus	major, majus	maximus, -a, -um
parvus	minor, minus	minimus, -a, -um
multus	——, plūs	plūrimus, -a, -um

17. DECLENSION OF COMPARATIVES

	SINGULAR		PLURAL	
	MASC. AND FEM.	NEUT.	MASC. AND FEM.	NEUT.
Nom.	lātior	lātius	lātiōrēs	lātiōra
Gen.	lātiōris	lātiōris	lātiōrum	lātiōrum
Dat.	lātiōrī	lātiōrī	lātiōribus	lātiōribus
Acc.	lātiōrem	lātius	lātiōribus	lātiōribus
Abl.	lātiōre	lātiōre	lātiōrēs, -īs	lātiōra
			lātiōribus	lātiōribus

	SINGULAR		PLURAL	
	MASC. AND FEM.	NEUT.	MASC. AND FEM.	NEUT.
Nom.	——	plūs[1]	plūrēs	plūra
Gen.	——	plūris	plūrium	plūrium
Dat.	——	——	plūribus	plūribus
Acc.	——	plūs	plūrēs, -īs	plūra
Abl.	——	plūre	plūribus	plūribus

ADVERBS

18. REGULAR COMPARISON

POSITIVE	COMPARATIVE	SUPERLATIVE
lātē	lātius	lātissimē
fortiter	fortius	fortissimē
ācriter	ācrius	ācerrimē
facile	facilius	facillimē

19. IRREGULAR COMPARISON

POSITIVE	COMPARATIVE	SUPERLATIVE
bene	melius	optimē
male	pejus	pessimē
magnopere	magis	maximē
multum	plūs	plūrimum
parum	minus	minimē
prope	propius	proximē
saepe	saepius	saepissimē
diū	diūtius	diūtissimē

NUMERALS

20. LIST OF NUMBERS

ROMAN NUMERALS	CARDINAL	ORDINAL
I.	ūnus, -a, -um	prīmus, -a, -um
II.	duo, duae, duo	secundus, alter
III.	trēs, tria	tertius
IV.	quattuor	quārtus
V.	quīnque	quīntus
VI.	sex	sextus
VII.	septem	septimus
VIII.	octō	octāvus
IX.	novem	nōnus
X.	decem	decimus
XI.	ūndecim	ūndecimus
XII.	duodecim	duodecimus
XIII.	tredecim	tertius decimus
XIV.	quattuordecim	quārtus decimus
XV.	quīndecim	quīntus decimus
XVI.	sēdecim	sextus decimus
XVII.	septendecim	septimus decimus
XVIII.	duodēvīgintī	duodēvīcēsimus
XIX.	ūndēvīgintī	ūndēvīcēsimus
XX.	vīgintī	vīcēsimus
XXI.	ūnus et vīgintī, vīgintī ūnus	vīcēsimus prīmus
XXVIII.	duodētrīgintā	duodētrīcēsimus
XXIX.	ūndētrīgintā	ūndētrīcēsimus
XXX.	trīgintā	trīcēsimus
XL.	quadrāgintā	quadrāgēsimus

[1]Used in singular as noun only.

L.	quīnquāgintā	quīnquāgēsimus
LX.	sexāgintā	sexāgēsimus
LXX.	septuāgintā	septuāgēsimus
LXXX.	octōgintā	octōgēsimus
XC.	nōnāgintā	nōnāgēsimus
C.	centum	centēsimus
CI.	centum (et) ūnus	centēsimus (et) prīmus
CC.	ducentī, -ae, -a	ducentēsimus
CCC.	trecentī, -ae, -a	trecentēsimus
CCCC.	quadringentī	quadringentēsimus
D.	quīngentī	quīngentēsimus
DC.	sescentī	sescentēsimus
DCC.	septingentī	septingentēsimus
DCCC.	octingentī	octingentēsimus
DCCCC.	nōngentī	nōngentēsimus
M.	mīlle	mīllēsimus
MM.	duo mīlia	bis mīllēsimus

21.　　　　DECLENSION OF *DUO, TRĒS,* AND *MĪLIA*

	MASC.	FEM.	NEUT.	MASC. AND FEM.	NEUT.	NEUT.
Nom.	duo	duae	duo	trēs	tria	mīlia
Gen.	duōrum	duārum	duōrum	trium	trium	mīlium
Dat.	duōbus	duābus	duōbus	tribus	tribus	mīlibus
Acc.	duōs, duo	duās	duo	trēs, trīs	tria	mīlia
Abl.	duōbus	duābus	duōbus	tribus	tribus	mīlibus

PRONOUNS

22.　　　　PERSONAL PRONOUNS

	FIRST PERSON		SECOND PERSON	
	SINGULAR	PLURAL	SINGULAR	PLURAL
Nom.	ego	nōs	tū	vōs
Gen.	meī	nostrum, nostrī	tuī	vestrum, vestrī
Dat.	mihi	nōbīs	tibi	vōbīs
Acc.	mē	nōs	tē	vōs
Abl.	mē	nōbīs	tē	vōbīs

There is no personal pronoun of the third person. Its place is taken either by a demonstrative pronoun (usually is, *he,* ea, *she,* id, *it*) or if the antecedent is the subject of the sentence or clause, by a reflexive pronoun.

23.　　　　REFLEXIVE PRONOUNS

	FIRST PERSON		SECOND PERSON		THIRD PERSON	
	SING.	PLU.	SING.	PLU.	SING.	PLU.
Gen.	meī	nostrī	tuī	vestrī	suī	suī
Dat.	mihi	nōbīs	tibi	vōbīs	sibi	sibi
Acc.	mē	nōs	tē	vōs	sē, sēsē	sē, sēsē
Abl.	mē	nōbīs	tē	vōbīs	sē, sēsē	sē, sēsē

POSSESSIVES

REFERRING TO SINGULAR ANTECEDENT

1st pers. meus, -a, -um, *my*
2d pers. tuus, -a, -um, *your* (of one person)
3d pers. {suus, -a, -um, *his, her, its* (reflexive)
{ejus (gen. sing. of is), *his, her, its* (not reflexive)

REFERRING TO PLURAL ANTECEDENT

1st pers. noster, -tra, -trum, *our*
2d pers. vester, -tra, -trum, *your* (of more than one person)
3d pers. {suus, -a, -um, *their* (reflexive)
{eōrum, eārum, eōrum (gen. pl. of is), *their* (not reflexive)

25. DEMONSTRATIVE PRONOUNS

| | SINGULAR | | | PLURAL | | |
	MASC.	FEM.	NEUT.	MASC.	FEM.	NEUT.
Nom.	hic	haec	hoc	hī	hae	haec
Gen.	hujus	hujus	hujus	hōrum	hārum	hōrum
Dat.	huic	huic	huic	hīs	hīs	hīs
Acc.	hunc	hanc	hoc	hōs	hās	haec
Abl.	hōc	hāc	hōc	hīs	hīs	hīs
Nom.	ille	illa	illud	illī	illae	illa
Gen.	illīus	illīus	illīus	illōrum	illārum	illōrum
Dat.	illī	illī	illī	illīs	illīs	illīs
Acc.	illum	illam	illud	illōs	illās	illa
Abl.	illō	illā	illō	illīs	illīs	illīs
Nom.	is	ea	id	eī, iī	eae	ea
Gen.	ejus	ejus	ejus	eōrum	eārum	eōrum
Dat.	eī	eī	eī	eīs, iīs	eīs, iīs	eīs, iīs
Acc.	eum	eam	id	eōs	eās	ea
Abl.	eō	eā	eō	eīs, iīs	eīs, iīs	eīs, iīs

26. THE IDENTIFYING PRONOUN

SINGULAR

	MASC.	FEM.	NEUT.
Nom.	īdem	eadem	idem
Gen.	ejusdem	ejusdem	ejusdem
Dat.	eīdem	eīdem	eīdem
Acc.	eundem	eandem	idem
Abl.	eōdem	eādem	eōdem

PLURAL

	MASC.	FEM.	NEUT.
Nom.	eīdem, īdem	eaedem	eadem
Gen.	eōrundem	eārundem	eōrundem
Dat.	eīsdem, īsdem	eīsdem, īsdem	eīsdem, īsdem
Acc.	eōsdem	eāsdem	eadem
Abl.	eīsdem, īsdem	eīsdem, īsdem	eīsdem, īsdem

27. THE INTENSIVE PRONOUN

| | SINGULAR | | | PLURAL | | |
	MASC.	FEM.	NEUT.	MASC.	FEM.	NEUT.
Nom.	ipse	ipsa	ipsum	ipsĭ	ipsae	ipsa
Gen.	ipsĭus	ipsĭus	ipsĭus	ipsōrum	ipsārum	ipsōrum
Dat.	ipsĭ	ipsĭ	ipsĭ	ipsĭs	ipsĭs	ipsĭs
Acc.	ipsum	ipsam	ipsum	ipsōs	ipsās	ipsa
Abl.	ipsŏ	ipsā	ipsŏ	ipsĭs	ipsĭs	ipsĭs

28. THE RELATIVE PRONOUN

| | SINGULAR | | | PLURAL | | |
	MASC.	FEM.	NEUT.	MASC.	FEM.	NEUT.
Nom.	quĭ	quae	quod	quĭ	quae	quae
Gen.	cujus	cujus	cujus	quōrum	quārum	quōrum
Dat.	cui	cui	cui	quibus	quibus	quibus
Acc.	quem	quam	quod	quōs	quās	quae
Abl.	quŏ	quā	quŏ	quibus	quibus	quibus

29. THE INTERROGATIVE PRONOUN

| | SINGULAR | | PLURAL | | |
	MASC. AND FEM.	NEUT.	MASC.	FEM.	NEUT.
Nom.	quis	quid	quĭ	quae	quae
Gen.	cujus	cujus	quōrum	quārum	quōrum
Dat.	cui	cui	quibus	quibus	quibus
Acc.	quem	quid	quōs	quās	quae
Abl.	quŏ	quŏ	quibus	quibus	quibus

30. THE INTERROGATIVE ADJECTIVE

The interrogative adjective in the singular is the same as the relative pronoun (Section 28), except that the nominative masculine may be either **quis** or **quĭ**. The plural of the interrogative adjective is the same as that of the interrogative pronoun (Section 29).

31. INDEFINITE PRONOUNS

| | SINGULAR | | |
	MASC.	FEM.	NEUT.
Nom.	quĭdam	quaedam	quiddam, quoddam
Gen.	cujusdam	cujusdam	cujusdam
Dat.	cuidam	cuidam	cuidam
Acc.	quendam	quandam	quiddam, quoddam
Abl.	quŏdam	quādam	quŏdam

Nom. quīdam	quaedam	quaedam
Gen. quōrundam	quārundam	quōrundam
Dat. quibusdam	quibusdam	quibusdam
Acc. quōsdam	quāsdam	quaedam
Abl. quibusdam	quibusdam	quibusdam

SINGULAR

Nom. aliquis, aliquī	aliqua	aliquid, aliquod
Gen. alicujus	alicujus	alicujus
Dat. alicui	alicui	alicui
Acc. aliquem	aliquam	aliquid, aliquod
Abl. aliquō	aliquā	aliquō

PLURAL

Nom. aliquī	aliquae	aliqua
Gen. aliquōrum	aliquārum	aliquōrum
Dat. aliquibus	aliquibus	aliquibus
Acc. aliquōs	aliquās	aliqua
Abl. aliquibus	aliquibus	aliquibus

VERBS

FIRST CONJUGATION

Principal parts: **portō, portāre, portāvī, portātum**

INDICATIVE

32.
ACTIVE

PRESENT

SINGULAR	PLURAL
portō, *I carry*	portāmus, *we carry*
portās, *you carry*	portātis, *you carry*
portat, *he carries*	portant, *they carry*

IMPERFECT

portābam, *I was carrying, I carried*	portābāmus, *we were carrying*, etc.
portābās, *you were carrying*, etc.	portābātis, *you were carrying*, etc.
portābat, *he was carrying*, etc.	portābant, *they were carrying*, etc.

FUTURE

portābō, *I shall carry*	portābimus, *we shall carry*
portābis, *you will carry*	portābitis, *you will carry*
portābit, *he will carry*	portābunt, *they will carry*

PERFECT

portāvī, *I carried, I have carried*	portāvimus, *we carried*, etc.
portāvistī, *you carried*, etc.	portāvistis, *you carried*, etc.
portāvit, *he carried*, etc.	portāvērunt, *they carried*, etc.

SINGULAR	PLURAL
portāveram, *I had carried*	portāverāmus, *we had carried*
portāverās, *you had carried*	portāverātis, *you had carried*
portāverat, *he had carried*	portāverant, *they had carried*

FUTURE PERFECT

portāverō, *I shall have carried*	portāverimus, *we shall have carried*
portāveris, *you will have carried*	portāveritis, *you will have carried*
portāverit, *he will have carried*	portāverint, *they will have carried*

33. *PASSIVE*

PRESENT

portor, *I am carried*	portāmur, *we are carried*
portāris, -re, *you are carried*	portāminī, *you are carried*
portātur, *he is carried*	portantur, *they are carried*

IMPERFECT

portābar, *I was being carried, I was carried*	portābāmur, *we were being carried, etc.*
portābāris, -re, *you were being carried, etc.*	portābāminī, *you were being carried, etc.*
portābātur, *he was being carried, etc.*	portābantur, *they were being carried, etc.*

FUTURE

portābor, *I shall be carried*	portābimur, *we shall be carried*
portāberis, -re, *you will be carried*	portābiminī, *you will be carried*
portābitur, *he will be carried*	portābuntur, *they will be carried*

PERFECT

portātus sum, *I have been carried*	portātī sumus, *we have been carried*
portātus es, *you have been carried*	portātī estis, *you have been carried*
portātus est, *he has been carried*	portātī sunt, *they have been carried*

PAST PERFECT

portātus eram, *I had been carried*	portātī erāmus, *we had been carried*
portātus erās, *you had been carried*	portātī erātis, *you had been carried*
portātus erat, *he had been carried*	portātī erant, *they had been carried*

FUTURE PERFECT

portātus erō, *I shall have been carried*	portātī erimus, *we shall have been carried*
portātus eris, *you will have been carried*	portātī eritis, *you will have been carried*
portātus erit, *he will have been carried*	portātī erunt, *they will have been carried*

IMPERATIVE

PRESENT

Singular: portā, *carry* (said to one person)
Plural: portāte, *carry* (said to more than one)

ACTIVE	PASSIVE
Pres. portāre, *to carry*	portārī, *to be carried*
Perf. portāvisse, *to have carried*	portātus esse, *to have been carried*
Fut. portātūrus esse, *to be about to carry*	portātum īrī, *to be about to be carried*

PARTICIPLES
ACTIVE

Pres. portāns, *carrying*
Fut. portātūrus, *about to carry*

PASSIVE

Perf. portātus, *having been carried*

GERUND

Gen.	portandī, *of carrying*
Dat.	portandō, *to (for) carrying*
Acc.	portandum, *carrying*
Abl.	portandō, *from, by carrying*

SECOND, THIRD, AND FOURTH CONJUGATIONS

Principal parts: moneō, monēre, monuī, monitum
dūcō, dūcere, dūxī, ductum
capiō, capere, cēpī, captum
audiō, audīre, audīvī, audītum

INDICATIVE

34.

ACTIVE

PRESENT

SINGULAR

moneō	dūcō	capiō	audiō
monēs	dūcis	capis	audīs
monet	dūcit	capit	audit

PLURAL

monēmus	dūcimus	capimus	audīmus
monētis	dūcitis	capitis	audītis
monent	dūcunt	capiunt	audiunt

IMPERFECT

SINGULAR

monēbam	dūcēbam	capiēbam	audiēbam
monēbās	dūcēbās	capiēbās	audiēbās
monēbat	dūcēbat	capiēbat	audiēbat

PLURAL

monēbāmus	dūcēbāmus	capiēbāmus	audiēbāmus
monēbātis	dūcēbātis	capiēbātis	audiēbātis
monēbant	dūcēbant	capiēbant	audiēbant

SINGULAR

monēbŏ	dūcam	capiam	audiam
monēbis	dūcēs	capiēs	audiēs
monēbit	dūcet	capiet	audiet

PLURAL

monēbimus	dūcēmus	capiēmus	audiēmus
monēbitis	dūcētis	capiētis	audiētis
monēbunt	dūcent	capient	audient

PERFECT

SINGULAR

monuĭ	dūxĭ	cēpĭ	audīvĭ
monuistī	dūxistī	cēpistī	audīvistī
monuit	dūxit	cēpit	audīvit

PLURAL

monuimus	dūximus	cēpimus	audīvimus
monuistis	dūxistis	cēpistis	audīvistis
monuērunt, –ēre	dūxērunt, –ēre	cēpērunt, –ēre	audīvērunt, –ēr‹

PAST PERFECT

SINGULAR

monueram	dūxeram	cēperam	audīveram
monuerās	dūxerās	cēperās	audīverās
monuerat	dūxerat	cēperat	audīverat

PLURAL

monuerāmus	dūxerāmus	cēperāmus	audīverāmus
monuerātis	dūxerātis	cēperātis	audīverātis
monuerant	dūxerant	cēperant	audīverant

FUTURE PERFECT

SINGULAR

monuerŏ	dūxerŏ	cēperŏ	audīverŏ
monueris	dūxeris	cēperis	audīveris
monuerit	dūxerit	cēperit	audīverit

PLURAL

monuerimus	dūxerimus	cēperimus	audīverimus
monueritis	dūxeritis	cēperitis	audīveritis
monuerint	dūxerint	cēperint	audīverint

35. *PASSIVE*

PRESENT

SINGULAR

moneor	dūcor	capior	audior
monēris, –re	dūceris, –re	caperis, –re	audīris, –re
monētur	dūcitur	capitur	audītur

PLURAL

monēmur	dūcimur	capimur	audīmur
monēminī	dūciminī	capiminī	audīminī
monentur	dūcuntur	capiuntur	audiuntur

SINGULAR

monēbar	dūcēbar	capiēbar	audiēbar
monēbāris, –re	dūcēbāris, –re	capiēbāris, –re	audiēbāris, –re
monēbātur	dūcēbātur	capiēbātur	audiēbātur

PLURAL

monēbāmur	dūcēbāmur	capiēbāmur	audiēbāmur
monēbāminī	dūcēbāminī	capiēbāminī	audiēbāminī
monēbantur	dūcēbantur	capiēbantur	audiēbantur

FUTURE
SINGULAR

monēbor	dūcar	capiar	audiar
monēberis, –re	dūcēris, –re	capiēris, –re	audiēris, –re
monēbitur	dūcētur	capiētur	audiētur

PLURAL

monēbimur	dūcēmur	capiēmur	audiēmur
monēbiminī	dūcēminī	capiēminī	audiēminī
monēbuntur	dūcentur	capientur	audientur

PERFECT
SINGULAR

monitus sum	ductus sum	captus sum	audītus sum
monitus es	ductus es	captus es	audītus es
monitus est	ductus est	captus est	audītus est

PLURAL

monitī sumus	ductī sumus	captī sumus	audītī sumus
monitī estis	ductī estis	captī estis	audītī estis
monitī sunt	ductī sunt	captī sunt	audītī sunt

PAST PERFECT
SINGULAR

monitus eram	ductus eram	captus eram	audītus eram
monitus erās	ductus erās	captus erās	audītus erās
monitus erat	ductus erat	captus erat	audītus erat

PLURAL

monitī erāmus	ductī erāmus	captī erāmus	audītī erāmus
monitī erātis	ductī erātis	captī erātis	audītī erātis
monitī erant	ductī erant	captī erant	audītī erant

FUTURE PERFECT
SINGULAR

monitus erō	ductus erō	captus erō	audītus erō
monitus eris	ductus eris	captus eris	audītus eris
monitus erit	ductus erit	captus erit	audītus erit

PLURAL

monitī erimus	ductī erimus	captī erimus	audītī erimus
monitī eritis	ductī eritis	captī eritis	audītī eritis
monitī erunt	ductī erunt	captī erunt	audītī erunt

PRESENT

SINGULAR

monē	dūc[1]	cape	audī

PLURAL

monēte	dūcite	capite	audīte

INFINITIVES

ACTIVE

PRESENT

monēre	dūcere	capere	audīre

PERFECT

monuisse	dūxisse	cēpisse	audīvisse

FUTURE

monitūrus esse	ductūrus esse	captūrus esse	audītūrus esse

PASSIVE

PRESENT

monērī	dūcī	capī	audīrī

PERFECT

monitus esse	ductus esse	captus esse	audītus esse

FUTURE

monitum īrī	ductum īrī	captum īrī	audītum īrī

PARTICIPLES

ACTIVE

PRESENT

monēns	dūcēns	capiēns	audiēns

FUTURE

monitūrus	ductūrus	captūrus	audītūrus

PASSIVE

PERFECT

monitus	ductus	captus	audītus

36.

CONJUGATION OF SUM

Principal parts: sum, esse, fuī, futūrus

INDICATIVE

PRESENT

SINGULAR	PLURAL
sum, *I am*	sumus, *we are*
es, *you are*	estis, *you are*
est, *he is*	sunt, *they are*

IMPERFECT

eram, *I was*	erāmus, *we were*
erās, *you were*	erātis, *you were*
erat, *he was*	erant, *they were*

FUTURE

erō, *I shall be*	erimus, *we shall be*
eris, *you will be*	eritis, *you will be*
erit, *he will be*	erunt, *they will be*

PERFECT

fuī, *I was, I have been*	fuimus, *we were, we have been*
fuistī, *you were, you have been*	fuistis, *you were, you have been*
fuit, *he was, he has been*	fuērunt, –ēre, *they were, they have been*

PAST PERFECT

fueram, *I had been*	fuerāmus, *we had been*
fuerās, *you had been*	fuerātis, *you had been*
fuerat, *he had been*	fuerant, *they had been*

FUTURE PERFECT

fuerō, *I shall have been*	fuerimus, *we shall have been*
fueris, *you will have been*	fueritis, *you will have been*
fuerit, *he will have been*	fuerint, *they will have been*

IMPERATIVE

PRESENT

Singular: es, *be* (said to one person)
Plural: este, *be* (said to more than one)

INFINITIVES

Pres. esse, *to be*
Perf. fuisse, *to have been*
Fut. futūrus esse, fore, *to be about to be*

PARTICIPLE

Fut. futūrus. *about to be*

CONJUGATION OF POSSUM

Principal parts: possum, posse, potuī

INDICATIVE

SINGULAR	PLURAL	SINGULAR	PLURAL
PRESENT		**PERFECT**	
possum	possumus	potuī	potuimus
potes	potestis	potuistī	potuistis
potest	possunt	potuit	potuērunt, -ēre
IMPERFECT		**PAST PERFECT**	
poteram	poterāmus	potueram	potuerāmus
poterās	poterātis	potuerās	potuerātis
poterat	poterant	potuerat	potuerant
FUTURE		**FUTURE PERFECT**	
poterō	poterimus	potuerō	potuerimus
poteris	poteritis	potueris	potueritis
poterit	poterunt	potuerit	potuerint

INFINITIVES

Pres. posse   *Perf.* potuisse

CONJUGATION OF EŌ

Principal parts: eō, īre, iī *or* īvī, itum

INDICATIVE

SINGULAR	PLURAL	SINGULAR	PLURAL	SINGULAR	PLURAL
PRESENT		**IMPERFECT**		**FUTURE**	
eō	īmus	ībam	ībāmus	ībō	ībimus
īs	ītis	ībās	ībātis	ībis	ībitis
it	eunt	ībat	ībant	ībit	ībunt
PERFECT		**PAST PERFECT**		**FUTURE PERFECT**	
iī	iimus	ieram	ierāmus	ierō	ierimus
īstī, iistī	īstis, iistis	ierās	ierātis	ieris	ieritis
iit	iērunt, -ēre	ierat	ierant	ierit	ierint

Forms are sometimes found in the perfect system with the stem īv-, as īvī, īveram, etc.

IMPERATIVE

PRESENT

Singular: ī   *Plural:* īte

INFINITIVES

Pres. īre
Perf. īsse, iisse
Fut. itūrus esse

PARTICIPLES

Pres. iēns, *gen.* euntis
Fut. itūrus

LATIN-ENGLISH VOCABULARY

In this vocabulary there are 711 words which may be considered basic forms (e.g., amō). Some additional entries (e.g., amās) are given as an aid to the beginner. The starred words (e.g., abundantia) have been taught through their likeness to English words.

A

ā, ab, *prep. with abl.*, by; from, away from

abdō, -dere, -didī, -ditum, hide, conceal, put away

*abdūcō, -dūcere, -dūxī, -ductum, lead away, abduct

abstineō, -tinēre, -tinuī, -tentum, keep away from

absum, -esse, āfuī, āfutūrus, be away, be absent, be distant

*abundantia, -ae, *f.*, abundance, plenty

accendō, -cendere, -cendī, -cēnsum, kindle, light, set on fire

accipiō, -cipere, -cēpī, -ceptum, accept, receive

*accommodātiō, -ōnis, *f.*, adjustment

*accūsō, -āre, -āvī, -ātum, accuse

ācer, ācris, ācre, sharp; fierce, eager

*ācrimōnia, -ae, *f.*, sharpness

ācriter, *adv.*, vigorously, fiercely

acūtus, -a, -um, acute, sharp

ad, *prep. with acc.*, to, toward; until; near; at; for

*admittō, -mittere, -mīsī, -missum, admit

*adōrnō, -āre, -āvī, -ātum, adorn, decorate

*adōrō, -āre, -āvī, -ātum, worship

adsum, -esse, -fuī, -futūrus, be present, be at hand, be here

advena, -ae, *m.*, stranger, foreigner

adventus, -ūs, *m.*, arrival; approach

*adversus, -a, -um, unfavorable

aedificium, -ī, *n.*, a building

aedificō, -āre, -āvī, -ātum, build

aeger, -gra, -grum, ill, sick

aēr, āēris, *m.*, air

aestāte, in summer

aeternus, -a, -um, everlasting, eternal

ager, agrī, *m.*, field, farm, land

agitō, -āre, -āvī, -ātum, drive, drive on, pursue; disturb, move; agitate, wave, shake

agmen, agminis, *n.*, column, line, line of march; army, band

agō, -ere, ēgī, āctum, drive; lead; act, do; spend, pass

agricola, -ae, *m.*, farmer

*agricultūra, -ae, *f.*, agriculture

āla, -ae, *f.*, wing

alacritās, -ātis, *f.*, alacrity, eagerness; activity

alba, *see* albus

*albeō, -ēre, be white

albus, -a, -um, white

*aliēnus, -a, -um, foreign; *m. as noun*, stranger

alius, -a, -ud, another, other; else

*alternō, -āre, -āvī, -ātum, change, alternate

*altitūdō, -inis, *f.*, height; depth

altus, -a, -um, high, tall; deep

*alumna, -ae, *f.*, foster daughter

*alumnus, -ī, *m.*, foster son, ward

*amābilis, -e, worthy of love, amiable

amāmus, we love
amant, (they) love
amās, you love
amat, (he, she) loves
*amātor, -ōris, *m.*, lover
ambulō, -āre, -āvī, -ātum, walk
*amīcitia, -ae, *f.*, friendship
amīcus, -a, -um, friendly; *m. and f.*
   as noun, friend
amita, -ae, *f.*, aunt
āmittō, -mittere, -mīsī, -missum, lose,
   let go
amō, -āre, -āvī, -ātum, love
amoena, *see* amoenus
amoenus, -a, -um, pleasant
amor, -ōris, *m.*, love
*amplus, -a, -um, ample
*anatomia, -ae, *f.*, anatomy
*angelus, -ī, *m.*, angel
angusta, *see* angustus
*angustiae, -ārum, *f. pl.*, narrows
angustus, -a, -um, narrow
*animal, animālis, *n.*, animal
animus, -ī, *m.*, mind, spirit; in
   animō habēre,
   intend
*annuālis, -e, year
   old
annus, -ī, *m.*, year
ante, *prep. with acc.*,
   before, in front of

animal

anteā, *adv.*, formerly, before
antīqua, *see* antīquus
*antīquitās, -ātis, *f.*, antiquity
antīquitus, *adv.*, long ago, in former
   times
antīquus, -a, -um, ancient, old
aperiō, -īre, -uī, apertum, open
aperta, *see* apertus
apertus, -a, -um, open
apis, apis, *f.*, bee

apis

appellō, -āre, -āvī, -ātum, call, name

appellō, -pellere, -pulī, -pulsum, drive,
   bring to; *with or without* nāvem,
   bring to land, come to land, land
appropinquō, -āre, -āvī, -ātum, approach, draw near
aqua, -ae, *f.*, water
*aquaeductus, -ūs, *m.*, aqueduct
*aquila, -ae, *f.*, eagle
*aquilīnus, -a, -um,
   aquiline
āra, -ae, *f.*, altar
arānea, -ae, *f.*, spider
arbor, arboris, *f.*, tree
arca, -ae, *f.*, chest, box

aranea

arcessō, -ere, -īvī, -ītum, summon, **call**
architectūra, -ae, *f.*, architecture
*architectus, -ī, *m.*, architect
arcus, -ūs, *m.*, bow, arch
*ārea, -ae, *f.*, area; threshing floor;
   courtyard
*arēna, -ae, *f.*, sand; arena
*āridus, -a, -um, arid
arma, -ōrum, *n. pl.*, arms, weapons;
   tools
armātus, -a, -um, armed; *m. pl. as*
   noun, armed men, soldiers
arō, -āre, -āvī, -ātum, plow
ars, artis, *f.*, art; profession
arx, arcis, *f.*, citadel
*ascendō, -scendere, -scendī, -scēn-
   sum, ascend, climb, mount
at, *conj.*, but
atque, *conj.*, and, and also
ātrium, -ī, *n.*, atrium, *the principal*
   room of a house
*attendō, -tendere, -tendī, -tentum,
   turn toward
attineō, -tinēre, -tinuī, -tentum, detain
audācia, -ae, *f.*, boldness, insolence
audeō, -ēre, dare
audiō, -īre, -īvī, -ītum, hear, listen to,
   listen

*audītōrium, -ī, n., auditorium
audīvit, (he) heard
aureus, -a, -um, of gold, gold (as adj.),
  golden
aurum, -ī, n., gold
aut, conj., or; aut . . aut, either . . or
autem, conj. (never stands first in a
  clause), but, however, on the other
  hand; furthermore
*autumnus, -ī, m., autumn
*auxiliāris, -e, auxiliary
auxilium, -ī, n., help,
  aid
*aviārium, -ī, n., poul-
  try yard, aviary
avis, avis, f., bird   **avis**
avunculus, -ī, m., uncle (a mother's
  brother)

B

balteus, -ī, m., belt, sword belt
barbarus, -a, -um, barbarous; m. as
  noun, a barbarian; pl., the barbarians
beātus, -a, -um, happy
*bellicōsus, -a, -um, warlike, bellicose
bellum, -ī, n., war
bene, adv., well
benigna, see benig-
  nus
benignus, -a, -um,
  kind
bēstia, -ae, f., beast,
  animal   **bestia**
bona, see bonus
*bonitās, -ātis, f., goodness
bonus, -a, -um, good
bōs, bovis, m. and f., ox
bracchium, -ī, n., forearm, arm
brevis, -e, short,
  brief
*brevitās, -ātis, f.,
  brevity   **boves**

C

caecus, -a, -um, blind
caedō, -ere, cecīdī, caesum, cut
caelestis, -e, heavenly, belonging to
  heaven; of the sky
caelō, see caelum
caelum, -ī, n., sky, heaven
calamitās, -ātis, f., disaster, misfortune, calamity
campus, -ī, m., plain, level plain, field,
  open country
*candēlābrum, -ī, n., candelabrum
*canīnus, -a, -um, canine, of a dog
canis, canis, m. and f., dog
cantō, -āre, -āvī, -ātum, sing; crow
*cantor, -ōris, m., singer, poet
capiō, -ere, cēpī, captum, take, seize,
  capture; receive
*capitālis, -e, chief, important
*captīvus, -ī, m., captive, prisoner
caput, capitis, n., head
cāra, see cārus
*cārē, adv., dearly
cārus, -a, -um, dear, precious
casa, -ae, f., cottage, hut
castra, -ōrum, n. pl., camp
cāsus, -ūs, m., fall; accident, chance
  disaster
*causa, -ae, f., cause, reason
*caverna, -ae, f., cavern, cave
celeriter, adv., quickly, swiftly
cēlō, -āre, -āvī, -ātum, conceal, hide
cēna, -ae, f., dinner, feast
*cēnō, -āre, -āvī, -ātum, dine
*cēnsus, -ūs, m., registering of citizens
  and property by censors; census
centum, a hundred
centuriō, -ōnis, m., centurion, a sub-
  ordinate officer in the Roman army
cēra, -ae, f., wax
certāmen, certāminis, n., contest
certē, adv., surely

certus, -a, -um, certain, definite; prŏ
certō, for sure,
for certain
cerva, -ae, f., deer
cervus, -ī, m., stag,
deer
cēterī, -ae, -a, pl.,
the other, the
rest of, the others
cibus, -ī, m., food
cicāda, -ae, f.,
grasshopper,
locust
circum, prep. with
acc., around

cervus

cicada

*circumnāvigō, -āre, -āvī, -ātum, cir-
cumnavigate, sail around
circumspectō, -āre, -āvī, -ātum, look
around, look around at
*circumstō, -stāre, -stetī, stand around,
encircle
*circumveniō, -venīre, -vēnī, -ventum,
surround
*circus, -ī, m., circus
*cīvicus, -a, -um, civic
*cīvīlis, -e, civil, civic
cīvis, cīvis, m. and f., citizen
*cīvitās, -ātis, f., the state, state
clāmō, -āre, -āvī, -ātum, shout, cry
out, cry, scream
*clāmor, -ōris, m., shout, cry
*clangor, -ōris, m., noise
clāra, see clārus
clārus, -a, -um, bright, clear; famous
classis, classis, f., fleet; division, class
claudō, -ere, clausī, clausum, shut,
close; inclose
*clāvicula, -ae, f., little key; tendril;
collarbone
cloāca, -ae, f., sewer
*cognōscō, -nōscere, -nōvī, -nitum,
find out; know, recognize

cōgō, -ere, coēgī, coāctum, collect;
compel
colit, tills, culti-
vates
*collēctiō, -ōnis,
f., collection
*collēgium, -ī, n.,
college; union
collis, collis, m., hill

collis

colō, -ere, coluī, cultum, cultivate,
till
*color, -ōris, m., color
*columna, -ae, f., column,
pillar
coma, -ae, f., hair
comes, comitis, m. and f.,
companion
*commemorō, -āre, -āvī,
-ātum, remember

columna

*committō, -ere, -mīsī, missum, com-
mit, entrust
*commūnicō, -āre, -āvī, -ātum, com-
municate
commūnis, -e, common, in common
*comparō, -āre, -āvī, -ātum, compare
*cōnfirmō, -āre, -āvī, -ātum, confirm,
strengthen, establish
conjiciō, -jicere, -jēcī, -jectum, throw,
hurl
*conjugālis, -e, of marriage, conjugal
conjūnx, conjugis, m. and f., husband,
wife
*cōnscrīptiō, -ōnis, f., report
*consecrō, -āre, -āvī, -ātum, conse-
crate, dedicate
*cōnsēnsus, -ūs, m., agreement
cōnsilium, -ī, n., plan, counsel, design,
advice
cōnsōbrīna, -ae, f., cousin
cōnspectus, -ūs, m., sight, view
*cōnstāns, gen., -antis, steady, firm,
constant

cōnstituŏ, -stituere, -stituī, -stitūtum, erect, set up; determine, decide, decide on

cōnsul, cōnsulis, *m.*, consul, *a Roman magistrate*

*cōnsulāris, -e, consular

*cōnsulātus, -ūs, *m.*, office of consul

*cōnsūmŏ, -sūmere, -sūmpsī, -sūmptum, consume, devour, destroy

*contendŏ, -tendere, -tendī, -tentum, hasten; contend

contrā, *prep. with acc.*, against, contrary to

*contrādīcŏ, -dīcere, -dīxī, -dictum, contradict

*contrādictŏrius, -a, -um, contradictory

*contrārius, -a, -um, opposite

*contrŏversia, -ae, *f.*, controversy

conveniŏ, -venīre, -vēnī, -ventum, assemble, come together, meet, gather

convocŏ, -āre, -āvī, -ātum, call together

cŏpia, -ae, *f.*, plenty, supply; *pl.*, forces, troops

cornū, -ūs, *n.*, horn; flank, wing (*of an army*)

corŏna, -ae, *f.*, crown

*corporālis, -e, of the body, corporal

corpus, corporis, *n.*, body

cotīdiē, *adv.*, every day, daily

crās, *adv.*, tomorrow

*crēdibilis, -e, credible, believable

crēdŏ, -ere, crēdidī, crēditum, believe, trust

*crēdulitās, -ātis, *f.*, credulity, ready belief

*creŏ, -āre, -āvī, -ātum, elect, choose; make

crūdēlis, -e, cruel

*crūdēlitās, -ātis, *f.*, cruelty

*culpa, -ae, *f.*, blame

culpŏ, -āre, -āvī, -ātum, blame, censure, find fault with

cum, *prep. with abl.*, with

cum, *conj.*, when

*cupiditās, -ātis, *f.*, desire

*cupīdŏ, -inis, *f.*, desire

*cupidus, -a, -um, desirous, fond

cupiŏ, -ere, -īvī, -ītum, wish, want

cūr, *adv.*, why

*cūra, -ae, *f.*, care, anxiety

*cūrātor, -ŏris, *m.*, manager, curator

*cūriŏsitās, -ātis, *f.*, curiosity

cūriŏsus, -a, -um, curious

cūrŏ, -āre, -āvī, -ātum, care for, take care of, look after, care; cure

currŏ, -ere, cucurrī, cursum, run

*cutīcula, -ae, *f.*, skin

D

dē, *prep. with abl.*, down from, from; regarding, concerning, about

dea, -ae, *f.*, goddess

dēbeŏ, -ēre, -uī, -itum, owe; ought

decem, ten

*decimus, -a, -um, tenth

*decŏrum, -ī, *n.*, propriety

dea

*dēdūcŏ, -dūcere, -dūxī, -ductum, lead away, draw out

dēfendēbant, (they) defended

*dēfendŏ, -fendere, -fendī, -fēnsum, defend

dēfessus, -a, -um, tired, tired out, weary, exhausted

*dēfīniŏ, -īre, -īvī, -ītum, limit, define

deinde, *adv.*, next, then

dēleŏ, -ēre, -ēvī, -ētum, destroy, blot out

dēligŏ, -ligere, -lēgī, -lēctum, choose

*dēmŏnstrŏ, -āre, -āvī, -ātum, show, point out

dēnique, *adv.*, finally, at last

dēns, dentis, *m.*, tooth

*dēnsus, -a, -um, dense, thick

*dēscendō, -scendere, -scendī, -scēnsum, come down, descend

dens

dēscrībō, -ere, -scrīpsī, -scrīptum, describe

*dēscrīptiō, -ōnis, *f.*, copy, description

dēserō, -serere, -seruī, -sertum, desert, abandon

dēsertus, -a, -um, deserted

dēsīderō, -āre, -āvī, -ātum, desire, want, long for; miss

dēsistō, -sistere, -stitī, -stitum, desist from, cease, stop

*dēspērō, -āre, -āvī, -ātum, despair of, despair

deus, -ī, *m.*, a god; *nom. pl.* dī, gods

dextra, -ae, *f.*, right hand, right (*as opposed to left*); ā dextrā, on the right

dī, *see* deus

dīc, *imperative sing. of* dīcō

dīcit, (he, she) speaks, says

dīcō, -ere, dīxī, dictum, say, speak; appoint

*dictātor, -ōris, *m.*, dictator

*dictum, -ī, *n.*, remark, assertion

diēs, -ēī, *m. and f.*, day

difficilis, -e, difficult, hard

*difficultās, -ātis, *f.*, difficulty

digitus

*digitus, -ī, *m.*, finger

*dignitās, -ātis, *f.*, worth, dignity

*dīligentia, -ae, *f.*, diligence

dīmittō, -mittere, -mīsī, -missum, dismiss, send away, send out, let go; lose

discēdō, -cēdere, -cessī, -cessum, withdraw, depart, go away

discimus, we learn

*disciplīna, -ae, *f.*, discipline

discō, -ere, didicī, learn

*discus, -ī, *m.*, discus, disk

dissimilis, -e, unlike

diū, *adv.*, long, for a long time

*dīvidō, -ere, dīvīsī, dīvīsum, divide, separate

*dīvīnus, -a, -um, divine, of a deity

dīvitiae, -ārum, *f. pl.*, riches, wealth

dīxit, (he) said

dō, dare, dedī, datum, give, grant; afford

doceō, -ēre, -uī, doctum, teach, explain, instruct

doleō, -ēre, -uī, -itūrus, suffer; grieve, grieve for

dolor, -ōris, *m.*, sorrow, grief; pain

dolus, -ī, *m.*, trick, treachery, deceit; scheme

*domesticus, -a, -um, domestic, belonging to the house

domī, at home

domicilium, -ī, *n.*, domicile, home

dominus, -ī, *m.*, master

*domus, -ūs (ī), *f.*, house, home

*dōnō, -āre, -āvī, -ātum, give

dōnum, -ī, *n.*, gift

dormiō, -īre, -īvī, -ītum, sleep

dracō, -ōnis, *m.*, serpent; dragon

draco

dubius, -a, -um, doubtful, dubious

dūcō, -ere, dūxī, ductum, lead; bring

*ductilis, -e, that may be guided

*ductor, -ōris, *m.*, commander

*ductus, -ūs, *m.*, a leading; duct

dum, *conj.*, while, as long as

duo, duae, duo, two

*duodecim, twelve

dūrus, -a, -um, hard, difficult; harsh

dux, ducis, *m.*, leader

dūxit, (he, she, it) led

E

ē, ex, *prep. with abl.*, from, from within, out of, of

ecce, behold! see!

*ēducātiō, -ōnis, *f.*, education

*ēducātor, -ōris, *m.*, tutor

ēdūcō, -ere, -dūxī, -ductum, draw out

ego, meī, I

ēgregius, -a, -um, excellent, distinguished, unusual

*elephantus, -ī, *m.*, elephant

*ēloquentia, -ae, *f.*, eloquence

eō, īre, iī (īvī), itum, go

elephantus

epistula, -ae, *f.*, letter

eques, equitis, *m.*, horseman; *pl.*, the cavalry

*equīnus, -a, -um, of a horse

equus, -ī, *m.*, horse

erant, (they) were

erat, (he, she, it) was

eris, (you) will be

erit, (he, she, it) will be

equus

errō, -āre, -āvī, -ātum, wander; err

*error, -ōris, *m.*, error, mistake

esse, *infinitive of* sum, to be

est, (he, she, it) is

este, *imperative pl. of* sum, be

et, *conj.*, and; et . . . et, both . . . and

etiam, *adv.*, even, also

*ēventus, -ūs, *m.*, event

ex, *see* ē

*exaltō, -āre, -āvī, -ātum, raise, exalt

excēdō, -cēdere, -cessī, -cessum, withdraw, depart, go out

excitō, -āre, -āvī, -ātum, stir up, rouse, arouse, excite, awake, alarm

exemplar, exemplāris, *n.*, example, copy, likeness

exeō, -īre, -iī, -itum, go forth, go out

exercitus, -ūs, *m.*, army

*exilium, -ī, *n.*, exile

exīstimō, -āre, -āvī, -ātum, think, estimate

*exitus, -ūs, *m.*, outcome, result, way out

*expectātiō, -ōnis, *f.*, expectation

expectō, -āre, -āvī, -ātum, expect; await, wait for, wait

*expellō, -pellere, -pulī, -pulsum, drive out

*explōrō, -āre, -āvī, -ātum, explore

expugnō, -āre, -āvī, -ātum, capture, take by storm

F

fābula, -ae, *f.*, story, play

fac, *imperative sing. of* faciō

facile, *adv.*, easily

facilis, -e, easy

faciō, -ere, fēcī, factum, make; do

facit, (he, she, it) makes; does

factum, -ī, *n.*, deed, act

*facultās, -ātis, *f.*, opportunity, chance; power of doing, ability

*falsus, -a, -um, false, deceiving

*fāma, -ae, *f.*, report; reputation

*familia, -ae, *f.*, family

*fātum, -ī, *n.*, fate

*fēlīnus, -a, -um, of a cat, feline

*fēlis, -is, *f.*, cat

fēlīx, *gen.* fēlīcis, happy, fortunate

fēmina, -ae, *f.*, woman

*fēminīnus, -a, -um, feminine; like that of a woman

fenestra, -ae, *f.*, window

ferrum, -ī, *n.*, iron

ferus, -a, -um, fierce, wild

fībula, -ae, *f.*, brooch
fidēlis, -e, faithful
fīdus, -a, -um, faithful
*figūra, -ae, *f.*, figure
fīlia, -ae, *f.*, daughter
fīlius, -ī, *m.*, son
*fīniō, -īre, -īvī, -ītum, finish, limit
fīnis, fīnis, *m.*, end, boundary, limit;
   pl., country, territory
*firmō, -āre, -āvī, -ātum, make firm
*firmus, -a, -um, firm
flamma, -ae, *f.*, fire,
   flame
flūmen, flūminis, *n.*,
   river
fluō, -ere, flūxī, flūx-
   um, flow
foedus, -eris, *n.*,
   agreement, treaty
folium, -ī, *n.*, leaf
fōns, fontis, *m.*, fountain
*fōrma, -ae, *f.*, form; beauty
formīca, -ae, *f.*, ant
fortis, -e, brave; strong
fortiter, *adv.*, bravely
*fortitūdō, -inis, *f.*, firmness,
   fortitude
*fortūna, -ae, *f.*, fortune
*fortūnātus, -a, -um, fortunate
*fortūnō, -āre, -āvī, -ātum, make
   happy, bless
*forum, -ī, *n.*, forum, market place
*frāgmentum, -ī, *n.*, fragment
frangō, -ere, frēgī, frāctum, break,
   break down
frāter, frātris, *m.*, brother
*frīgidus, -a, -um, cold
frūmentum, -ī, *n.*, grain
fuga, -ae, *f.*, flight
fūgērunt, (they) fled
fugiō, -ere, fūgī, fugitūrus, flee
fūgit, (he, she, it) fled
*fugitīvus, -ī, *m.*, fugitive

*fūmus, -ī, *m.*, smoke,
   fume, vapor
funda, -ae, *f.*, sling
funditor, -ōris, *m.*,
   slinger
*furia, -ae, *f.*, fury; curse
furor, -ōris, *m.*, madness, frenzy

funda

G

galea, -ae, *f.*, helmet
gaudium, -ī, *n.*, joy, happiness, delight, pleasure
gemma, -ae, *f.*, jewel, gem
gēns, gentis, *f.*, nation
genus, generis, *n.*, kind, sort
gerō, -ere, gessī, gestum, carry, wear;
   carry on, wage, do
*gladiātor, -ōris, *m.*, gladiator
gladius, -ī, *m.*, sword
*glōria, -ae, *f.*, fame, glory
grāmen, grāminis, *n.*, grass
grāta, *see* grātus
*grātia, -ae, *f.*, favor, gratitude; grātiās
   agere (*takes dative*), thank
grātus, -a, -um, pleasing, welcome,
   grateful
gravis, -e, heavy; hard, severe, serious
graviter, *adv.*, severely; heavily;
   greatly, deeply

H

habēbant, (they) had
habēbat, (he, she, it) had
habent, (they) have
habeō, -ēre, -uī, -itum, have, hold;
   regard
habet, (he, she, it) has
habitō, -āre, -āvī, -ātum, live, live in,
   dwell
hasta, -ae, *f.*, spear
*herba, -ae, *f.*, herb; grass
herī, *adv.*, yesterday
heu, alas!, oh me!

folia

formica

hic, haec, hoc, this; *pl.*, these; *as pronoun*, he, she, it; *pl.*, they

hīc, *adv.*, here

hieme, in winter

hodiē, *adv.*, today

homō, hominis, *m.*, man, human being

*honor, -ōris, *m.*, honor, esteem

*honōrō, -āre, -āvī, -ātum, honor

hōra, -ae, *f.*, hour

hortus, -ī, *m.*, garden

*hostīlis, -e, hostile, of an enemy

hortus

hostis, hostis, *m.*, enemy (*a public enemy*); *pl.*, the enemy

hūc, *adv.*, to this place, here, hither

*hūmānitās, -ātis, *f.*, humanity

*hūmānus, -a, -um, human, relating to human beings

humilis, -e, low

I

ibi, *adv.*, there, in that place

īdem, eadem, idem, same, the same

idōneus, -a, -um, suitable, fit, favorable

igitur, *adv.*, therefore

ignāvus, -a, -um, idle; cowardly; *m. as noun*, coward

ignis, ignis, *m.*, fire

*ignōrantia, -ae, *f.*, ignorance

ignis

ille, illa, illud, that; *pl.*, those; *as pronoun*, he, she, it; *pl.*, they

*imāginārius, -a, -um, seeming, imaginary

*immortālis, -e, immortal, deathless

*impedīmentum, -ī, *n.*, impediment, hindrance

imperātor, -ōris, *m.*, general, commander, emperor

imperātum, -ī, *n.*, command, order; imperāta facere, obey commands

impetus, -ūs, *m.*, attack

impiger, -gra, -grum, energetic, industrious

in, *prep. with abl. or acc.; with abl.*, in, on, among; over; *with acc.*, into, to, on, against, at

incipiō, -cipere, -cēpī, -ceptum, begin

incola, -ae, *m. and f.*, inhabitant

*incrēdibilis, -e, incredible

*indūcō, -dūcere, -dūxī, -ductum, lead in, influence

*indulgentia, -ae, *f.*, indulgence

īnfēlīx, *gen.*, īnfēlīcis, unlucky, unhappy

*īnfīnītus, -a, -um, unlimited

*īnfirmitās, -ātis, *f.*, weakness

*īnflātiō, -ōnis, *f.*, inflation

īnflō, -āre, -āvī, -ātum, blow into, blow; play on

ingēns, *gen.* -entis, huge

inimīcus, -a, -um, unfriendly; *m. as noun*, enemy (*a personal enemy*)

initium, -ī, *n.*, beginning

*injūria, -ae, *f.*, injury, wrong

injūstus, -a, -um, unfair, unjust

*īnsānus, -a, -um, insane, crazy

īnsigne, īnsignis, *n.*, decoration, badge

*īnstitūtiō, -ōnis, *f.*, instruction

īnstruō, -struere, -strūxī, -strūctum, draw up; build; provide

īnsula, -ae, *f.*, island

*intelligentia, -ae, *f.*, intelligence

inter, *prep. with acc.*, between, among

insula

interdiū, *adv.*, by day, during the day

interdum, *adv.*, sometimes

interficiō, -ficere, -fēcī, -fectum, kill, slay

interim, *adv.*, meanwhile, in the meantime

intrā, *prep. with acc.*, within

intrō, -āre, -āvī, -ātum, enter

*invalidus, -a, -um, not strong

inveniō, -venīre, -vēnī, -ventum, find,
find out, discover

invidiōsa, *see* invidiōsus

invidiōsus, -a, -um, jealous

invītō, -āre, -āvī, -ātum, invite

ipse, ipsa, ipsum, self, himself, herself, itself; *pl.*, themselves; the very

*īra, -ae, *f.*, anger

īrāta, *see* īrātus

īrātus, -a, -um, angry

is, ea, id, that, this; *pl.*, those, these;
as pronoun, he, she, it; *pl.*, they

ita, *adv.*, so, thus; yes; ita est, yes

itaque, *conj.*, and so, therefore

item, *adv.*, likewise

iter, itineris, *n.*, road; journey, march;
route, course

iterum, *adv.*, again

J

jaceō, -ēre, -uī, lie, lie down

jaciō, -ere, jēcī, jactum, throw, hurl

jaculum, -ī, *n.*, javelin

jam, *adv.*, now, already; nōn jam, no
longer

jānua, -ae, *f.*, door

jubeō, -ēre, jussī, jussum,
order, command

jūdex, jūdicis, *m.*, judge, juror

jūdicium, -ī, *n.*, judgment, decision

*jūdicō, -āre, -āvī, -ātum, judge

jungō, -ere, jūnxī, jūnctum,
join, yoke, fasten together

jussū, at the order

jaculum

*jūstus, -a, -um, just, fair

jūstitia, -ae, *f.*, justice, uprightness,
fairness

jūtus, *see* juvō

juvenis, juvenis, *m.*, young man,
youth

juvō, -āre, jūvī, jūtum, help, assist

L

*labor, -ōris, *m.*, labor, task

labōrō, -āre, -āvī, -ātum, work, labor,
toil

lacrima, -ae, *f.*, tear

lacrimō, -āre, -āvī, -ātum, weep, cry

*lacus, -ūs, *m.*, lake

laeta, *see* laetus

laetus, -a, -um, happy, glad

*lāmentum, -ī, *n.*, lament

lapis, lapidis, *m.*, a stone

*lātē, *adv.*, widely

lateō, -ēre, -uī, lurk, hide, be concealed

lātus, -a, -um, wide, broad

*laudābilis, -e, laudable, praiseworthy

laudāmus, we praise

laudant, (they) praise

laudat, (he) praises, does praise,
approves of

laudō, -āre, -āvī, -ātum, praise

*laus, laudis, *f.*, praise

lavō, -āre, lāvī, lautum, bathe, wash

*lēgālis, -e, legal

legiō, -ōnis, *f.*, legion, *a Roman company of soldiers (4000 to 6000 men)*

legit, (he, she) reads

legō, -ere, lēgī,
lēctum, read

lēniter, *adv.*,
slowly

leō, -ōnis, *m.*,
lion

*leōnīnus, -a, -um,
of a lion, leonine

leones

lēx, lēgis, *f.*, law

libenter, *adv.*, willingly, with pleasure,
gladly, freely

liber, lībera, līberum, free

liber, -brī, *m.*, book

lībera, *see* līber

*līberālis, -e, of freedom, liberal

*līberātor, -ōris, *m.*, liberator

līberī, -ōrum, *m. pl.*, children
*līberō, -āre, -āvī, -ātum, set free
*lībertās, -ātis, *f.*, freedom, liberty
ligneus, -a, -um, wooden, of wood
lignum, -ī, *n.*, wood; *pl.*, firewood, wood
*līlium, -ī, *n.*, lily
lingua, -ae, *f.*, tongue; language; speech
lītus, lītoris, *n.*, shore
*locālis, -e, of a place
locus, -ī, *m.*, place; (*pl. usually n.*, loca, -ōrum)

lilia

longa, *see* longus
longaevus, -a, -um, aged, old
longē, *adv.*, far, at a distance
longinquus, -a, -um, distant
*longitūdō, -inis, *f.*, length
longus, -a, -um, long
lucerna, -ae, *f.*, lamp
lūmen, -inis, *n.*, light

lucerna

lūna, -ae, *f.*, moon
*lūnāris, -e, of the moon, lunar
lūx, lūcis, *f.*, light; prīma lūx, daybreak
*lympha, -ae, *f.*, water, clear water
*lyra, -ae, *f.*, lyre

M

*māchina, -ae, *f.*, machine
maestus, -a, -um, sad, gloomy
maga, -ae, *f.*, enchantress
magicus, -a, -um, magical, magic
magis, *comparative of* magnopere, more, rather
magister, -trī, *m.*, master, teacher
*magistrātus, -ūs, *m.*, official, magistrate
magna, *see* magnus

*magnanimus, -a, -um, magnanimous
*magnificentia, -ae, *f.*, magnificence
*magnitūdō, -inis, *f.*, greatness, size, magnitude
magnopere, *adv.*, greatly, very much, very
magnus, -a, -um, large, great; loud
major, majus, *comparative of* magnus, larger, greater
male, *adv.*, badly
mālum, -ī, *n.*, apple
malus, -a, -um, bad

malum

māne, *adv.*, in the morning
maneō, -ēre, mānsī, mānsum, remain, wait, stay
manet, (he, she, it) remains, stays
manus, -ūs, *f.*, hand; band (*of armed men*)
mare, maris, *n.*, sea, ocean
*marīnus, -a, -um, marine
maritima, *see* maritimus
maritimus, -a, -um, of the sea, maritime; ōra maritima, seacoast
māter, mātris, *f.*, mother
mātrimōnium, -ī, *n.*, marriage; in mātrimōnium dūcere, to marry
*mātrōna, -ae, *f.*, matron
maximē, *superlative of* magnopere, especially; very greatly, very, very much
maximus, -a, -um, *superlative of* magnus, greatest
mē, *acc. or abl. of* ego, me
mea, *see* meus
*medicīna, -ae, *f.*, medicine
medius, -a, -um, middle, middle of, in the middle; *n. sing. as noun*, the middle
melior, melius, *comparative of* bonus, better
melius, *comparative of* bene, better
*membrum, -ī, *n.*, limb

*memoria, -ae, f., memory
mendicus, -ī, m., beggar
mēns, mentis, f., mind;
   purpose
mēnsa, -ae, f., table   *mendicus*
mēnsis, mēnsis, m., month
mercātor, -ōris, m., trader, merchant
*meritum, -ī, n., merit
meus, -a, -um, my, mine
*migrō, -āre, -āvī, -ātum, migrate,
   move
mihi, dat. of ego, to me, me (as indirect object)
mīles, mīlitis, m., soldier
mīlia, see mīlle
*mīlitāris, -e, military
*mīlitia, -ae, f., military service
mīlle (pl. mīlia, -ium, n.), thousand;
   mīlle passūs or mīlle passuum, a
   mile
minimē, superlative of parum, by no
   means, no; not at all
minimus, -a, -um, superlative of parvus, smallest, least
minor, minus, comparative of parvus,
   smaller, less
minus, comparative of parum, less
mīrus, -a, -um, strange, remarkable
miser, misera, miserum, unhappy,
   miserable, unfortunate
mittit, (he, she, it) sends, is sending
mittō, -ere, mīsī, missum, send; shoot
*moderātor, -ōris, m., director
*modus, -ī, m., manner, way
moenia, -ium, n. pl., walls (of a city),
   fortifications
moneō, -ēre, -uī, -itum, warn, advise
*monitor, -ōris, m., monitor
mōns, montis, m., moun-
   tain
mōnstrō, -āre, -āvī, -ātum,
   point out, show, display   *mons*

*mōnstrum, -ī, n., monster
*monumentum, -ī, n., monument
mora, -ae, f., delay
mors, mortis, f., death
*mortālis, -e, subject to death, mortal
mortuus, -a, -um, dead; m. sing. as
   noun, a dead person
*moveō, -ēre, mōvī, mōtum, move
mox, adv., soon
multa, see multus
multae, see multus
*multitūdō, -inis, f., multitude, great
   number, crowd
*multum, adv., much, greatly
multus, -a, -um, much; pl., many;
   m. pl. as noun, many (persons);
   n. sing. as noun, much; n. pl. as
   noun, many things
mūniō, -īre, -īvī,
   -ītum, fortify
mūrus, -ī, m., wall   *murus*
*mūsa, -ae, f., muse; song, poem
mūtō, -āre, -āvī, -ātum, change, turn

N

nārrat, (he, she) tells
*nārrātor, -ōris, m., narrator
nārrō, -āre, -āvī, -ātum, tell, relate,
   tell a story
*nātiō, -ōnis, f., nation, tribe
natō, -āre, -āvī, -ātum, swim, float
*nātūra, -ae, f., nature
*nātūrālis, -e, natural
nauta, -ae, m., sailor
*nāvālis, -e, naval
nāvigō, -āre, -āvī, -ātum, sail, navigate
nāvis, nāvis, f., ship, boat
-ne, attached to a word, to denote a
   question to be answered by "yes" or
   "no"
necesse, indeclinable adj., necessary;
   inevitable

necō, -āre, -āvī, -ātum, kill

nēmō, *dat.* nēminī, *acc.* nēminem, *no gen. or abl., m. and f.,* no one, nobody

neque, *conj.,* nor, and . . . not; neque . . . neque, neither . . . nor

nihil, *n., indeclinable,* nothing

nōbilis, -e, noble; well-known; *m. pl. as noun,* the nobles

nōbīs, *dat. and abl. of* nōs, we

noctū, *adv.,* at night

nōlī, *pl.* nōlīte, *imperative* be unwilling, do not

nōmen, nōminis, *n.,* name

*nōminālis, -e, nominal

*nōminō, -āre, -āvī, -ātum, name

nōn, *adv.,* not; nōn sōlum . . . sed etiam, not only . . . .but also

nōnne, *used to introduce a question and to imply the answer "yes"*

nōs, *nom. and acc. pl. of* ego, we, us

noster, -tra, -trum, our, ours

nostra, *see* noster

nōta, *see* nōtus

nōtitia, -ae, f., knowledge; notice, fame

nōtus, -a, -um, known, well-known, noted, familiar

nova, *see* novus

novem, nine

IX
novem

*novō, -āre, -āvī, -ātum, renew

novus, -a, -um, new

nox, noctis, f., night

nūbēs, nūbis, f., cloud

nūllus, -a, -um, no, none

numerus, -ī, m., number

nubes

numquam, *adv.,* never

nunc, *adv.,* now

nūntiō, -āre, -āvī, -ātum, announce, report

nūntius, -ī, *m.,* messenger; message, news

nūtrīx, nūtrīcis, *f.,* nurse

nympha, -ae, f., nymph

O

Ō, O! oh!

obscūra, *see* obscūrus

obscūrus, -a, -um, dark, dim, obscure; invisible

*observō, -āre, -āvī, -ātum, observe

occīdō, -cīdere, -cīdī, -cīsum, kill, slay

occupō, -āre, -āvī, -ātum, seize, occupy

octō, eight

oculus, -ī, *m.,* eye

*odiōsus, -a, -um, odious, hateful

oculus

odium, -ī, *n.,* hatred

oecus, -ī, *m.,* large room for entertaining (*see p.* 88)

officium, -ī, n., duty, service, office

ōlim, *adv.,* some day, sometimes; formerly, once upon a time

ōmen, -inis, n., omen, sign, portent

omnis, -e, all, every, whole; *n. pl. as noun,* everything

opīniō, -ōnis, f., opinion

oppidum, -ī, *n.,* town

*oppōnō, -pōnere, -posuī, -positum, set against, oppose

oppugnō, -āre, -āvī, -ātum, attack

optimē, *superlative of* bene, best, in the best way

optimus, -a, -um, *superlative of* bonus, best

ora, -ae, *f.,* shore; ōra maritima, seacoast

ōrāculum, -ī, n., oracle

*ōrātor, -ōris, m., orator
*ōrdinārius, -a, -um, ordinary
*ōrnāmentum, -ī, n., equipment, orna-
  ment
*ōrnātus, -a, -um, equipped, adorned
*ōrnō, -āre, -āvī, -ātum, equip
ōrō, -āre, -āvī, -ātum, beg for, ask for,
  pray to
ostendō, -tendere, -tendī, -tentum,
  show, display

P

paene, adv., almost
palla, -ae, f., long robe,
  mantle; curtain
*palma, -ae, f., palm, hand   palla
parātus, -a, -um, prepared, ready
parō, -āre, -āvī, -ātum, get ready,
  prepare; obtain, get
*pars, partis, f., part, direction; side
parum, adv. and indeclinable noun,
  too little, insufficiently, little
parva, see parvus
parvus, -a, -um, small,
  little
passus, -ūs, m., pace;
  mīlle passūs or mīlle
  passuum, a mile   pastor
pāstor, -ōris, m., shepherd
pater, patris, m., father
*patientia, -ae, f., patience
patria, -ae, f., native country, country,
  one's country, native land
*patrimōnium, -ī, n., patrimony
paucī, -ae, -a, pl., few,
  a few
pāx, pācis, f., peace
pecūnia, -ae, f., money   pecunia
pejor, pejus, comp. of malus, worse
*pellō, -ere, pepulī, pulsum, beat; rout,
  drive
*pendulum, -ī, n., pendulum

penna, -ae, f., feather
per, prep. with acc., through; all along
*perambulō, -āre, -āvī, -ātum, walk
  through, traverse
*perdūcō, -dūcere, -dūxī, -ductum,
  lead, bring, lead through
*perēmptōrius, -a, -um, peremptory
*perfectus, -a, -um, perfect
*perfidia, -ae, f., treachery, perfidy
perfidus, -a, -um, treacherous; without faith
perīculōsa, see perīculōsus
perīculōsus, -a, -um, dangerous
perīculum, -ī, n., danger, peril
peristȳlium, -iī, n., an open court (see
  p. 88)
*perpetuus, -a, -um, continuous,
  perpetual
*persōnālis, -e, personal
*pertineō, -tinēre, -tinuī, -tentum, ex-
  tend, reach
*perturbō, -āre, -āvī, -ātum, disturb,
  alarm
perveniō, -venīre, -vēnī, -ventum,
  arrive, come, ar-
  rive at, reach
pēs, pedis, m., foot;
  pedibus, on foot   pes
pessimus, -a, -um, superlative of
  malus, worst
*pestilentia, -ae, f., pestilence, plague
petō, -ere, petīvī, petītum, seek,
  look for; ask, ask for; attack
pictūra, -ae, f., picture
piger, -gra, -grum, lazy
pīlum, -ī, n., spear
pīrāta, -ae, m., pirate
*plūma, -ae, f., plume
plūrimus, -a, -um, superlative of
  multus
plūs, gen. plūris; pl., plūrēs,
  plūra, adj., more   pilum

poēta, -ae, *m.*, poet

pōnō, -ere, posuī, positum, place, put, station; castra pōnere, pitch camp

pōns, pontis, *m.*, bridge

pons

populus, -ī, *m.*, people

porta, -ae, *f.*, gate, door

portō, -āre, -āvī, -ātum, carry, bring

portus, portūs, *m.*, harbor

possum, posse, potuī, be able, can

post, *prep. with acc.*, behind, after, back of; *adv.*, afterwards, later

portus

posteā, *adv.*, afterwards, thereafter, later

postquam, *conj.*, after

postrīdiē, *adv.*, on the next day

postulō, -āre, -āvī, -ātum, demand

potēns, *gen.* -entis, powerful

potentia, -ae, *f.*, power

potestās, -ātis, *f.*, power, control

*praejūdicium, -ī, *n.*, prejudice

praemium, -ī, *n.*, reward

praeter, *prep. with acc.*, past; except

pretiōsus, -a, -um, expensive, costly

pretium, -ī, *n.*, price

prīmō, *adv.*, at first, first

prīmum, *adv.*, first, at first; quam prīmum, as soon as possible

prīmus, -a, -um, first; prīma lūx, daybreak

prīnceps, prīncipis, *m.*, chief, prince, leader

*prīncipālis, -e, first

*prīvātus, -a, -um, private

prō, *prep. with abl.*, for, for the sake of, on behalf of; before, in front of

probō, -āre, -āvī, -ātum, approve, approve of

prōcēdō, -cēdere, -cessī, -cessum, proceed, advance, march

procul, *adv.*, at a distance, far

procus, -ī, *m.*, suitor, lover

proelium, -ī, *n.*, battle

prōfluō, -fluere, -flūxī, -flūxum, flow, flow forth

prohibeō, -hibēre, -hibuī, -hibitum, prohibit, forbid; prevent, hinder, keep away

prōmittō, -mittere, -mīsī, -missum, promise

prope, *prep. with acc.*, near

properō, -āre, -āvī, -ātum, hasten, hurry

propinqua, *see* propinquus

propinquus, -a, -um, near, neighboring, nearby

propter, *prep. with acc.*, on account of

prōvincia, -ae, *f.*, province

prōvocō, -āre, -āvī, -ātum, challenge; summon

*prūdentia, -ae, *f.*, prudence

pūblicus, -a, -um, public

puella, -ae, *f.*, girl

puer, puerī, *m.*, boy, youth

*pugna, -ae, *f.*, fight, combat, battle

pugnō, -āre, -āvī, -ātum, fight

*pugnus, -ī, *m.*, fist

pulcher, -chra, -chrum, beautiful

pulchra, *see* pulcher

putō, -āre, -āvī, -ātum, think

Q

quam, *adv.*, how, as, than; quam prīmum, as soon as possible; *with superlatives*, as . . . as possible

quamquam, *conj.*, although

*quārtus, -a, -um, fourth

IV

quattuor

quattuor, four

-que, *conj. attached to a word*, and

quī, quae, quod, *interrog. adj.*, which, what

quī, quae, quod, *rel. pron.*, who, which, that

quid, *interrog. pron.*, what

quidem, *adv.* (*never stands first in a clause*), indeed, certainly

quiēta, *see* **quiētus**

quiētus, -a, -um, quiet

quīnque, five

quis, quid, *interrog. pron.*, who, what

quod, *conj.*, because

quoque, *conj.* (*never stands first in a clause*), also

quinque

R

*****radius, -ī, m.**, rod, staff; spoke (*of a wheel*); ray

rāmus, -ī, m., branch, bough

ramus

rāna, -ae, f., frog

*****rapidus, -a, -um**, rapid

re- (*prefix*), back, again

recēdō, -cēdere, -cessī, -cessum, go back, retreat, withdraw

*****receptāculum, -ī, n.**, receptacle

*****recessus, -ūs, m.**, retreat

recipiō, -cipere, -cēpī, -ceptum, receive; take back

*****recitātiō, -ōnis, f.**, reading aloud

recognōscō, -cognōscere, -cognōvī, -cognitum, recognize

rēctē, adv., rightly

recūsō, -āre, -āvī, -ātum, refuse

redeō, -īre, -iī, -itum, go back, return

*****redūcō, -dūcere, -dūxī, -ductum**, lead back, bring back

*****refugiō, -fugere, -fūgī, -fugitūrus**, flee

*****rēgālis, -e**, regal

rēgia, -ae, f., palace

rēgīna, -ae, f., queen

regiō, -ōnis, f., region, district

*****rēgius, -a, -um**, kingly, regal

*****rēgnō, -āre, -āvī, -ātum**, rule

rēgnum, -ī, n., kingdom; royal power

*****regō, -ere, rēxī, rēctum**, direct; rule

*****religiō, -ōnis, f.**, moral obligation

relinquō, -linquere, -līquī, -lictum, leave, leave behind, abandon

*****remittō, -mittere, -mīsī, -missum**, send back

*****removeō, -movēre, -mōvī, -mōtum**, remove, withdraw

repellō, -pellere, reppulī, repulsum, drive back, repel, repulse

*****reportō, -āre, -āvī, -ātum**, carry back; report

rēs, reī, f., thing; affair, fact, circumstance, matter

*****resistō, -ere, -stitī**, resist

respiciō, -spicere, -spexī, -spectum, look back, look back at

respondeō, -spondēre, -spondī, -spōnsum, answer, reply

*****retineō, -tinēre, -tinuī, -tentum**, retain

*****reveniō, -īre, -vēnī, -ventum**, come back

rēx, rēgis, m., king

rīpa, -ae, f., bank (*of a stream*)

rogō, -āre, -āvī, -ātum, ask

*****rosa, -ae, f.**, rose

rōstrum, -ī, n., beak

rosa

*****ruīna, -ae, f.** (*often in the plural*), ruin

*****rūmor, -ōris, m.**, rumor

rostrum

S

sacer, -cra, -crum, sacred, holy

sacerdōs, -dōtis, m. and f., priest, priestess

*****sacrificium, -ī, n.**, sacrifice

*****sacrificō, -āre, -āvī, -ātum**, sacrifice

*sacrum, -ī, *n.*, sacred rite, religious custom *or* observance

saepe, *adv.*, often

sagitta, -ae, *f.*, arrow 　　*sagitta*

sagittārius, -ī, *m.*, archer

salūs, salūtis, *f.*, safety; salūtem dīcit, gives greetings, greets

*salūtō, -āre, -āvī, -ātum, greet

sanguis, -inis, *m.*, blood

*sānus, -a, -um, sane, healthy

sapiēns, *gen.* -entis, wise

*sapienter, *adv.*, wisely

sapientia, -ae, *f.*, wisdom

satis, *adv.*, sufficiently, enough

saxum, -ī, *n.*, stone, a stone, rock

*scaena, -ae, *f.*, scene

scelus, sceleris, *n.*, crime; scelus facere, commit a crime

schola, -ae, *f.*, school

sciō, scīre, scīvī, scītum, know, know how

scrībit, (he, she) writes

scrībō, -ere, scrīpsī, scrīptum, write

*scrīptor, -ōris, *m.*, writer

*scrīptum, ī, *n.*, written composition

*scrīptūra, -ae, *f.*, writing

*sculptūra, -ae, *f.*, sculpture

scūtum, -ī, *n.*, shield

sēcrētō, *adv.*, secretly

*sēcrētus, -a, -um, secret 　　*scutum*

secundus, -a, -um, second; favorable

*sēcūritās, -ātis, *f.*, freedom from anxiety

sed, *conj.*, but

sedeō, -ēre, sēdī, sessum, sit, be seated; settle, settle down

semper, *adv.*, always

*senātor, -ōris, *m.*, senator

*senātus, -ūs, *m.*, senate

sentiō, -īre, sēnsī, sēnsum, feel, notice, think, know, believe, realize

sēparō, -āre, -āvī, -ātum, separate

septem, seven

*sepulchrum, -ī, *n.*, sepulcher

serpēns, -entis, *f.*, serpent, snake 　　*serpens*

serva, -ae, *f.*, female slave, maid-servant

*servīlis, -e, slavish, servile

*serviō, -īre, -īvī, -ītum, serve

servō, -āre, -āvī, -ātum, save, pre-serve, keep

servus, -ī, *m.*, slave, servant

*sevēritās, -ātis, *f.*, sternness, severity; seriousness

*sevērus, -a, -um, stern, severe

sex, six

sī, *conj.*, if

sīc, *adv.*, thus, so

significō, -āre, -āvī, -ātum, mean

*signō, -āre, -āvī, -ātum, mark; seal

*signum, -ī, *n.*, sign, mark, standard, signal; seal

silentium, -ī, *n.*, silence; silentiō, in silence, silently

sileō, -ēre, -uī, be silent

silva, -ae, *f.*, forest

similis, -e, like, similar

sine, *prep. with abl.*, without

sinistra, -ae, *f.*, left hand, left; ā sinistrā, on the left

*sistō, -ere, stitī, statum, plant, set

socius, -ī, *m.*, ally, comrade, com-panion

sōl, sōlis, *m.*, sun

*sōlitūdō, -inis, *f.*, soli-tude 　　*sol*

sōlus, -a, -um, alone, only; single; nōn sōlum . . . sed etiam, not only . . . but also

somnium, -ī, *n.*, dream

somnus, -ī, *m.*, sleep

sonus, -ī, *m.*, sound, noise

soror, -ōris, *f.*, sister

*spectāculum, -ī, *n.*, spectacle, sight, show, exhibition

*spectātor, -ōris, *m.*, spectator

spectō, -āre, -āvī, -ātum, watch, look at, look

spēlunca, -ae, *f.*, cave, den

spīna, -ae, *f.*, thorn

*stabilis, -e, firm, stable

*stabilitās, -ātis, *f.*, stability

*stabulō, -āre, put in a stable

*stabulum, -ī, *n.*, stable, stall

*stadium, -ī, *n.*, stadium

*stāmen, -inis, *n.*, thread

statim, *adv.*, at once, immediately

*statiō, -ōnis, *f.*, station

*statua, -ae, *f.*, statue

*statuārius, -a, -um, statuary

*statuō, -ere, -uī, -ūtum, set up

*statūra, -ae, *f.*, height, stature

*status, -ūs, *m.*, station, position

stella, -ae, *f.*, star

*stimulus, -ī, *m.*, goad, spur

stō, stāre, stetī, stā-tūrus, stand

stella

*strātum, -ī, *n.*, covering, layer

stultus, -a, -um, foolish, stupid

*stupidus, -a, -um, stupid

sub, *prep. with acc. or abl.*, under, below

subitō, *adv.*, suddenly

suī (*gen.*), *reflexive pron.*, of himself, herself, itself, themselves

sum, esse, fuī, futūrus, be

summus, -a, -um, highest, greatest, utmost; highest part of, top of

sunt, (they) are

superba, *see* superbus

*superbia, -ae, *f.*, pride, haughtiness

superbus, -a, -um, proud, haughty

superō, -āre, -āvī, -ātum, defeat, overcome, conquer; surpass

suprā, *adv., and prep. with acc.; as adv.*, above, before; *as prep.*, above, over

sūs, suis, *m. and f.*, pig, hog, swine

sus

*suspīciō, -ōnis, *f.*, suspicion

sustineō, -tinēre, -tinuī, -tentum, uphold, withstand, support, endure

suus, -a, -um, his, her, its, their; *in reflexive meaning*, his own, her own, its own, their own

T

tabernāculum, -ī, *n.*, tent

tablīnum, -ī, *n.*, room next to the atrium (*see p. 89*)

tabernaculum

*tabula, -ae, *f.*, table

taeda, -ae, *f.*, torch

tam, *adv.*, so

tamen, *adv.*, still, nevertheless, however

tandem, *adv.*, at length, finally, at last

taurus, -ī, *m.*, bull

tē, *acc. or abl.* of tū, you (*sing.*)

taurus

tēctum, -ī, *n.*, house; roof

tegō, -ere, tēxī, tēctum, cover, protect

tēlum, -ī, *n.*, weapon

*temperantia, -ae, *f.*, temperance

*temperō, -āre, -āvī, -ātum, restrain oneself, be temperate

*tempestās, -ātis, *f.*, storm, tempest; weather

templum, -ī, *n.*, temple

*temporālis, -e, temporary

*temporārius, -a, -um, temporary

temptō, -āre, -āvī, -ātum, try
tempus, temporis, n., time
*tenācitās, -ātis, f., holding fast, tenacity
*tenāx, -ācis, holding fast, tenacious
tendō, -ere, tetendī, tentum, bend
teneō, -ēre, -uī, hold, hold to; keep, keep back
tergum, -ī, n., back, rear; ā tergō, at the rear, from the rear
terra, -ae, f., land, country; the earth
terreō, -ēre, -uī, -itum, frighten, terrify
*terribilis, -e, terrible
territa, see territus
territus, -a, -um, frightened
*terror, -ōris, m., terror, fright, fear
*testāmentum, -ī, n., testament, will
*testimōnium, -ī, n., testimony
texō, -ere, -uī, textum, weave
tibi, to you, you (as indirect object)
timent, (they) fear
timeō, -ēre, -uī, fear, be afraid of
timet, (he, she, it) fears, is afraid of
*timidus, -a, -um, timid, cowardly
timor, -ōris, m., fear
*toga, -ae, f., toga, a garment worn by Roman men
*tormentum, -ī, n., torment; instrument of torture
tōtus, -a, -um, whole, all
tractō, -āre, -āvī, -ātum, treat, handle, manage   toga
trahō, -ere, trāxī, tractum, drag, draw, pull
trāns, prep. with acc., across
*trānscrībō, -scrībere, -scrīpsī, -scrītum, transcribe
trānseō, -īre, -iī, -itum, cross
trānsfīgō, -fīgere, -fīxī, -fīxum, pierce
*trānsportō, -āre, -āvī, -ātum, transport
trēs, tria, three

tribuō, -ere, -uī, -ūtum, bestow, assign, give
tū, you (sing.)
tua, see tuus
tuba, -ae, f., trumpet   tuba
tum, adv., then, at that time
*tumultus, -ūs, m., tumult
tumulus, -ī, m., mound, tomb
tūtus, -a, -um, safe, unharmed
tuus, -a, -um, your, yours (of one person)

U

ubi, adv. and conj., where; when
ultimus, -a, -um, last
umerus, -ī, m., upper arm, shoulder
unda, -ae, f., wave
undique, adv., on all sides, from all sides
ūnus, -a, -um, one
*urbānus, -a, -um, of the city
urbs, urbis, f., city   urna
urna, -ae, f., jar, pitcher
ursa, -ae, f., bear
*ūsus, -ūs, m., use
ut, conj., as
uter, utra, utrum, which (of two)
uterque, utraque, utrumque, each (of two), both
uxor, -ōris, f., wife   ursa

V

vadum, -ī, n., shallow place, ford, shoal
valē, imperative sing. of valeō, farewell, good-by

valeō, -ēre, -uī, -itūrus, be well, be strong

validus, -a, -um, strong, well

vāllum, -ī, n., rampart, wall

vāstō, -āre, -āvī, -ātum, lay waste, destroy, devastate

vehementer, adv., violently, strongly, earnestly, very much, very

*vehiculum, -ī, n., vehicle

vehiculum

vellus, velleris, n., fleece

veniō, -īre, vēnī, ventum, come

venit, (he, she, it) comes

vēnit, (he, she, it) came

ventus, -ī, m., wind

verbum, -ī, n., word

vērus, -a, -um, true

vesperī, in the evening

vester, -tra, -trum, your, yours (of more than one person)

vēstīgium, -ī, n., footstep, track

*vestiō, -īre, -īvī, -ītum, clothe

vestis, vestis, f., clothing, garment

*veterānus, -a, -um, veteran, old

via, -ae, f., street, road, way

via

*victor, -ōris, m., conqueror, victor

*victōria, -ae, f., victory

vidēmus, we see

vident, (they) see

videō, -ēre, vīdī, vīsum, see

videor, -ērī, vīsus sum, seem

videt, (he, she, it) sees

vīdit, (he, she, it) saw

vigil, vigilis, m., sentinel, watchman, guard

*vigilantia, -ae, f., wakefulness, vigilance

*vigilia, -ae, f., watch, one fourth of the night

vigilō, -āre, -āvī, -ātum, keep watch, watch, keep awake

vīgintī, twenty

*vīlla, -ae, f., farmhouse, country house

vincō, -ere, vīcī, victum, defeat, conquer, overcome

vinculum, -ī, n., chain, bond

vinculum

vīnum, -ī, n., wine

*vīpera, -ae, f., viper, snake

vir, virī, m., man

virgō, -inis, f., maiden, girl

virtūs, virtūtis, f., manliness, bravery, courage, valor

vīta, -ae, f., life

*vītālis, -e, vital

*vītālitās, -ātis, vitality

vīvō, vīvere, vīxī, vīctum, live, exist

*vīvus, -a, -um, alive, living

*vōcālis, -e, vocal

vocō, -āre, -āvī, -ātum, call, summon

volō, -āre, -āvī, -ātūrus, fly

voluntās, -ātis, f., wish, desire; will

vōs, nom. or acc., pl. of tū, you (pl.)

vōx, vōcis, f., voice, word; magna vōx, a loud voice; parva vōx, a low voice

vulnerō, -āre, -āvī, -ātum, wound

*vulnus, vulneris, n., a wound

ENGLISH-LATIN VOCABULARY

A

abandon, dēserō, -serere, -seruī, -sertum

(able), be able, possum, posse, potuī

about, dē, *prep. with abl.*

above, suprā, *prep. with acc.*

(absent), be absent, absum, -esse, āfuī, āfutūrus

(account), on account of, propter, *prep. with acc.*

accuse, accūsō, -āre, -āvī, -ātum

across, trāns, *prep. with acc.*

adorn, adōrnō, -āre, -āvī, -ātum

advance, prōcēdō, -cēdere, -cessī, -cessum

advise, moneō, -ēre, -uī, -itum

after, post, *prep. with acc.*

afterwards, posteā, *adv.*

again, iterum, *adv.*

against, contrā, *prep. with acc.*

agitate, agitō, -āre, -āvī, -ātum

aid (*noun*), auxilium, -ī, *n.*

aid (*verb*), juvō, -āre, jūvī, jūtum

all, tōtus, -a, -um; omnis, -e

ally, socius, -ī, *m.*

alone, sōlus, -a, -um

already, jam, *adv.*

also, quoque, *conj.*

altar, āra, -ae, *f.*

am, I am, sum

among, inter, *prep. with acc.*

and, et, *conj.*

and so, itaque, *conj.*

animal, bēstia, -ae, *f.;* animal, animālis, *n.*

announce, nūntiō, -āre, -āvī, -ātum

another, alius, -a, -ud

answer, respondeō, -spondēre, -spondī, -spōnsum

archer, sagittārius, -ī, *m.*

are, (they) are, there are, sunt

armed, armātus, -a, -um; armed man, armātus, -ī, *m.*

arms, arma, -ōrum, *n. pl.*

army, exercitus, -ūs, *m.*

arrive, perveniō, -venīre, -vēnī, -ventum

arrow, sagitta, -ae, *f.*

as, quàm, *adv.*

as long as, dum, *conj.*

ask, rogō, -āre, -āvī, -ātum

at, ad, *prep. with acc.*

at once, statim, *adv.*

attack (*noun*), impetus, -ūs, *m.*

attack (*verb*), oppugnō, -āre, -āvī, -ātum

aunt, amita, -ae, *f.*

(away), be away, absum, -esse, āfuī, āfutūrus

away from, ā, ab, *prep. with abl.*

B

back of, post, *prep. with acc.*

bad, malus, mala, malum

badge, īnsigne, īnsignis, *n.*

badly, male, *adv.*

bank, rīpa, -ae, *f.*

barbarian, barbarus, -ī, *m.*

battle, proelium, -ī, *n.*

be, sum, esse, fuī, futūrus

be able, can, possum, posse, potuī

be absent, absum, -esse, āfuī, āfutūrus

be here, adsum, -esse, -fuī, -futūrus

be near, adsum, -esse, -fuī, -futūrus

be present, adsum, -esse, -fuī, -futūrus

bear, ursa, -ae, *f.*

beautiful, pulcher, pulchra, pulchrum

because, quod, *conj.*

bee, apis, apis, *f.*

before (*adv.*), anteā; (*prep.*), ante (*acc.*);
   prō (*abl.*)

beggar, mendicus, -ī, *m.*

begin, incipiō, -cipere, -cēpī, -ceptum

believe, crēdō, -ere, crēdidī, crēditum

belt, balteus, -ī, *m.*

bend, tendō, -ere, tetendī, tentum

best, optimus, -a, -um

better (*adj.*), melior, melius

better (*adv.*), melius

between, inter, *prep. with acc.*

big, magnus, magna, magnum

bird, avis, avis, *f.*

blind, caecus, -a, -um

body, corpus, corporis, *n.*

boldness, audācia, -ae, *f.*

book, liber, -brī, *m.*

boy, puer, puerī, *m.*

branch, rāmus, -ī, *m.*

brave, fortis, -e

bravely, fortiter, *adv.*

break, frangō, -ere, frēgī, frāctum

bright, clārus, -a, -um

bring, portō, -āre, -āvī, -ātum

brother, frāter, frātris, *m.*

build, aedificō, -āre, -āvī, -ātum

building, aedificium, -ī, *n.*

bull, taurus, -ī, *m.*

but, sed, *conj.*

by, ā, ab, *prep. with abl.*

C

call, vocō, -āre, -āvī, -ātum; appellō,
   -āre, -āvī, -ātum

call together, convocō, -āre, -āvī, -ātum

camp, castra, -ōrum, *n. pl.*

can, be able, possum, posse, potuī

captive, captīvus, -ī, *m.*

care for, cūrō, -āre, -āvī, -ātum

carry, portō, -āre, -āvī, -ātum

cavalry, equitēs, -um, *m. pl.*

cave, caverna, -ae, *f.*

cavern, caverna, -ae, *f.*

certainly, certē, *adv.*

chain, vinculum, -ī, *n.*

change, mūtō, -āre, -āvī, -ātum

chief, prīnceps, prīncipis, *m.*

children, līberī, -ōrum, *m. pl.*

choose, dēligō, -ligere, -lēgī, -lēctum

citadel, arx, arcis, *f.*

citizen, cīvis, cīvis, *m. and f.*

city, urbs, urbis, *f.*

cloud, nūbēs, nūbis, *f.*

color, color, -ōris, *m.*

come, veniō, -īre, vēnī, ventum

common, commūnis, -e

companion, comes, comitis, *m.*

conceal, cēlō, -āre, -āvī, -ātum

conflict, certāmen, certāminis, *n.*

conquer, vincō, -ere, vīcī, victum

consul, cōnsul, -ulis, *m.*

contend, contendō, -tendere, -tendī,
   -tentum

contest, certāmen, certāminis, *n.*

cottage, casa, -ae, *f.*

country, terra, -ae, *f.*; native country,
   patria, -ae, *f.*

cousin (*girl, woman*), cōnsōbrīna, -ae, *f.*

cowardly, ignāvus, -a, -um

crime, scelus, sceleris, *n.*

crown, corōna, -ae, *f.*

D

danger, perīculum, -ī, *n.*

dangerous, perīculōsus, perīculōsa,
   perīculōsum

dare, audeō, -ēre

dark, obscūrus, obscūra, obscūrum

daughter, fīlia, -ae, *f.*

day, diēs, -ēī, *m. or f.*

(day), by day, interdiū, *adv.*

(day), during the day, interdiū, *adv.*

(day), next day, postrīdiē, *adv.*

daybreak, prīma lūx; at daybreak,
   prīmā lūce

dead, mortuus, -a, -um

death, mors, mortis, *f.*

decide, cōnstituō, -stituere, -stituī, -stitūtum

decoration, īnsigne, īnsignis, *n.*

defeat, superō, -āre, -āvī, -ātum; vincō, -ere, vīcī, victum

defend, dēfendō, -fendere, -fendī, -fēnsum

demand, postulō, -āre, -āvī, -ātum

den, spēlunca, -ae, *f.*

desert, dēserō, -serere, -seruī, -sertum

desire, dēsīderō, -āre, -āvī, -ātum

destroy, dēleō, -ēre, -ēvī, -ētum; vāstō, -āre, -āvī, -ātum

devastate, vāstō, -āre, -āvī, -ātum

difficult, difficilis, -e

dim, obscūrus, -a, -um

dinner, cēna, -ae, *f.*

discover, inveniō, -venīre, -vēnī, -ventum

distant, longinquus, -a, -um

don't, nōlī, nōlīte, *imperative*

door, jānua, -ae, *f.*

drag, trahō, -ere, trāxī, tractum

dragon, dracō, -ōnis, *m.*

draw (out), ēdūcō, -ere, -dūxī, -ductum

draw up, īnstruō, -struere, -strūxī, -strūctum

dream, somnium, -ī, *n.*

drive, agō, -ere, ēgī, āctum

drive back, repellō, -pellere, reppulī, repulsum

drive out, expellō, -pellere, -pulī, -pulsum

dry, āridus, -a, -um

during the day, interdiū, *adv.*

E

earth, terra, -ae, *f.*

easy, facilis, -e

eight, octō, *indeclinable numeral*

either . . . or, aut . . . aut, *conj.*

emperor, imperātor, -ōris, *m.*

elephant, elephantus, -ī, *m.*

enemy, inimīcus, -ī, *m.* (*a personal enemy*); hostis, hostis, *m.* (*a public enemy*)

enter, intrō, -āre, -āvī, -ātum

escape, fugiō, -ere, fūgī, fugitūrus

(evening), in the evening, vesperī

every, omnis, -e

evil, malus, mala, malum

example, exemplar, exemplāris, *n.*

expect, expectō, -āre, -āvī, -ātum

explore, explōrō, -āre, -āvī, -ātum

eye, oculus, -ī, *m.*

F

faithful, fīdus, -a, -um; fidēlis, -e

famous, clārus, -a, -um; nōtus, -a, -um; ēgregius, -a, -um

farmer, agricola, -ae, *m.*

farmhouse, vīlla, -ae, *f.*

fast, celeriter, *adv.*

father, pater, patris, *m.*

fear, timeō, -ēre, -uī

feather, penna, -ae, *f.*

few, a few, paucī, -ae, -a, *pl.*

field, ager, agrī, *m.*

fierce, ferus, -a, -um; ācer, ācris, ācre

fight (*verb*), pugnō, -āre, -āvī, -ātum

finally, dēnique, *adv.*; tandem, *adv.*

find, inveniō, -venīre, -vēnī, -ventum

fire, flamma, -ae, *f.*; ignis, ignis, *m.*

first, prīmus, -a, -um; **at first**, prīmō, *adv.*

five, quīnque, *indeclinable numeral*

fled from (**they**), fūgērunt

flee, fugiō, -ere, fūgī, fugitūrus

fleece, vellus, velleris, *n.*

fleet, classis, classis, *f.*

fly, volō, -āre, -āvī, -ātūrus

food, cibus, -ī, *m.*

for, prō, *prep. with abl.*

forces, cōpiae, -ārum, *f. pl.*

form, fōrma, -ae, *f.*
formerly, ōlim, *adv.*, anteā, *adv.*
fortify, mūniō, -īre, -īvī, -ītum
forum, forum, -ī, *n.*
four, quattuor, *indeclinable numeral*
free, līber, lībera, līberum
friend, amīcus, -ī, *m.*
frightened, territus, -a, -um
from, ē, ex; dē; ā, ab, *preps. with abl.*
(front), in front of, ante, *prep. with acc.*

G

garden, hortus, -ī, *m.*
garment, vestis, -is, *f.*
gate, porta, -ae, *f.*
gem, gemma, -ae, *f.*
general, imperātor, -ōris, *m.*
gift, dōnum, -ī, *n.*
girl, puella, -ae, *f.*
give, dō, dare, dedī, datum; I give, dō;
  he gives, dat
glad, laetus, -a, -um
go, eō, īre, iī, itum; go across, trānseō,
  -īre, -iī, -itum; go back, redeō, -īre,
  -iī, -itum; go out, go forth, exeō, -īre,
  -iī, -itum
god, a god, deus, -ī, *m. (nom. pl.* dī)
goddess, dea, -ae, *f.*
golden, aureus, -a, -um
good, bonus, bona, bonum; very good,
  optimus, -a, -um
grass, grāmen, grāminis, *n.*
grasshopper, cicāda, -ae, *f.*
gratitude, grātia, -ae, *f.*
great, magnus, -a, -um; greater, major,
  majus; very great, maximus, -a, -um
grieve, grieve for, doleō, -ēre, -uī,
  -itūrus
ground, terra, -ae, *f.*
guard (*noun*), vigil, vigilis, *m.*
guard (*verb*), dēfendō, -fendere, -fendī,
  -fēnsum; vigilō, -āre, -āvī, -ātum

H

hair, coma, -ae, *f.*
happy, laetus, -a, -um; fēlīx, *gen.*
  fēlīcis
hasten, properō, -āre, -āvī, -ātum
have, habeō, -ēre, -uī, -itum; I have,
  habeō; has, does have, habet
head, caput, capitis, *n.*
hear, audiō, -īre, -īvī, -ītum
heavily, graviter, *adv.*
helmet, galea, -ae, *f.*
help (*noun*), auxilium, -ī, *n.*
help (*verb*), juvō, -āre, jūvī, jūtum
her (*possessive*), *when reflexive*, suus,
  -a, -um; *when not reflexive*, ejus
here, hīc, *adv.*
(here) be here, adsum, -esse, -fuī,
  -futūrus
hide, cēlō, -āre, -āvī, -ātum
high, altus, alta, altum
hill, collis, collis, *m.*
himself, herself, itself, *when reflexive*,
  gen. suī; *when not reflexive*, ipse
his, her, its, *when reflexive*, suus, -a,
  -um; *when not reflexive*, ejus
home, domicilium, -ī, *n.*; at home,
  domī
horse, equus, -ī, *m.*
horseman, eques, equitis, *m.*
hour, hōra, -ae, *f.*
house, casa, -ae, *f.*; tēctum, -ī, *n.*
how, quam, *adv.*
hurl, jaciō, -ere, jēcī, jactum
hurry, properō, -āre, -āvī, -ātum
husband, conjūnx, conjugis, *m.*

I

I, ego
immediately, statim, *adv.*
in, in, *prep. with abl.*
in front of, ante, *prep. with acc.*
industrious, impiger, -gra, -grum

inhabitant, incola, -ae, *m. and f.*
insigne, īnsigne, īnsignis, *n.*
intend, in animō habēre
into, in, *prep. with acc.*
invite, invītō, -āre, -āvī, -ātum
is, there is, est
island, īnsula, -ae, *f.*

J

jewel, gemma, -ae, *f.*
journey, iter, itineris, *n.*
judge, jūdex, jūdicis, *m.*

K

keep watch, vigilō, -āre, -āvī, -ātum
kill, interficiō, -ficere, -fēcī, -fectum;
　necō, -āre, -āvī, -ātum
kind, benignus, benigna, benignum
kindle, accendō, -cendere, -cendī,
　-cēnsum
king, rēx, rēgis, *m.*
kingdom, rēgnum, -ī, *n.*
know, sciō, scīre, scīvī, scītum
known, well-known, nōtus, nōta, nōtum

L

lamp, lucerna, -ae, *f.*
land, terra, -ae, *f.*; native land, patria,
　-ae, *f.*
large, magnus, magna, magnum; larger,
　major, majus; largest, maximus, -a,
　-um
last, ultimus, -a, -um
lead, dūcō, -ere, dūxī, ductum
leader, dux, ducis, *m.*
leave, relinquō, -linquere, -līquī,
　-lictum
led, dūxit
(left), on the left, ā sinistrā
legion, legiō, -ōnis, *f.*
less, minus, *adv.*
letter, epistula, -ae, *f.*
level plain, campus, -ī, *m.*

lie, lie down, jaceō, -ēre, -uī
light, lūmen, -inis, *n.*
like, amō, -āre, -āvī, -ātum; we like,
　amāmus; they like, amant
limit, fīnis, fīnis, *m.*
line of march, agmen, agminis, *n.*
lion, leō, -ōnis, *m.*
listen, audiō, -īre, -īvī, -ītum
little, parvus, parva, parvum
live, vīvus, -a, -um, *adj.*
live, habitō, -āre, -āvī, -ātum; vīvō,
　-ere, vīxī, victum
long (*adj.*), longus, longa, longum
long, for a long time (*adv.*), diū
look around, circumspectō, -āre, -āvī,
　-ātum
look at, spectō, -āre, -āvī, -ātum
lose, āmittō, -mittere, -mīsī, -missum
loud, magnus, -a, -um
love, amō, -āre, -āvī, -ātum; I love,
　amō; you love, amās; he, she loves,
　amat
low, humilis, -e

M

magic, magicus, -a, -um
make, faciō, -ere, fēcī, factum
man, vir, virī, *m.*; homō, hominis, *m.*
many (*as noun*), multī, -ōrum, *m. pl.*
many (*adj.*), multī, multae, multa
march, prōcēdō, -cēdere, -cessī, -cessum
matter, rēs, reī, *f.*
me, *dat.*, mihi; *acc. and abl.*, mē
meanwhile, interim, *adv.*
medicine, medicīna, -ae, *f.*
merchant, mercātor, -ōris, *m.*
message, nūntius, -ī, *m.*
messenger, nūntius, -ī, *m.*
mile, mīlle passūs
mine, *see* my
money, pecūnia, -ae, *f.*
monster, mōnstrum, -ī, *n.*
moon, lūna, -ae, *f.*

(morning), in the morning, māne, *adv.*

mother, māter, mātris, *f.*

mountain, mōns, montis, *m.*

move, moveō, -ēre, mōvī, mōtum

much, multus, -a, -um, *adj.*; multum *adv.*

my, mine, meus, mea, meum

N

name, nōmen, nōminis, *n.*

narrow, angustus, -a, -um

nation, gēns, gentis, *f.*

native country, patria, -ae, *f.*

near, prope, *prep. with acc.*

near, propinquus, propinqua, propinquum, *with dat.*

(near), be near, adsum, -esse, -fuī, -futūrus

nearby, propinquus, -a, -um

never, numquam, *adv.*

new, novus, -a, -um

news, nūntius, -ī, *m.*

next day, postrīdiē, *adv.*

night, nox, noctis, *f.*; at night, noctū

nine, novem, *indeclinable numeral*

no (*adj.*), nūllus, -a, -um

no longer, nōn jam, *adv.*

noble, nōbilis, -e

nobody, nēmō, *m. and f.*

noise, sonus, -ī, *m.*

not, nōn, *adv.*, and not, neque, *conj.*

now, nunc, *adv.*; jam, *adv.*

nymph, nympha, -ae, *f.*

O

odious, odiōsus, -a, -um

often, saepe, *adv.*

old, antīquus, -a, -um

omen, ōmen, -inis, *n.*

on, in, *prep. with abl.*

on account of, propter, *prep. with acc.*

on all sides, undique, *adv.*

one, ūnus, -a, -um

only, sōlus, -a, -um

open, apertus, aperta, apertum

or, aut, *conj.*

order (*noun*), imperātum, -ī, *n.*; by the order, jussū

order (*verb*), jubeō, -ēre, jussī, jussum

other (*adj.*), cēterī, -ae, -a, *pl.*; alius, -a, -ud

others, the others (*pron.*), cēterī, -ōrum, *m. pl.*

ought, dēbeō, -ēre, -uī, -itum

our, noster, nostra, nostrum

out of, ē, ex, *prep. with abl.*

over, suprā, *prep. with acc.*

overcome, superō, -āre, -āvī, -ātum

ox, bōs, bovis, *m.*

P

peace, pāx, pācis, *f.*

people, populus, -ī, *m.*

picture, pictūra, -ae, *f.*

pierce, trānsfīgō, -figere, -fīxī, -fīxum

pirate, pīrāta, -ae, *m.*

pitch camp, castra pōnere

place (*noun*), locus, -ī, *m.* (*pl.* loca, *n.*)

place (*verb*), pōnō, pōnere, posuī, positum

plain, campus, -ī, *m.*

plan, cōnsilium, -ī, *n.*

pleasant, amoenus, -a, -um

plow, arō, -āre, -āvī, -ātum

poet, poēta, -ae, *m.*

point out, mōnstrō, -āre, -āvī, -ātum

praise, laudō, -āre, -āvī, -ātum; he, she praises, laudat; we praise, laudāmus; they praise, laudant

prepare, parō, -āre, -āvī, -ātum

present (*noun*), dōnum, -ī, *n.*

(present), be present (*verb*), adsum, -esse, -fuī, -futūrus

priest, priestess, sacerdōs, -ōtis, *m. and f.*

promise, prōmittō, -mittere, -mīsī, -missum

proud, superbus, -a, -um

province, prōvincia, -ae, *f.*

Q

quickly, celeriter, *adv.*

R

rapidly, celeriter, *adv.*

ray, radius, -ī, *m.*

read, legō, -ere, lēgī, lēctum; he reads, legit

ready, parātus, -a, -um

receive, accipiō, -cipere, -cēpī, -ceptum

recognize, recognōscō, -cognōscere, -cognōvī, -cognitum

refuse, recūsō, -āre, -āvī, -ātum

region, regiō, -ōnis, *f.*

remain, maneō, -ēre, mānsī, mānsum; he remains, manet

remarkable, ēgregius, -a,-um

repel, repellō, -ere, reppulī, repulsum

reply, respondeō, -spondēre, -spondī, -spōnsum

(rest of), the rest of, cēterī, -ae, -a, *pl.*

return, redeō, -īre, -iī, -itum

reward, praemium, -ī, *n.*

river, flūmen, flūminis, *n.*

road, iter, itineris, *n.;* via, -ae, *f.*

rock, saxum, -ī, *n.*

roof, tēctum, ī, *n.*

route, iter, itineris, *n.*

ruin, ruīna, -ae, *f.*

rule, regō, -ere, rēxī, rēctum

run, currō, -ere, cucurrī, cursum

run away, fugiō, -ere, fūgī, fugitūrus

S

sacrifice, sacrificō, -āre, -āvī, -ātum

safe, tūtus, -a, -um

sail, nāvigō, -āre, -āvī, -ātum

sailor, nauta, -ae, *m.*

salute, salūtō, -āre, -āvī, -ātum

same, īdem, eadem, idem

save, servō, -āre, -āvī, -ātum

say, dīcō, -ere, dīxī, dictum

scream, clāmō, -āre, -āvī, -ātum

sea, mare, maris, *n.*

seacoast, ōra maritima, *f.*

seashore, ōra maritima, *f.*

secretly, sēcrētō, *adv.*

see, spectō, -āre, -āvī, -ātum; videō, -ēre, vīdī, vīsum; I see, videō; he sees, videt; we see, vidēmus; they see, vident

seek, petō, -ere, petīvī, petītum

seem, videor, -ērī, vīsus sum

seize, occupō, -āre, -āvī, -ātum; capiō, -ere, cēpī, captum

(self), himself, herself, itself, ipse, ipsa, ipsum; **reflex.**, suī, sibi, sē

send, mittō, -ere, mīsī, missum

separate, sēparō, -āre, -āvī, -ātum

seriously, graviter, *adv.*

settle, sedeō, -ēre, sēdī, sessum

severely, graviter

seven, septem, *indeclinable numeral*

shepherd, pāstor, -ōris, *m.*

shield, scūtum, -ī, *n.*

ship, nāvis, nāvis, *f.*

shore, ōra, -ae, *f.*; lītus, lītoris, *n.*

short, brevis, -e

show, mōnstrō, -āre, -āvī, -ātum

sick, aeger, -gra, -grum

signal, signum, -ī, *n.*

(silence), in silence, silentiō

similar, similis, -e

sing, cantō, -āre, -āvī, -ātum

sister, soror, -ōris, *f.*

sit, sedeō, -ēre, sēdī, sessum

six, sex, *indeclinable numeral*

sky, caelum, -ī, *n.*

slave, servus, -ī, *m.*

slay, interficiō, -ficere, -fēcī, -fectum; necō, -āre, -āvī, -ātum

sleep, dormiō, -īre, -īvī, -ītum
sling, funda, -ae, *f.*
slinger, funditor, -ōris, *m.*
slowly, lēniter, *adv.*
small, parvus, parva, parvum
so, ita, *adv.*
soldier, mīles, mīlitis, *m.*
so long, tam diū, *adv.*
sometimes, interdum, *adv.*
son, fīlius, -ī, *m.*
Spain, Hispānia, -ae, *f.*
spear, hasta, -ae, *f.*
spider, arānea, -ae, *f.*
stag, cervus, -ī, *m.*
stand, stō, stāre, stetī, stātūrus
star, stella, -ae, *f.*
statue, statua, -ae, *f.*
stay, maneō, -ēre, mānsī, mānsum
stone, saxum, -ī, *n.*
(storm), take by storm, oppugnō, -āre, -āvī, -ātum
story, fābula, -ae, *f.*
strange, novus, -a, -um; mīrus, -a, -um
stranger, advena, -ae, *m.*; aliēnus, -ī, *m.*
street, via, -ae, *f.*
strong, validus, -a, -um
stupid, stultus, -a, -um
suddenly, subitō, *adv.*
sufficiently, satis, *adv.*
suitable, idōneus, -a, -um
suitor, procus, -ī, *m.*
(summer), in summer, aestāte
summon, arcessō, -ere, -īvī, -ītum
surely, certē, *adv.*
swiftly, celeriter, *adv.*
swim, natō, -āre, -āvī, -ātum
sword, gladius, -ī, *m.*

T

table, mēnsa, -ae, *f.*
take, occupō, -āre, -āvī, -ātum
take by storm, oppugnō, -āre, -āvī, -ātum

take up, capiō, -ere, cēpī, captum
tall, altus, -a, -um
teacher, magister, -trī, *m.*
tell, nārrō, -āre, -āvī, -ātum
temple, templum, -ī, *n.*
ten, decem, *indeclinable numeral*
tent, tabernāculum, -ī, *n.*
terrified, territus, -a, -um
terror, terror, -ōris, *m.*
than, quam, *adv.*
that (*pl.* those), ille, illa, illud; is, ea, id
their, *when reflexive*, suus, -a, -um; *when not reflexive*, eōrum, eārum
themselves (*reflexive*), gen. suī
then, tum, *adv.*
there, ibi, *adv.;* (there) is, est
these, hī, hae, haec; eī, eae, ea
thing, rēs, reī, *f.*
think, putō, -āre, -āvī, -ātum
this (*pl.* these), hic, haec, hoc; is, ea, id
those, illī, illae, illa; eī, eae, ea
three, trēs, tria
through, per, *prep. with acc.*
throw, jaciō, -ere, jēcī, jactum; con-jiciō, -jicere, -jēcī, -jectum
thus, sīc, *adv.*
time, tempus, temporis, *n.*
timid, timidus, -a, -um
tired, tired out, dēfessus, -a, -um
to, ad, in, *preps. with acc.*
today, hodiē, *adv.*
too, quoque, *conj.*
tooth, dēns, dentis, *m.*
torch, taeda, -ae, *f.*
toward, ad, *prep. with acc.*
town, oppidum, -ī, *n.*
trader, mercātor, -ōris, *m.*
treacherous, perfidus, -a, -um
treaty, foedus, foederis, *n.*
tree, arbor, arboris, *f.*
troops, cōpiae, -ārum, *f. pl.*

true, vērus, -a, -um
trumpet, tuba, -ae, *f.*
try, temptō, -āre, -āvī, -ātum
two, duo, duae, duo

U

uncle, avunculus, -ī, *m.*
under, sub, *prep. with acc. or abl.*
unhappy, miser, -a, -um
unjust, injūstus, -a, -um
unlike, dissimilis, -e
us, *dat. and abl.*, nōbīs; *acc.*, nōs

V

very great, maximus, -a, -um
very much, maximē, *adv.*
very small, minimus, -a, -um
victor, victor, -ōris, *m.*
victory, victōria, -ae, *f.*

W

wage (war), gerō, -ere, gessī, gestum
walk, ambulō, -āre, -āvī, -ātum
wall, mūrus, -ī, *m.;* vāllum, -ī, *n.*
wander, errō, -āre, -āvī, -ātum
want, dēsīderō, -āre, -āvī, -ātum;
   cupiō, -ere, -īvī, -ītum
war, bellum, -ī, *n.*
warn, moneō, -ēre, -uī, -itum
watch (*verb*), spectō, -āre, -āvī, -ātum;
   vigilō, -āre, -āvī, -ātum
watchman, vigil, vigilis, *m.*
water, aqua, -ae, *f.*
wax, cēra, -ae, *f.*
we, nōs
weapons, arma, -ōrum, *n. pl.*
wear, gerō, -ere, gessī, gestum
weary, dēfessus, -a, -um
weep, lacrimō, -āre, -āvī, -ātum
well, bene, *adv.*
well-known, nōtus, -a, -um
what (*interrog. pron.*), quid

while, dum, *conj.*
white, albus, alba, album
who (*interrog. pron.*), quis, quid; (*rel.
   pron.*), quī, quae, quod
whole, tōtus, -a, -um
why, cūr, *adv.*
wicked, malus, mala, malum
wide, lātus, -a, -um
widely, lātē, *adv.*
wife, uxor, -ōris, *f.;* conjūnx, -jugis, *f.*
will, voluntās, -ātis, *f.*
wind, ventus, -ī, *m.*
window, fenestra, -ae, *f.*
wing, āla, -ae, *f.*
(winter), in winter, hieme
witch, maga, -ae, *f.*
with, cum, *prep. with abl.*
within, intrā, *prep. with abl.*
without, sine, *prep. with abl.*
withstand, sustineō, -tinēre, -tinuī,
   -tentum
woman, fēmina, -ae, *f.*
woods, silvae, -ārum, *f. pl.*
word, verbum, -ī, *n.*
work, labōrō, -āre, -āvī, -ātum
worse, pejor, pejus
wound, vulnerō, -āre, -āvī, -ātum
write, scrībō, -ere, scrīpsī, scrīptum;
   he writes, scrībit

Y

year, annus, -ī, *m.*
yesterday, herī, *adv.*
yoke (together), jungō, -ere, jūnxī,
   jūnctum
you (*sing.*), *nom.*, tū; *dat.*, tibi; *acc.*, tē
you (*pl.*), vōs
young man, juvenis, juvenis, *m.*
your, *of one person*, tuus, tua, tuum;
   of more than one person, vester, -tra,
   -trum
youth, juvenis, juvenis, *m.*

SUMMARY OF LATIN PRONUNCIATION

SOUNDS OF VOWELS

LONG	SHORT
ā = *a* in *father*	a = first *a* in *aha*
ē = *e* in *they*	e = *e* in *net*
ī = *i* in *machine*	i = *i* in *this*
ō = *o* in *hole*	o = *o* in *domain*
ū = *u* in *rude*	u = *u* in *full*

SOUNDS OF DIPHTHONGS

ae = *i* in *like*
au = *ou* in *round*
oe = *oi* in *boil*
ei = *ei* in *vein*
eu = short *e* + *oo*
ui almost = *ui* in *ruin*

CONSONANTS

The consonants are, in general like English. But note that:

c is always like *k*	p is always as in *spin*	t is always as in *stop*
g is always as in *go*	qu = *qu* in *quick*	x is always like *ks*
j = *y* as in *yes*	s is always as in *say*	bs = *ps;* bt = *pt;* v = *w*

ch = *c* in *can;* ph = *p* in *put;* th = *t* in *ten*

SYLLABLES

A syllable must always have a vowel or a diphthong.

1. A consonant between two vowels is taken with the vowel which follows it: pō-nō, ha-be-ō.

2. Two consonants between two vowels are divided, one going with the vowel which precedes and one with the vowel which follows: par-va, ter-ra.

> EXCEPTIONS. (1) If the first of the two consonants is a stop consonant[1] and the second is l or r, both are taken with the vowel following: pa-trī. (2) In the division of a compound verb into syllables, the prepositional element is separated from the simple verb: ad-est.

3. When there are more than two consonants between two vowels, all but the first go with the following vowel: ob-scū-ra.

ACCENT

1. All words of two syllables are accented on the first syllable: a'mō, lau'dant.

2. In a word of more than two syllables the accent falls on the penult (the syllable before the last) if the penult is long; that is, if it has a long vowel (mo-nē'mus) or a diphthong (a-moe'na) or if it ends in a consonant (in-ter'dum, pu-el'la).

> EXCEPTION. If the first of two consonants is a stop consonant[1] (or f, ph, th, ch) and the second is l or r, they do not make the penult long.

3. If the penult is not long, the accent falls on the antepenult (the ~~second~~ syllable from the last): pe-cū'ni-a, a-gri'co-la, e-pis'tu-la.

[1]The stop consonants are b, p, d, t, g, c, k, q. The combinations ch, ph, th are treated as stop consonants.

PROPER NAMES

Achillēs, *nom.*; **Achillis,** *gen.*; **Achillem,** *acc.*; *m.*, Achilles (ə kil′ēz), *Greek he* in the Trojan War

Aeacus, -ī, *m.,* Aeacus (ē′ə kəs), *legendary Greek king, grandfather of Achilles*

Aegyptius, -ī, *m.,* Aegyptius (i jip′shəs), *a man's name*

Aenēās, *nom.*; **Aenēae,** *gen. or dat.*; **Aenēam,** *acc.*; **Aenēā,** *abl.*; *m.,* Aeneas, (ē nē′əs), *Trojan leader, hero of Vergil's* Aeneid

Aesculāpius, -ī, *m.,* Aesculapius (es′kū lā′pi əs), *god of medicine*

Aethiopia, -ae, *f.,* Ethiopia (ē′thi ō′pi ə), *country in Africa* (map, p. 60)

Aetna, -ae, *f.,* Etna (et′nə), *volcano in Sicily* (map, p. 60)

Āfrica, -ae, *f.,* Africa (af′ri kə) (map, p. 60)

Agamemnōn, -onis, *m.,* Agamemnon (ag′ə mem′non), *Greek leader in the Trojan War*

Albānus, -a, -um, Alban (ôl′bən); **Lacus Albānus,** *Alban Lake* (map, p. 60)

Alexander, -drī, *m.,* Alexander (al′ig zan′dər), *a man's name*

Allēctō, *nom., f.,* Allecto (ə lek′tō), *one of the three Furies*

Amāta, -ae, *f.,* Amata (ə mä′tə), *queen of Latium*

Anchīsēs, *nom., m.,* Anchises (an kī′sēz), *father of Aeneas*

Androclēs, *nom.*; **Androclem,** *acc.*; **Androcle,** *abl.*; *m.,* Androcles (an′drō klēz), *Roman slave*

Andromeda, -ae, *f.,* Andromeda (an drom′ə də), *Ethiopian princess*

Anna, -ae, *f.,* Anna, *name of a girl or woman*

Apollō, Apollinis, *m.,* Apollo (ə pol′ō), *god of the sun*

Appius Claudius, Appiī Claudiī, *m.,* Appius Claudius (ap′i əs klô′di əs), *patriotic Roman citizen famed for his public works*

Aqua Appia, Aquae Appiae, *f.,* the Appian Aqueduct

Arachnē, *nom., f.,* Arachne (ə rak′ni), *a girl skilled in weaving*

Arcadia, -ae, *f.,* Arcadia (är kā′di ə), *a country in Greece* (map, p. 60)

Ariadna, -ae, *f.,* Ariadne (ar′i ad′ni), *Cretan princess*

Ariovistus, -ī, *m.,* Ariovistus (ā′ri ō vis′təs), *king of a German tribe*

Ascanius, -ī, *m.,* Ascanius (as kā′ni əs), *son of Aeneas*

Athēna, -ae, *f.,* Athena (ə thē′nə), *goddess of wisdom*

Athēnae, -ārum, *f. pl.,* Athens (ath′ənz), *a city* (map, p. 60)

Aulidem, *acc., f.,* Aulis (ô′lis), *a town* (map, p. 60)

Aurōra, -ae, *f.,* Aurora (ô rô′rə), *goddess of the dawn*

Babylōnius, -a, -um, Babylonian (bab′i lō′ni ən), *of Babylonia* (map, p. 60)

Britannia, -ae, *f.,* Britain (brit′ən), (map, p. 60)

Britannus, -ī, *m.,* a Briton (brit′ən), *an inhabitant of Britain*

Caesar, Caesaris, *m.*, Caesar (sē′zər), *Roman general and author*

Calchās, *nom.*; Calcham, *acc.*; *m.*, Calchas (kal′kəs), *Greek prophet*

Callistō, *nom., f.*, Callisto (kə lis′tō), *Arcadian princess, changed to a bear*

Camillus, -ī, *m.*, Camillus (kə mil′əs), *Roman general*

Campus Mārtius, *nom., m.*, Campus Martius (kam′pəs mär′shəs), *field of Mars*

Capitōlium, -ī, *n.*, the Capitol (kap′i təl), *a temple of Jupiter; also* the Capitoline (kap′i tə līn, *one of the seven hills of Rome*

Capua, -ae, *f.*, Capua (kap′ū ə), *a city* (map, p. 60)

Caracalla, -ae, *m.*, Caracalla (kar′ə kal′ə), *Roman emperor*

Carthāgō, -inis, *f.*, Carthage (kär′thij), *a city* (map, p. 60)

Cassiopēa, -ae, *f.*, Cassiopeia (kas′i ō pē′ə), *queen of Ethiopia*

Cassivellaunus, -ī, *m.*, Cassivellaunus (kas′i və lô′nəs), *British chief*

Celsus, -ī, *m.*, Celsus (sel′səs), *Roman physician*

Cerberus, -ī, *m.*, Cerberus (sèr′bər əs), *three-headed watchdog of the lower world*

Cerēs, Cereris, *f.*, Ceres (sēr′ēz), *goddess of agriculture*

Charōn, *nom., m.*, Charon (kār′on), *ferryman in the lower world*

Circa (*or* Circē), -ae, *f.*, Circe (sèr′si), *enchantress*

Cloelia, -ae, *f.*, Cloelia (klēl′yə), *brave Roman girl*

Clytemnestra, -ae, *f.*, Clytemnestra (klī′təm nes′trə), *wife of Agamemnon*

Colchidem, *acc.*; Colchide, *abl.*; *f.*, Colchis (kol′kis), *a country* (map, p. 60)

Colossēum, -ī, *n.*, the Colosseum (kol′ə sē′əm), *Roman amphitheater*

Cōnsidius, -ī, *m.*, Considius (kon sid′i əs), *officer in Caesar's army*

Cornēlia, -ae, *f.*, Cornelia (kôr nēl′yə), *name of a girl or woman*

Cornēlius, -ī, *m.*, Cornelius (kôr nēl′yəs), *name of a boy or man*

Corsica, -ae, *f.*, Corsica (kôr′si kə), *an island* (map, p. 60)

Crēsius, -ī, *m.*, Cresius (krē′shəs), *one of Ulysses' sailors*

Crēta, -ae, *f.*, Crete (krēt), *an island* (map, p. 60)

Cūmae, -ārum, *f. pl.*, Cumae (kū′mē), *a city* (map, p. 60)

Cupīdō, Cupīdinis, *m.*, Cupid (kū′pid), *god of love*

Daedalus, -ī, *m.*, Daedalus (ded′ə ləs), *character of Greek legend*

Daniēl, *nom.*; Daniēlī, *dat.*; Daniēlem, *acc.*; *m.*, Daniel (dan′yəl), *Hebrew prophet*

Daphnē, *nom.*; Daphnēn, *acc.*; *f.*, Daphne (daf′ni), *woodland nymph*

Dēlos, *nom., f.*, Delos (dē′los), *an island* (map, p. 60)

Deucaliōn, -ōnis, *m.*, Deucalion (dū kā′li ən), *character of Greek legend*

Diāna, -ae, *f.*, Diana (dī an′ə), *goddess of hunting*

Dīdō, *nom., f.*, Dido (dī′dō), *queen of Carthage*

Dioclētiānus, -ī, *m.*, Diocletian (dī′ə klē′shən), *Roman emperor*

Discordia, -ae, *f.*, Discordia (dis kôr′di ə), *goddess of discord*

Dīviciācus, -ī, *m.*, Diviciacus (di′vish i ā′kəs), *Haeduan chief*

Dumnorīx, *nom.*; Dumnorīgem, *acc.*; *m.*, Dumnorix (dum′nôr iks), *brother of Diviciacus*

Epimētheus, -ī, *m.*, Epimetheus (ep'i mē'thüs), *husband of Pandora*

Etrūria, -ae, *f.*, Etruria (i trür'i ə), *a country in Italy* (map, p. 60)

Etrūscī, -ōrum, *m. pl.*, Etruscans (i trus'kənz), *people of Etruria*

Eumaeus, -ī, *m.*, Eumaeus (ū mē'əs), *swineherd of Ulysses*

Eurōpa, -ae, *f.*, Europe (ūr'əp), (map, p. 60)

Euryalus, -ī, *m.*, Euryalus (ū rī'ə ləs), *young Trojan warrior*

Eurydicē, *nom.*; Eurydicēs, *gen.*; Eurydicēn, *acc.*; *f.*, Eurydice (ū rid'i sē), *wife of Orpheus*

Eurylochus, -ī, *m.*, Eurylochus (ū ril'ə kəs), *companion of Ulysses*

Evander, -drī, *m.*, Evander (ē van'dèr), *founder of an early Italian city*

Fortūna, -ae, Fortuna (fôr tū'nə), *Roman goddess*

Frontīnus, -ī, *m.*, Frontinus (fron tī'nəs), *Roman architect*

Fulvia, -ae, *f.*, Fulvia (fùl'vi ə), *name of a girl or woman*

Furiae, -ārum, *f. pl.*, Furies (für'iz), *three goddesses of vengeance*

Galba, -ae, *m.*, Galba (gal'bə), *name of a man or boy*

Galēnus, -ī, *m.*, Galen (gā'lən), *Greek physician*

Gallia, -ae, *f.*, Gaul (gôl), (map, p. 60)

Gallicus, -a, -um, Gallic (gal'ik)

Gallus, -ī, *m.*, a Gaul (gôl), *an inhabitant of Gaul*

Germānus, -a, -um, German (jèr'mən); *m. pl. as noun*, the Germans

Gideōn, *nom.*, *m.*, Gideon (gid'i ən), *hero of Israel*

Graecia, -ae, *f.*, Greece (grēs), (map, p. 60)

Graecus, -a, -um, Greek (grēk); *m. as noun*, a Greek

Harpyia, -ae, *f.*, Harpy (här'pi), *mythical creature, half bird and half woman*

Hector, -oris, *m.*, Hector (hek'tər), *Trojan prince slain, by Achilles*

Helena, -ae, *f.*, Helen (hel'ən), *queen of Sparta, abducted by Paris, called the most beautiful woman in the world*

Helenus, -ī, *m.*, Helenus (hel'ən əs), *Trojan prince and soothsayer*

Helvētiī, -ōrum, *m. pl.*, the Helvetians (hel vē'shəns), *Gallic tribe*

Herculāneum, -ī, *n.*, Herculaneum (hèr'kū lā'ni əm), *a city* (map, p. 60)

Herculēs, *nom.*; Herculem, *acc.*; *m.*, Hercules (hèr'kū lēz), *hero of Greek mythology*

Hippocratēs, -is, *m.*, Hippocrates (hi pok'rə tēz), *Greek physician*

Hippocrāticus, -a, -um, Hippocratic (hip'ō krat'ik)

Hispānia, -ae, *f.*, Spain (spān), (map, p. 60)

Hispānus, -ī, *m.*, a Spaniard (span'yərd)

Homērus, -ī, *m.*, Homer (hō'mər), *blind Greek poet, author of two long poems, the* Odyssey *and the* Iliad

Horātius, -ī, *m.*; Horātī, *voc.*; Horatius (hō rā'shəs); Horātius Cocles, Horatius Cocles (kō'klēz), *Roman hero*

Īcarus, -ī, *m.*, Icarus (ik′ə rəs), *son of Daedalus*

Īda, -ae, *f.*, Ida (ī′də), *mountain near Troy* (map, p. 60)

Īphigenīa, -ae, *f.*, Iphigenia (if′i ji nī′ə), *daughter of Agamemnon*

Īsrāēlīta, -ae, *m.*, an Israelite (iz′ri əl īt), *a descendant of Israel; a Hebrew*

Ītalia, -ae, *f.*, Italy (it′ə li), (map, p. 60)

Ithaca, -ae, *f.*, Ithaca (ith′ə kə), *an island* (map, p. 60)

Jāniculum, -ī, *m.*, the Janiculum (jə nik′ū ləm), *one of the seven hills of Rome*

Jānus, -ī, *m.*, Janus (jā′nəs), *god of doors and beginnings*

Jāsōn, -ōnis, *m.*, Jason (jā′sən), *Greek hero*

Jovis, *gen.* of Juppiter; Jovem, *acc.* of Juppiter; Jove, *abl.* of Juppiter

Jūlia, -ae, *f.*, Julia (jül′yə), *name of a girl or woman*

Jūlius, -ī, *m.*, Julius (jül′yəs), *name of a man or boy*

Jūnō, -ōnis, *f.*, Juno (jü′nō), *queen of the gods*

Juppiter, Jovis, *m.*, Jupiter (jü′pi tər), *king of the gods*

Jūstīniānus, -ī, *m.*, Justinian (jus tin′i ən), *Roman emperor responsible for the Roman legal code,* Corpus Jūris

Jūturna, -ae, *f.*, Juturna (jü tėr′nə), *nymph, sister of Turnus*

Labiēnus, -ī, *m.*, Labienus (lā′bi ē′nəs), *officer in Caesar's army*

Labyrinthus, -ī, *m.*, Labyrinth (lab′i rinth), *maze of passages in Crete*

Lāocoōn, -ontis, *m.*, Laocoön (lā ok′ō on), *Trojan priest*

Lār, Laris, *m.*, usually *pl.*, Larēs, -um, lares (lär′ēz), *Roman family gods*

Latīnus, -a, -um, Latin (lat′in); *m. pl. as noun*, Latins, *people of Latium*

Latīnus, -ī, *m.*, Latinus (lə tī′nəs), *king of Latium*

Latium, -ī, *n.*, Latium (lā′shi əm), *a country* (map, p. 60)

Lātōna, -ae, *f.*, Latona (lə tō′nə), *mother of Apollo and Diana*

Lāvīnia, -ae, *f.*, Lavinia (lə vin′i ə), *Latin princess, bride of Aeneas*

Līberālia, -ium, *n. pl.*, Liberalia (lib′ər al′i ə), *annual Roman festival held on March 17*

Lūcia, -ae, *f.*, Lucia (lü′shə), *name of a girl or woman*

Lūcius, -ī, *m.*, Lucius (lü′shəs), *name of a man or boy*

Lūcrētia, -ae, *f.*, Lucretia (lü krē′shə), *name of a girl or woman*

Mamilius, -ī, *m.*; Mamilī, *voc.*; Mamilius (mə mil′i əs), *king of Tusculum*

Mānlius, -ī, *m.*, Manlius (man′li əs), *Roman who saved the Capitol*

Mārcus, -ī, *m.*, Marcus (mär′kəs), *name of a man or boy*

Marius, -ī, *m.*, Marius (mär′i əs), *Roman consul*

Mārs, Mārtis, *m.*, Mars (märz), *god of war*

Mārtius, -a, -um, *pertaining to Mars*; Campus Mārtius, Campus Martius (kam′pəs mär′shəs), *field of Mars, used for military drill*

Mēdéa, -ae, *f.*, Medea (mi dē′ə), *princess of Colchis, an enchantress*

Mediterrāneus, -a, -um, Mediterranean (med′i tə rā′ni ən); **Mare Mediterrā-neum,** the Mediterranean Sea (map, p. 60)

Medūsa, -ae, *f.,* Medusa (mi dū′sə), *a Gorgon, a creature with snakes for hair*

Melita, -ae, *f.,* Malta (môl′tə), *an island* (map, p. 60)

Menelāus, -ī, *m.,* Menelaus (men′ə lā′əs), *king of Sparta*

Menexenus, -ī, *m.,* Menexenus (men ek′sə nəs), *one of Ulysses' sailors*

Mercurius, -ī, *m.,* Mercury (mèr′kū ri), *messenger of the gods*

Messāna, -ae, *f.,* Messina (me sē′nə), *a city* (map, p. 60)

Mīdās, *nom., m.,* Midas (mī′dəs), *king who was granted the golden touch*

Midianīta, -ae, *m.,* a Midianite (mid′i ə nīt); *pl.,* the Midianites

Minerva, -ae, *f.,* Minerva (mi nèr′və), *goddess of wisdom*

Mīnōtaurus, -ī, *m.,* Minotaur (min′ə tôr), *mythical monster with the head of a bull and the body of a man*

Mīsēnum, -ī, *n.,* Misenum (mī sē′ nəm), *ancient town* (map, p. 60)

Naupactōus, -ī, *m.,* Naupactous (nô′ pak tō′əs), *companion of Ulysses*

Neptūnus, -ī, *m.,* Neptune (nep′tūn), *god of the sea*

Nīsus, -ī, *m.,* Nisus (nī′səs), *a young Trojan warrior*

Octāvia, -ae, *f.,* Octavia (ok tā′vi ə), *name of a girl or woman*

Orcus, -ī, *m.,* Orcus (ôr′kəs), *lower world*

Orestēs, *nom.;* **Orestem,** *acc.; m.,* Orestes (ō res′tēz), *son of Agamemnon*

Orpheus, -ī, *m.,* Orpheus (ôr′fūs or ôr′fi əs), *mythical character*

Ōstia, -ae, *f.,* and **Ōstia, -ōrum,** *n. pl.,* Ostia (os′ti ə), *port of Rome* (map, p. 60)

Pallās, *nom., m.,* Pallas (pal′əs), *son of Evander*

Pandōra, -ae, *f.,* Pandora (pan dō′rə), *mythical character*

Paris, *nom.;* **Paridis,** *gen.;* **Paridī,** *dat.;* **Paridem,** *acc.;* **Paride,** *abl.; m.,* Paris (par′is), *Trojan prince*

Penātēs, -ium, *m. pl.,* penates (pe nā′tēz), *household gods of the ancient Romans*

Pēnelopa (or **Pēnelopē**), **-ae,** *f.,* Penelope (pi nel′ə pi), *wife of Ulysses*

Perseus, -ī, *m.,* Perseus (pèr′süs or pèr′si əs), *legendary Greek hero*

Phaëthōn, *nom., m.,* Phaëthon (fā′i thon), *son of Apollo*

Philippus, -ī, *m.,* Philip, *a man's name*

Phoenīcia, -ae, *f.,* Phoenicia (fi nish′ə), *a country* (map, p. 60)

Pīcus, -ī, *m.,* Picus (pī′kəs), *legendary king, changed to a woodpecker*

Plīnius, -ī, *m.,* Pliny (plin′i), *the Elder, Roman writer and military leader; the Younger, nephew of Pliny the Elder, also a writer*

Plūtō, -ōnis, *m.,* Pluto (plü′tō), *king of the lower world*

Polydectēs, *nom.;* **Polydectem,** *acc.; m.,* Polydectes (pol′i dek′tēz), *a legendary king*

Polydōrus, -ī, *m.*, Polydorus (pol′i dō′rəs), *Trojan prince*
Pompeiī, -ōrum, *m. pl.*, Pompeii (pom pā′ē), *a city* (map, p. 60)
Porsena, -ae, *m.*, Porsena (pôr′sən ə), *king of the Etruscans*
Priamus, -ī, *m.*, Priam (prī′am), *king of Troy*
Prōserpina, -ae, *f.*, Proserpina (prō sẽr′pi nə), *daughter of Ceres*
Proxenus, -ī, *m.*, Proxenus (prok′sən əs), *companion of Ulysses*
Pūblius, -ī, *m.*, Publius (pūb′li əs), *name of a boy or man*
Pullō, -ōnis, *m.*, Pullo (pùl′ō), *centurion in Caesar's army*
Pulvillus, -ī, *m.*, Pulvillus (pùl vil′əs), *Roman consul*
Pylade, *abl., m.*, Pylades (pī′lə dēz), *friend of Orestes*
Pyrrha, -ae, *f.*, Pyrrha (pir′ə), *character of Greek legend*
Pyrrhus, -ī, *m.*, Pyrrhus (pir′əs), *king of a country in Greece*

Quīntus, -ī, *m.*, Quintus (kwin′təs), *name of a man or boy*

Rhēnus, -ī, *m.*, the Rhine (rīn), *river which divided Gaul from Germany* (map, p. 60)
Rhodanus, -ī, *m.*, the Rhone (rōn), *river in Gaul* (map, p. 60)
Rhodius, -ī, *m.*, Rhodius (rō′di əs), *companion of Ulysses*
Rōma, -ae, *f.*, Rome (rōm), (map, p. 60); *also* Roma (rō′mə), *a goddess*
Rōmānus, -a, -um, Roman (rō′mən), *m. as noun*, a Roman
Rutulus, -a, -um, Rutulian (rə tül′yən)
Rutulus, -ī, *m.*, a Rutulian (rə tül′yən); *pl.*, Rutulians (rə tül′yənz), *people of a nation of central Italy* (map, p. 60)

Sardinia, -ae, *f.*, Sardinia (sär din′i ə), (map, p. 60)
Secunda, -ae, *f.*, Secunda (sə kùn′də), *name of a girl or woman*
Seleucus, -ī, *m.*, Seleucus (sə lü′kəs), *legendary pirate*
Sertōrius, -ī, *m.*, Sertorius (sẽr tôr′i əs), *general under Marius*
Sextus, -ī, *m.*, Sextus (seks′təs); Sextus Tarquinius, -ī, *m.*, Tarquin (tär′kwin)
Sibylla, -ae, *f.*, Sibyl (sib′il), *prophetess*
Sibyllīnus, -a, -um, Sibylline (sib′i līn), *pertaining to a Sibyl*
Sicilia, -ae, *f.*, Sicily (sis′i li), (map, p. 60)
Silvia, -ae, *f.*, Silvia (sil′vi ə), *daughter of Tyrrhus*
Sinōn, *nom., m.*, Sinon (sī′nən), *Greek spy in Trojan War*
Sparta, -ae, *f.*, Sparta (spär′tə), *a city* (map, p. 60)
Spurius, -ī, *m.*, Spurī, *voc.*; Spurius (spür′i əs), *a Roman name*; Spurius Lartius (lär′shəs), *Roman senator*
Stygem, *acc., f.*, Styx (stiks), *river in the lower world*
Sulla, -ae, *m.*, Sulla (sul′ə), *Roman dictator*

Tamesis, *nom.*; Tamesim, *acc.*; *m.*, Thames (temz), *river in Britain* (map, p. 60)
Tarentīnī, -ōrum, *m. pl.*, Tarentines (tə ren′tēnz)

Tarentum, -ī, *n.,* Tarentum (tə ren′təm), *a town* (map, p. 60)

Tarquinius, -ī, *m.,* Tarquin (tär′kwin), *king of Rome;* **Tarquinius Superbus** (sü pėr′bəs), Tarquin the Proud, *last king of Rome*

Taurōrum, *gen., m. pl.,* Taurians (tô′ri ənz), *inhabitants of a peninsula in the Black Sea* (map, p. 60)

Tēlemachus, -ī, *m.,* Telemachus (ti lem′ə kəs), *son of Ulysses*

Thēseus, -ī, *m.,* Theseus (thē′sūs or thē′si əs), *slayer of the Minotaur*

Thetis, *nom., f.,* Thetis (thē′tis), *mother of Achilles*

Thrācia, -ae, *f.,* Thrace (thrās), *region north of Greece*

Tiberis, *nom. or gen.;* **Tiberim,** *acc.; m.,* the Tiber (tī′bər), *river on which Rome is situated* (map, p. 60)

Titus, -ī, *m.,* Titus (tī′təs), *name of a man or boy;* **Titus Herminius,** Titus Herminius (hėr min′i əs), *Roman senator*

Trōja, -ae, *f.,* Troy (troi), *city in Asia Minor* (map, p. 60)

Trōjānus, -a, -um, Trojan (trō′jən), *m. as noun,* a Trojan

Tullia, -ae, *f.,* Tullia (tül′yə), *name of a girl or woman*

Turnus, -ī, *m.,* Turnus (tėr′nəs), *king of the Rutulians*

Tusculum, -ī, *n.,* Tusculum (tus′kū ləm), *town in Latium*

Tyrrhus, -ī, *m.,* Tyrrhus (tir′əs), *shepherd of King Latinus*

Ulīxēs, *nom.;* **Ulīxis,** *gen.;* **Ulīxī,** *dat.;* **Ulīxem,** *acc.;* **Ulīxe,** *abl.; m.,* Ulysses (ū lis′ēz), *king of Ithaca, hero of Homer's* Odyssey

Valerius, -ī, *m.,* Valerius (və lēr′i əs), *Roman consul*

Veiī, -ōrum, *m. pl.,* Veii (vē′yī), *Etruscan city near Rome* (map, p. 60)

Venus, *nom.;* **Venerī,** *dat.;* **Venerem,** *acc.;* **Venere,** *abl.; f.,* Venus (vē′nəs), *goddess of love*

Vergilius, -ī, *m.,* Vergil (vėr′jil), *Roman poet, author of the* Aeneid

Vesuvius, -ī, *m.,* Vesuvius (vi sü′vi əs), *volcano in Italy* (map, p. 60)

Via Appia, Viae Appiae, *f.,* Appian Way (ap′i ən wā), *famous Roman road* (map, p. 60)

Vitrūvius, -ī, *m.,* Vitruvius (vi trü′vi əs), *Roman architect*

Vorēnus, -ī, *m.,* Vorenus (vô rē′nəs), *centurion in Caesar's army*

Vulcānus, -ī, *m.,* Vulcan (vul′kən), *god of fire*

전상범 (田相範)

약력
서울대학교 사범대학 영어교육과 졸업
서울대학교 대학원 영어영문학과 수료
미국 Columbia대학교 영어교육과에서 수학 (MA)
미국 Indiana대학교 언어학과에서 수학 (Ph.D.)
서울대학교 사범대학 영어과 교수 역임
한국언어학회 회장 역임
한국영어영문학회 회장 역임
한양대학교 석좌교수 역임
현재 서울대학교 명예교수

주요저서
Phonological Aspects of Late Middle Korean, 1974
生成音韻論, 1977
生成音韻論論文選(공편), 1979
英語音聲學, 1985
生成形態論(역), 1987
영어의 음성체계(역), 1993
영어음성학개론, 1995
형태론, 1995
최적성이론(공저), 1997
영어학개론, 1998
음운론, 2004
고대영어, 2006
형태론개론, 2006
중세영어, 2007
단편소설의 분석과 기교(공역), 2010
영미명시선(공역), 2012
문법의 철학(역), 2014

신성진 (申性珍)

약력

연세대학교 영어영문학과 졸업

연세대학교 영문학 석사

Washington 대학교에서 (라틴어) 수학

Minnesota 대학교 영문학 박사과정 수료